Cadence OrCAD PSpice V17.4
초중급교재

Cadence
OrCAD PSpice Designer

V17.4

이양재, 김희태, 이원재, 이민형 공저

북두출판사

CONTENTS

Part 1. Cadence OrCAD PSpice Designer 활용

Part 2. 실무자를 위한 활용 가이드

Part 3. APPENDIX

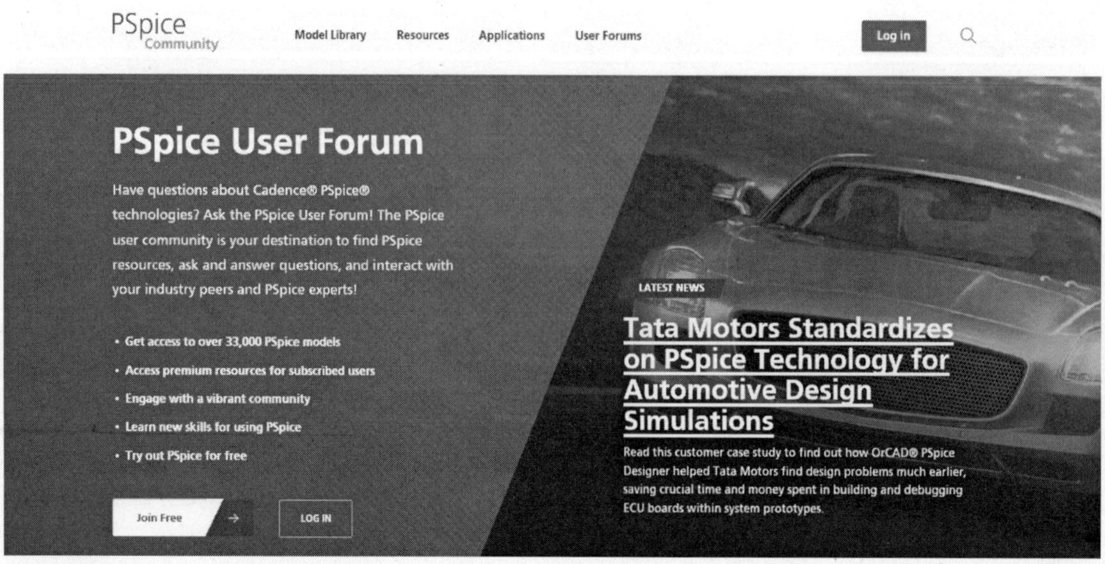
PSpice Community
Model Library
Resources
Applications
User Forums
Log in
PSpice User Forum
Have questions about Cadence® PSpice® technologies? Ask the PSpice User Forum! The PSpice user community is your destination to find PSpice resources, ask and answer questions, and interact with your industry peers and PSpice experts!
• Get access to over 33,000 PSpice models
• Access premium resources for subscribed users
• Engage with a vibrant community
• Learn new skills for using PSpice
• Try out PSpice for free
Join Free
LOG IN
LATEST NEWS
Tata Motors Standardizes on PSpice Technology for Automotive Design Simulations
Read this customer case study to find out how OrCAD® PSpice Designer helped Tata Motors find design problems much earlier, saving crucial time and money spent in building and debugging ECU boards within system prototypes.

PART

01

Cadence OrCAD PSpice Designer 활용

CHAPTER 01

메뉴 설명 및 기본 옵션

1. 프로젝트의 시작

윈도우 시작 메뉴 - 모든 프로그램 - Cadence PCB 17.4-2019 - Capture CIS 실행한다. 새로운 프로젝트를 시작하기 위해서는 메뉴 File - New - Project를 클릭하여 실행한다.

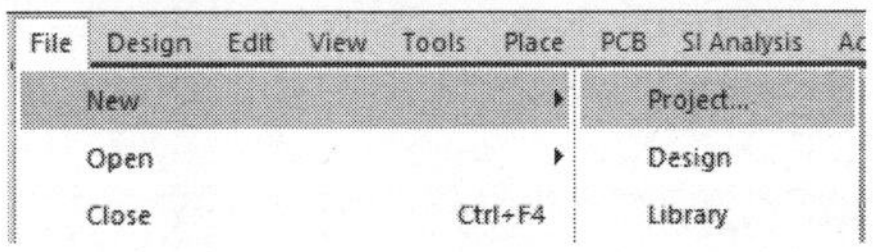

시뮬레이션을 하기 위해서는 New Project 창에서 Enable PSpice Simulation을 체크 한다.

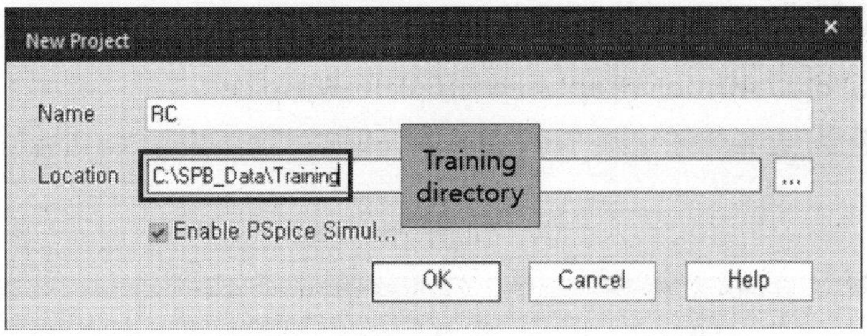

PSpice 시뮬레이션을 하기 위해서는 저장경로와 프로젝트 이름에 영문과 숫자만을 사용하여 지정한다. (특수문자 사용불가 ~!@#$%^&* 등) 단, '-', '_' 기호는 사용가능

※ 프로젝트를 생성 시 Enable PSpice Simulation 항목을 체크하여야 PSpice Project가 활성화됨 체크하지 않았을 때는 PCB Project가 활성화 됨

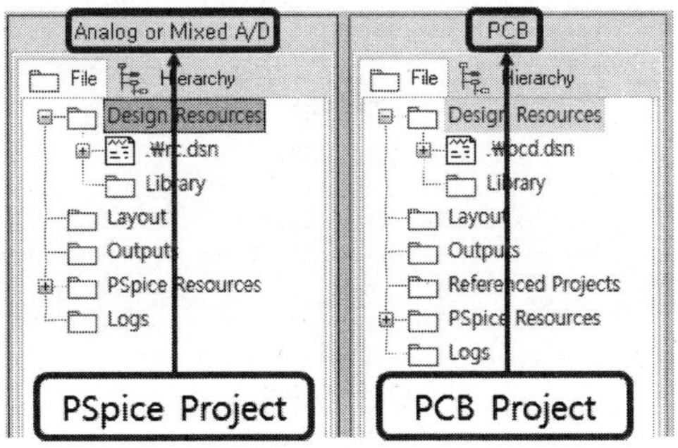

2. PSpice template 틀 / 회로 환경

기존의 회로도를 기본 도면으로 활용할 수 있다.

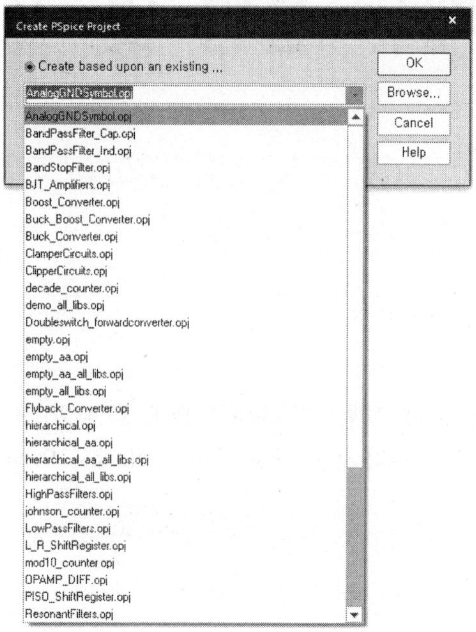

* PSpice template 경로

기본으로 제공하는 Template(경로)

C:₩Cadence₩SPB_17.4₩tools₩capture₩templates₩pspice

※ Browse 버튼을 클릭하여 기존의 회로도를 PSpice Template로 이용가능

3. 화면의 구성

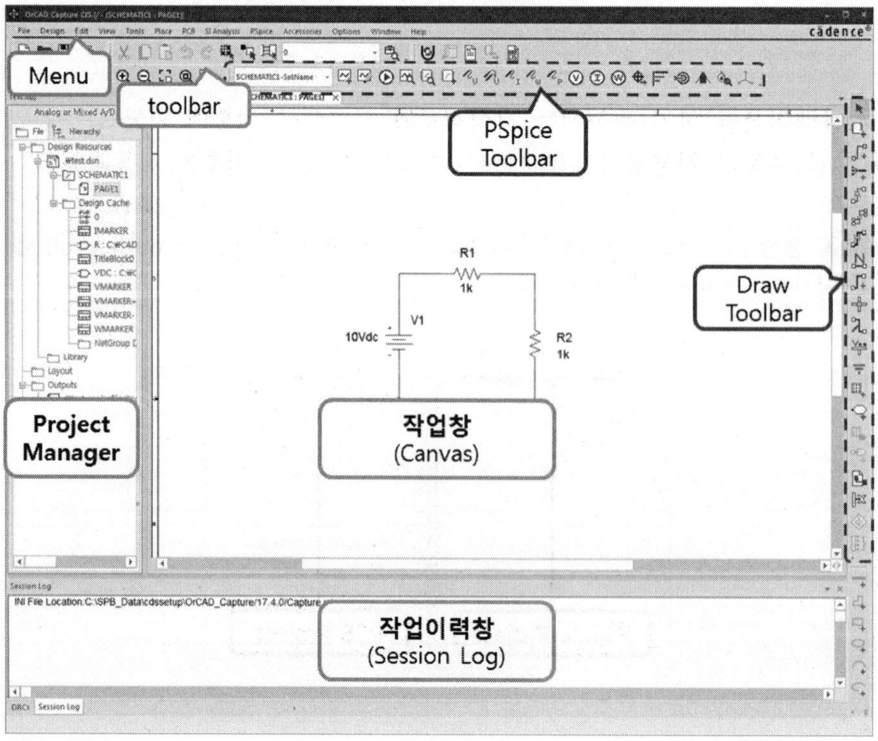

4. 기본 메뉴 및 아이콘, 툴바

1) 메뉴

① ② ③ ④ ⑤ ⑥ ⑦ ⑧ ⑨ ⑩ ⑪ ⑫ ⑬

① File : 파일을 열거나 저장하고 Schematic을 인쇄함
② Design : 새로운 도면이나 부품의 심볼 생성(Project Manager에서 실행)
③ Edit : 작업도면에서 아이템을 변경하거나 삭제함
④ View : 작업도면의 축척도를 바꾸거나 다시 그림
⑤ Tools : 작업도면의 정보생성이나 오류 검증(Project Manager에서 실행)
⑥ Place : 부품 가져오기 또는 그리기
⑦ SI Analysis : PCB SI해석
⑧ Macro : 매크로 기능 작성
⑨ PSpice : OrCAD PSpice에 의한 시뮬레이션 기능
⑩ Accessories : Alias 로테이션 기능
⑪ Options : 화면과 환경 셋업
⑫ Window : 윈도우 선택 및 정렬방식
⑬ Help : 도움말

2) 툴바

① ② ③ ④ ⑤ ⑥ ⑦ ⑧ ⑨ ⑩ ⑪ ⑫ ⑬ ⑭

⑮ ⑯ ⑰ ⑱ ⑲ ⑳ ㉑ ㉒ ㉓ ㉔ ㉕ ㉖ ㉗ ㉘ ㉙ ㉚

① New : 새로운 설계 및 라이브러리 작성
② Open : 기존 설계 및 라이브러리 열기
③ Save : 작업도면 또는 부품을 저장
④ Print : 작업도면 또는 부품을 인쇄
⑤ Cut : 선택한 개체를 삭제하고 클립보드에 저장
⑥ Copy : 선택한 개체를 클립보드에 저장
⑦ Paste : 클립보드에 저장되어 있는 내용을 문서에 붙임
⑧ Undo : 가장 최근에 실행한 명령을 취소
⑨ Redo : 가장 최근에 실행한 명령을 다시 실행
⑩ Snap To grid : 부품을 그리드에 맞추어 이동
⑪ Area Select : 부품 선택 시 전체 또는 부분 선택 가능
⑫ Drag connected object : 부품과 부품 또는 연결선의 단선 방지
⑬ Most Recently Used : 최근 사용한 부품 목록 / 검색 후 배치
⑭ Searches Items Selected in PM : Project Manager에서 선택한 Design 내의 부품을 검색
⑮ Zoom in : 한번 클릭할 때마다 작업도면 2배씩 확대
⑯ Zoom out : 한번 클릭할 때마다 작업도면 1/2씩 축소
⑰ Zoom to region : 작업도면에서 드래그 하여 지정한 영역을 확대
⑱ Zoom to all : 모든 개체가 한 화면에 보이게 함
⑲ Fisheye view : 부분 확대
⑳ Project manager : 프로젝트 매니저 창 선택
㉑ Help : 도움말
㉒ Annotate : 작업도면상에서 부품의 참조를 갱신
㉓ Back annotate : PCB 쪽 수정정보를 작업도면에서 갱신
㉔ Create netlist : 부품과 부품의 연결 상태 정보를 생성
㉕ Cross reference parts : 교차 참조된 부품 목록을 작성
㉖ Bill of material : 부품 목록서 작성
㉗ Launch Active Board : Design Sync Setup 창에서 선택한 Layout 보드 파일 열기
㉘ Launch Design Sync : 실시간으로 Board 파일 변경 사항을 확인 및 변경
㉙ Launch Constraint Manager : Layout 의 설계규칙 설정이 가능한 Constraint Manager 실행
㉚ Design rules Check : 도면의 설계 오류를 체크

3) 시뮬레이션 툴바(Simulation Setting)

① ② ③ ④ ⑤ ⑥ ⑦ ⑧ ⑨ ⑩ ⑪ ⑫ ⑬ ⑭ ⑮ ⑯ ⑰ ⑱ ⑲ ⑳ ㉑

① Active Profile : 작업 중인 시뮬레이션 프로파일 목록
② New Simulation Profile : 프로파일 생성
③ Edit Simulation Settings : 현재 프로파일 편집
④ Run PSpice : 시뮬레이션 실행
⑤ View Simulation Results : 시뮬레이션 결과 보기
⑥ Launch PSpice Part Search : PSpice 라이브러리에서 부품 선택 배치
⑦ Launch Modeling Application : Model 을 생성하는 Modeling Application 실행
⑧ Voltage/Level Marker : 전압 표시자
⑨ Voltage Differential Marker(s) : 양단간 전압 표시자
⑩ Current Marker : 전류 표시자
⑪ Power Dissipation Marker : 소비전력 표시자
⑫ Displays a list of Plot Window Template : Marker에 대한 Plot Window Template 목록 표시
⑬ Enable Bias Voltage Display : Bias 전압 표시자
⑭ Enable Bias Current Display : Bias 전류 표시자
⑮ Enable Bias Power Display : Bias 전력 표시자
⑯ Assign Tolerance For Advanced Analysis : Part의 Tolerance 값을 설정
⑰ Start Advanced Analysis – Sensitivity : Sensitivity 시뮬레이션 결과 보기
⑱ Start Advanced Analysis – Optimizer : Optimizer 시뮬레이션 결과 보기
⑲ Start Advanced Analysis – Monte Carlo : Monte Carlo 시뮬레이션 결과 보기
⑳ Start Advanced Analysis – Smoke : Smoke 시뮬레이션 결과 보기
㉑ Start Advanced Analysis – Parametric Plot : Parametric Plot 시뮬레이션 결과 보기

4) 툴팔레트(Schematic)

① ② ③ ④ ⑤ ⑥ ⑦ ⑧ ⑨ ⑩ ⑪ ⑫ ⑬ ⑭ ⑮ ⑯ ⑰ ⑱ ⑲ ⑳ ㉑

① Select : 개체 선택
② Place part : 부품 선택 배치
(Pspice 라이브러리의 경로 : C:₩Cadence₩SPB_17.4₩tools₩capture₩library₩pspice)
③ Place wire : 부품 간 연결선
④ Place Netgroup : Net을 그룹으로 관리
⑤ Auto Connect Two Points : 두 포인터를 자동으로 연결
⑥ Auto Connect Multi Points : 여러 개의 포인터를 자동으로 연결
⑦ Auto Connect to Bus : Bus와 자동으로 연결
⑧ Place net alias : 네트에 이름 정의 (%, &, ^, @, ~, * 등 특수문자 사용불가)
⑨ Place bus : 버스선 연결(예 : "Q[0:3]", "Q[0-3] 등)
⑩ Place junction : 배선 교차점 연결
⑪ Place bus entry : 버스와 와이어간 연결 인입선
⑫ Place power : 전원 심볼 배치
⑬ Place ground : 접지 심볼 배치 (' 0 '심볼 배치)
⑭ Place hierarchical block : 계층 블록 생성
⑮ Place port : 포트 배치
⑯ Place H pin : 계층 블록 핀 배치
⑰ Place pin : 부품 핀 배치
⑱ Place off-page connector : 페이지 간 연결 심볼
⑲ Place no connect : 핀에 연결 없음 표시
* 아래 아이콘은 전기적 속성을 가지지 않음.
⑳ Place IEEE symbol : IEEE 심볼 표시
㉑ Place pin array : 핀 배열

5. 사용 가능한 PSpice Libraries

시뮬레이션을 하기 위해서는 PSpice Model Library가 필요하다. 메뉴 Place – Part에서 Add Library로 PSpice Model Library를 추가한다.

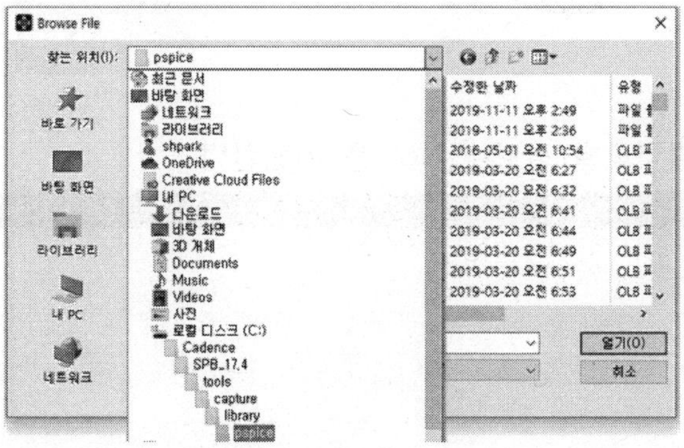

회로 작성을 위한 PSpice Symbol Library 경로. (.OLB)
기본 경로 : C:₩Cadence₩SPB_17.4₩tools₩Capture₩library₩pspice

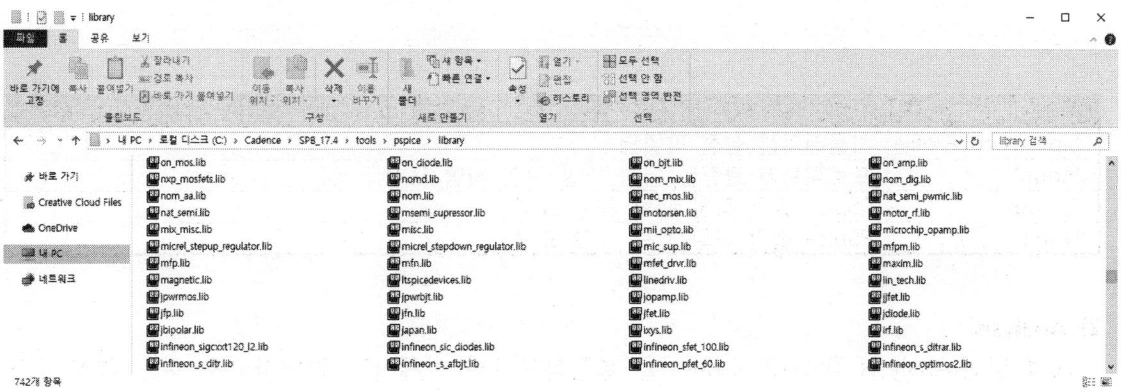

부품에 대한 모델 정보가 들어 있는 PSpice Model Library 경로. (.LIB)
기본 경로 : C:₩Cadence₩SPB_17.4₩tools₩PSpice₩library 폴더 내에 위치.

※ C:₩Cadence₩SPB_17.4₩tools₩PSpice₩library₩nom.lib 파일에 Library 경로와 파일에 대한 링크가 연결되어 있음

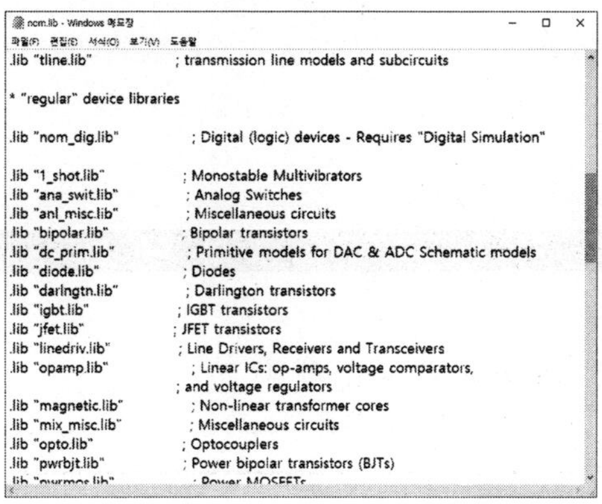

6. Simulation Settings Tab

시뮬레이션 툴바에서 New Simulation Profile을 통해 생성한다.

1) General

시뮬레이션에 대한 출력파일 경로나 Note를 기입한다.

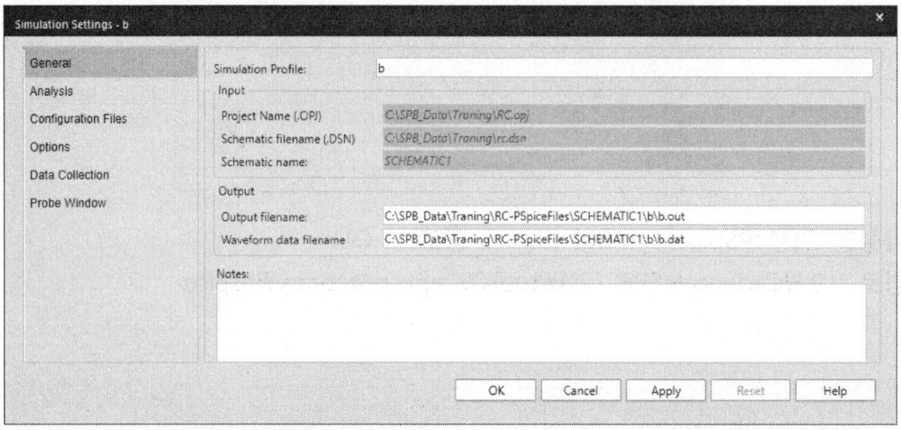

Options	의　　미
Simulation Profile	시뮬레이션 설정 파일명
Input	프로젝트에 관련된 입력 파일 관련 사항 표시
Output	PSpice 출력 파일 관련 사항 표시
Notes	PSpice 출력 파일 관련 사항 표시

2) Analysis

해석 방법(Analysis Type)과 Option을 설정함으로써 설계자가 확인하고자 하는 해석 결과를 파형과 출력파일로 확인할 수 있다.

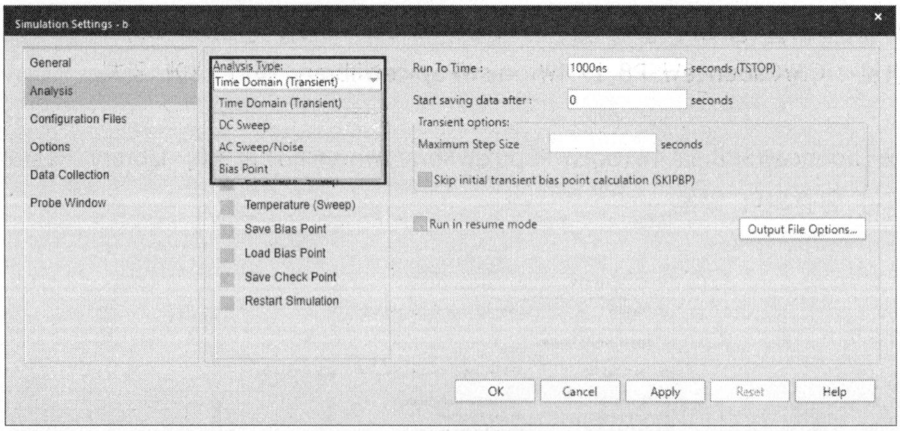

Options	의　　미
Time Domain (Transient)	과도해석
DC Sweep	직류해석, 파라미터에 대한 해석
DC Sweep/Noise	주파수 해석 및 노이즈 해석
Bias Point	동작시점

3) Configuration Files

시뮬레이션 수행 시 Stimulus/Library/Include 할 파일을 선택하거나 직접 입력한다. Add as Global은 PSpice 해석을 수행하는 모든 파일에 적용하며, Add to Design은 선택한 설계회로에만 적용한다. Add to Profile의 경우 해당 시뮬레이션 설정에서만 적용하여 휴대하기 위한 압축파일에 포함시킬 수 있다.

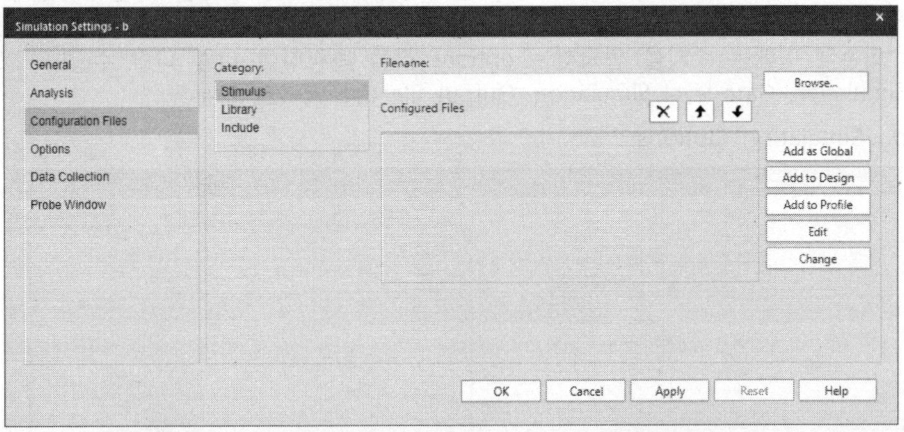

Options	의 미
Stimulus	이전 작업한 소스원 (VSTIM 등을 사용하여 만든 전압원 또는 전류원) 사용시 경우 Browse를 통해 경로를 설정
Library	새로운 라이브러리 파일을 만든 경우 Browse를 통해 경로를 설정
Include	라이브러리 파일에서 변수 명을 지정하여 라이브러리 생성시 변수 명에 대한 값을 파일로 저장하여 경로를 설정

Include tab, Library tab, Stimulus tab에는 내장되어 있는 source 및 library를 사용할 때 또는, 내장되어 있는 라이브러리 및 Source를 편집할 경우에는 자동적으로 편집된 내용이 파일로 저장되게 되어 있다. 그래서 따로 지정할 필요가 없지만, 새롭게 사용하여야 할 라이브러리 및 다른 프로젝트에 Save As된 Source를 이용하여야 할 경우 위의 환경 창에 새로운(편집된) 파일을 링크하여야만 사용할 수 있다.

※ Tip 위에서 다룬 Include tab, Library tab, Stimulus tab은 기본적으로 자체 프로젝트에서 자동적으로 지정된다. 그러나 새로운 모델을 만들고 시뮬레이션 시 라이브러리 탭에 모델이 들어 있는 라이브러리(.lib)를 추가하지 않을 경우 다음과 같은 에러가 발생한다.

"ERROR -- Subcircuit kkk used by X_halfadd_A_U4 is undefined"

Stimulus tab의 사용도 마찬가지로 경로를 추가해야 한다. 하나의 *.stl에 여러 개의 다른 이름의 입력 파형을 지정할 수 있고, 이 *.stl을 지정하여 schematic에서 이름만 작성하면 사용할 수 있다.

4) Options

PSpice에서는 여러 가지 해석에 대한 시뮬레이션 계산을 위한 파라미터를 제한하고 설정하는 여러 가지 조건을 제공하고 있다. 시뮬레이션 해석 후에 결과를 저장하는 output 파일에 시뮬레이션에 대한 어떤 정보를 저장하느냐의 여부에 대해 선택을 하는 것이고, 수치를 입력하는 options는 시뮬레이션의 결과에 대한 정확도와 해석 알고리즘의 계산, 스텝사이즈 및 반복계산 횟수를 결정하는 역할을 수행한다. 회로가 복잡해지거나 반도체 소자를 시뮬레이션에 사용하게 되면 해석에러(Convergence Error)가 종종 발생하거나 해석 시간이 상당히 오래 걸리는 경우가 발생하게 되는데 이때는 수치를 입력하는 options 값을 변경하여 이를 피할 수 있다. Options는 Analog Simulation, Gate-level Simulation, Output file Category로 구분된다.

◆ Analog Simulation Options

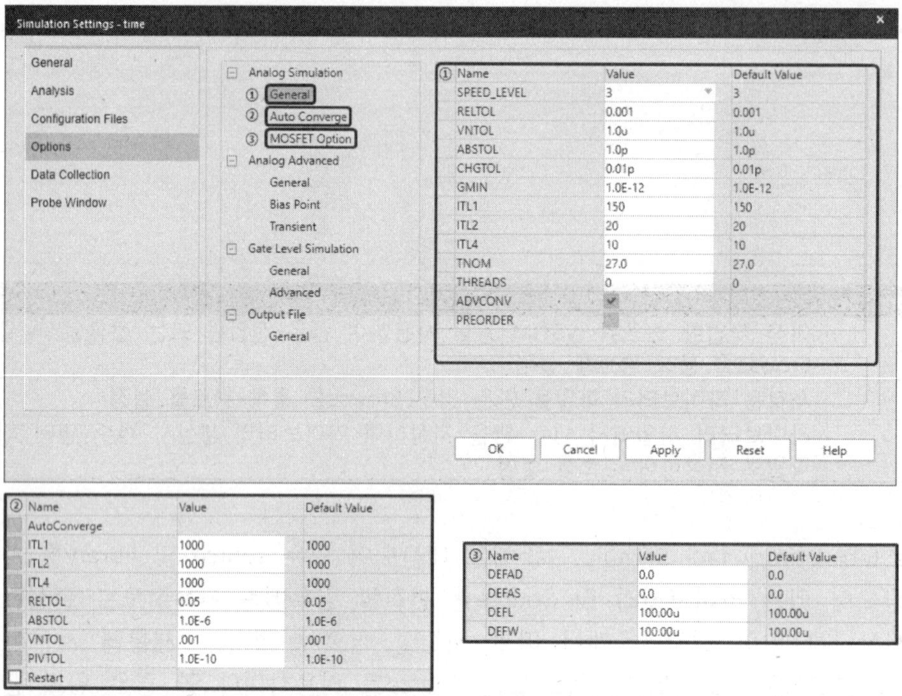

① General

PSpice의 결과에 대한 정확도는 값을 입력하는 Options 중에서 RELTOL, VNTOL, ABSTOL, CHGTOL의 설정에 의해 좌우된다. 그 중에서도 계산되는 모든 전압, 전류에 대한 상대적인 정확도를 결정하는 RELTOL이 가장 중요한 변수인데 0.001(0.1%)이 default 값이다.

VNTOL, ABSTOL, CHGTOL은 각각 전압, 전류, 전하/자속에 대한 가장 좋은 정확도를 의미하며 RETOL은 Step Time 간에 정확도가 결정한다.

Options	Default	의 미
SPEED_LEVEL	3	Model의 Switching 동작을 최적화
RELTOL	0.001	전압과 전류의 상대적 accuracy
VNTOL	1uV	최소 전압 제한치
ABSTOL	1pA	최소 전류 계산치
CHGTOL	0.01pC	최소 전하 계산치
GMIN	1p	최소 컨덕턴스
ITL1	40	DC and bias point “blind” iteration limit
ITL2	20	DC and bias point “best guess” iteration limit
ITL4	10	과도해석 시의 반복 제한치
TNOM	27	기본온도
THREADS	0	설정된 값만큼 스레드 코어 수를 사용(기본 값으로 0 권장)
ADVCONV	ON	Advanced Convergence기능으로 모든 Convergence 알고리즘을 사용
PREORDER		Matrix Fill-In 삭감을 위한 Preorder 사용

PSpice에서 제공하는 default 값을 가지고 계산할 경우에는 다음과 같다.

Voltage Accuracy default = MAX(0.1% of voltage, 1uV)
Current Accuracy default = MAX(0.1% of current, 1pA)
Charge Accuracy default = MAX(0.1% of charge, 0.01pC)
Flux Accuracy default = MAX(0.1% of flux, 0.1Weber/m^2)

위의 수식에서 알 수 있듯이 PSpice의 계산에서 가장 문제가 되는 곳은 전압이나 전류의 부호가 바뀌는 영(zero)부분 계산인데 이곳의 계산시간이 시뮬레이션 전체 시간의 대부분을 차지하며 convergence error가 가장 많이 발생한다. 일반적으로 PSpice에서는 12차의 크기를 사용하는데 만일 kA 단위의 전류를 시뮬레이션 할 때 RELTOL=0.01%, ABSTOL=1pA를 선택할 경우 kA 단위가 1pA의 12차 이상이 되어 convergence error가 발생할 소지가 있다. 따라서 전압이나 전류의 Order에 따라 ABSTOL과 VNTOL을 조절할 필요가 있다.

예) ABSTOL = 1uA ; kiloampere range
ABSTOL = 1mA ; megaampere range
VNTOL = 1uV ; kilovolt range

대부분의 경우 RETOL=0.001(0.1%)을 선택하면 필요이상 정확한 해석을 수행하는 것으로 시뮬레이션을 좀 더 빨리 수행하려면 RELTOL=0.01(1%) 혹은 RELTOL=0.005(0.5%)를 선택한다. RELTOL=0.01(1%) 이상 입력하는 것은 시뮬레이션 결과에 오류가 발생할 경우가 있기 때문에 그 이상 입력하지 않도록 주의해야 한다.

② Auto Converge

Options	의 미
AutoConverge	시뮬레이션 중 수정하여 Convergence가 가능한 옵션에 대한 제한을 완화 가능 (ITL1, ITL2, ITL4, RELTOL, ABSTOL, VNTOL, PIVTOL 옵션 설정 가능)

③ MOSFET Options

Options	Default	의 미
DEFAD	0	MOSFET default drain area(AD)
DEFAS	0	MOSFET default source area(AS)
DEFL	100.00u	MOSFET default length(L)
DEFW	100.00u	MOSFET default width(W)

◆ Analog Advanced Options

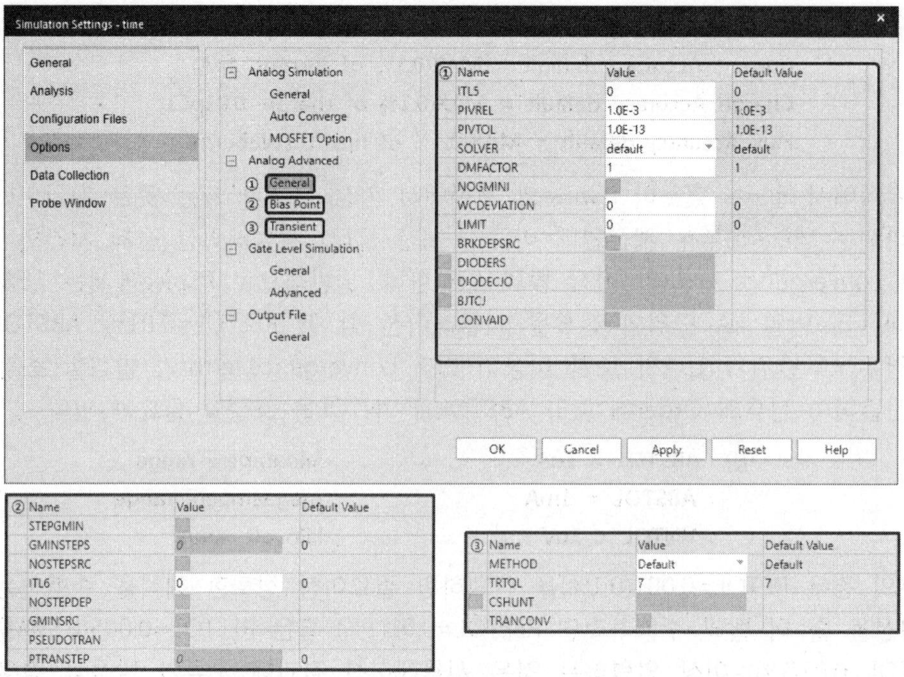

① General

Options	Default	의 미
ITL5	0	과도 분석을 위한 모든 point의 총 반복 한계 (ITL5 = 무한대)
PIVREL	1.0E-3	Matrix Pivot에 필요한 상대치
PIVTOL	1.0E-13	Matrix Pivot에 필요한 절대치
SOLVER	1	Performance 패키지 알고리즘 (0 = 기존 알고리즘, 1 = 고급 알고리즘)
DMFACTOR	1	델타의 최소 값에 대한 상대 계수
NOGMINI		현재 Source에서 GMIN을 추가 제한
WCDEVIATION	0	Worst-case analysis시 적용되는 편차
LIMIT	0	Absolute Data 값을 제한(overflow error시 사용)
BRKDEPSRC		기본 Max Time Step이 큰 경우 긴 시뮬레이션에 유용
DIODERS		다이오드 옴 저항의 최소 값
DIODECJO		다이오드 Junction 커패시터의 최소 값
BJTCJ		BJT의 Cje와 Cjc의 최소 값
CONVAID		Convergence에 실패 시 디버깅을 위한 .1OP 파일을 생성

② Bias Point

Options	Default	의 미
STEPGMIN		GMIN Stepping을 활성화 GMIN Stepping 알고리즘을 Convergence가 안되는 회로에 적용
GMINSTEPS	0	양의 정수인 GMIN stepping 값을 0으로 설정
NOSTEPSRC		Bias Point Convergence에 Source-Stepping 알고리즘의 사용을 제한
ITL6	0	Step-Sources의 Iteration당 Step의 최대 수
NOSTEPDEP		Step-Source동안 Dependent Source를 무시
GMINSRC		Source-Stepping 단계에서 GMIN 가능
PSEUDOTRAN		Bias-point Convergence Enhancement STEPGMIN, STEPSOURCES 방법이 실패 시 사용
PTRANSTEP	0	PSEUDOTRAN의 Iteration당 Step의 최대 수

③ Transient

Options	Default	의　　미
METHOD		Transient analysis 동안 적분 방법(GEAR, TRAPEZOIDAL 옵션) Gear : 일반적 해석보다 안정적인 해석방법 Trapezoidal : 일반적인 해석보다 정확한 해석방법
TRTOL	7	Transient analysis 동안 적분 계산 시 오차 범위 높은 수는 큰 시간 간격을 가지고 계산함으로써 정확도가 낮아짐 fast-switching 설계에서 불연속 모델에서 유용함
CSHUNT		SHUNT 커패시턴스는 Design의 모든 노드에 GND를 추가(1pF 권장)
TRANCONV		Transient analysis 실패 시 대체 경로 탐색기능을 활성화

◆ Gate-Level Simulation Options

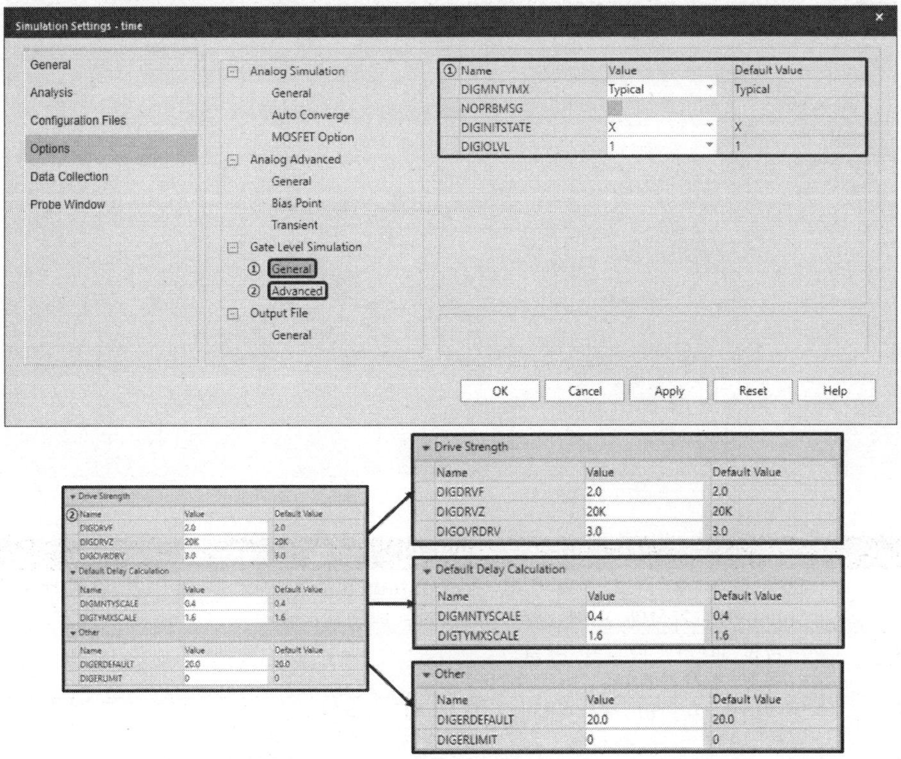

① General

Options	Default	의　　미
DIGMNTYMX	Typical	기본 Delay 값 선택
NOPRBMSG	0	Probe 데이터 파일에서 시뮬레이션 오류 메시지를 제한
DIGINITSTATE	X	모든 Flip-Flop 및 Latch 초기 상태를 설정
DIGIOLVL	1	기본 디지털 I / O 레벨

② Advanced

▼ Drive Strength

Options	Default	의　　미
DIGDRVF	2	최소 드라이브 저항(디지털)
DIGDRVZ	20K	최대 드라이브 저항(디지털)
DIGOVRDRV	3	드라이브 저항의 비

▼ Default Delay Calculation

Options	Default	의 미
DIGMNTYSCALE	0.4	typical delay로부터 minimum delay를 유도 시 사용하는 scale factor
DIGTYMXSCALE	1.6	typical delay로부터 maximum delay를 유도 시 사용하는 scale factor

▼ Other

Options	Default	의 미
DIGERRDEFAULT	20	디지털 constraint 소자에 대한 에러 제한치
DIGERRLIMIT	0	최대 디지털 에러 메시지 제한치

◆ Output File Options

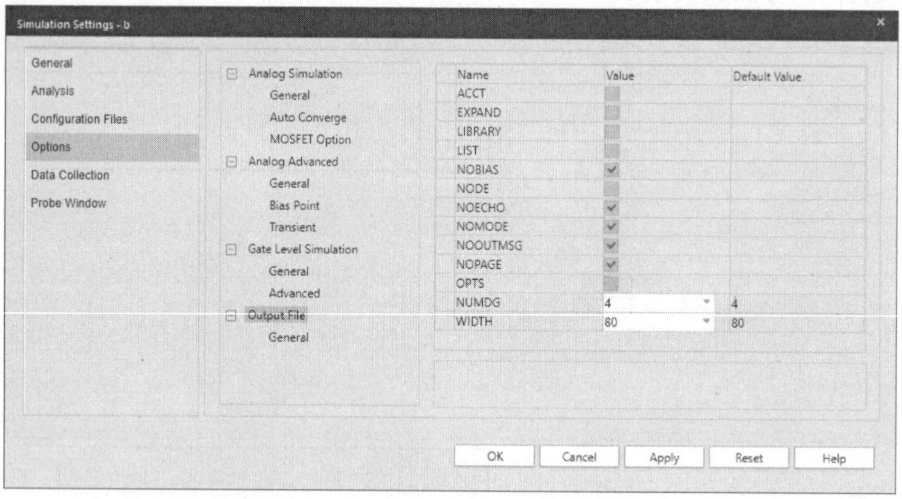

Options	의 미
ACCT	모든 해석 후 정보의 요약 및 accounting information을 output 파일에 저장
EXPAND	Subcircuit 확장에 의해 생성된 소자를 나열
LIBRARY	사용한 library 파일을 나열
LIST	사용한 소자를 나열
NOBIAS	바이어스 포인터 계산 결과를 표시 여부 설정
NODE	노드 연결 상태 정보를 표시 여부 설정
NOECHO	입력파일을 표시 여부 설정
NOMOD	모델 파라미터 및 온도를 표시 여부 설정
NOOUTMSG	시뮬레이션 조건 표시 여부 설정
NOPAGE	Output 파일의 주요 부분에 banner를 표시 여부 설정
OPTS	모든 options 값을 표시 여부 설정
NUMDG	Digit Display 비트 수

5) Data Collection

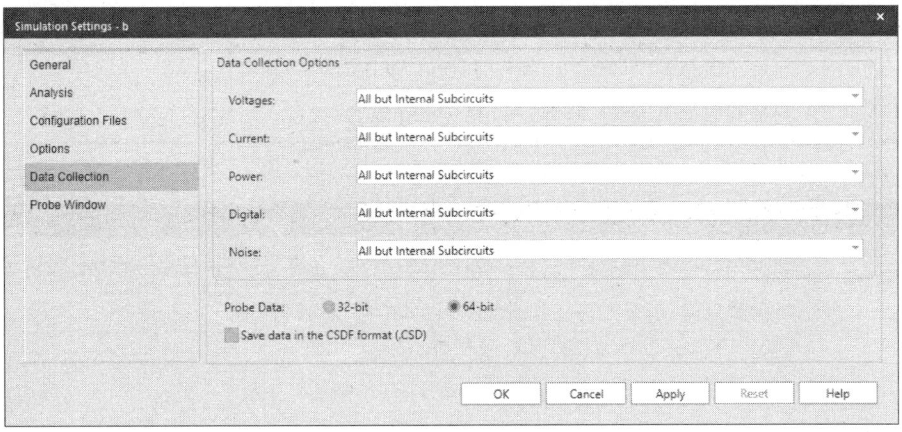

◆ Data Collection Options

회로도에서 수집할 데이터 종류 선택. Voltages, Currents, Power, Digital, Noise

Options	의　　미
All	전체회로에 대한 모든 데이터 저장
At Markers Only	모든 해석 후 정보의 요약 및 accounting information을 output 파일에 저장
All But Internal Subcircuit	사용한 library 파일을 나열
None	데이터를 저장하지 않음

◆ Probe Data Options

Options	의　　미
Probe Data	Probe 출력 데이터를 32-bit 와 64-bit 중 선택 가능 (64-bit 선택 시 probe의 분해능 증가로 정밀도 향상)
Save data in the CSDF Format [.CSD]	Probe용 데이터를 binary대신 Text format으로 저장

6) Probe Window

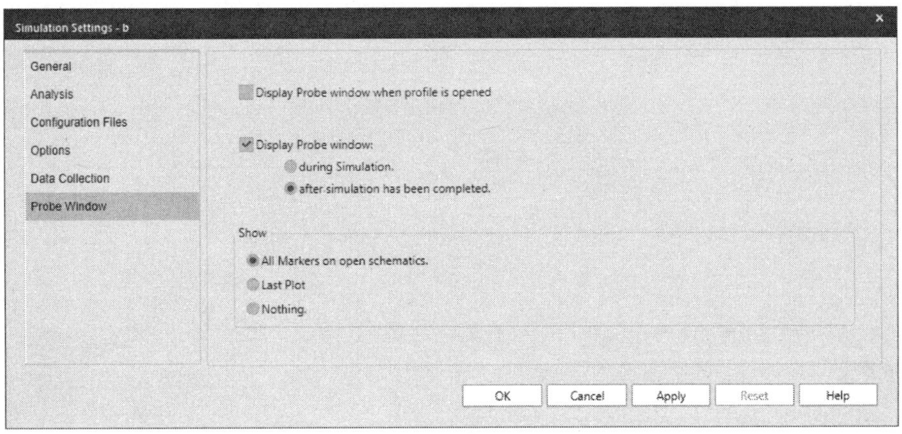

◆ Display Probe window when profile is opened

Profile을 open할 때 Probe window를 표시한다.

◆ Display Probe window

Options	의 미
during simulation	시뮬레이션이 진행되는 동안 Probe Window를 표시
after simulation has completed	시뮬레이션이 끝난 후에 Probe Window를 표시

◆ **Show**

Options	의 미
All Markers on open schematics	Schematics에 표시된 모든 Marker의 전압, 전류를 자동으로 Probe 화면에 표시
Last plot	자동적으로 가장 최근의 probe session을 재설정
Nothing	어떤 파형도 probe 화면에 표시하지 않음

8. SPICE 명령어

형 식	해석 형태	도트 명령어	비 고
Standard Analysis	DC Sweep	.DC	DC Sweep
	Bias Point Detail	.OP	Bias Point
	Transfer Function	.TF	Small-Signal Transfer
	Sensitivity	.SENS	DC Sensitivity
	AC Sweep	.AC	Frequency Response
	AC Sweep/Noise	.NOISE	Noise
	Transient	.TRAN	Transient
	Transient/Fourier	.FOUR	Fourier Components
Simple Multi-Run Analysis	Parametric	.STEP	Parametric
	Temperature	.TEMP	Temperature
Statistical Analysis	Monte Carlo	.MC	Monte Carlo
	Worst Case	.WCASE	Sensitivity/Worst-Case
General Setup	Save Bias Point	.SAVEBIAS	Store Unclamped Bias Point
	Load Bias Point	.LOADBIAS	Restore Unclamped Bias Point
	Options	.OPTIONS	Set Miscellaneous

※ 도트 명령어의 경우 TEXT로 회로를 작성하고 시뮬레이션을 할 경우
(Reference Guide 참조)

단축키 Capture 창 단축키

All Capture Windows

단축키	기능
ALT+F4 / ALT, F, X/ ALT, SPACEBAR, C	프로그램 종료
F1	도움말

Schematic page editor

단축키	기능
CTRL+A	모두 선택
B	버스 (Bus) 선 그리기
E	버스 연결선 (Bus Entry) 배치
F	전원 Symbol 배치
G	그라운드 Symbol 배치
J	정션(Junction;접점) 배치 및 제거
N	넷이름 (Net alias) 설정
P	부품 (Part) 배치
T	글자 (Text) 배치
W	배선 (Wire) 배치
Y	다각형 (Polyline) 그리기
X	배선을 연결하지 않는 핀(No Connect) 설정
CTRL+I	회로도에 배치된 객체들을 선택하는 창이 나타남 (이 창에서 선택된 항목만 선택이 됨)
CTRL+SHIFT+Left Click	부품 잠금

Schematic page and part editors

단축키	기능
CTRL+C	복사
CTRL+E	속성 편집
CTRL+F	찾기
CTRL+G	이동하기
CTRL+P	프린트하기
CTRL+S	저장하기
CTRL+T	snap to grid 기능을 켜고 끄기
CTRL+V	붙여넣기
CTRL+X	자르기
CTRL+Y	작업 되돌리기 (Redo)
CTRL+Z	이전 작업으로 돌아가기 (Undo)
F4	반복 작업
DEL /DELETE / BACKSPACE	삭제
ENTER	실행 (마우스 더블 클릭과 동일)
ESCAPE (ESC)	작업 종료
SPACE	마우스 클릭
UP ARROW	그리드 위로 1칸 이동
DOWN ARROW	그리드 아래로 1칸 이동
LEFT ARROW	그리드 왼쪽으로 1칸 이동
RIGHT ARROW	그리드 오른쪽으로 1칸 이동
CTRL+UP ARROW	그리드 위로 5칸 이동
CTRL+DOWN ARROW	그리드 아래로 5칸 이동
CTRL+LEFT ARROW	그리드 왼쪽으로 5칸 이동
CTRL+RIGHT ARROW	그리드 오른쪽으로 5칸 이동
PAGE UP	페이지 위로 이동
PAGE DOWN	페이지 아래로 이동
F5	화면 다시 그림
C	마우스 커서 위치를 화면 가운데로
H	객체를 좌우 반전
R	객체를 90도 회전
V	객체를 상하 반전
I	화면 확대
O	화면 축소

따라하기 부품 배치하기 / 배선하기

Place Part

메뉴 Place - Part (단축키 : P)를 클릭하여 Part List에서 검색하거나 Part에서 부품명을 입력 후 Enter키를 클릭하여 화면에 부품을 배치할 수 있다.

Part Browser

Rotate – <R> Keys
Mirror – Edit – Mirror
<H>, <V> Keys

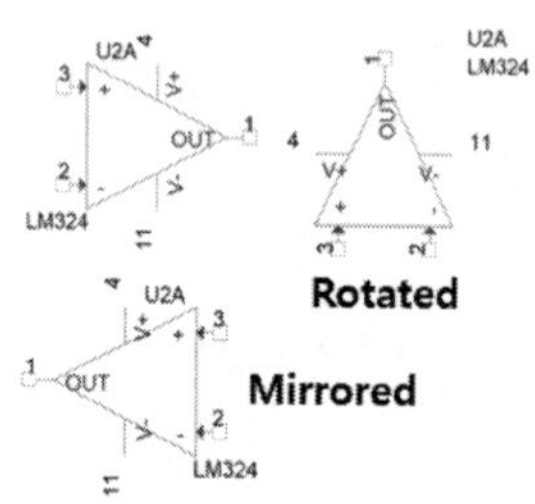

① 부품 검색
② 라이브러리 새로 고침
③ 라이브러리 등록
④ 라이브러리 삭제
⑤ 부품검색 및 등록

Connecting Parts Electrically

메뉴 Place - wire (단축키 W)를 클릭하여 배선을 할 수 있다. 부품의 사각형 모양의 연결 부분이나 다른 배선을 클릭하여 배선을 연결할 수 있다.

메뉴 Place - Bus (단축키 B)를 클릭하여 여러 배선의 묶음 선을 그릴 수 있다. 버스와 배선을 연결하기 위해서는 메뉴 Place – Bus Entry(단축키 E)를 이용하여 연결하여야 한다.

Connections

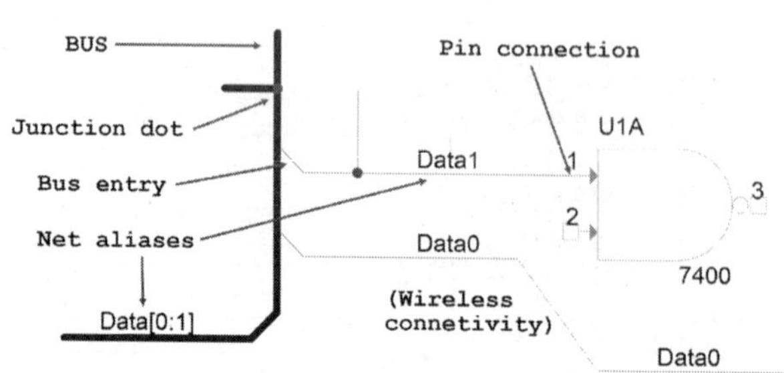

CHAPTER 02

Probe Window 활용

따라하기

1) 회로도 (분압 회로)

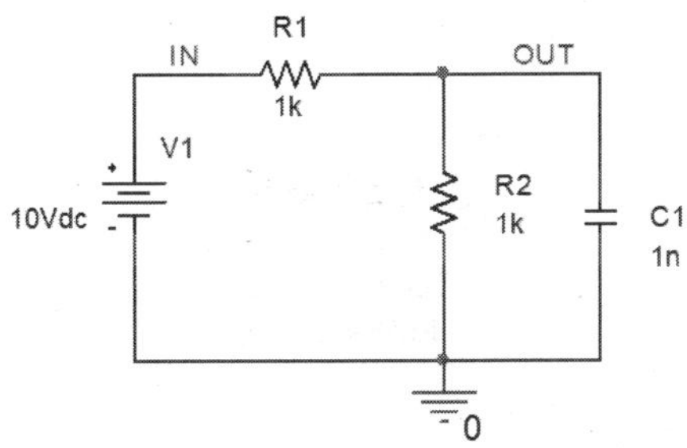

2) 사용기능 및 부품

(Place Part)VDC, R, C, (Place Ground) 0, (Place Wire)
(Place Net Alias)

3) 시뮬레이션 조건

New Simulation 창 (메뉴 PSpice – New Simulation Profile ( ) 클릭)

- Name : **Tran**
- Inherit Form : **None**

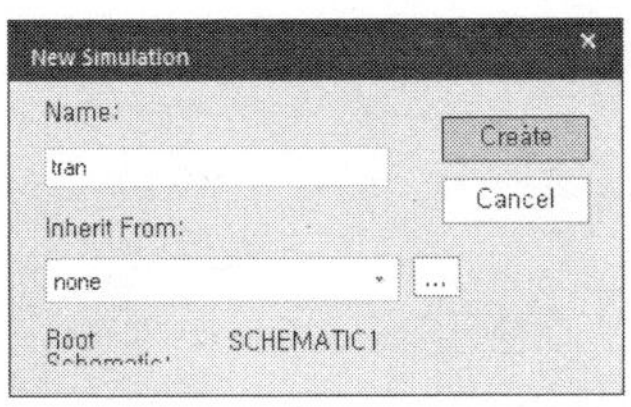

Simulation Setting 창 – Analysis 탭

- Analysis Type : **Time Domain**
- General Settings
  · Run to Time : **1000ns**

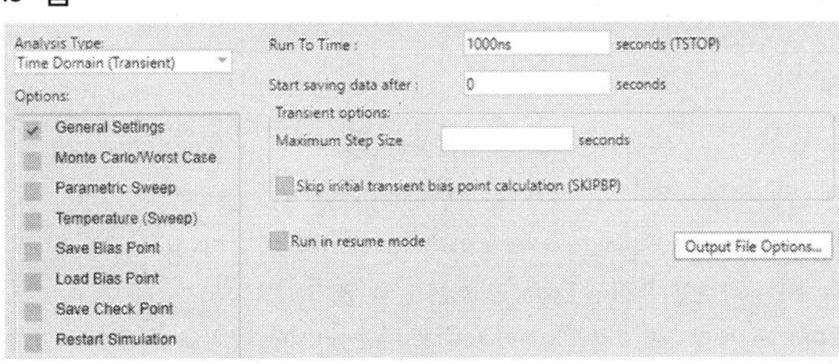

4) Run PSpice

메뉴 PSpice – Run ( ) 클릭

1. Probe Window 구성

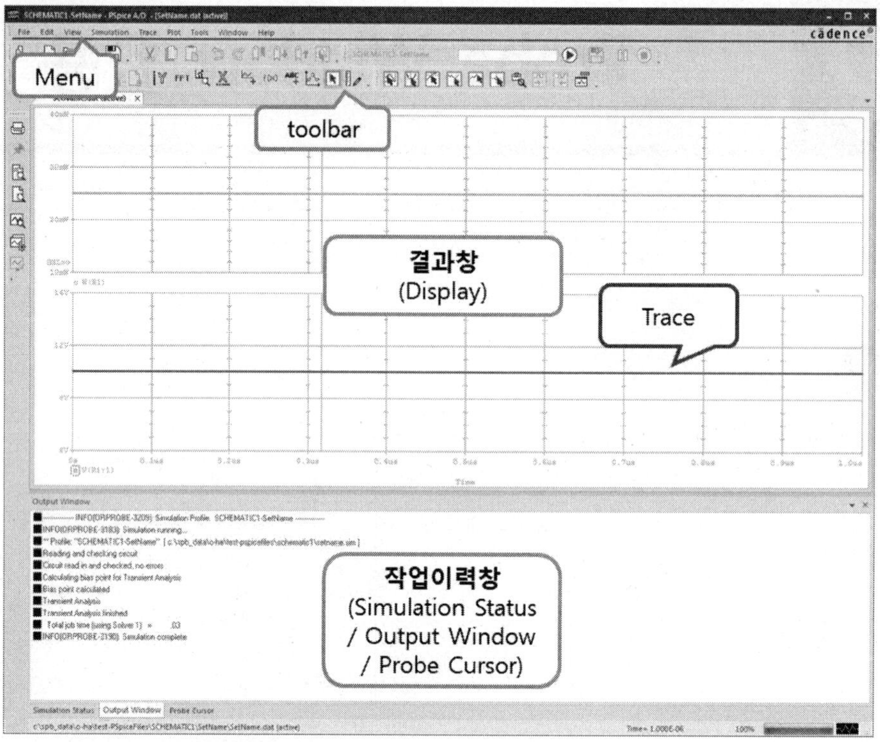

2. 기본 메뉴 및 아이콘, 툴바

1) 메뉴

① ② ③ ④ ⑤ ⑥ ⑦ ⑧ ⑨

① File : Probe 파일 관리
② Edit : Probe 파일 편집
③ View : 화면 줌, 툴바, 회로/출력/시뮬레이션 파일 보기
④ Simulation : 시뮬레이션 Run, Stop
⑤ Trace : 트레이스(파형곡선) 추가, 삭제
⑥ Plot : X-Y 축 지정, 화면 분할, 라벨
⑦ Tools : 메뉴 바, 툴바 조정(출력 화면에 대한 설정 및 Cursor 설정)
⑧ Window : 출력화면 정렬, 클립보드 복사
⑨ Help : 도움말

2) 툴바

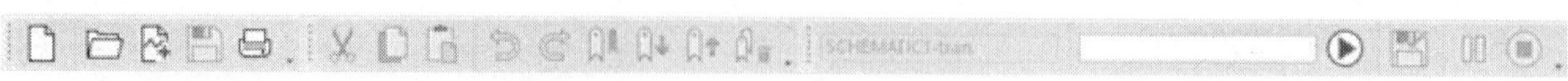

① ② ③ ④ ⑤ ⑥ ⑦ ⑧ ⑨ ⑩ ⑪ ⑫ ⑬ ⑭ ⑮ ⑯ ⑰ ⑱ ⑲ ⑳

① New : 새로운 시뮬레이션 프로파일 및 텍스트 파일 생성
② Open : 새로운 Probe Data Plot 윈도우 열기
③ Append File : 현재의 Plot 윈도우에 다른 Probe 데이터 첨부
④ Save : 현재 윈도우의 Probe Data 저장
⑤ Print : Plot 윈도우 화면 인쇄
⑥ Cut : 선택 항목 잘라내기
⑦ Copy : 선택 항목 복사

⑧ Paste : 클립보드 내용 붙여넣기
⑨ Undo : 최근 실행 작업 취소
⑩ Redo : 최근 실행한 Undo 취소
⑪ Toggle Bookmark : 선택 위치에서 북마크를 토글
⑫ Next Bookmark : 다음 북마크 위치로 이동
⑬ Previous Bookmark : 이전 북마크 위치로 이동
⑭ Clear Bookmarks : 설정한 북마크 모두 삭제
⑮ Pause : 시뮬레이션 일시정지
⑯ Current Simulation : 현재 작업 중인 시뮬레이션 프로파일
⑰ Run For : 원하는 시간까지 시뮬레이션 진행
⑱ Run PSpice : 시뮬레이션 실행
⑲ Save Simulation State : 현재 시뮬레이션 상태 저장
⑳ Pause : 시뮬레이션 일시정지

① ② ③ ④ ⑤ ⑥ ⑦ ⑧ ⑨ ⑩ ⑪ ⑫ ⑬ ⑭ ⑮ ⑯ ⑰ ⑱ ⑲ ⑳ ㉑ ㉒ ㉓ ㉔ ㉕ ㉖

① Zoom In : 화면 확대
② Zoom Out : 화면 축소
③ Zoom Area : 일정영역 확대/축소
④ Zoom Fit : 전체보기
⑤ Load Next Part : 다음 Part 불러오기
⑥ Toggle Large Data File Mode : 대형 데이터 파일 모드 표시 토글
⑦ Log Y Axis : Y축 Log 스케일 지정
⑧ Fourier : 퓨리에 변환
⑨ Performance Analysis : 성능분석 실행
⑩ Log X Axis : X축 Log 스케일 지정
⑪ Add Trace : Trace 추가
⑫ Evaluate Measurement : 내장함수로 측정평가
⑬ Text Label : 텍스트 라벨 추가
⑭ Mark Data Points : 데이터 포인트 표시
⑮ Toggle cursor : Cursor Probe 창 표시 토글
⑯ Toggle Measurement Results Window : 내장함수로 측정평가 결과보기
⑰ Cursor Peak : 다음 Peak로 커서 이동
⑱ Cursor Trough : 다음 Trough로 커서 이동
⑲ Cursor Slope : 최대 경사 포인트로 커서 이동
⑳ Cursor Min : 최소 포인트로 커서 이동
㉑ Cursor Max : 최대 포인트로 커서 이동
㉒ Cursor Point : 다음 데이터 포인트로 커서 이동
㉓ Cursor Search : 명령에 의한 데이터 포인트 지점으로 커서 이동
㉔ Cursor Next Tran : 디지털회로에서 다음 Transition으로 커서 이동
㉕ Cursor Prev Tran : 디지털회로에서 이전 Transition으로 커서 이동
㉖ Mark Label : 현 커서 포인트의 값 표시

① ② ③ ④ ⑤ ⑥ ⑦

① Always On Top : 항상 최상위로 표시
② View Circuit File : Circuit 파일 표시
③ View Simulation Output File : 시뮬레이션 출력파일 표시
④ View Simulation Results : 시뮬레이션 결과 표시
⑤ Simulation Queue : 시뮬레이션 큐 표시
⑥ Edit Simulation Settings : 시뮬레이션 프로파일 설정 창 표시
⑦ Edit Runtime Settings : Runtime 시뮬레이션 설정 창 표시

3. PSpice A/D에서 사용할 수 있는 함수

아날로그		디지털	
함 수	용 도	함 수	용 도
ABS(x)	절대치	( )	Grouping
SGN(x)	Sign function	~	Logical complement
SQRT(x)	Square root	*	곱셈(버스에만 적용)
EXP(x)	지수함수	/	나눗셈(버스에만 적용)
LOG(x)	자연로그	+	덧셈(버스에만 적용)
LOG10(x)	상용로그	-	뺄셈(버스에만 적용)
M(x)	x의 크기	&	논리곱
P(x)	x의 위상(각도)	^	배타적 OR
R(x)	x의 실수부	|	논리합
IMG(x)	x의 허수부		
G(x)	x의 그룹지연시간		
PWR(x,y)	절대치 x의 y승		
SIN(x)	사인함수		
COS(x)	코사인함수		
TAN(x)	탄젠트함수		
ATAN(x)	아크탄젠트함수		
D(x)	x의 미분		
S(x)	x의 적분		
AVG(x)	평균치		
AVGX(x,d)	x파형을 d까지 평균		
RMS(x)	실효치		

4. PSpice에서 사용하는 단위

Alphabet used...	Scale	Stands for..
F(f)	10^{-15}	femto
P(p)	10^{-12}	pico
N(n)	10^{-9}	nano
U(u)	10^{-6}	micro
M(m)	10^{-3}	milli
K(k)	10^{3}	kilo
MEG(meg)	10^{6}	mega
G(g)	10^{9}	giga
T(t)	10^{12}	tera

예)

Notations	Equivalent to...
2M2	2.2M
2MEG2	2.2MEG
4L5	4.5H(Inductor of 4.5 henry)
2K2	2.2K
12C2	Capacitor of 12.2 farads
5R4	Resistor of 5.4 ohms
2p2	2.2p ($2.2*10^{-12}$)

기타 단위

1MIL = 25.4um

1C = Clock cycle

※ PSpice에서는 최소 5E-37에서 1E+10까지 지원

5. Cursor

1) Toggle Cursor

메뉴 Trace - Cursor – Display( )을 클릭한 다음 커서를 이용하여 Y1, Y2 위치를 확인한다.

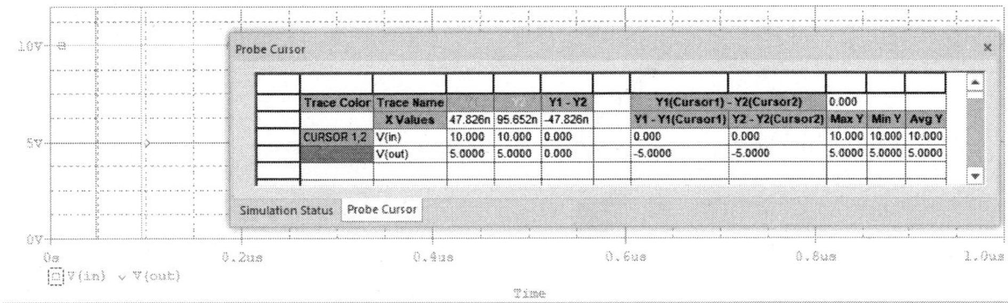

Y1 : Cursor1(마우스 왼쪽 버튼 클릭)　　　Y2 : Cursor2(마우스 오른쪽 버튼 클릭)

2) Search Command

메뉴 Trace - Cursor – Search Commands( ) 을 클릭하여 원하는 위치를 측정할 수 있다.

- 형식 : search [direction] <condition>
  - [direction] (방향)

    Forward : 기본값, 정방향(→) 검색

    Backward : 역방향(←) 검색
  - <condition> (조건)

    LEvel(value[posneg]) : y 축으로 Value 값 위치 측정

    SLope[(posneg)] : 지정된 방향으로 최대 기울기 위치 측정

    PEak : 커서 주변의 높은 지점 측정

    TRough : 커서 주변의 낮은 지점 측정

    MAx : 파형의 최고 지점 측정

    MIn : 파형의 최저 지점 측정

    POint : 파형의 다음/이전 포인트 위치 측정

    XValue(value) : x축의 value 위치를 측정

    ※ posneg : p이면 상승 구간 측정, n이면 하강 구간 측정

(사용 예)

- x축의 100 위치의 결과 측정 : search forward x value (100) 또는 SFXV(100)
- Y축의 MAX(최대값)-3인 위치 측정 : search forward level (max-3) 또는 SFLE(max-3)
- Y축의 50%위치의 상승 구간 측정 : search forward level (50%,p) 또는 SFLE(50%,p)

6. Markers

1) PSpice Marker ( )

전압과 전류 그리고 전력을 측정하기 위한 프로브를 제공한다.

Volt Marker : 

Current Marker : 

Diff Volt Marker : 

Power Marker : 

2) Advanced Marker (메뉴 PSpice - Markers – Advanced; AC sweep에서만 사용 가능)

Bode Plot과 Nyquist Plot 등을 측정하기 위한 용도의 프로브를 제공한다.

dB Magnitude of Voltage 

Phase of Voltage 

Group Delay of Voltage 

Real Part of Voltage 

Imaginary Part of Voltage 

3) Templates Marker(; 메뉴 PSpice - Markers - Plot Window Templates)

시뮬레이션의 analysis 설정에 따라 Templates 항목이 설정된다.

Time Domain

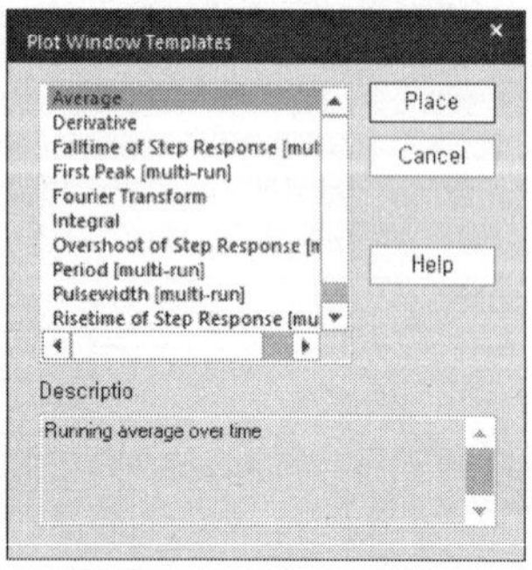

AC Sweep

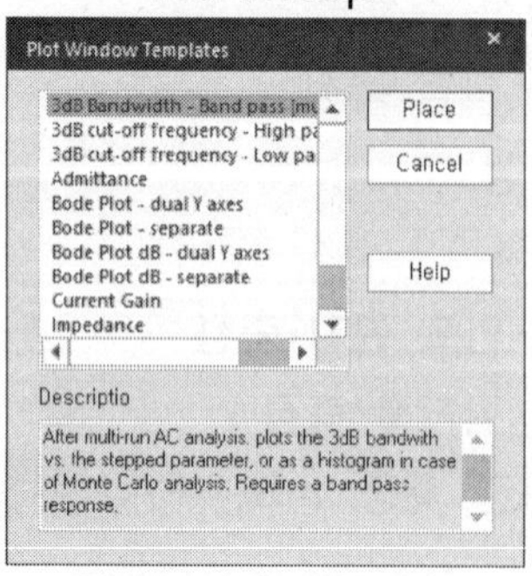

DC Sweep

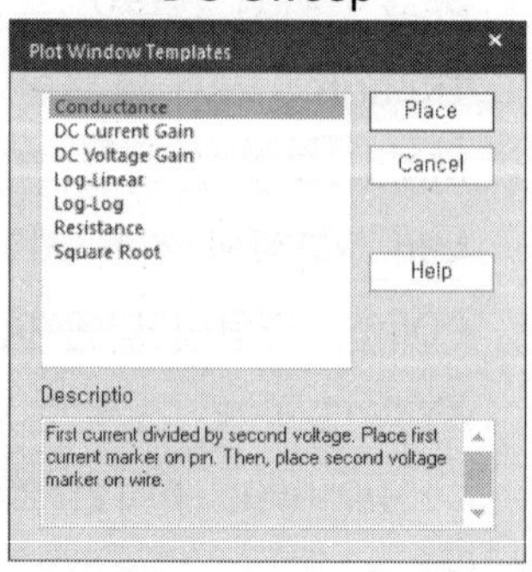

7. Simulation Report

시뮬레이션 후 Generate Report(메뉴 Tools - Generate Report)를 클릭하면 시뮬레이션에 대한 요약된 정보를 볼 수 있다.

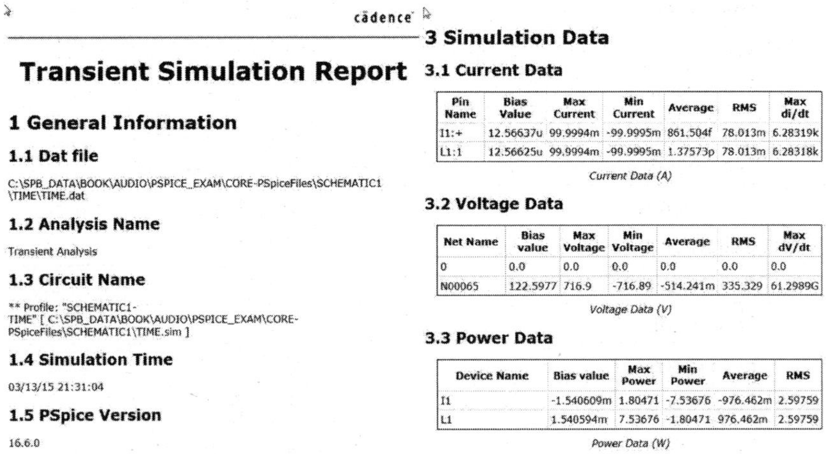
cadence

Transient Simulation Report

1 General Information

1.1 Dat file

C:\SPB_DATA\BOOK\AUDIO\PSPICE_EXAM\CORE-PSpiceFiles\SCHEMATIC1\TIME\TIME.dat

1.2 Analysis Name

Transient Analysis

1.3 Circuit Name

** Profile: "SCHEMATIC1-TIME" [C:\SPB_DATA\BOOK\AUDIO\PSPICE_EXAM\CORE-PSpiceFiles\SCHEMATIC1\TIME.sim]

1.4 Simulation Time

03/13/15 21:31:04

1.5 PSpice Version

16.6.0

3 Simulation Data

3.1 Current Data

Pin Name	Bias Value	Max Current	Min Current	Average	RMS	Max di/dt
I1:+	12.56637u	99.9994m	-99.9995m	861.504f	78.013m	6.28319k
L1:1	12.56625u	99.9994m	-99.9995m	1.37573p	78.013m	6.28318k

Current Data (A)

3.2 Voltage Data

Net Name	Bias value	Max Voltage	Min Voltage	Average	RMS	Max dV/dt
0	0.0	0.0	0.0	0.0	0.0	0.0
N00065	122.5977	716.9	-716.89	-514.241m	335.329	61.2989G

Voltage Data (V)

3.3 Power Data

Device Name	Bias value	Max Power	Min Power	Average	RMS
I1	-1.540609m	1.80471	-7.53676	-976.462m	2.59759
L1	1.540594m	7.53676	-1.80471	976.462m	2.59759

Power Data (W)

8. Breakout Parts

사용자가 부품의 속성 정보(전기적인 특성)를 입력하여 사용할 수 있는 소자이다.

breakout part 소자	device type	PSpice device 머리글
BBREAK	GaAsFET	B
CBREAK	Capacitor	C
DBREAK	Diode	D
JBREAK	JFET	J
KBREAK	Inductor Coupling	K
LBREAK	Inductor	L
MBREAK	MOSFET	M
QBREAK	Bipolar Transistor	Q
RBREAK	Resistor	R
SBREAK	Voltage-Controlled Switch	S
WBREAK	Current-Controlled Switch	W
XFRM_NONLINEAR	Transformer	K and L
ZBREAKN	IGBT	Z

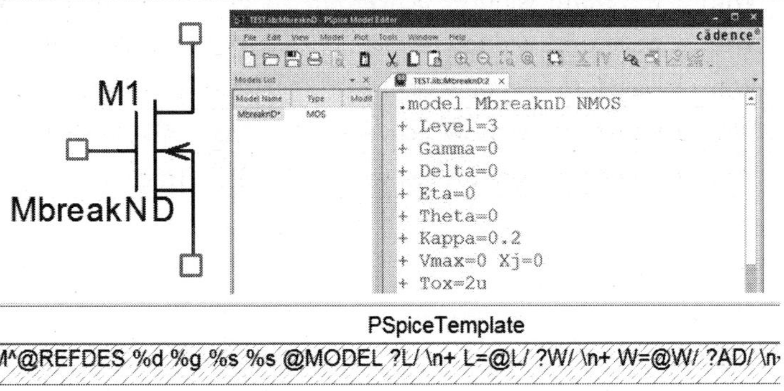

단축키 PSpice A/D 창 단축키

단축키	메뉴 및 인터페이스	기능 및 메뉴 명령어
F1	Help menu	도움말
CTRL+N	With a PSpice window active	Creates a new text file
CTRL+O	File menu	파일 열기
CTRL+P	File menu	화면 프린트하기
ALT+F4	File menu	프로그램 종료하기
CTRL+C	Edit menu	복사하기
CTRL+V	Edit menu	붙여넣기
CTRL+X	Edit menu	자르기
DELETE	Edit menu	삭제하기
CTRL+F	Edit menu	찾기
CTRL+G	Edit menu	해당 줄로 이동하기
CTRL+H	Edit menu	다시 배치하기
F3	Edit menu	다음 찾기
CTRL+A	Zoom menu (on the View menu)	화면 부분 확대 (Zoom Area)
CTRL+I	Zoom menu (on the View menu)	화면 확대 (Zoom In)
CTRL+T	Zoom menu (on the View menu)	화면 축소 (Zoom Out)
CTRL+L	Zoom menu (on the View menu)	화면 갱신 (Redraw)
CTRL+SHIFT+C	Cursor menu (on the Trace menu)	커서 보이기 (Display)
CTRL+SHIFT+F	Cursor menu (on the Trace menu)	커서 잠그기 (Freeze)
CTRL+SHIFT+P	Cursor menu (on the Trace menu)	커서 근처 높은 위치 찾기 (Peak)
CTRL+SHIFT+T	Cursor menu (on the Trace menu)	커서 근처 낮은 위치 찾기 (Trough)
CTRL+SHIFT+L	Cursor menu (on the Trace menu)	커서를 근처 급경사 위치 찾기 (Slope)
CTRL+SHIFT+M	Cursor menu (on the Trace menu)	최고점 찾기 (Min)
CTRL+SHIFT+X	Cursor menu (on the Trace menu)	최저점 찾기 (Max)
CTRL+SHIFT+I	Cursor menu (on the Trace menu)	커서 근처의 Point 찾기
CTRL+SHIFT+S	Cursor menu (on the Trace menu)	검색 명령어 실행 (Search Commands)
CTRL+SHIFT+N	Cursor menu (on the Trace menu)	디지털 파형에서 다음 엣지 위치 찾기
CTRL+SHIFT+R	Cursor menu (on the Trace menu)	디지털 파형에서 이전 엣지 위치 찾기
CTRL+U	With a waveform window active	삭제한 Trace 되돌리기
CTRL+Y	With a waveform window active	선택한 Plot에 Y 축 추가
CTRL+SHIFT+Y	With a waveform window active	선택한 Y 축 삭제
F12	With a waveform window active	마지막 waveform window로 되돌리기
INSERT	With a waveform window active	Trace 추가하기
CTRL+DELETE	With a waveform window active	모든 Trace 삭제하기

CHAPTER 03

전압원/전류원 활용

1. 아날로그 전압원(V) 및 전류원(I)의 종류

심볼명	부품모양	속 성	의 미	용 도
VDC (IDC)	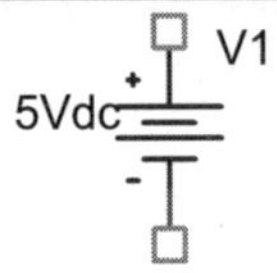	VDC	직류전압 값	직류전압 전원용 DC Sweep용
VAC (IAC)		DC	직류전압 값	DC Sweep용
		ACPULSE ACMAG	교류위상 교류진폭	주파수해석용 (AC Sweep용)
VSIN (ISIN)	VOFF = VAMPL = FREQ = 	DC	직류전압 값	DC Sweep용
		AC	교류진폭	주파수해석용 (AC Sweep용)
		VOFF VAMPL FREQ DF PHASE	교류에 타고 있는 직류 값 교류진폭 주파수 Damping Factor 위상	과도해석용 (Transient 해석용)
VPULSE (IPULSE)	V1 = V2 = TD = TR = TF = PW = PER = 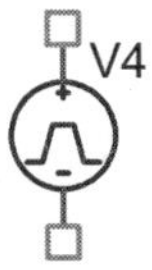	DC	직류전압 값	DC Sweep용
		AC	교류진폭	주파수해석용 (AC Sweep용)
		V1 V2 TD TR TF PW PER	최초 Stage값 두 번째 Stage값 신호 지연시간 신호 상승시간 신호 하강시간 펄스폭 주기(Period=T)	과도해석용 (Transient 해석용)

전류의 경우 전압과의 심볼명이 V가 아닌 I로 바뀌고 기능이나 의미, 용도는 동일하게 사용된다. 다음은 전압에서 나열한 것과 마찬가지로 전류원에 대해 나타내었다.

(가) IDC

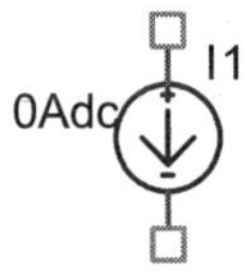

(나) IAC

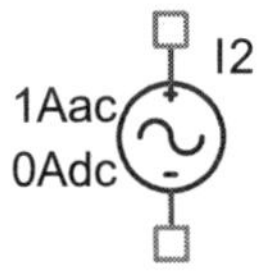

(다) ISIN

IOFF =
IAMPL =
FREQ =

(라) IPULSE

I1 =
I2 =
TD =
TR =
TF =
PW =
PER =

기타 : VEXP(IEXP), VSFFM(ISFFM), VPWL(IPWL), VSRC(ISRC), VPWL_FILE(IPWL_FILE), ... etc.

2. 디지털 전압원

심볼명	부품모양	속 성	의 미	용 도
Digclock /SOURCE	OFFTIME = .5uS ONTIME = .5uS DELAY = STARTVAL = 0 OPPVAL = 1 DSTM1 CLK	OFFTIME ONTIME DELAY STARTVAL OPPVAL	Off 시간 On 시간 신호 지연시간 Off 신호에서 상태 On 신호에서 상태	디지털 입력용
Stim1	DSTM1 S1	COMMAND1 ... COMMANDN	디지털 1 Signal 입력원	디지털 입력용
Stim4 Stim8 Stim16	DSTM2 S4 DSTM3 S8 DSTM4 S16	COMMAND1 ... COMMANDN	디지털 4 bit 입력원 디지털 8 bit 입력원 디지털 16 bit 입력원	디지털 입력용
FileStim1	DSTM5 F1 FILENAME = SIGNAME =	COMMAND1 ... COMMANDN	디지털 1 Signal 입력원	파일을 이용한 디지털 입력용
FileStim2 FileStim4 FileStim8 FILESTIM16 FileStim32	DSTM6 F2 FILENAME = SIGNAME = DSTM7 F4 FILENAME = SIGNAME = DSTM8 F8 FILENAME = SIGNAME = DSTM9 F16 FILENAME = SIGNAME = DSTM10 F32 FILENAME = SIGNAME =	FILENAME : 절대/상대 경로 파일명 SIGNAME : 신호명	디지털 2 bit 입력원 디지털 4 bit 입력원 디지털 8 bit 입력원 디지털 16 bit 입력원 디지털 32 bit 입력원	파일을 이용한 디지털 입력용

3. 전압원 전류원 사용 예

Time Domain을 5ms로 설정하고 **전압원/전류원** 회로를 시뮬레이션 한다.

1) 시뮬레이션 조건

New Simulation 창

- Name : **Time**
- Inherit Form : **None**

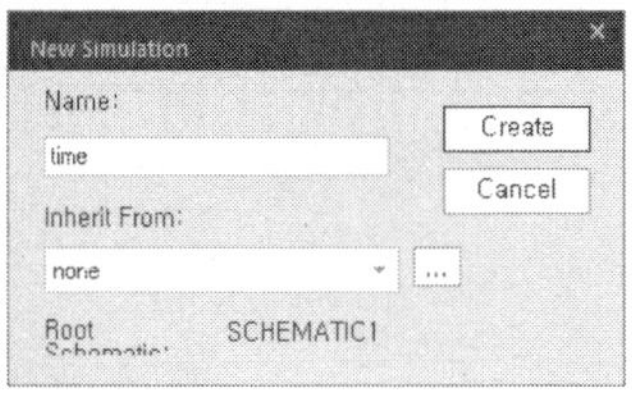

Simulation Setting 창 – Analysis 탭

- Analysis Type : **Time Domain**
- General Settings
  - Run to Time : **5m**
  - Maximum Step Size : **1u**

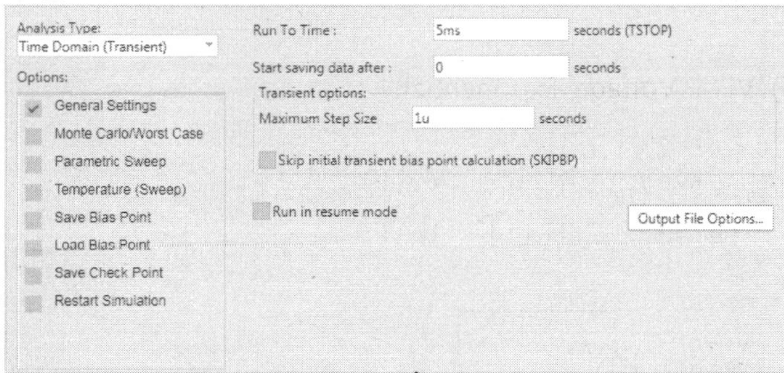

2) VSIN

$$V_1 = V_{OFF} + V_{AMPL} \cdot e^{(-DF \cdot [t-TD])} \cdot \sin(2 \cdot \pi \cdot FREQ \cdot [t-TD] + PHASE \cdot \frac{\pi}{180})$$

$$V_1 = V_{OFF} + V_{AMPL} \cdot \sin(PHASE \cdot \frac{\pi}{180})$$

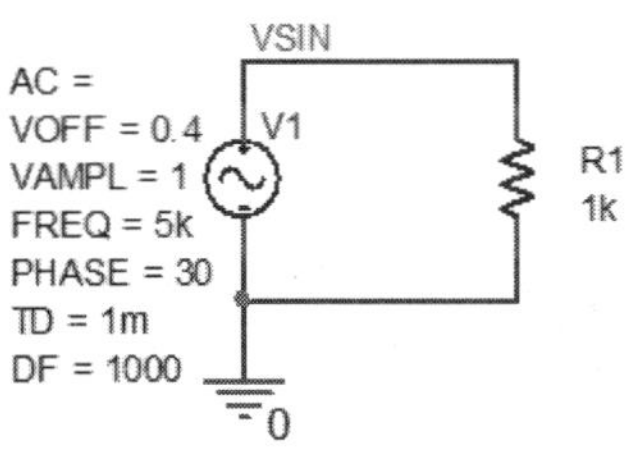

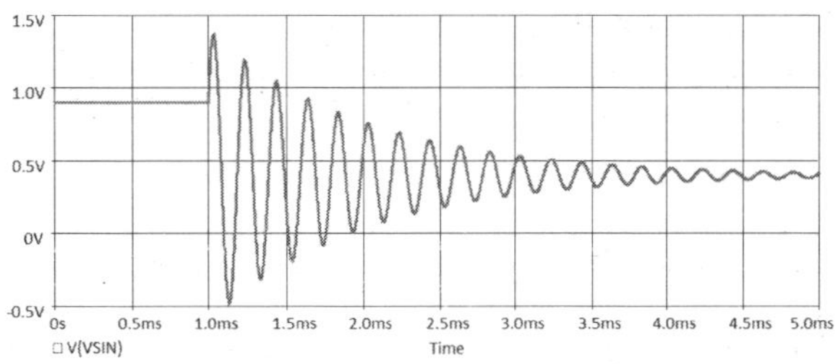

3) VPLUSE

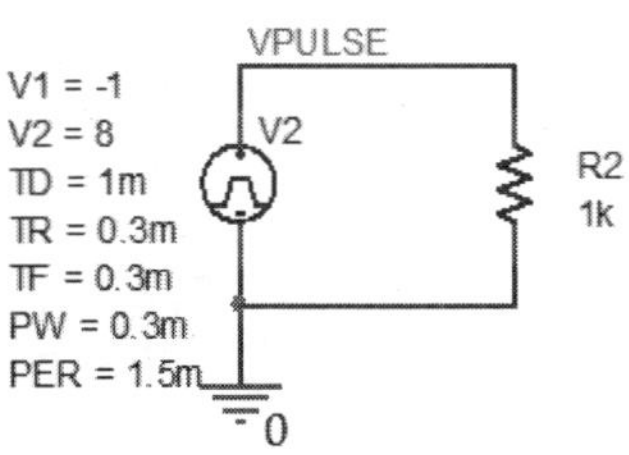

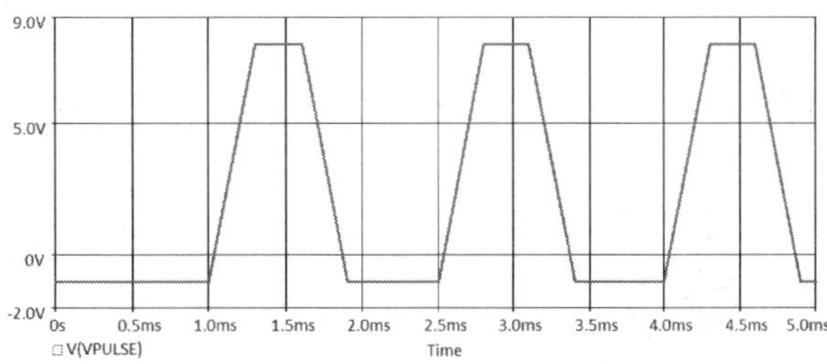

※ 구형파(사각파), 삼각파, 톱니파, 역톱니파, 스텝응답 등으로 출력가능

4) VSFFM(Voltage Single Frequency FM)

$$V_2 = V_{OFF} + V_{AMPL} \cdot \sin[(2 \cdot \pi \cdot F_C \cdot t) + \text{mod} \cdot \sin(2 \cdot \pi \cdot F_M \cdot t)]$$

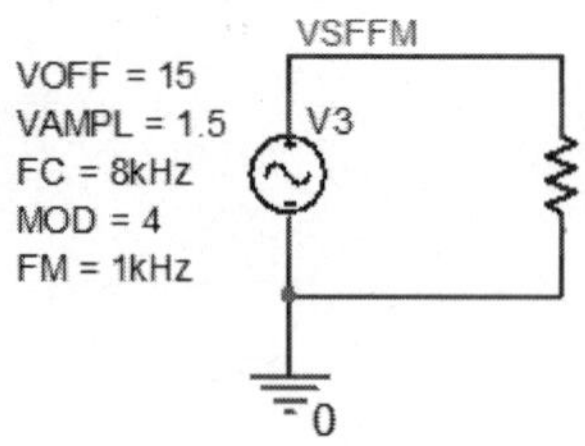

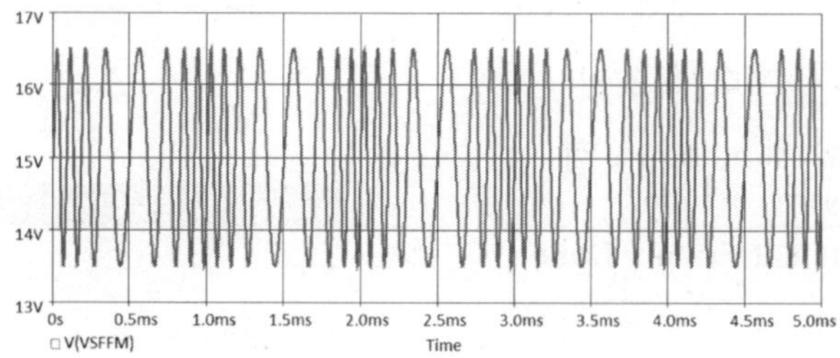

Fc=Frequency Carrier
Fm=Frequency Modulation
MOD=Modulation Index

5) VEXP(Voltage Exponential)

$$\begin{aligned} 0 < t \le T_{D1} &: V_1 \\ T_{D1} \le t \le T_{D2} &: V_1 + (V_2 - V_1)\left[1 - e^{-(t - T_{D1})/T_{C1}}\right] \\ T_{D2} \le t &: V_1 + (V_2 - V_1)\left[1 - e^{-(t - T_{D1})/T_{C1}}\right] \cdot e^{-(t - T_{D2})/T_{C2}} \end{aligned}$$

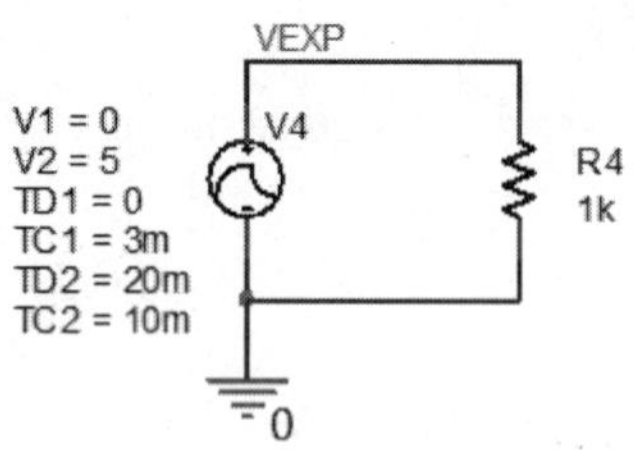

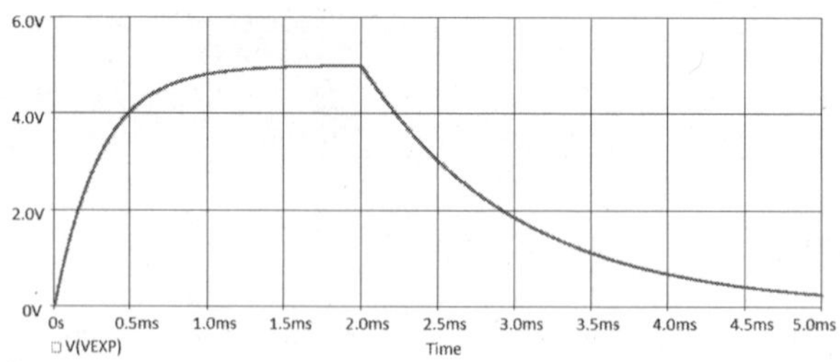

6) VPWL(Voltage Piecewise Linear)

시간과 해당 시점의 전압 값을 입력하여 임의의 파형 생성한다.

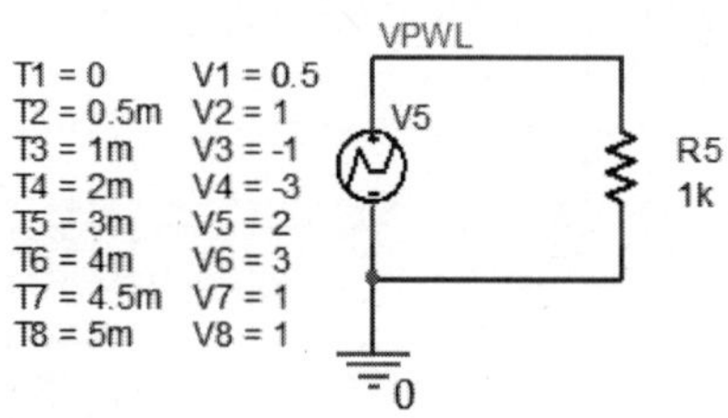

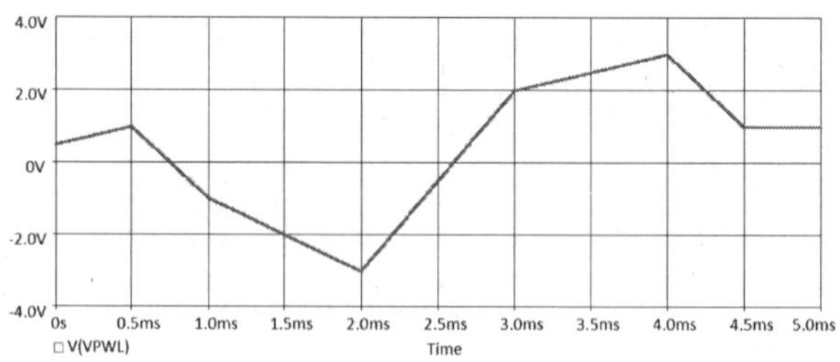

7) ISIN

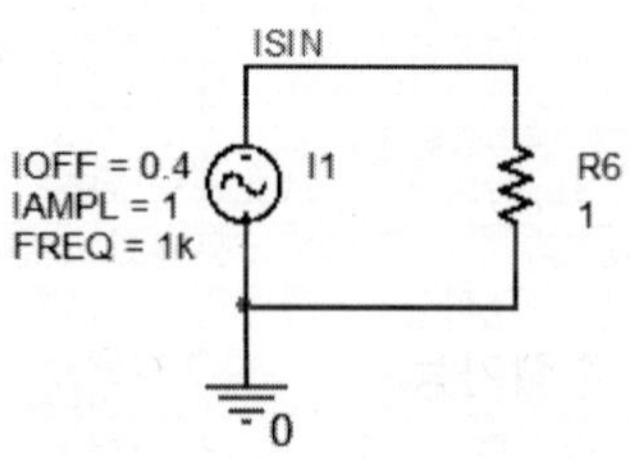

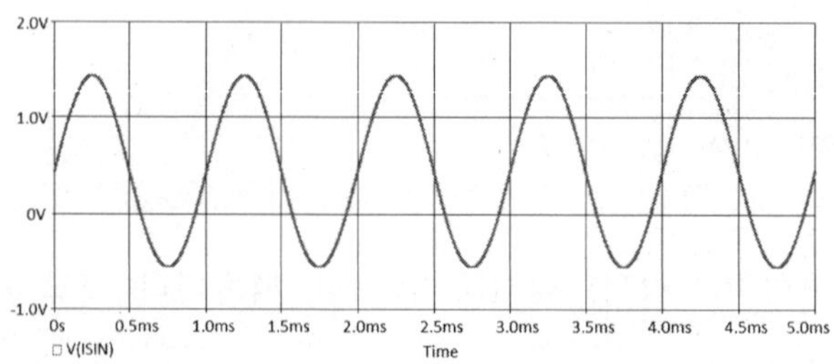

※ 전류원은 −핀을 회로로 연결

8) VPWL_FILE

C:₩SPB_DATA에 VIN.txt 파일을 생성하고 아래와 같이 작성한다.

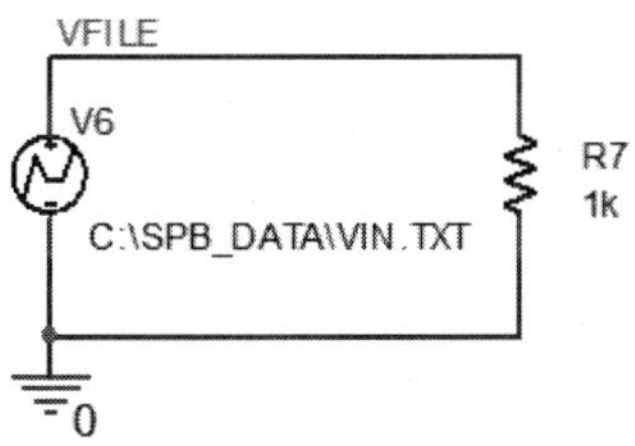

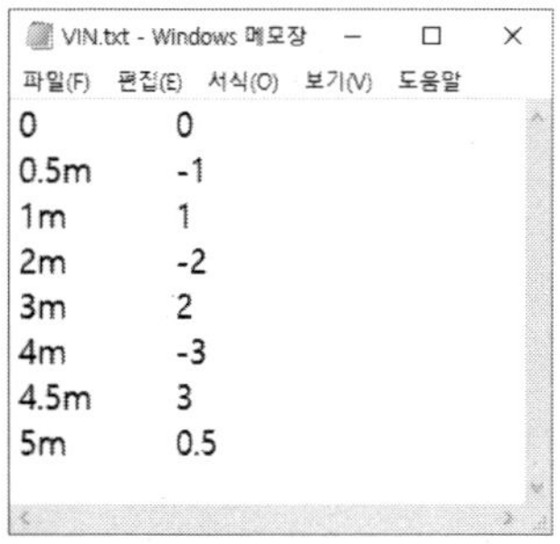

0	0
0.5m	-1
1m	1
2m	-2
3m	2
4m	-3
4.5m	3
5m	0.5

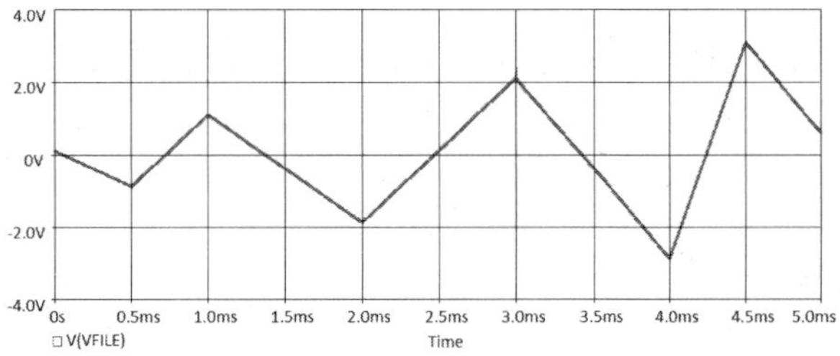

9) VPWL_F_RE_FOREVER

8번에 사용한 VIN.txt 파일을 사용한다.

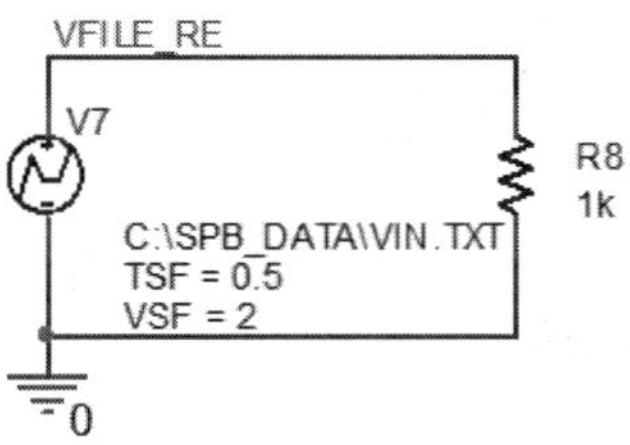

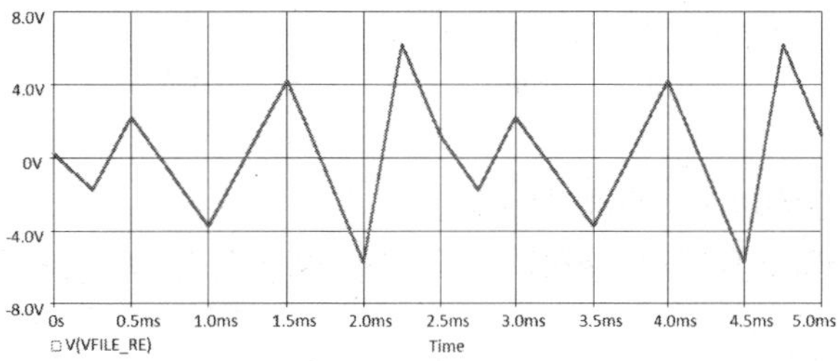

10) IPWL_F_RE_N_TIMES

8번에 사용한 VIN.txt 파일을 사용한다.

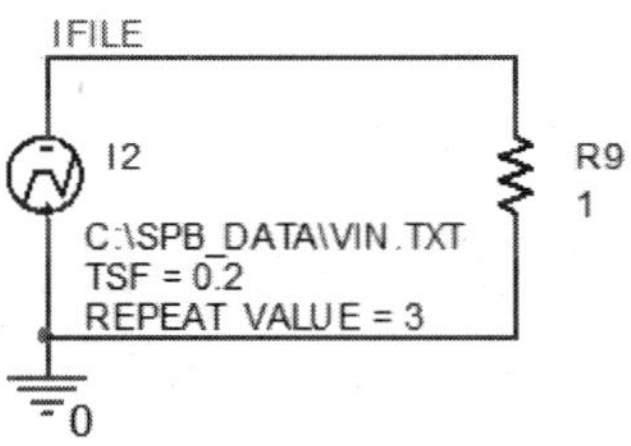

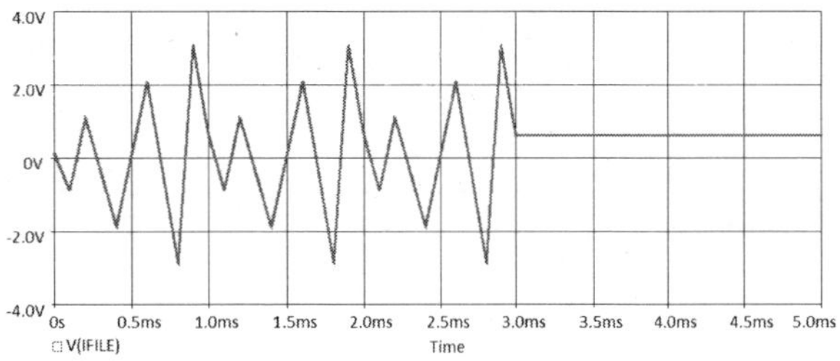

※ 주의 및 참고 사항

- 시뮬레이션 설정시 Maximum step size를 설정하지 않는다.
- 첫째줄을 비워두거나 다른 데이터 (Time, 신호명 등) 입력하지 않는다.
- 시간과 전압 값(전류 값)을 띄움표나 Tab키로 표시한다.
- VPWL_FILE의 속성에서 TSF(Time Scale Factor), VSF(Voltage Scale Factor)를 나타낸다.
- REPEAT_VALUE : 텍스트 파일의 반복횟수 조정할 수 있다.
- 반복되는 전압원은 VPWL_F_RE_FOREVER로 설정한다.

5. 디지털 신호원 사용 예

1) Stim

DSTM1	DSTM2	DSTM3	DSTM4
S1	S4	S8	S16
COMMAND1 = 0s 1	COMMAND1 = 0s 0000	COMMAND1 = 0s 00000000	COMMAND1 = 0s 0000
COMMAND2 = 1m 0	COMMAND2 = 0.5m 0010	COMMAND2 = 1.5m 10001000	COMMAND2 = 1.3m 1234
COMMAND3 = 1.5m 1	COMMAND3 = 2.5m 1101	COMMAND3 = 2.2m 01100110	COMMAND3 = 2.4m 4321

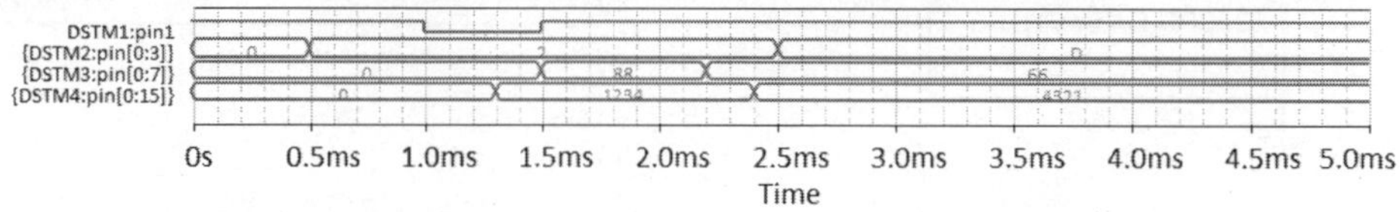

2) FileStim1 - 1Bit 신호원

C:₩SPB_DATA에 1BIT.txt 파일을 생성하고 아래와 같이 작성한다.

DSTM5
F1
FILENAME = C:\SPB_DATA\1BIT.txt
SIGNAME = CLK

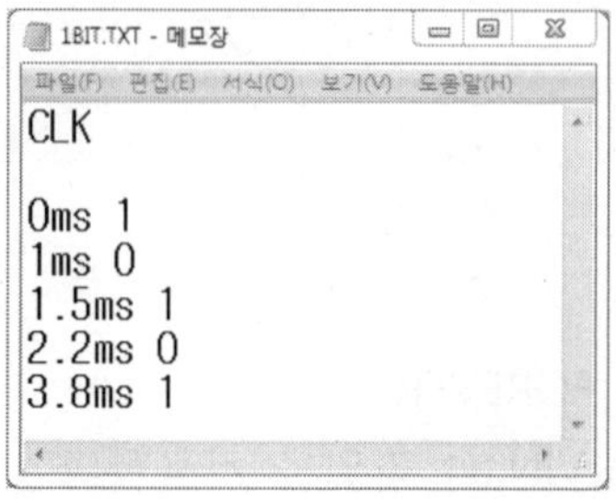
1BIT.TXT - 메모장

CLK

0ms 1
1ms 0
1.5ms 1
2.2ms 0
3.8ms 1

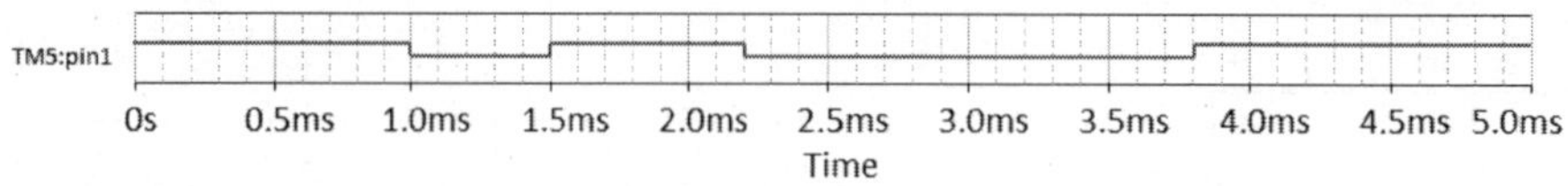

3) FileStim4 - 4Bit 신호원

C:₩SPB_DATA에 4BIT.txt 파일을 생성하고 아래와 같이 작성한다.

DSTM6
F4
FILENAME = C:\SPB_DATA\4BIT.txt
SIGNAME = A3 A2 A1 A0

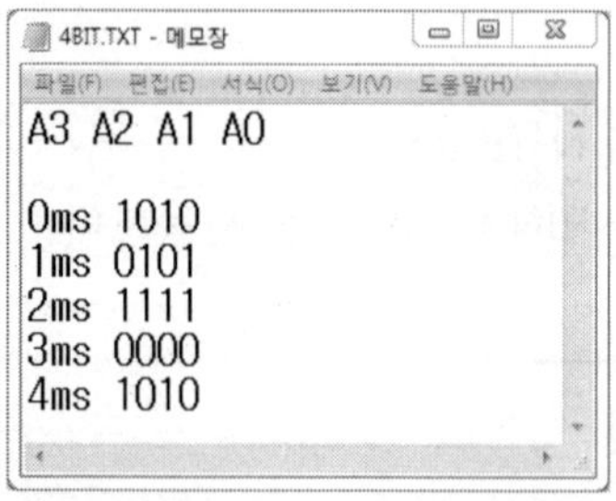
4BIT.TXT - 메모장

A3 A2 A1 A0

0ms 1010
1ms 0101
2ms 1111
3ms 0000
4ms 1010

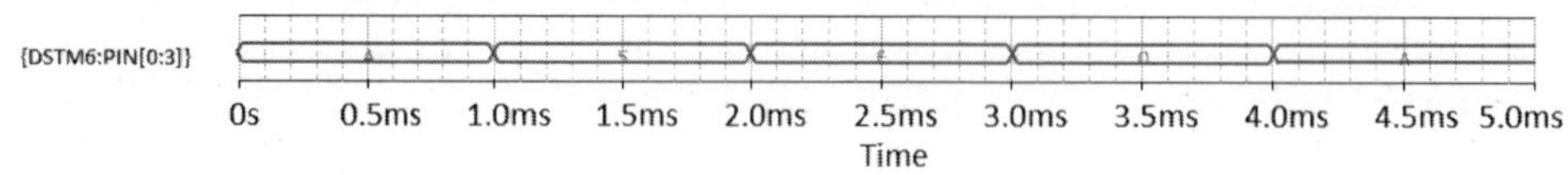

3) DigClock

DSTM7	DSTM8	DSTM9	DSTM10
OFFTIME = 1m	OFFTIME = 1m	OFFTIME = 1m	OFFTIME = 1m
ONTIME = 0.5m	ONTIME = 0.5m	ONTIME = 0.5m	ONTIME = 0.5m
DELAY =	DELAY = 0	DELAY = 0.3m	DELAY =
STARTVAL = 0	STARTVAL = 0	STARTVAL = 0	STARTVAL = 1
OPPVAL = 1	OPPVAL = 1	OPPVAL = 1	OPPVAL = 0

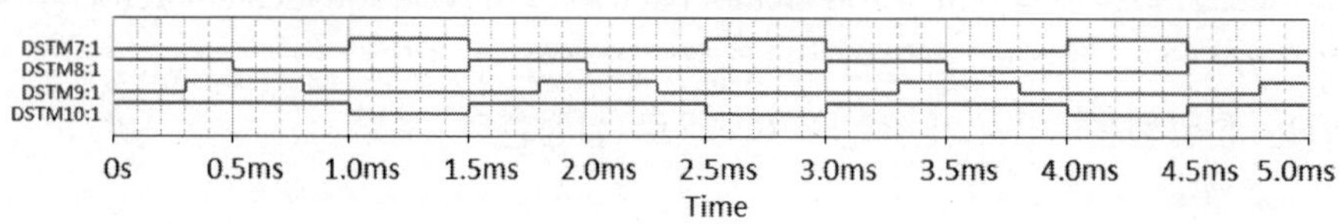

6. PSpice Component

PSpice Component 메뉴에서 PSpice Ground, Source와 같이 전압 원과 그라운드 Part와 Capacitor, Diode, Inductor 그리고 Resistor와 같이 수동소자, Digital, Discrete, Passives와 같이 Break 소자를 이해할 수 있다.

그리고 Modeling Application은 그림과 함께 설명이 나타난다.

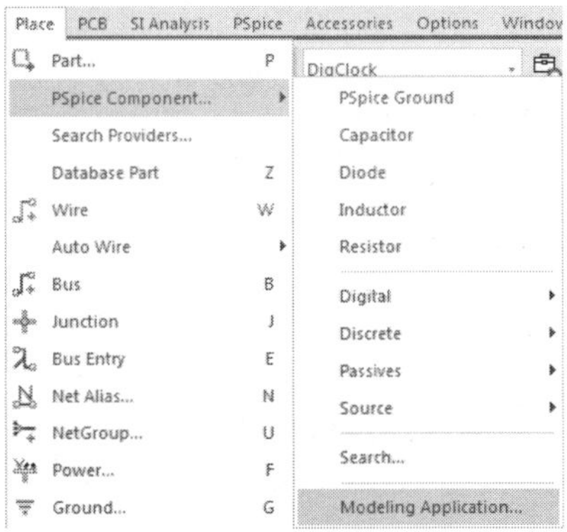

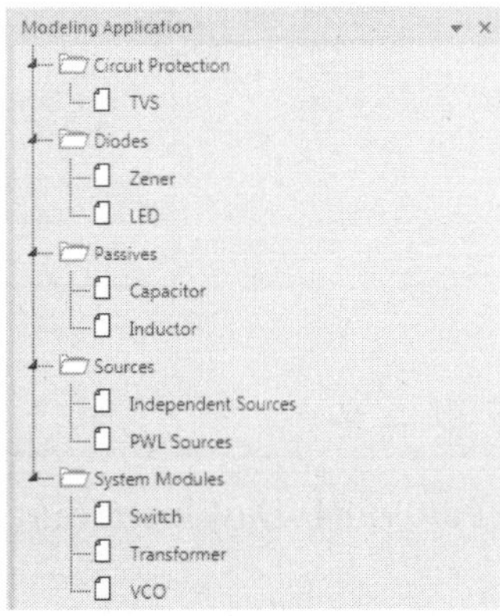

1) Three Phase(Star) - 3상 4선식 Y결선 전원

- Line Voltage (rms) : 10
- Frequency : 1k

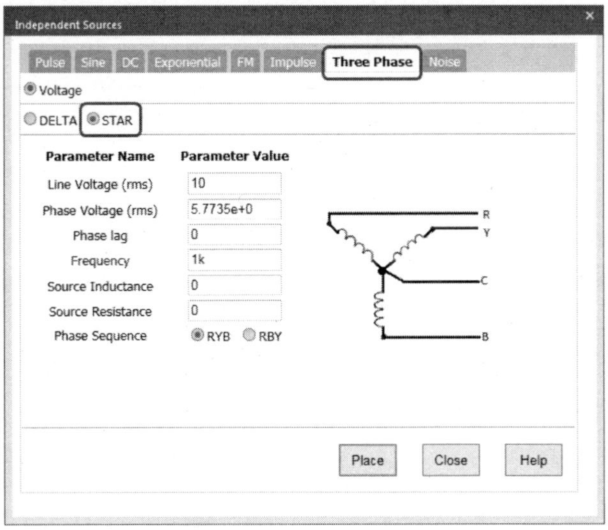

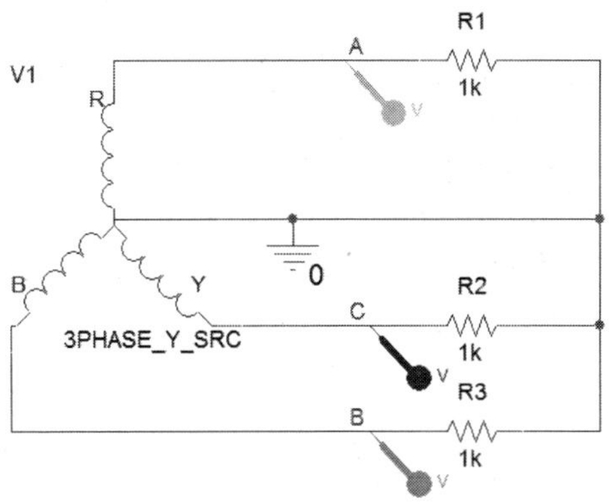

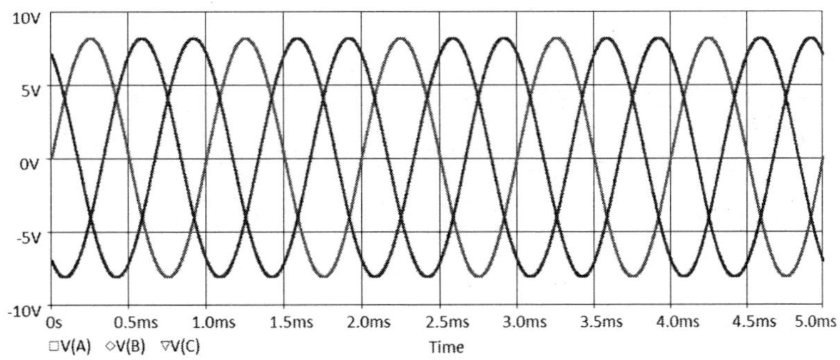

따라하기

1) 회로도 (SCR 동작 회로)

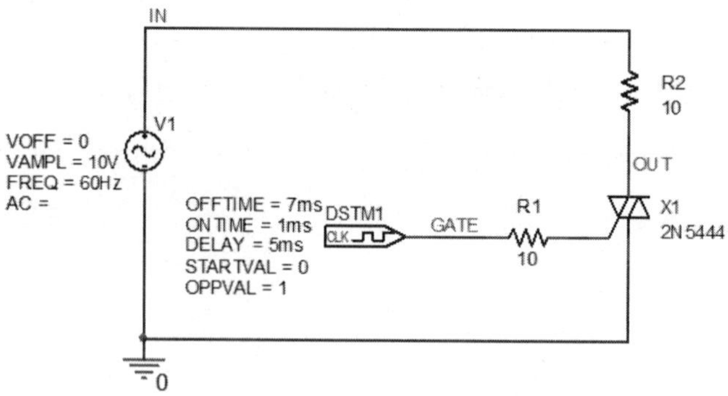

2) 사용기능 및 부품

(Place Part)VSIN, DigClock(Source.olb), R, 2N5444, (Place Ground) 0

(Place Wire), (Place Net Alias)

3) 시뮬레이션 조건

New Simulation 창

- Name : **Tran_30ms**
- Inherit Form : **None**

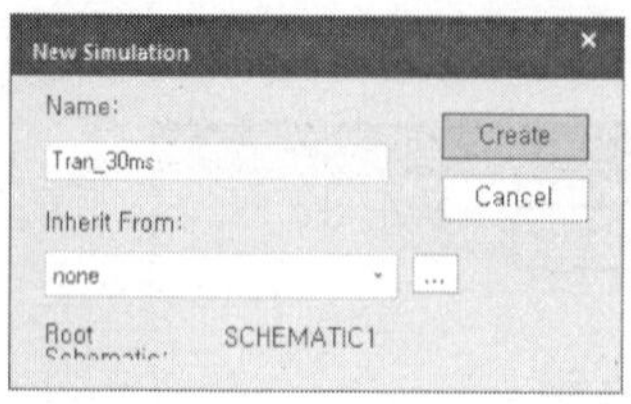

Simulation Setting 창 – Analysis 탭

- Analysis Type : **Time Domain**
- General Settings
  - · Run to Time : **30ms**
  - · Maximum Step Size : **3u**

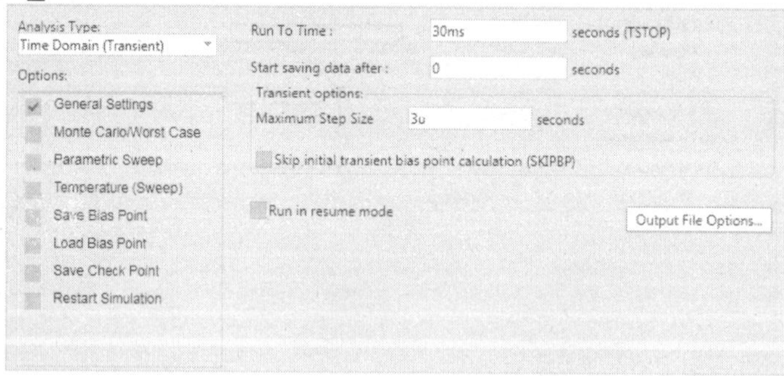

4) Probe 설정

- Voltage Probe : V(IN), V(GATE)
- Voltage Differential Probe : V(IN,OUT)

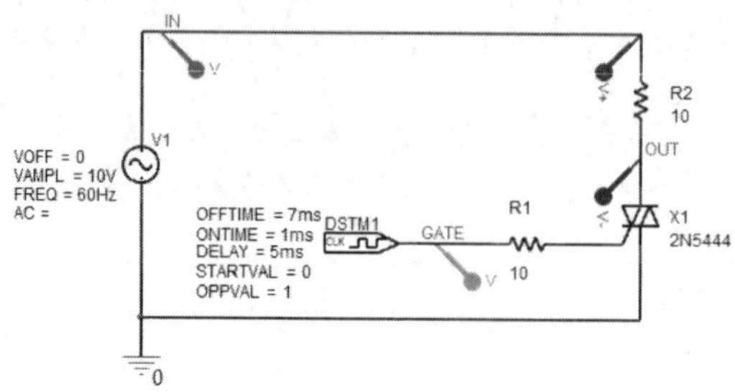

5) Run PSpice

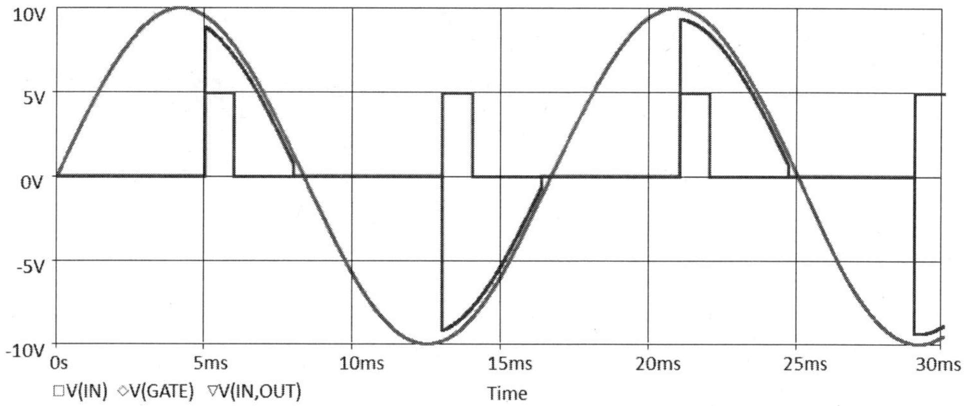

TRIAC은 SCR에서 파생된 양방향 전류를 제어하기 위한 전력용 반도체 소자이며 2개의 SCR 회로로 같은 기능을 구현할 수 있다. TRIAC은 양방향 위상제어 특성을 가지고 있으므로 일정한 교류전압을 가변 교류전압으로 변환할 때 주로 이용한다.

메뉴 Plot - Add Plot to Window을 이용하여 각각의 Plot Window에 Trace를 배치할 수 있다. Trace를 배치할 Plot을 클릭한 다음 회로도에서 Probe를 배치하면 된다.

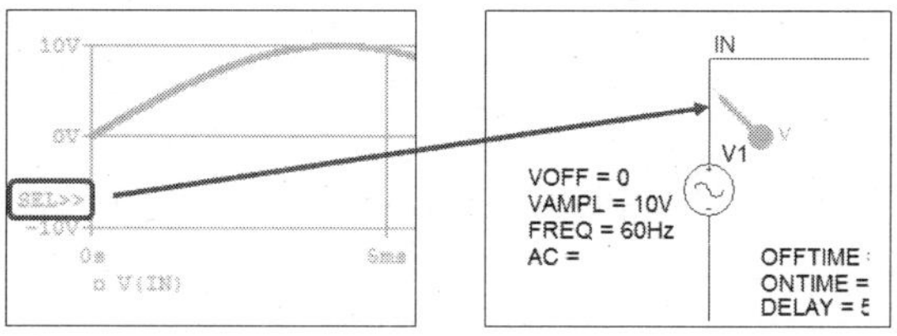

배치된 Trace를 복사 또는 이동할려면 해당 Trace를 선택한 다음 Ctrl+C 또는 Ctrl+X를 하고 붙여놓을 Plot을 클릭한 다음 Ctrl+V를 하면 된다.

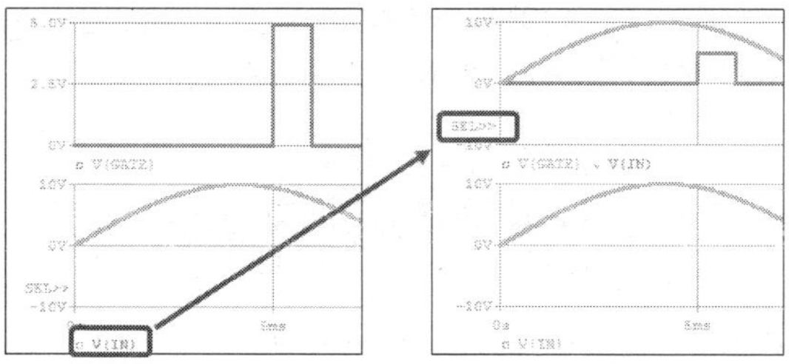

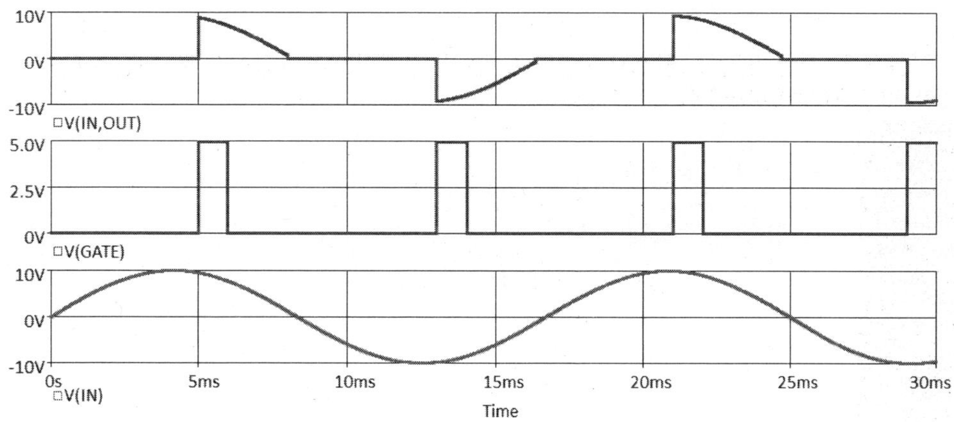

따라하기

1) 회로도 (Voltage PWL; 노이즈가 포함된 신호원)

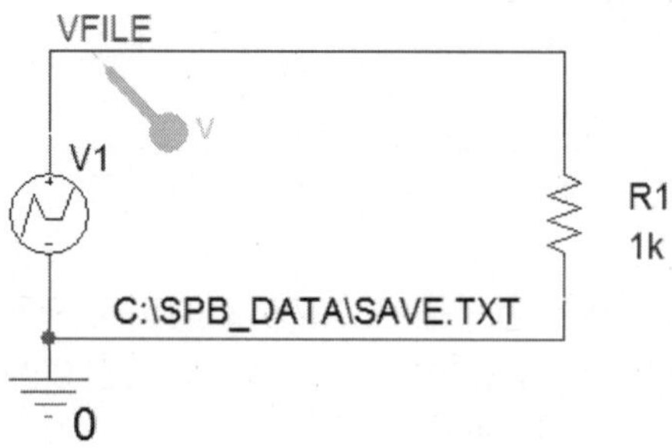

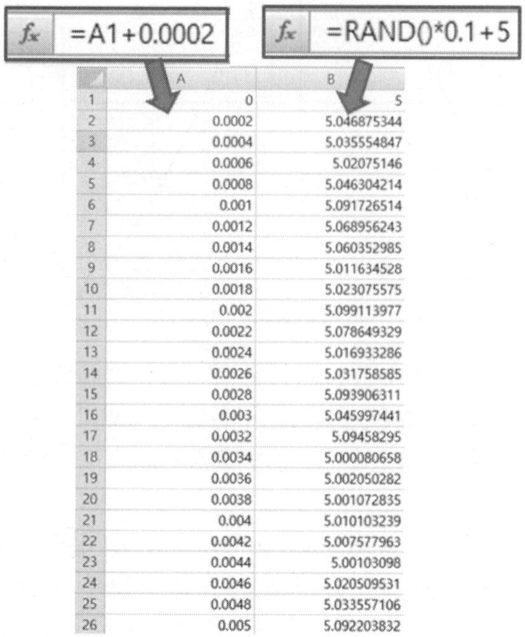

	A	B
1	0	5
2	0.0002	5.046875344
3	0.0004	5.035554847
4	0.0006	5.02075146
5	0.0008	5.046304214
6	0.001	5.091726514
7	0.0012	5.068956243
8	0.0014	5.060352985
9	0.0016	5.011634528
10	0.0018	5.023075575
11	0.002	5.099113977
12	0.0022	5.078649329
13	0.0024	5.016933286
14	0.0026	5.031758585
15	0.0028	5.093906311
16	0.003	5.045997441
17	0.0032	5.09458295
18	0.0034	5.000080658
19	0.0036	5.002050282
20	0.0038	5.001072835
21	0.004	5.010103239
22	0.0042	5.007577963
23	0.0044	5.00103098
24	0.0046	5.020509531
25	0.0048	5.033557106
26	0.005	5.092203832

2) 사용기능 및 부품

(Place Part)VPWL_FILE, R, (Place Ground) 0, (Place Wire)

3) 전압원 데이터 저장

Excel에서 A1에는 **0**을 입력하고, B1에는 **=RAND()*0.1+5**를 입력한다.
A2에는 **=A1+0.0002**를 입력하고 B2에는 **=RAND()*0.1+5**를 입력한다.
A2와 B2의 내용을 채우기 핸들로 A26과 B26까지 복사한다.

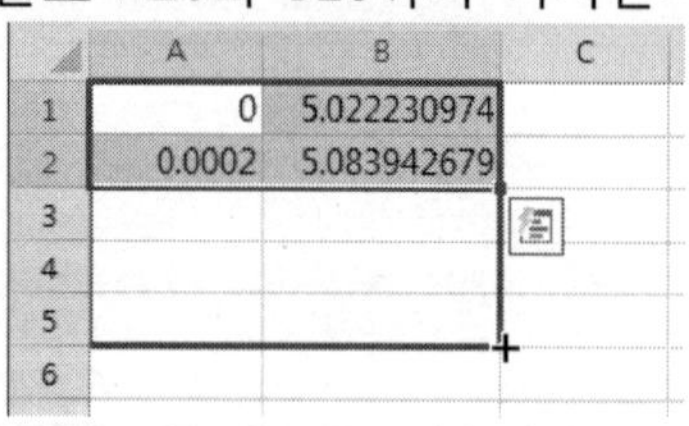

	A	B	C
1	0	5.022230974	
2	0.0002	5.083942679	
3			
4			
5			
6			

다른 이름으로 저장하기로 텍스트 (탭으로 분리) (*.TXT) 파일형식으로 저장한다.
- C:\SPB_DATA\SAVE.TXT 로 저장

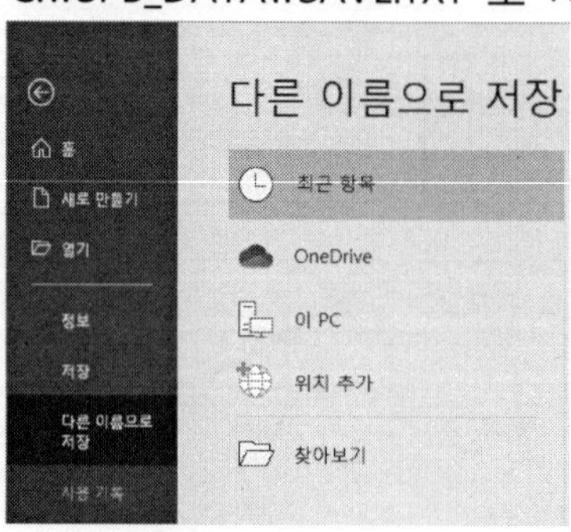

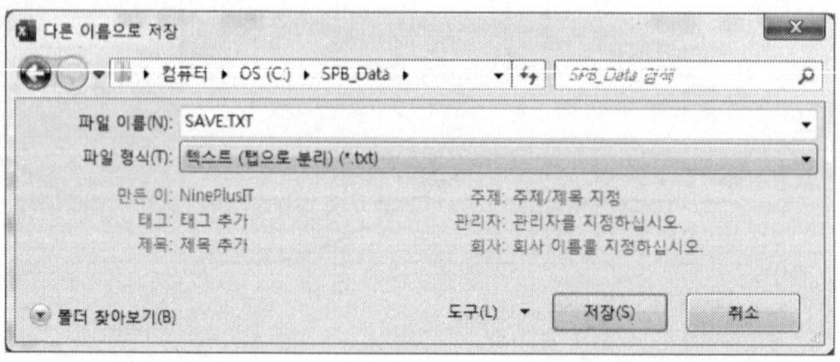

4) 시뮬레이션 조건

New Simulation 창
- Name : **Tran_5ms**
- Inherit Form : **None**

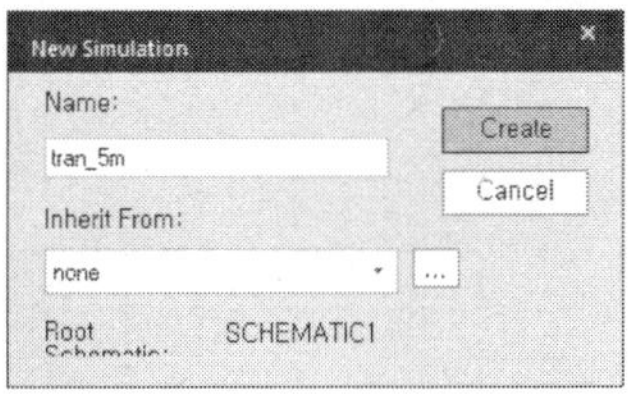

Simulation Setting 창 – Analysis 탭
- Analysis Type : **Time Domain**
- General Settings
  · Run to Time : **5ms**
  · Maximum Step Size : **1u**

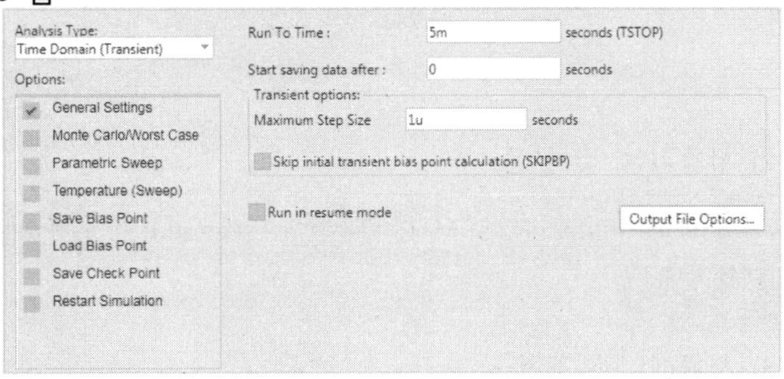

5) Run PSpice

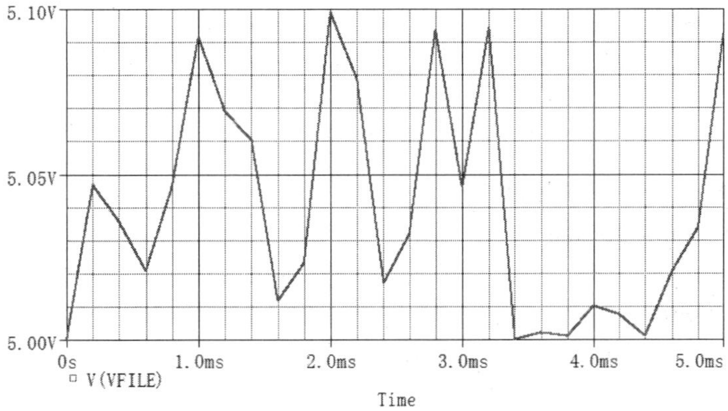

과 제 - 신호 합성

1. 10V, 1kHz의 주파수를 가진 신호에 0.5V, 10kHz를 가지는 노이즈를 합성하시오.

1) 회로도

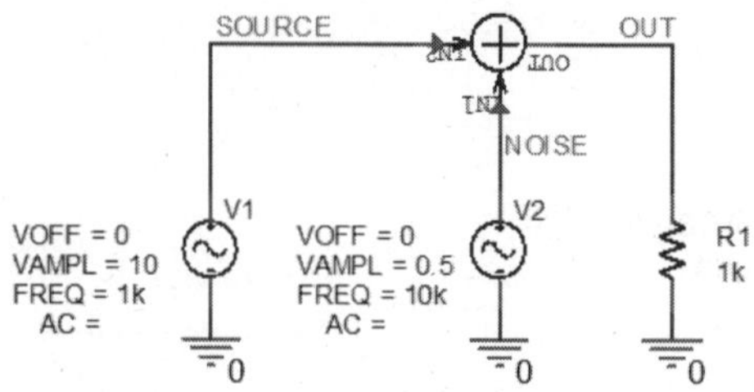

2) 사용기능 및 부품

(Place Part)VSIN, SUM, R, (Place Ground) 0, (Place Wire), (Place Net Alias)

해 설

3) 시뮬레이션 조건

New Simulation 창

- Name : **Tran_5ms**
- Inherit Form : **None**

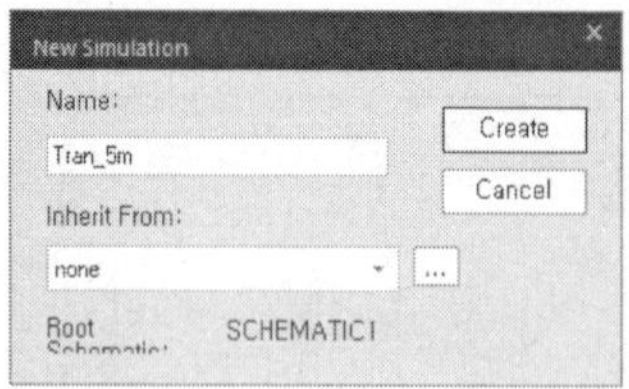

Simulation Setting 창 – Analysis 탭

- Analysis Type : **Time Domain**
- General Settings
  - · Run to Time : **5ms**
  - · Maximum Step Size : **1u**

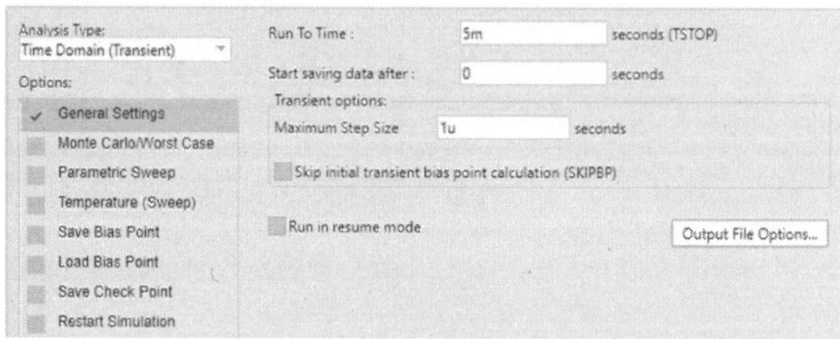

4) Probe 설정 / Run PSpice

- Voltage Probe : V(OUT), V(SOURCE), V(NOISE)

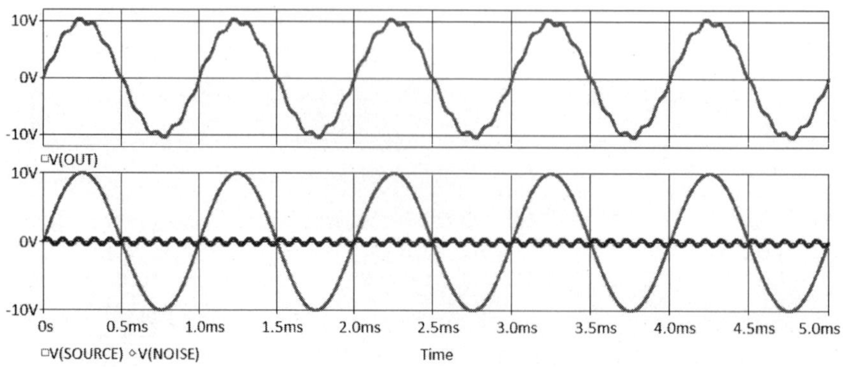

CHAPTER 04

Basic Analysis

4.1 Bias Point 해석

1. Bias Point 해석

바이어스 포인트 해석은 직류분에 대한 정상 상태에서의 계산 값을 출력하며, 과도해석과 주파수 해석을 진행하기 전에 먼저 바이어스 포인트 해석이 진행된다.

바이어스 포인트 해석은 Output 파일과 Capture 작업 화면에서 바이어스 전압/전류/전력으로 표시된다.

이 해석을 선택한 경우

- 모든 아날로그 노드 전압의 리스트
- 모든 디지털 노드의 상태 리스트
- 모든 전압원의 전류와 Power
- 모든 Device의 small signal parameter 리스트를 output file에 출력

2. Simulation Settings

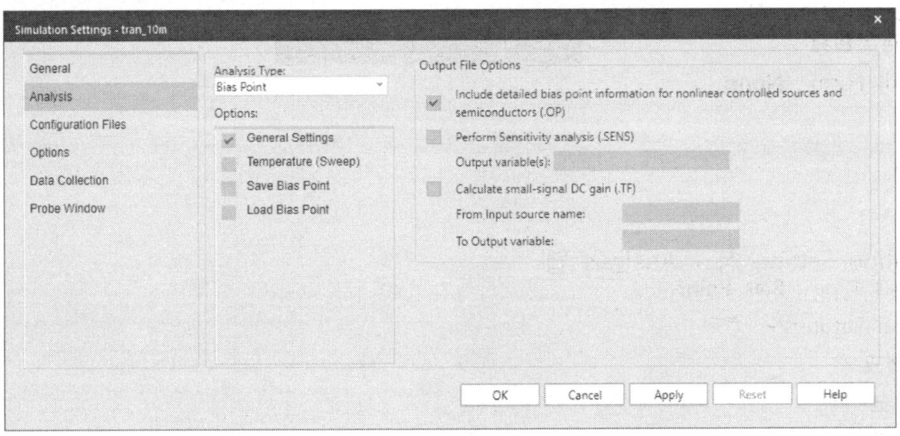

- **Include detailed bias point ~(.OP)** : 소자의 특성과 모델링 정보에 대하여 상세한 계산 결과를 출력한다.
- **Perform Sensitivity analysis(.SENS)** : 민감도 해석(Sensitivity analysis)을 수행하여, 소자의 값에 따른 출려값의 변화값을 출력한다.
  - · Output variable(s): 해석할 출력 변수를 입력한다.
- **Calculate small-signal DC gain(.TF)** : 입, 출력에 대한 직류분에 대한 증폭비를 계산하고, 입력원과 출력에 대한 저항을 출력한다.
  - · From Input source name : 입력 전원을 입력한다.
  - · To Output variable : 출력 변수를 입력한다.

따라하기

1) 회로도 (OP-AMP 증폭기)

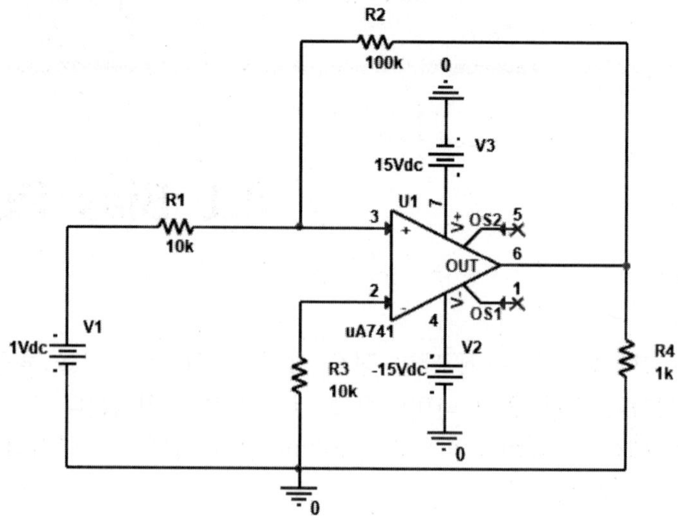

2) 사용기능 및 부품

(Place Part)VDC, uA741, R, (Place Ground) 0

(Place Wire), (Place No Connect)

3) 시뮬레이션 조건

New Simulation 창
- Name : **Bias**
- Inherit Form : **None**

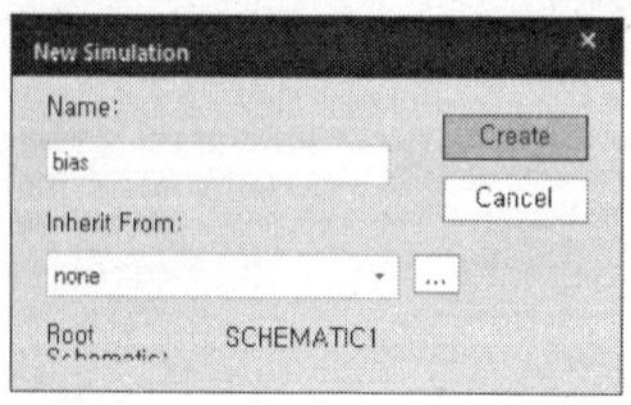

Simulation Setting 창 – Analysis 탭
- Analysis Type : **Bias Point**
- General Settings
  - **OP 체크**
  - **TF 체크**
    - Front input ~ : **V1**
    - To Output variable : **V(R4)**

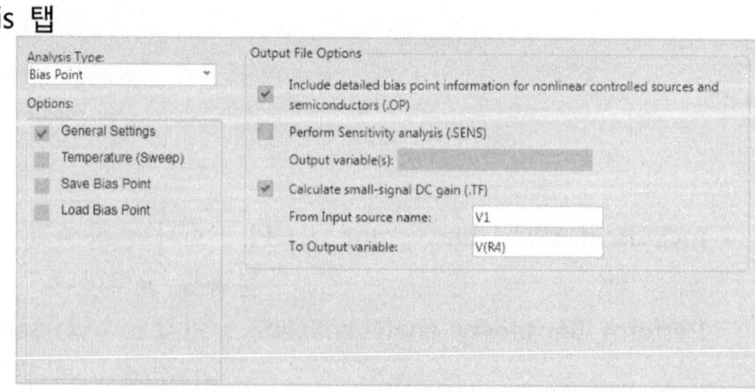

4) Run PSpice

- Output File 확인

계산이 완료되면 Output File에 아날로그 노드의 전압과 디지털 노드의 상태를 출력한다. 각 노드의 전압, 전류, 전력에 대한 결과값을 Output File에서 확인할 수 있다.

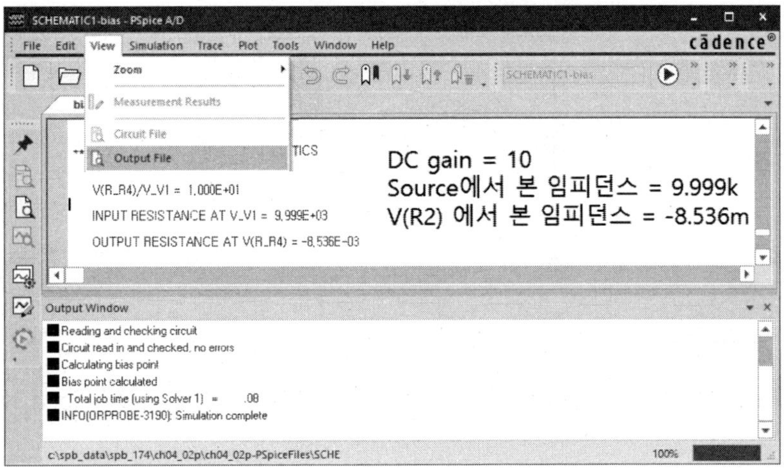

5) Bias Point Display

- Enable Bias Voltage/Current/Power Display 버튼 클릭

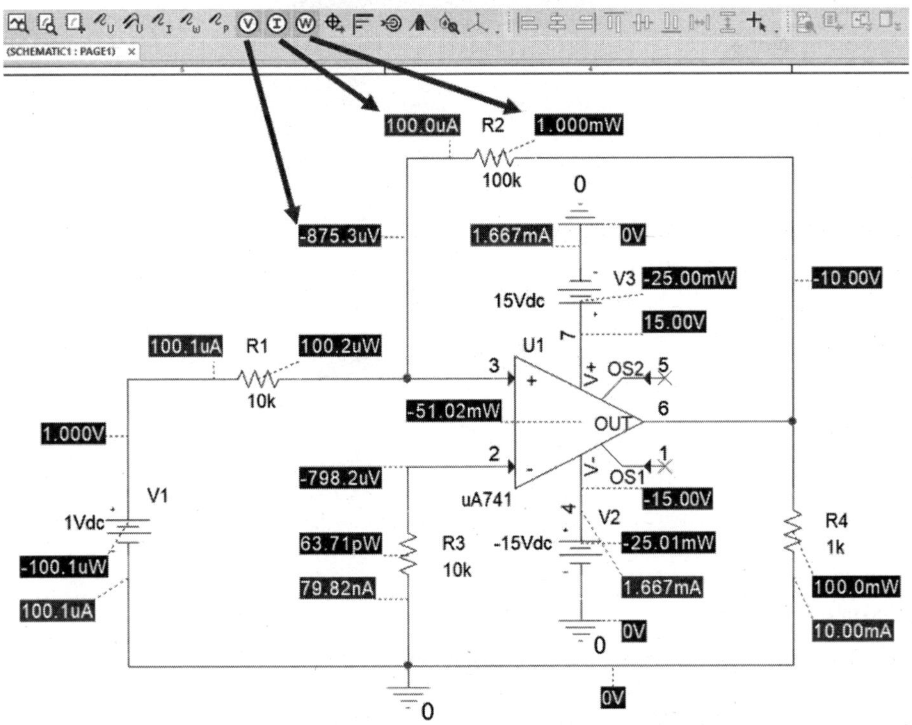

과 제 - 전압전류 분배회로

1. Anode의 전압과 전류를 Bias Point 시뮬레이션 하여 조사하시오.

1) 회로도

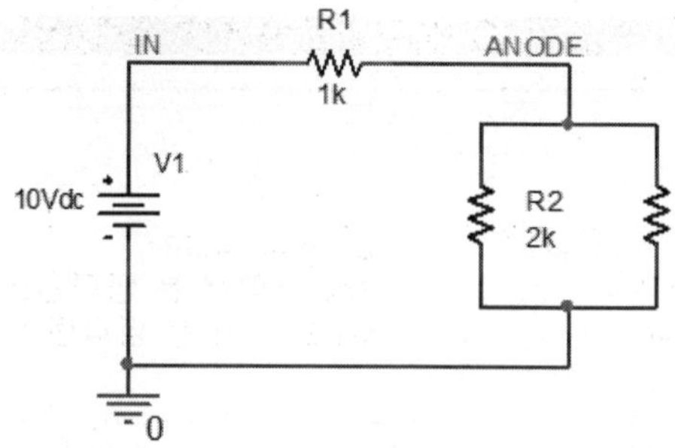

2) 사용기능 및 부품

(Place Part)VDC, R, (Place Ground) 0, (Place Wire), (Place Net Alias)

해 설

3) 시뮬레이션 조건

New Simulation 창

- Name : **BP**
- Inherit Form : **None**

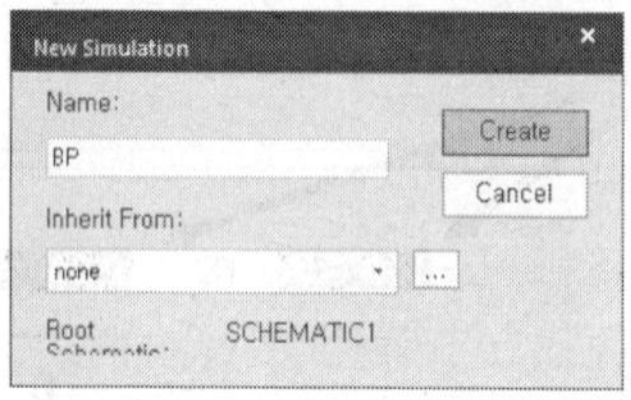

Simulation Setting 창 – Analysis 탭

- Analysis Type : **Bias Point**
- General Settings
  - **OP 체크**

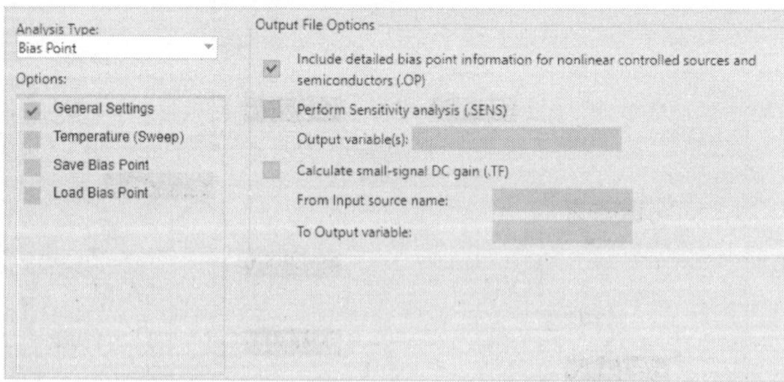

4) Run PSpice

- Enable Bias Voltage/Current/Power Display 버튼 클릭

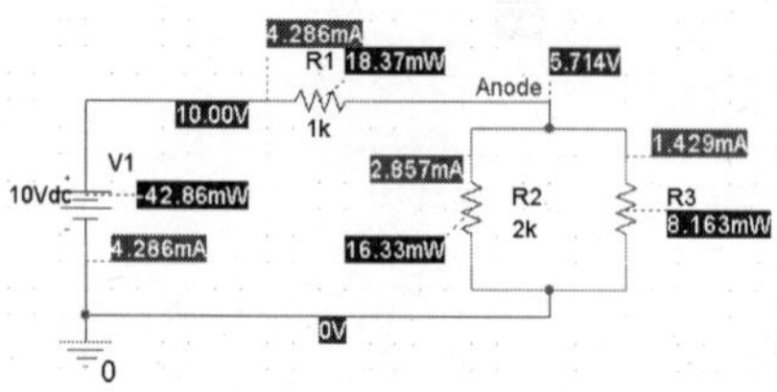


```
54
55 (ANODE)    5.7143  (N01845)    10.0000
56
57
58    VOLTAGE SOURCE CURRENTS
59    NAME          CURRENT
60
61    V_V1          -4.286E-03
62
63    TOTAL POWER DISSIPATION   4.29E-02  WATTS
64
```

Anode의 전압은 5.714V이고 전류는 이 회로에서 전체 전류와 동일하므로 4.286mA이다.

4.2 Time Domain(Transient) 해석

1. 과도(Transient) 해석

과도해석은 시간 영역에 대한 해석방법으로 입력신호에 대한 출력을 확인하는 해석을 의미한다. 과도해석은 바이어스 포인트 해석 후 진행되어 초기의 계산에서는 인덕터는 단락(Short), 커패시터는 개방(Open)으로 해석한 다음 스텝 시간마다 계산을 수행한다.

2. 퓨리에(Fourier) 해석

퓨리에 해석은 FFT 알고리즘으로 Plot에 출력된 데이터를 이용하여 계산한다. 주파수와 크기로 출력된다.

Output File Options의 Perform Fourier Analysis을 이용하여 크기, 위상, 직류분 등에 대한 결과를 수치상으로 출력하며 평균치, 기본파 실효치, 역률, THD 등을 계산할 수 있다.

3. Simulation Settings

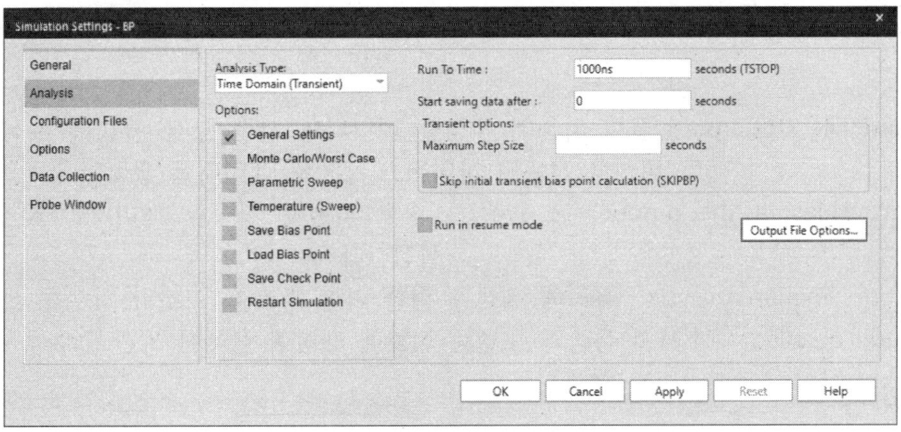

- **General Settings** : Time Domain(Transient)해석을 위한 설정부분으로 설정된 시간 동안 회로의 전압, 전류, 디지털 회로의 논리 상태 등의 과도상태를 계산한다.
- **Monte Carlo/Worst-Case** : 소자의 모델 파라미터에 대한 오차범위를 지정한다. 오차범위 내에서 임의 값(Random)으로 변화시켜 해석한다. 소자의 오차 범위를 사용자가 설정할 수 있으며, Monte-Carlo 해석을 위해서는 소자의 TOLERANCE 속성이나, BREAKOUT 라이브러리를 이용하거나 Advanced Analysis의 SPECIAL 라이브러리에 VARIABLES를 사용 한다.
  Worst-Case 해석은 출력값이 최대인 결과값을 출력하는 해석방식이다.
- **Parametric Sweep** : 전압원, 전류원, 글로벌 파라미터(Global Parameter), 모델 파라미터 또는 동작온도를 정해진 순서에 따라 변화시키며 반복 해석을 한다.
- **Temperature(Sweep)** : 특정 온도나 정해진 순서에 따라 변화시키며 해석을 한다.
- **Save Bias Point** : 현재 회로의 바이어스 포인트에 대한 데이터를 파일로 저장한다.
- **Load Bias Point** : 이전에 저장한 바이어스 포인터에 대한 데이터 파일을 불러온다.
- **Save Check Point** : 정해진 시간 시뮬레이션 간격이나 실제 시간 간격으로 체크 포인터를 생성하고 데이터 파일을 저장한다.

- **Restart Simulation :** 이전에 저장한 데이터 파일에서 체크 포인터 위치의 정보를 불러와 시뮬레이션한다.

- **Run to time :** 시뮬레이션 종료 시간을 설정한다.
- **Start saving data after :** 시뮬레이션 데이터를 저장하는 초기 시간을 설정하며, 해당 시간부터 Plot에 결과를 출력한다.
- **Maximum Step size:** 과도상태 해석을 위한 시간 간격을 설정한다.
- **Skip the initial ~ :** 인덕터, 커패시터 등의 초기치를 무시하고 계산한다.
- **Run in resume mode :** 중단된 시뮬레이션을 재시작 한다.

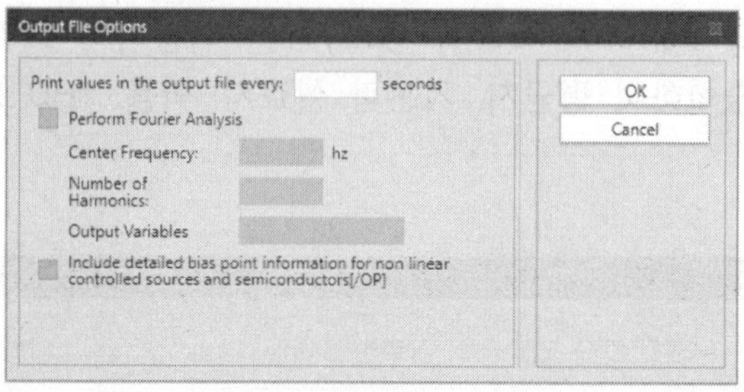

- **Output File Options... :** 출력 파일에 저장할 데이터의 시간 간격, 퓨리에 해석, 반도체, 비선형 전원의 바이어스 포인터 데이터를 출력한다.
  · Print values in the output file every : 출력 파일에 저장할 데이터의 시간 간격을 설정한다.
  · Perform Fourier Analysis : 퓨리에 해석을 위한 기본 주파수, 고조파 차수를 설정한다.
  · Include detailed.. : 소자의 특성과 모델링 정보에 대하여 상세한 계산 결과를 출력한다.

따라하기

1) 회로도(시정수 찾기)

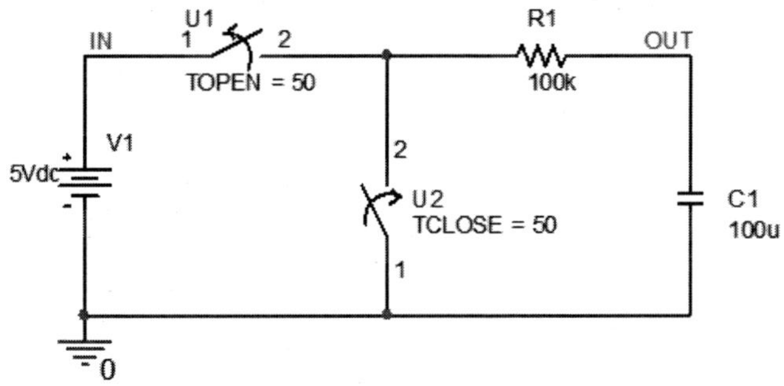

2) 사용기능 및 부품

(Place Part)VDC, R, C, sw_tOpen, sw_tClose, (Place Ground) 0,

(Place Wire), (Place Net Alias)

3) 시뮬레이션 조건

New Simulation 창

- Name : **Tran_100s**
- Inherit Form : **None**

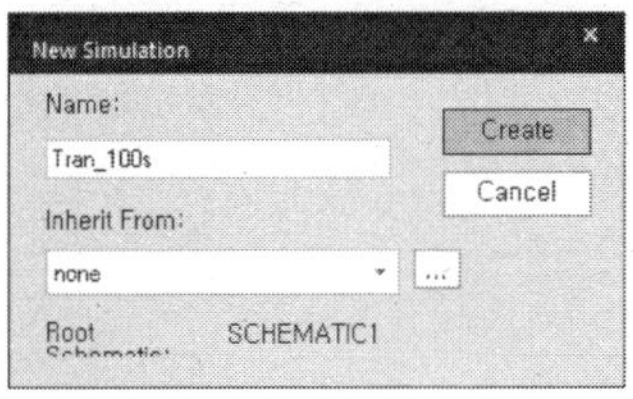

Simulation Setting 창 – Analysis 탭

- Analysis Type : **Time Domain**
- General Settings
  - · Run to Time : **100s**
  - · Maximun Step Size: **10ms**
  - · **SKIPBP 체크**

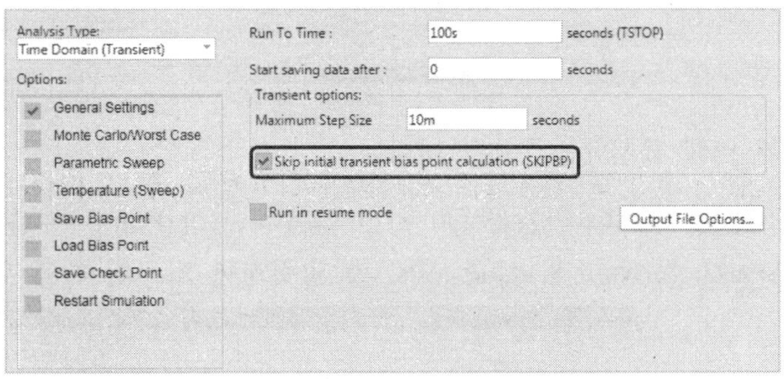

4) Probe 설정

- Voltage Probe : V(OUT)

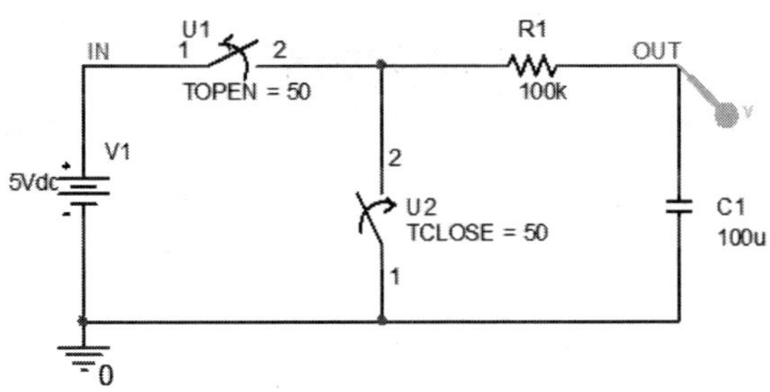

5) Run PSpice

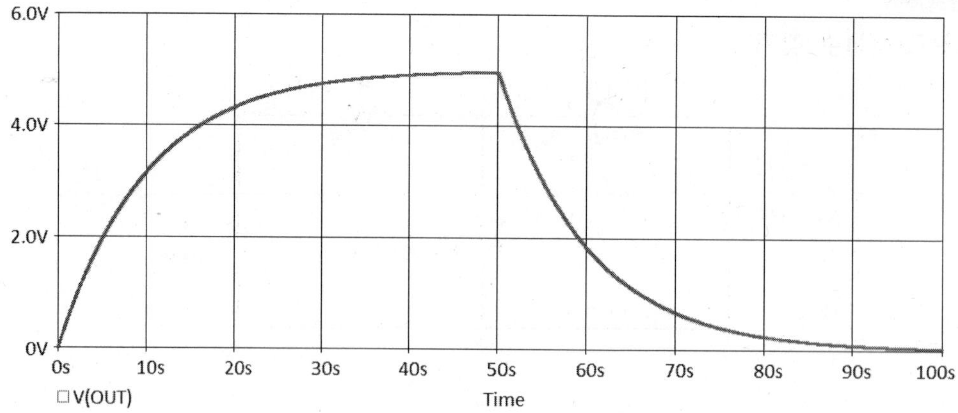

시정수 $\tau = RC = 100k \times 100\mu = 10\text{sec}$

Add Trace( ) 명령을 실행하여 Trace Expression에 **0.63212*5;Tau**를 입력 또는 메뉴 Trace - Add Trace 선택 (shortcut key – Insert)

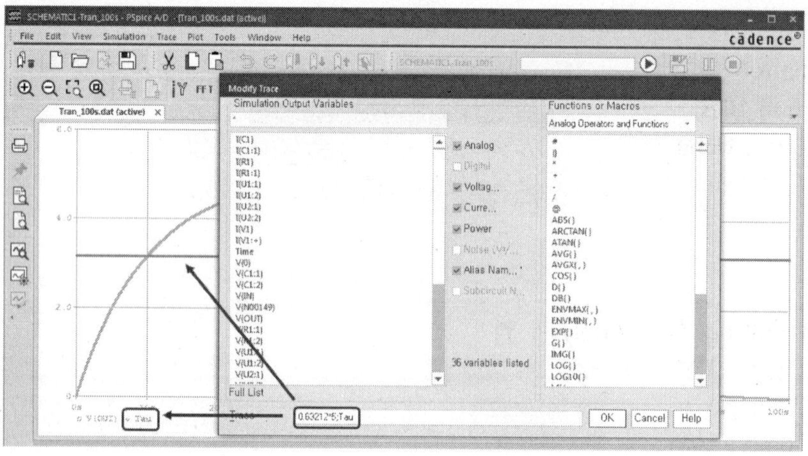

※ 범례 표시에는 Tau만 나타남

Toggle Cursor 기능을 On 시킨 다음 Cursor Point ( )을 클릭 한 뒤 **search forward x value (10s)** 를 입력하면 커서가 해당 위치로 이동한다.

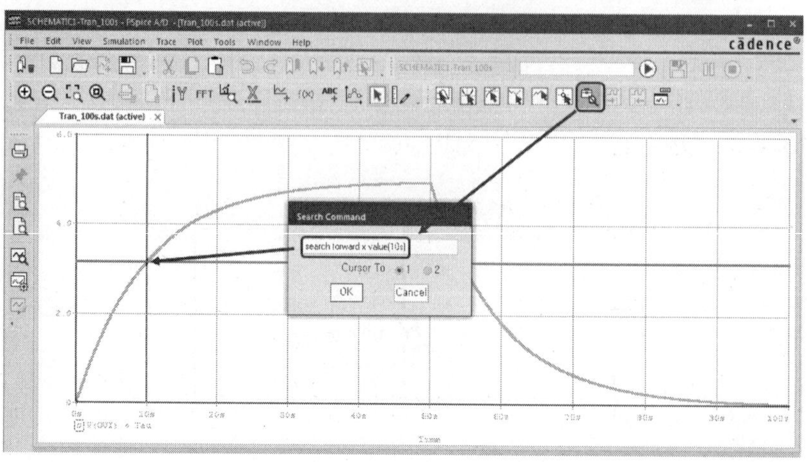

커서 위치에 라벨을 생성하기 위해서는 Mark Label( )을 클릭한다.

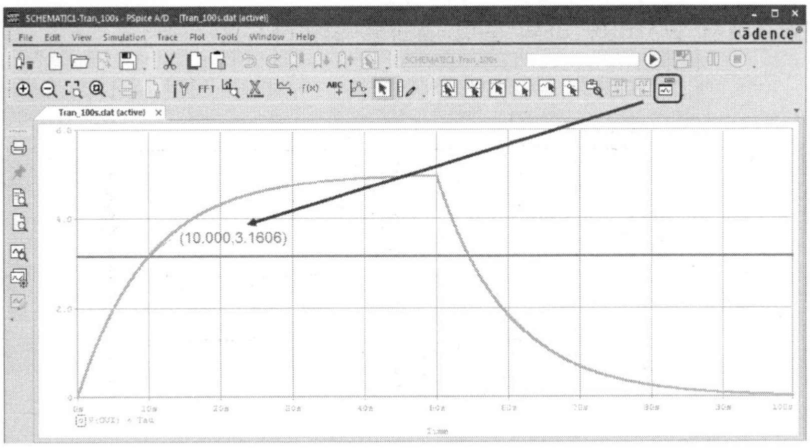

만약 이 Measurement 함수를 추가하고자 할 경우 C:₩Cadence₩SPB_17.4₩tools₩pspice₩Common₩pspice.prb 파일을 열어서 아래서 함수 부분을 추가하면 된다.

point63_2(1) = y1	함수 이름

{
1|Search forward level(63.212%, p) !1;
}
	함수 내용

메뉴 View – Measurement Results( )를 클릭하고 하단의 Measurement Results에 있는 Click here to evaluate a measurement을 클릭하여 Measurement 함수를 이용할 수 있다.

Edit Measurement에서 Trace Expression에 **point63_2(V(OUT))** 을 입력하면 시정수 위치를 찾을 수 있다.

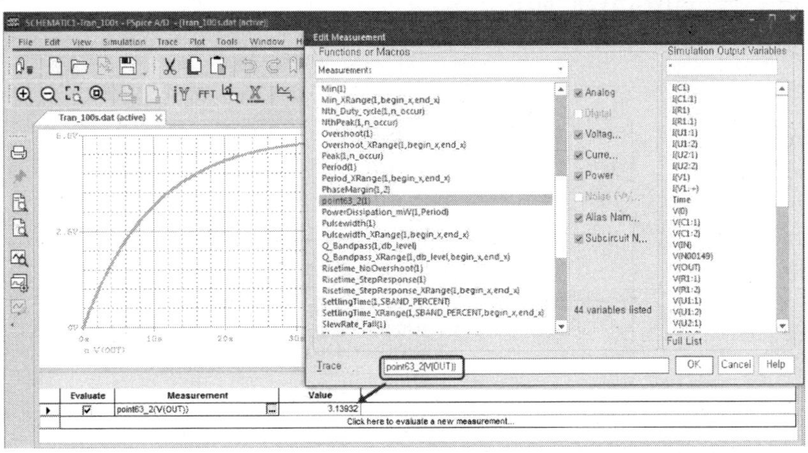

과 제 - 트랜스포머 회로

1. 아래의 회로도에서 권선비에 따른 출력 결과를 확인하시오.

1) 회로도

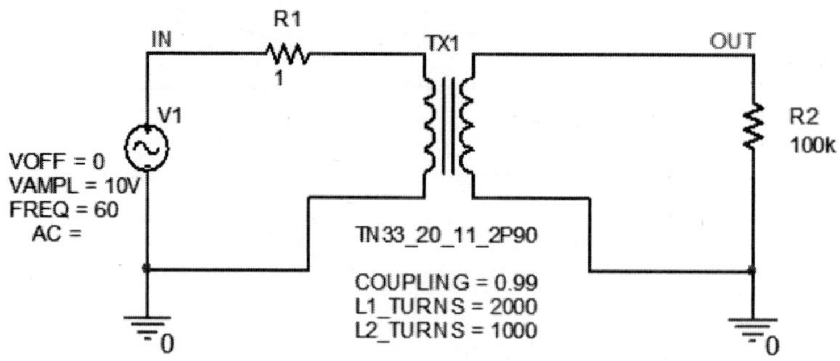

2) 사용기능 및 부품

(Place Part)VSIN, R, XFRM_NONLINEAR, (Place Ground) 0,

(Place Wire), (Place Net Alias)

※ PSpice에서 제공하고 있는 트랜스포머 모델

· XFRM_NONLINEAR : MAGNETIC.OLB에서 제공하는 CORE를 입력, 코일의 턴 수를 입력

· XFRM_LINEAR : 코일의 인덕터 값(헨리(H))을 입력

※ 트랜스포머를 해석 시 1차측과 2차측 그라운드를 분리

※ 위 회로의 R1은 트랜스포머(TX1)의 1차측 DC 저항값

해 설

권선비에 따른 입력전압에 대한 출력 전압 $\frac{N2}{N1} = \frac{V2}{V1}$

$$V2 = \frac{N2}{N1} V1 = \frac{1000}{2000} 10\sin(2\pi * 60)$$
$$= 20\sin(2\pi * 60t)$$

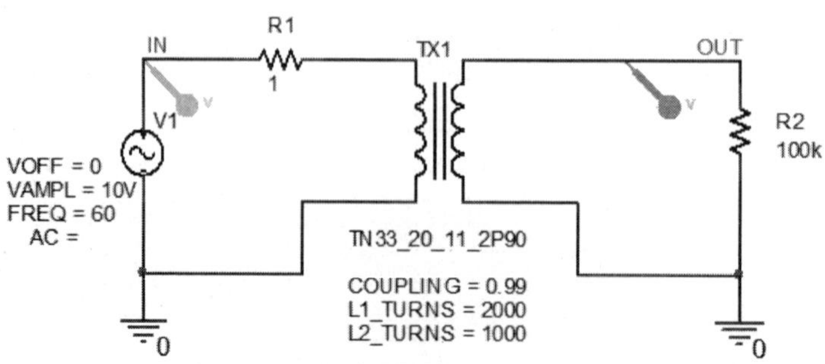

3) 시뮬레이션 조건

New Simulation 창

- Name : **Tran**
- Inherit Form : **None**

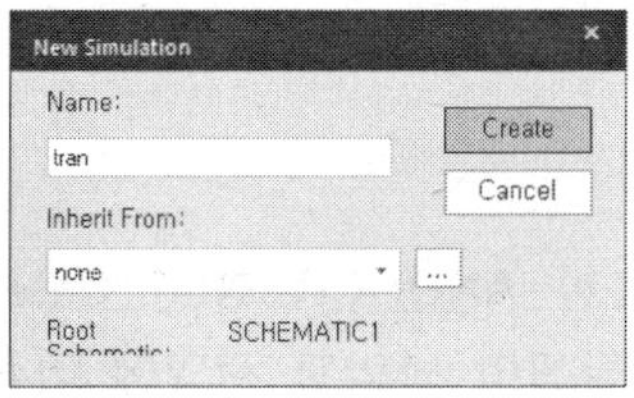

Simulation Setting 창 – Analysis 탭

- Analysis Type : **Time Domain**
- General Settings
  - · Run to Time : **50ms**
  - · Maximun Step Size: **5us**

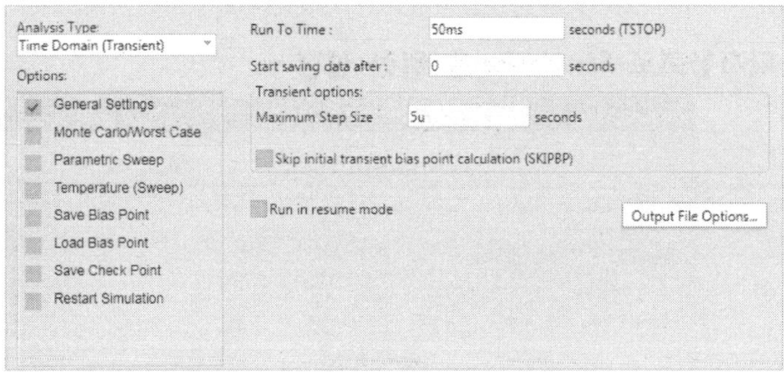

4) Probe 설정 / Run PSpice

- Voltage Probe : V(IN), V(OUT)

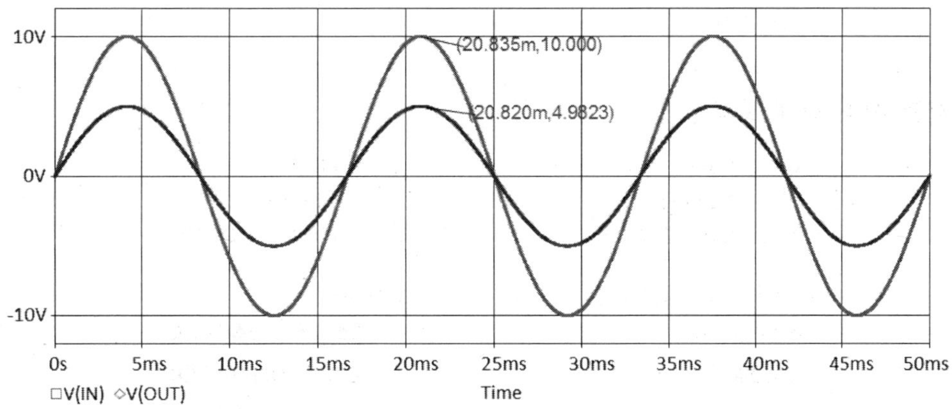

입력과 출력에 대한 최대 값을 확인하기 위해서는 메뉴 Trace - Evaluate Measurement... 를 선택하여 **MAX** 함수와 Trace name을 선택하면 된다.

Measurement Results

	Evaluate	Measurement	Value
	☑	Max(V(IN))	10.00000
▶	☑	Max(V(OUT))	4.98242
		Click here to evaluate a new measurement...	

4.3 Digital 회로

1. 논리회로

디지털 시스템의 기본 논리회로는 AND, OR, NOT Gate와 Flip-Flop 등으로 구성되어 있다. 논리회로 소자의 파라미터는 딜레이 타임과 전압에 따른 신호 상태가 설정되어 있다.

논리 회로해석은 과도해석으로 진행하며, 출력 파형이 0, 1, F, R, X, Z로 구성되어 있다.

2. 디지털회로 Simulation을 위한 설정

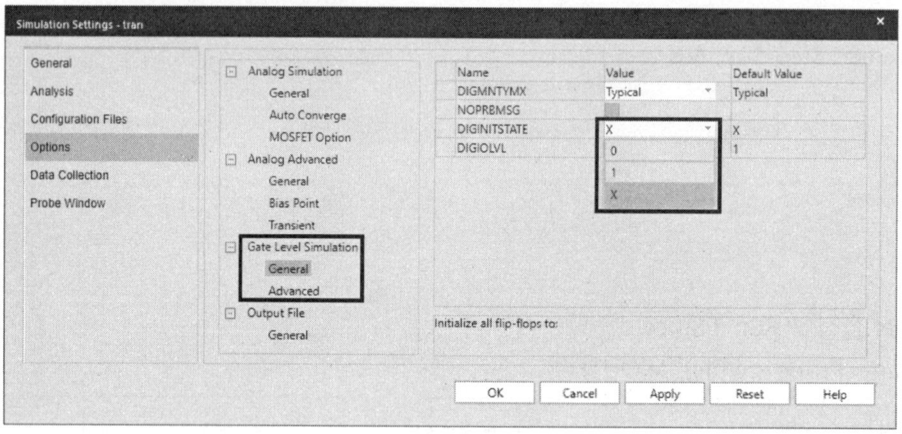

1) 디지털 신호 상태 종류

'0' : Low　　　'1' : High
'F' : Falling　　'R' : Rising
'X' : Unknown　　'Z' : High Impedance

Digital Probe State	Displayed As
◆ High	single green lines
◆ Low	single green lines
◆ Unknown	double red lines
◆ Rising transitions	double yellow lines
◆ falling transitions	double yellow lines
◆ Tri-state	triple blue lines.

2) Syntax

<digital_node_name>;<display_name> 또는 <digital_expression>;<display_name>

예) U2:Y;OUT1

{digital signals list};display name;radix 또는 {bus_prefix[msb:lsb]};display name;radix

예) {Q2 Q1 Q0};A;O[B,D,H], {a3 a2 a1 a0};;d

B : Binary, D : Decimal, O : Octal, H or X : Hexadecimal(Default)

3) Digital Operator

( )	그룹
~	논리 반전 (NOT)
* /	곱하기/나누기 (bus값일 때 만)
+ -	더하기/빼기 (bus값 일 때만)
&	AND
^	exclusive or (XOR)
|	OR

4) 디지털 전원

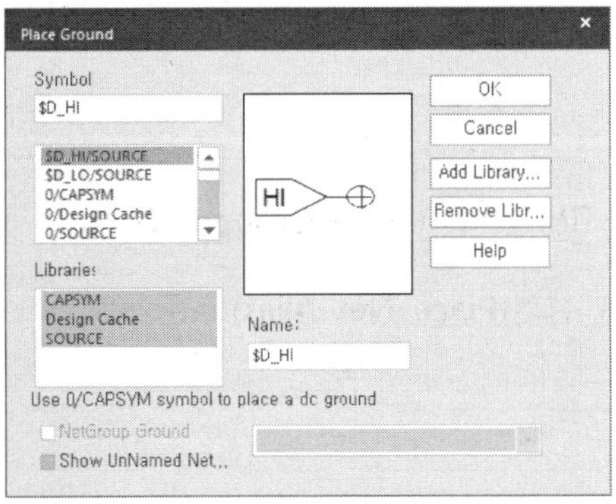

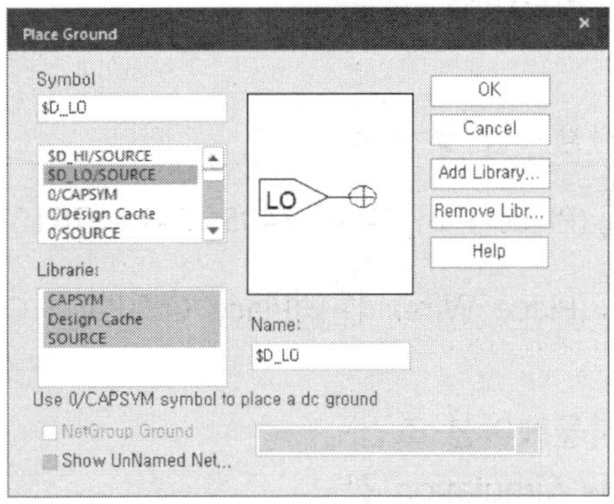

5) Timing Mode

0	시뮬레이션 프로파일에 정의된 기본값. Options → Gate level simulations
1	Minimum Delay
2	Typical Delay
3	Maximum Delay
4	Worst Case Analysis

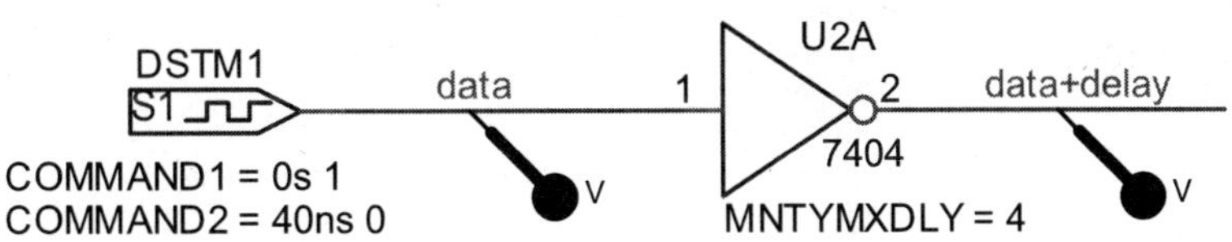

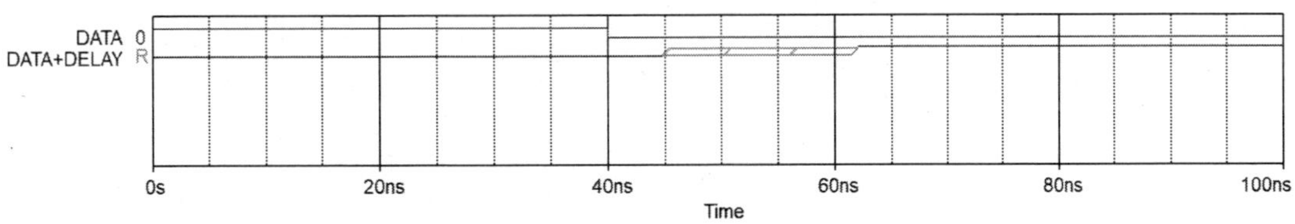

	Trace Color	Trace Name	Y1	Y2	Y1 - Y2		Y1(Cursor1) - Y2(Cursor2)		0.000		
		X Values	60.000n	44.800n	15.200n		Y1 - Y1(Cursor1)	Y2 - Y2(Cursor2)	Max Y	Min Y	Avg Y
	CURSOR 2	DATA	0	0	0.000		0.000	0.000	0.000	0.000	0.000
	CURSOR 1	DATA+DELAY	R	0	0.000		0.000	0.000	0.000	0.000	0.000

따라하기

1) 회로도 (JK-Flip-Flop)

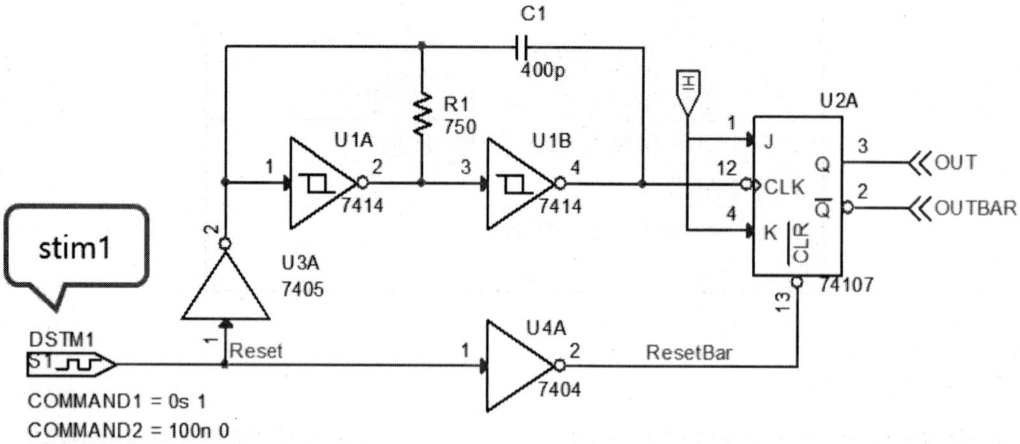

2) 사용기능 및 부품

(Place Part)7404, 7405, 7414, 74107, R, C, STIM1, (Place Ground)$D_HI

(Place Wire), (Place Off-Page Connector), (Place Net Alias)

3) 시뮬레이션 조건

New Simulation 창

- Name : **Tran_10u**
- Inherit Form : **None**

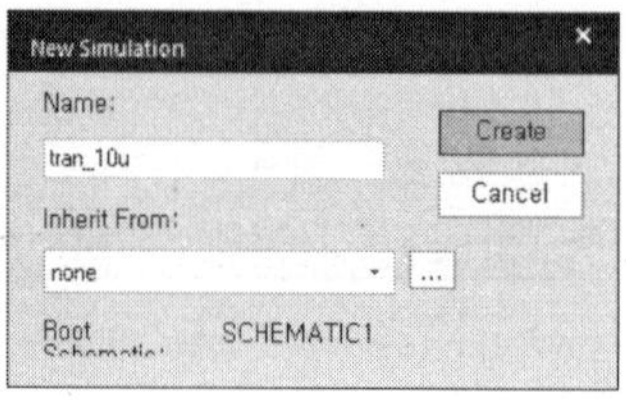

Simulation Setting 창 – Analysis 탭

- Analysis Type : **Time Domain**
- General Settings
  - Run to Time : **10us**

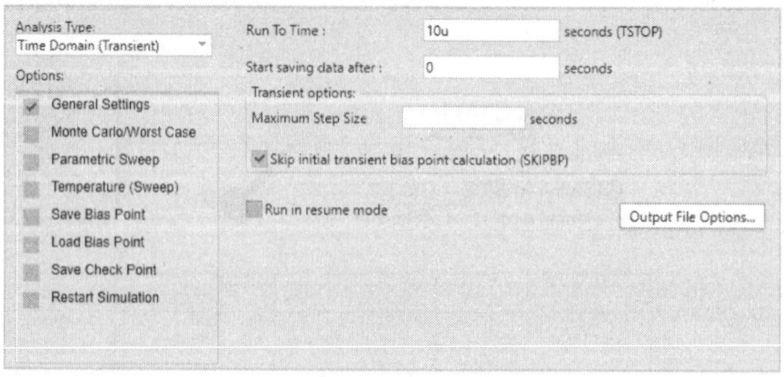

Simulation Setting 창 – Options 탭

- Gate Level ~ : **General**
- General Settings
  - · DIGMNTYMX : **Typical**
  - · DIGINITSTATE : **0**
  - · DIGIOLVL : **1**

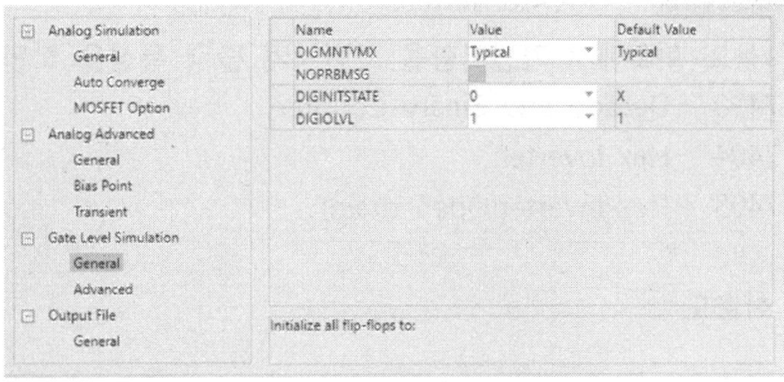

※ DIGINITSTATE은 플립플롭 초기 출력값에 대한 설정으로 설정이 X인 경우 플립플롭의 출력을 초기화시키기 위한 Reset 신호가 필요

4) Probe 설정

- Digital (Voltage) Probe : V(OUT)
- Voltage Probe : V(C1:1), V(U2A:CLK)

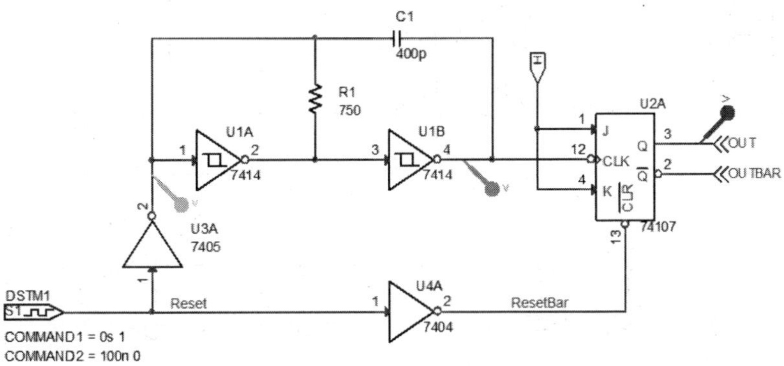

5) Run PSpice

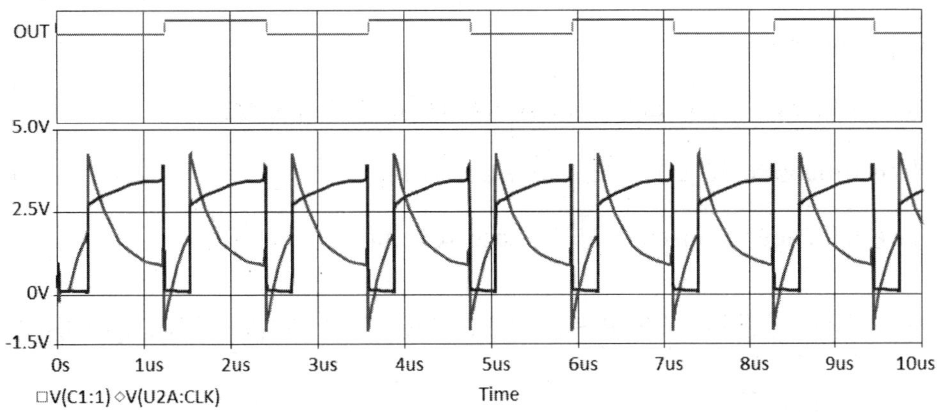

과 제 - D-A Converter

1. 다음의 회로에서 가변저항을 가변시켜 출력 특성을 확인하시오.
   - 7490 - Decade and Binary Counter
   - 7404 - Hex Inverter
   - 7405 - Hex Inverter(Open drain)

1) 회로도

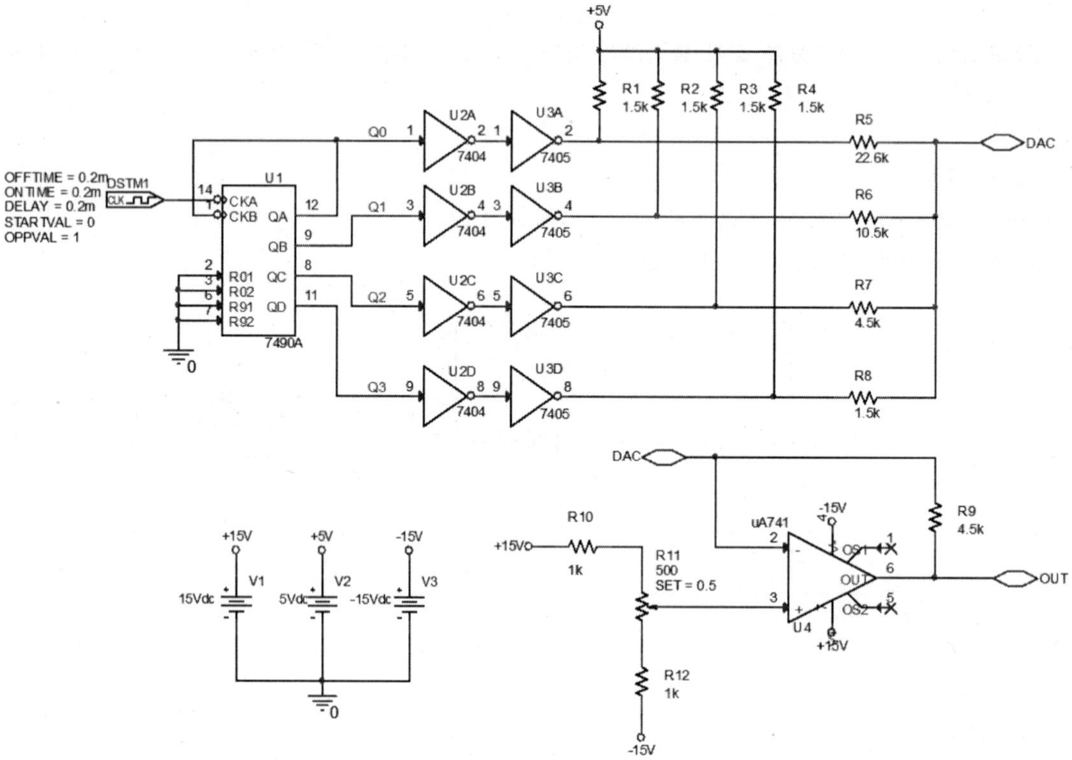

2) 사용기능 및 부품

(Place Part)Vdc, 7404, 7405, 7490A, uA741, R, POT, DSTM1

(Place Ground)0, $D_LO, VCC, (Place Wire)

(Place Off-Page Connector), (Place Net Alias)

7490A는 마우스 우클릭 - Edit Part를 클릭한 다음 핀의 위치와 심벌의 크기를 변경한다.

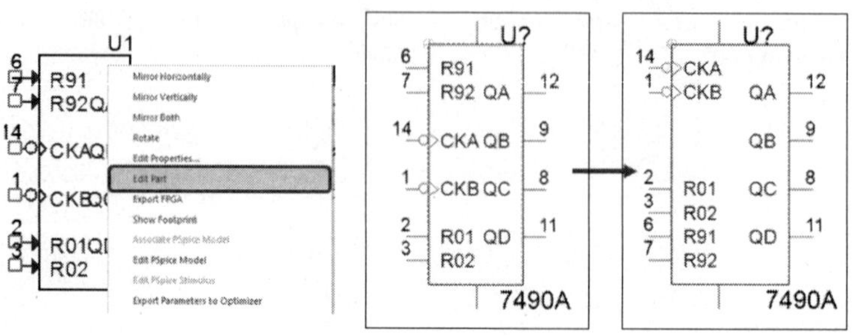

해 설

3) 시뮬레이션 조건

New Simulation 창

- Name : **Tran_1ms**
- Inherit Form : **None**

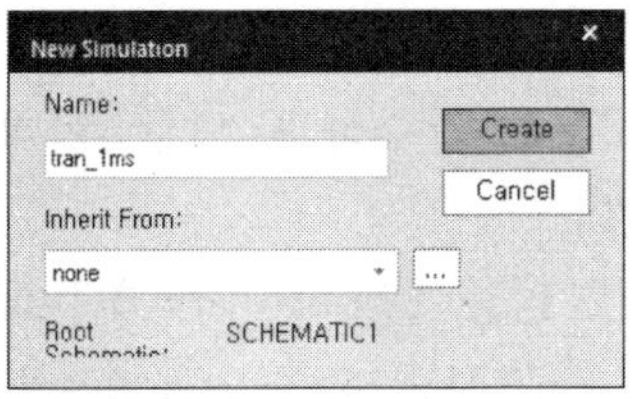

Simulation Setting 창 – Analysis 탭

- Analysis Type : **Time Domain**
- General Settings
  - · Run to Time : **8ms**
  - · Maximum Step Size : **1u**

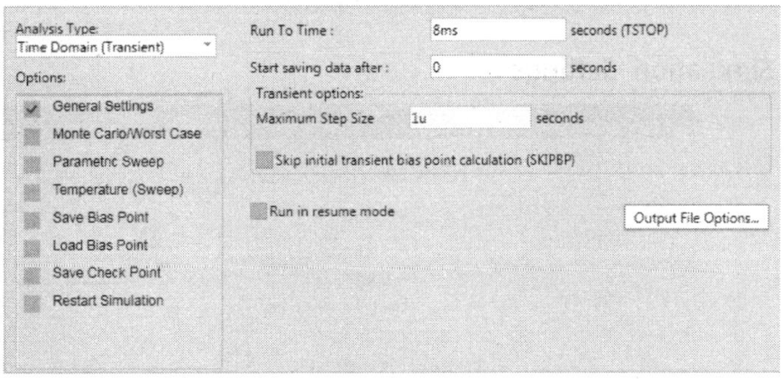

Simulation Setting 창 – Options 탭

- Gate Level ~ : **General**
- General Settings
  - · DIGMNTYMX : **Typical**
  - · DIGINITSTATE : **0**
  - · DIGIOLVL : **1**

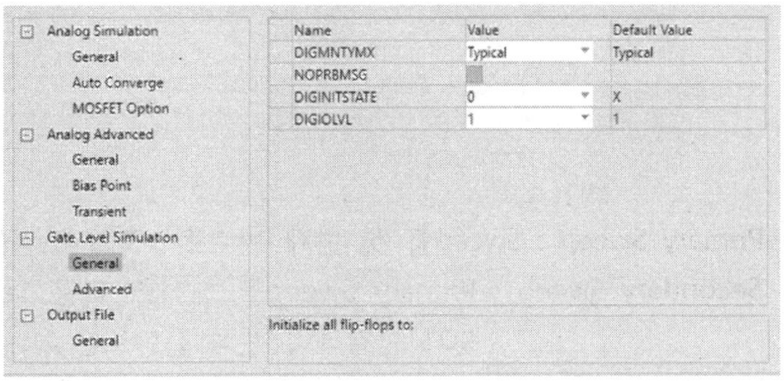

4) Probe 설정 / Run PSpice

- Digital (Voltage) Probe : Q0, Q1, Q2, Q3
- Voltage Probe : V(OUT)

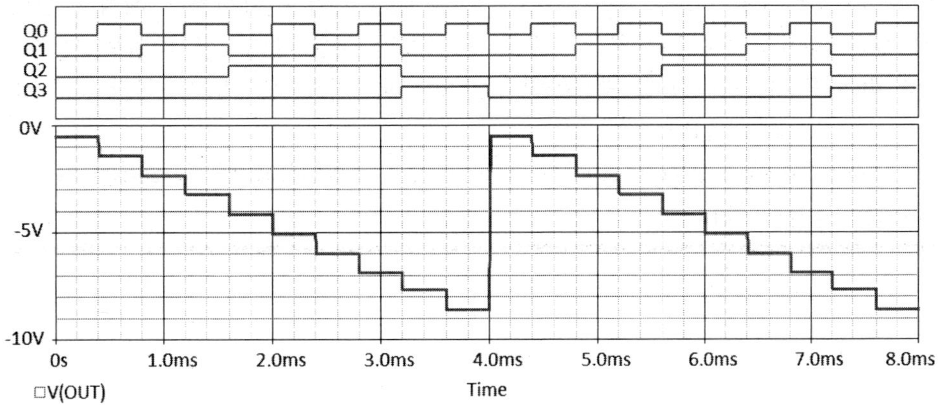

4.4 DC Sweep 해석

1. DC Sweep 해석

DC 해석에서는 모든 전원을 DC로 간주하고 모든 인덕터는 단락(Short)으로, 커패시터는 개방(Open)으로 간주하여 해석한다.

어떤 소자의 값을 변화시키는 과정을 Sweep이라 하는데 DC 전원, 온도, 전류원, 모델 파라미터, Global 변수를 선택하여 선형적인 가변, Octave/Decade의 로그적인 가변과 가변시킬 값의 리스트를 입력하여 해석할 수 있다.

2. Simulation Settings

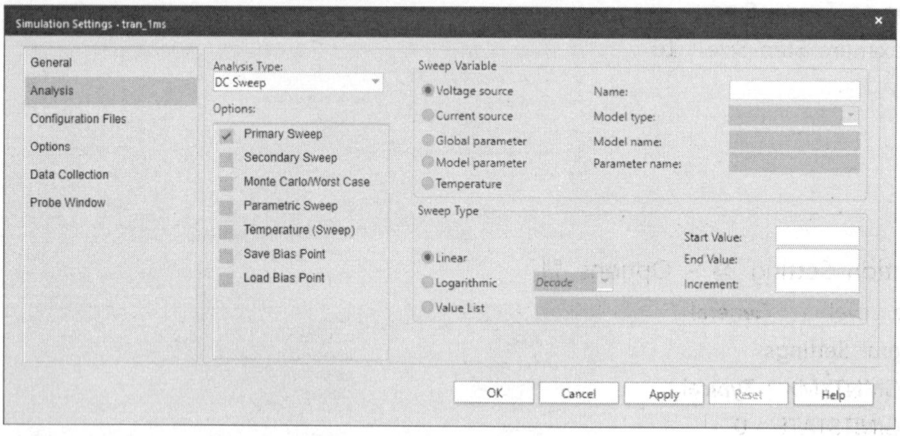

- **Primary Sweep** : Sweep할 첫 번째 변수로 x축의 조건을 입력 한다.
- **Secondary Sweep** : Primary Sweep을 해석한 다음 Secondary sweep에 설정된 변수를 순차 변경하여 해석 진행되는 Nested 구조를 지닌다.
- **Parametric Sweep** : 전압원, 전류원, 글로벌 파라미터(Global Parameter), 모델 파라미터 또는 동작온도를 정해진 순서에 따라 변화시키며 반복 해석 한다. Secondary Sweep와 다르게 변경된 변수 값에 대한 해석 데이터가 개별로 저장된다.
- **Temperature(Sweep)** : 특정 온도나 정해진 순서에 따라 변화시키며 해석을 한다.
- **Save Bias Point** : 현재 회로의 바이어스 포인트에 대한 데이터를 파일로 저장한다.
- **Load Bias Point** : 이전에 계산하여 저장한 바이어스 포인터에 대한 데이터 파일을 Load 한다.

※ Secondary Sweep과 Parametric Sweep 그리고 Temperature Sweep은 동시에 2개의 Sweep 해석은 불가능하다.

- **Sweep variable :** Sweep할 변수에 대한 관련 사항과 변수 명을 입력한다. Sweep 변수의 종류로는 전압원, 전류원, 글로벌 파라미터, 모델 파라미터, 온도 등이 있으다.
  · Voltage source : 회로도에 배치된 전압원의 Part Reference를 입력한다.
  · Current source : 회로도에 배치된 전류원의 Part Reference를 입력한다.
  · Global parameter : Param (Parameter를 설정하는 Part)에 설정된 변수 명을 입력한다.
  · Model parameter : 모델의 Type과 해당 모델의 파라미터를 입력한다.
  · Temperature : 시뮬레이션 시 가변 할 온도를 입력한다.
- **Sweep Type :** Sweep type에는 Linear와 Logarithmic이 있으며, 그 선택 여하에 따라 입력 항목이 다르다.
  · Linear를 선택한 경우
    > Start value : 시작 값을 입력한다.
    > End value : 끝값을 입력한다.
    > Increment : 증가값이나 감소값을 입력한다.
  · Logarithmic을 선택한 경우
    > Start value : 시작 값을 입력한다.
    > End value : 끝값을 입력한다.
    > Points/Decade : Decade/Octave 당 데이터 수를 입력한다. (자연수 입력)

※ Value List는 해당 입력란에 해석하기를 원하는 변수 값을 직접 입력한다.
이 때 값의 분리는 space bar나 ','를 이용한다.

따라하기

1) 회로도 (트랜지스터의 Vce-Ic 특성 회로)

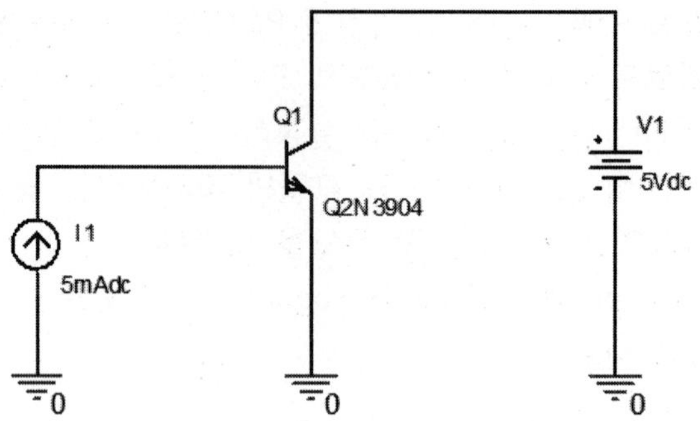

2) 사용기능 및 부품

(Place Part)VDC, IDC, Q2N3904, (Place Ground) 0, (Place Wire)

3) 시뮬레이션 조건

New Simulation 창

- Name : **DC**
- Inherit Form : **None**

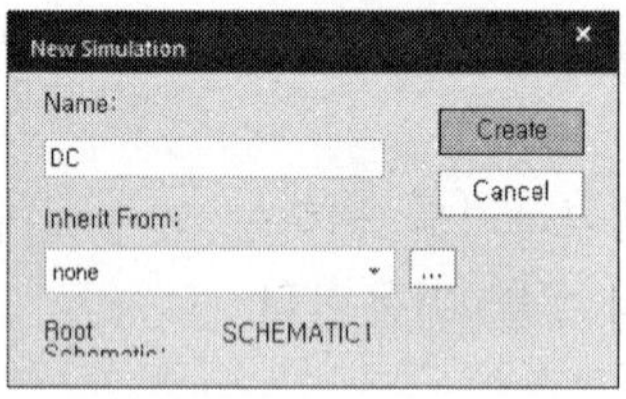

Simulation Setting 창 – Analysis 탭

- Analysis Type : **DC Sweep**
- Primary Sweep
  - Sweep Variable
    - · Voltage source name : **V1**
  - Sweep Type
    - · Linear Start Value : **0**
    - · End Value : **6**
    - · Increment : **0.1**

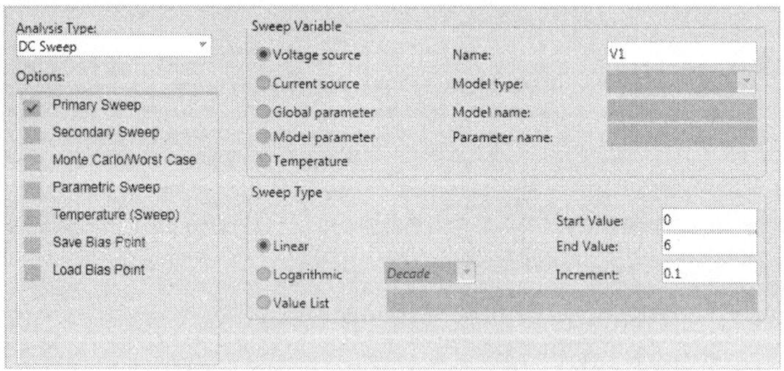

4) Probe 설정

- Current Probe : I1(Q1:C)

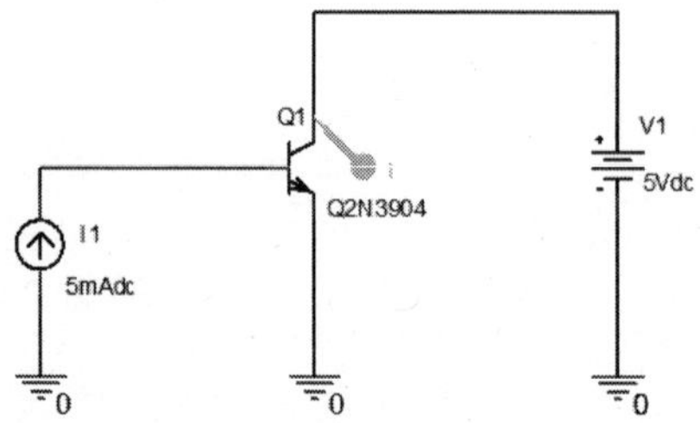

트랜지스터의 컬렉터와 이미터의 전압(V1)을 0V에서 6V까지 0.1V씩 더하며 컬렉터 전류 변화를 확인한다.

5) Run PSpice

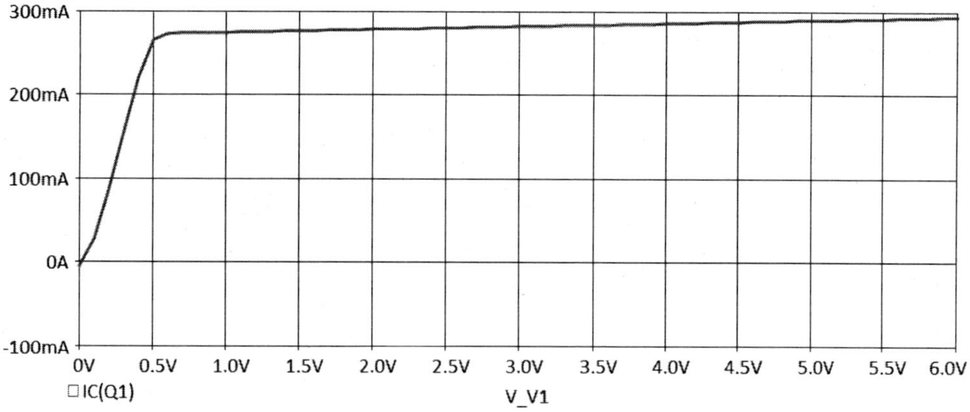

6) 시뮬레이션 조건 변경

Edit Simulation Profile () – Setting 창 – Analysis 탭

- Analysis Type : **DC Sweep**
- Secondary Sweep : **체크**
  - Sweep Variable
    - · Current source name : **I1**
  - Sweep Type
    - · Linear Start Value : **0**
    - · End Value : **5m**
    - · Increment : **0.5m**

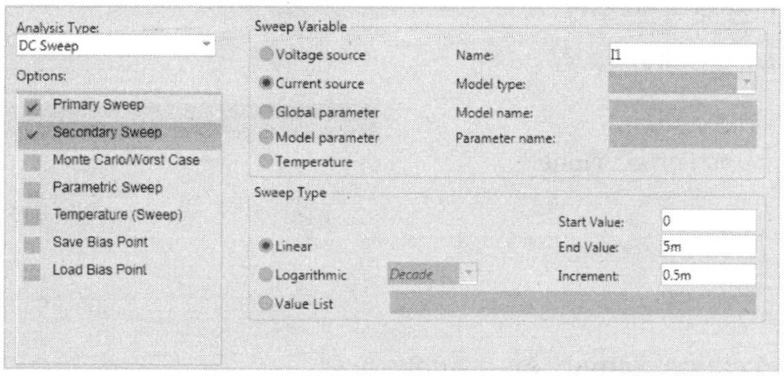

7) Re-Run PSpice

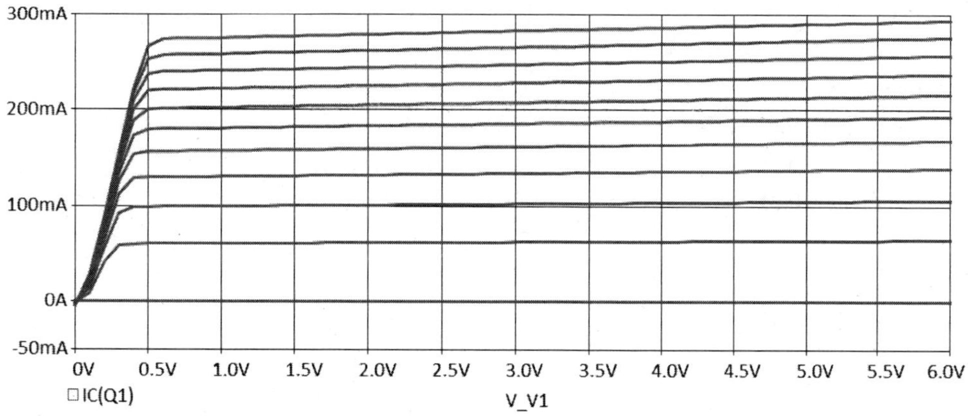

트랜지스터의 베이스 전류(I1)를 Secondary Sweep의 Start 값으로 설정한 뒤 컬렉터와 이미터의 전압을 0~6V까지 0.1V 씩 변화 시키고 해석을 진행한다.

다시 I1을 설정하고 컬렉터와 이미터의 전압을 가변시켜 IC의 변화를 확인한다.

따라하기

1) 회로도 (트랜지스터의 hfe-Ic 특성회로)

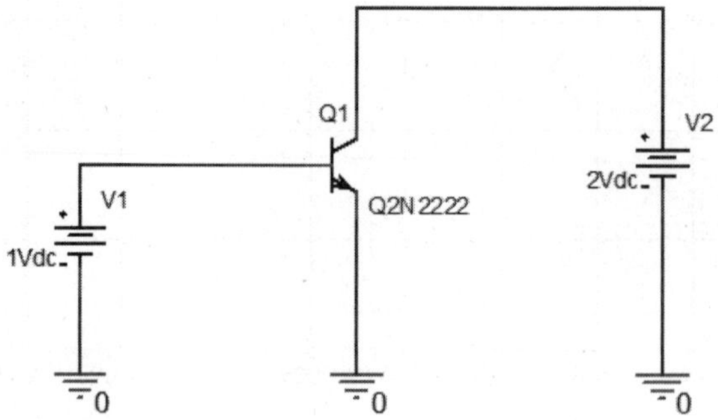

2) 사용기능 및 부품

(Place Part)VDC, Q2N2222, (Place Ground) 0, (Place Wire)

3) 시뮬레이션 조건

New Simulation 창

- Name : **DC**
- Inherit Form : **None**

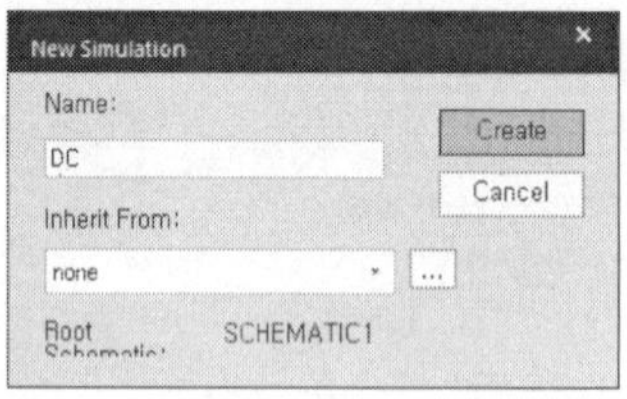

Simulation Setting 창 – Analysis 탭

- Analysis Type : **DC Sweep**
- Primary Sweep
  - Sweep Variable :
    - · Voltage source name : **V1**
  - Sweep Type
    - · Linear Start Value : **0**
    - · End Value : **1**
    - · Increment : **0.01**

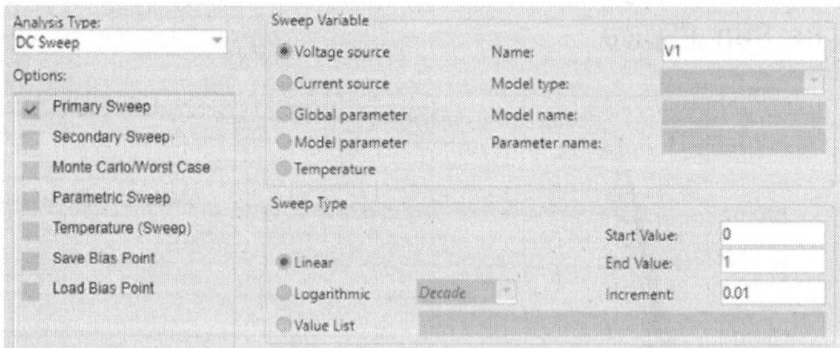

4) Probe 설정

- Current Probe : IC(Q1)

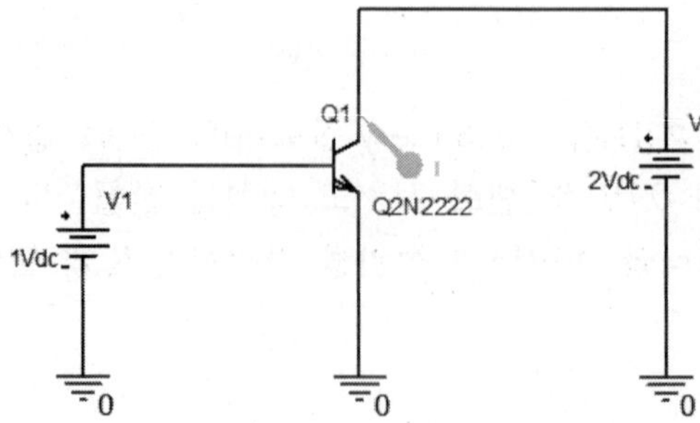

5) Run PSpice

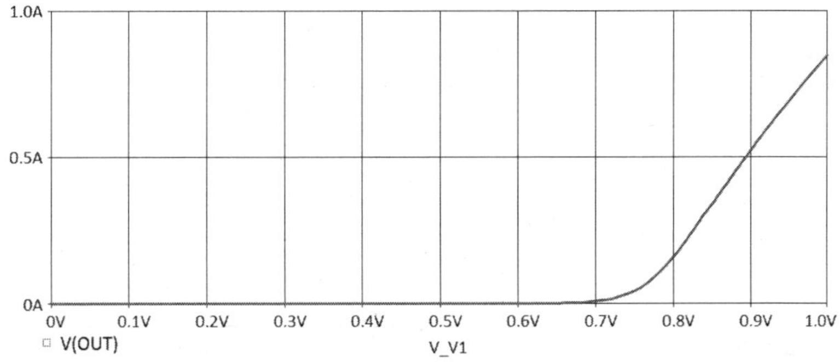

콜렉터에 직류 전압원은 2V로 고정된 상태에서 베이스 전압원 V1을 0~1V 범위로 가변하면서 트랜지스터 콜렉터 전류 Ic의 변화에 따른 hfe의 변화를 살펴보면 일반적으로 Ic 전류가 소전류 혹은 대전류 영역에서 hfe의 값이 감소되는 것을 파악할 수 있다.

위의 출력 결과에서 트랜지스터의 hfe-Ic 특성을 확인하기 위해서는 X축의 변화를 **IC(Q1)**으로 변경하여야 한다.

메뉴 Plot – Axis Settings을 클릭하고 X Axis의 Axis Variable을 클릭한다.

그리고 Trace Expression에 **IC(Q1)**을 입력한다.

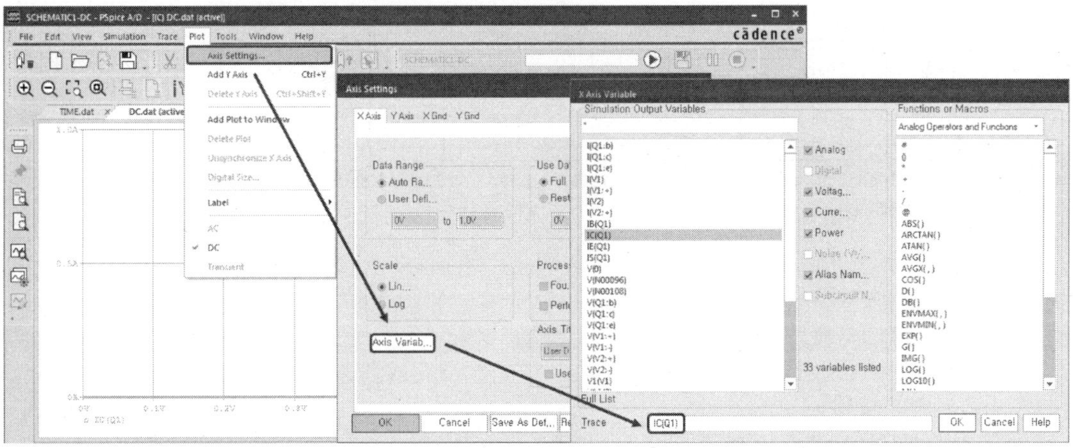

출력되는 그래프의 값을 **IC(Q1)/IB(Q1)**의 형태로 변경하여 hfe-Ic 특성을 확인할 수 있다.
Trace Name을 더블 클릭한 다음 Trace Expression에 **IC(Q1)/IB(Q1)**을 입력한다.

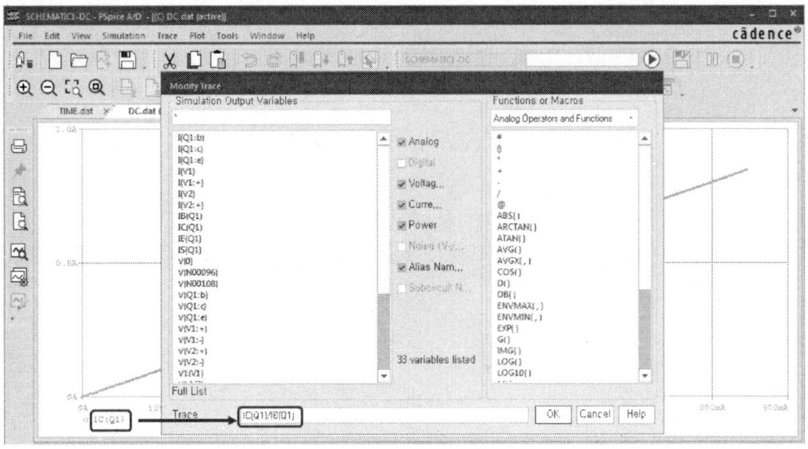

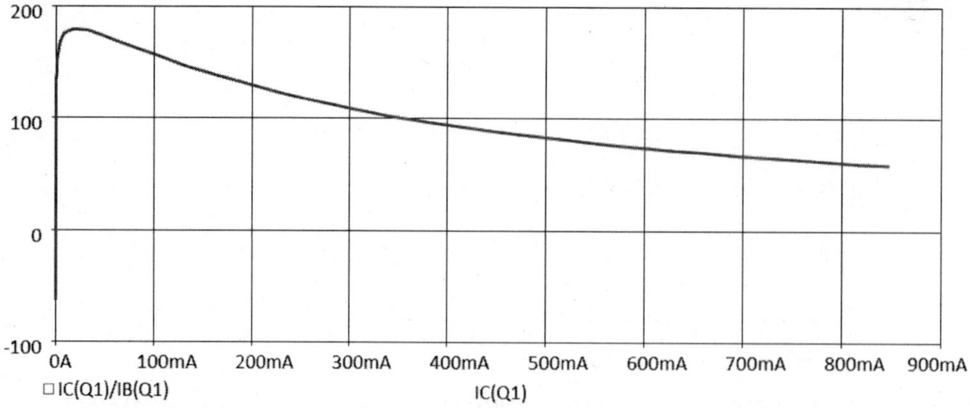

Log X Axis( )를 클릭하여 파형을 확인한다.

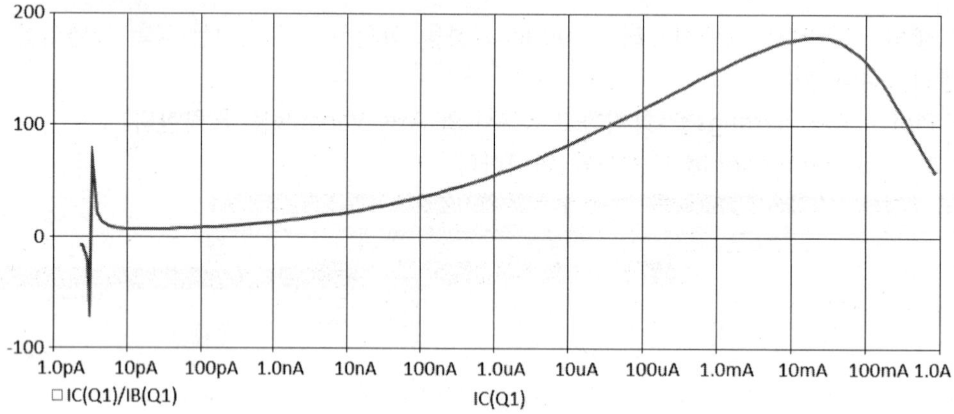

과 제 - 다이오드의 순방향 및 역방향 시뮬레이션

1. 다음의 회로에서 V1을 가변시켜 다이오드에 따라 나타나는 출력의 변화를 확인하시오.
   - DC Sweep
     - · 순방향 - V1 : 0V ~ 2V ; 0.001V 증가
     - · 역방향 - V1 : -120V ~ 0V ; 0.001V 증가
   1) 회로도

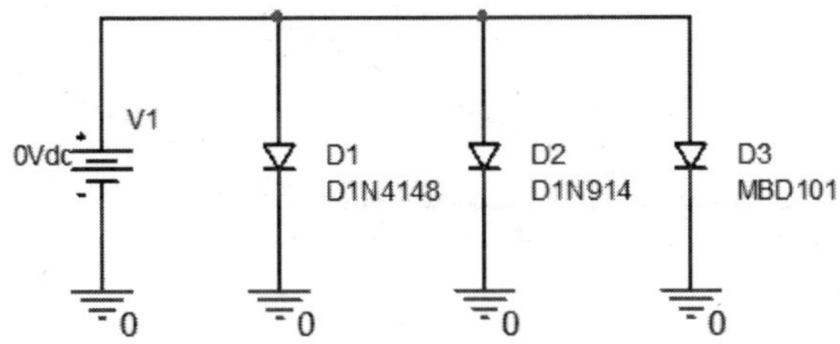

2) 사용기능 및 부품

(Place Part)VDC, D1N4148, D1N914, MBD101,

(Place Ground) 0, (Place Wire)

해 설

3) 시뮬레이션 조건

New Simulation 창

- Name : **DC**
- Inherit Form : **None**

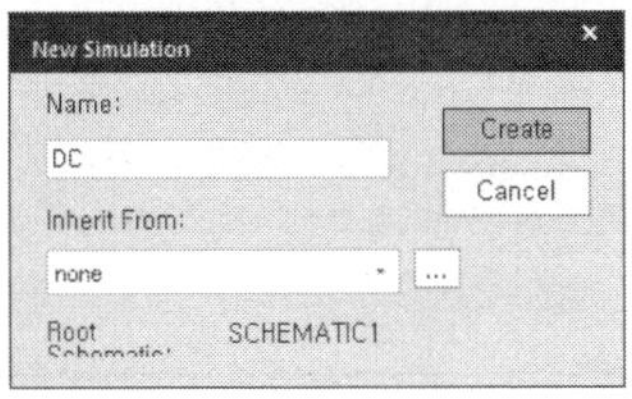

Simulation Setting 창 – Analysis 탭 (순방향 시뮬레이션)

- Analysis Type : **DC Sweep**
- Primary Sweep
  - Sweep Variable :
    - · Voltage source name : **V1**
  - Sweep Type
    - · Linear Start Value : **0**
    - · End Value : **2**
    - · Increment : **0.001**

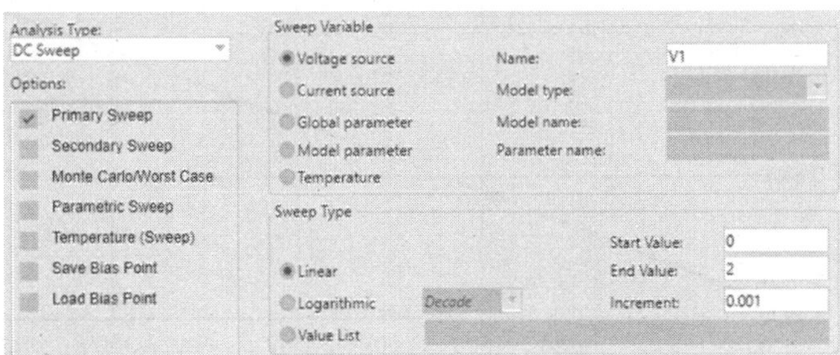

4) Probe 설정

- Current Probe : I1(D1), I2(D2), I3(D3)

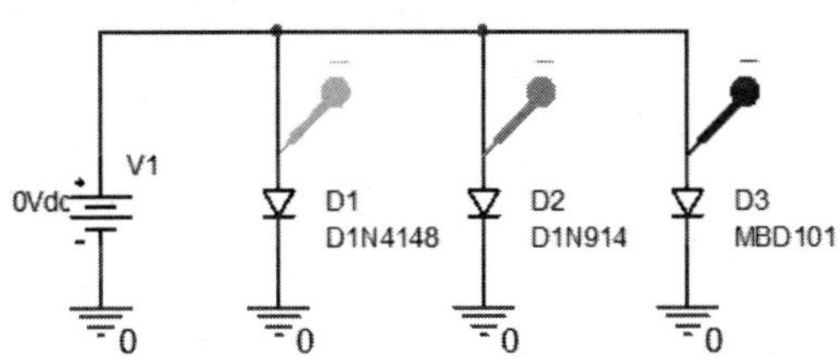

5) Run PSpice

순방향 전류 시뮬레이션 결과

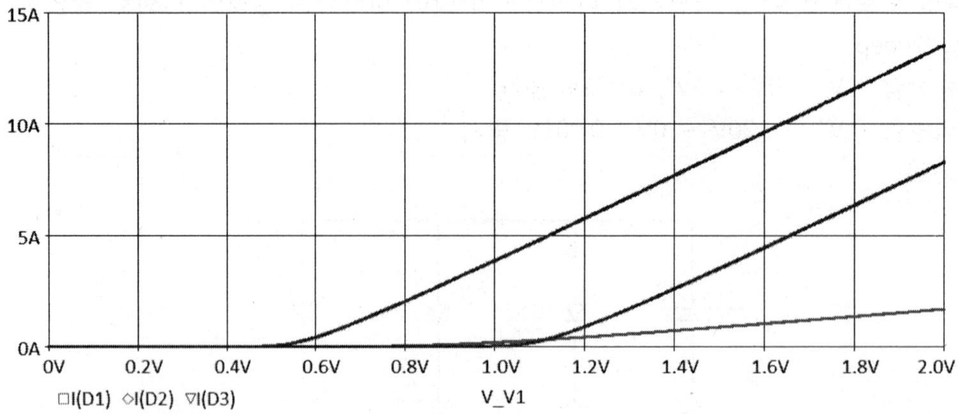

6) 시뮬레이션 조건 변경 (역방향 시뮬레이션)

Edit Simulation Profile – Setting 창 – Analysis 탭

- Analysis Type : **DC Sweep**
- Primary Sweep
  - Sweep Variable :
    - · Voltage source name : **V1**
  - Sweep Type
    - · Linear Start Value : **-120**
    - · End Value : **0**
    - · Increment : **0.001**

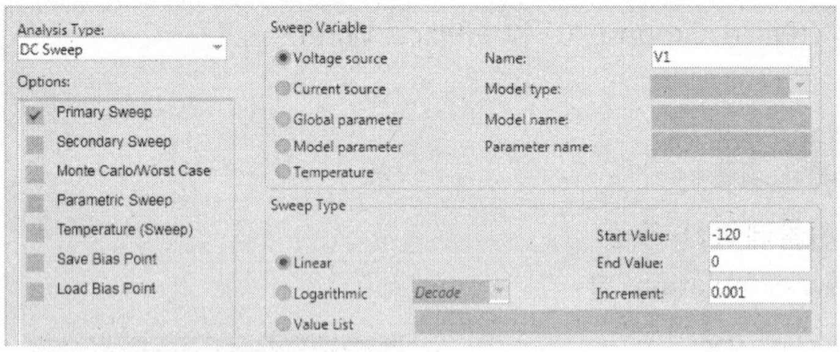

7) Re-Run PSpice

역방향 전류 시뮬레이션 결과

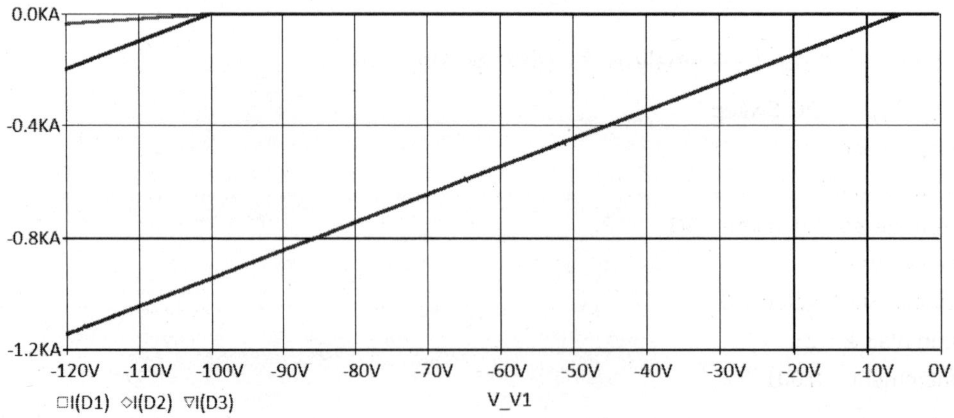

4.5 AC Sweep/Noise 해석

1. AC Sweep 해석

AC 해석은 입력주파수를 변화시켜 가면서 회로시스템에 대한 주파수 응답을 계산하는 해석이다. 주파수 응답은 바이어스 포인트 해석 후 진행되어 초기의 계산에서는 인덕터는 단락(Short), 커패시터는 개방(Open)으로 해석한 다음 주파수 포인트 지점마다 계산을 수행한다. 교류해석에서 시스템의 보드선도, 임피던스 등 해석이 가능하다.

2. Noise 해석

회로 내에 사용하는 저항과 반도체 소자는 주파수에 영향을 받는 노이즈를 발생시키는데 이러한 발생 노이즈에 대해 해석하려면 교류해석과 병행해야 한다. 즉 교류해석의 각 주파수에 대하여 회로내의 각 소자에서 발생하는 노이즈 량을 계산하고 출력 노드에 미치는 영향을 분석하며 입력전원과 출력전압 사이의 이득을 계산하고, 이 계산을 토대로 특정전원에서의 등가 입력 노이즈 량을 계산한다. 노이즈 발생원이 아닌 $V/\sqrt{Hz}$로 환산한 등가 노이즈원이라는 사실이다. 즉 등가 노이즈 원을 이용하여 노이즈를 입력하여 출력되는 노이즈 량을 해석한다.

3. Simulation Settings

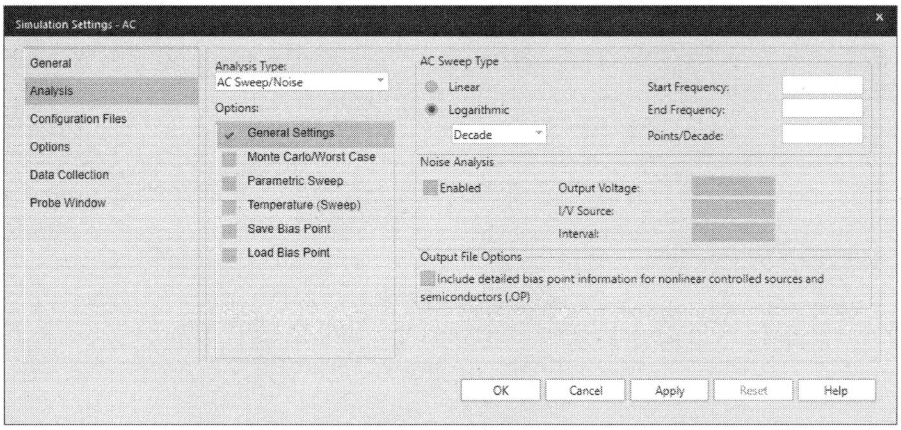

- **General Settings** : 주파수 해석을 위해 입력신호의 주파수 범위(선형/지수), 데이터 개수, 노이즈 해석을 위한 입출력 변수 등을 설정할 수 있다.
- **Monte Carlo/Worst-Case** : 소자의 모델 파라미터에 대한 오차범위를 지정한다. 오차범위 내에서 임의 값(Random)으로 변화시켜 해석한다. 소자의 오차 범위를 사용자가 설정할 수 있으며, Monte-Carlo 해석을 위해서는 소자의 TOLERANCE 속성이나, BREAKOUT 라이브러리를 이용하거나 Advanced Analysis의 SPECIAL 라이브러리에 VARIABLES를 사용 한다. Worst-Case 해석은 출력값이 최대인 결과값을 출력하는 해석방식이다.
- **Parameter Sweep** : 전압원, 전류원, 글로벌 파라미터(Global Parameter), 모델 파라미터 또는 동작온도를 정해진 순서에 따라 변화시키며 반복 해석을 한다.
- **Temperature(Sweep)** : 특정 온도나 정해진 순서에 따라 변화시키며 해석을 한다.

- **AC Sweep Type :** 입력 교류신호의 주파수 sweep을 선형(Linear) 혹은 지수(Logarithmic) 형태로 할 것인가를 선택한다.
  - · Start Frequency : 시작 주파수를 입력한다.
  - · End : 끝점 주파수를 입력한다.
  - · (Logarithmic) Points/Decade : Decade당 Total 데이터 수를 입력한다.
  - · (Logarithmic) Points/Octave : Octave당 Total 데이터 수를 입력한다.
  - · (Linear) Total Points : 총 데이터 수를 입력한다.

- **Noise Analysis :** Noise 해석의 Enable 여부를 선택한다.
  - · Output Voltage : Noise 출력 전압 노드를 입력 한다.(Net Alias를 이용하여 node에 이름을 부여하고 그 이름을 넣는다.)
  - · I/V Source : 전압원 또는 전류원의 Part Reference를 입력한다.
  - · Interval : 간격을 입력한다.

따라하기

1) 회로도 (1극 저역통과 필터)

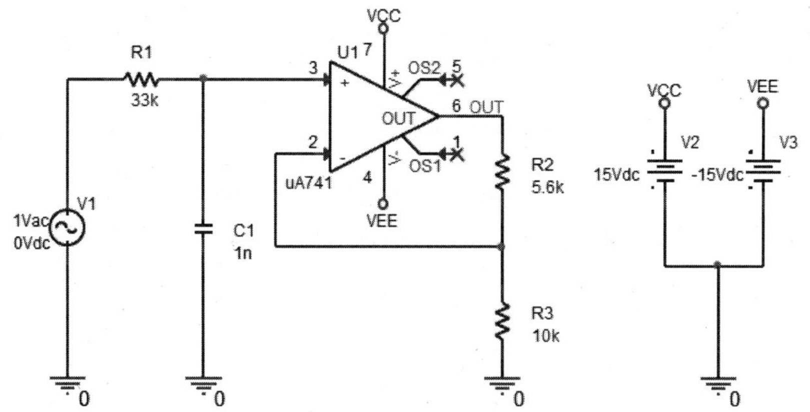

2) 사용기능 및 부품

(Place Part)VAC, R, C, uA741, VDC, (Place Ground)VCC, GND

(Place Wire), (No connect), (Place Net Alias)

3) 시뮬레이션 조건

New Simulation 창

- Name : **AC**
- Inherit Form : **None**

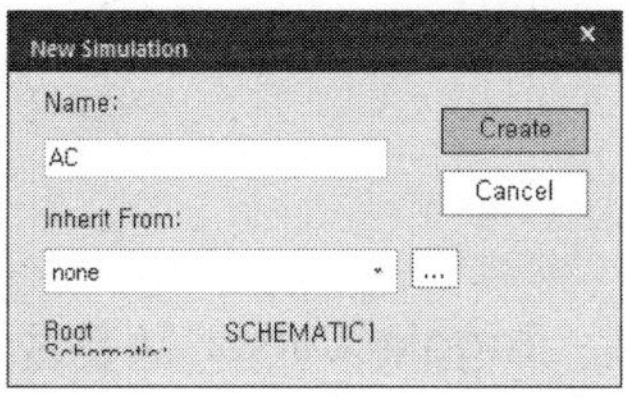

Simulation Setting 창 – Analysis 탭

- Analysis Type : **AC Sweep**
- General Settings
  - AC Sweep Type
    - · Logarithmic : **Decade**
      - · Start Frequency : **1**
      - · End Frequency : **10k**
      - · Points/Decade : **100**

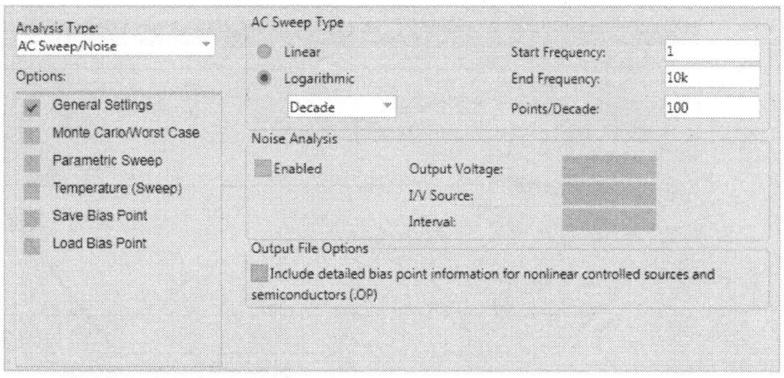

4) Probe 설정

- dB Magnitude of Voltage Probe : DB(V(OUT))
  - 메뉴 PSpice – Marker – Advanced – dB Magnitude of Voltage 선택하여 배치

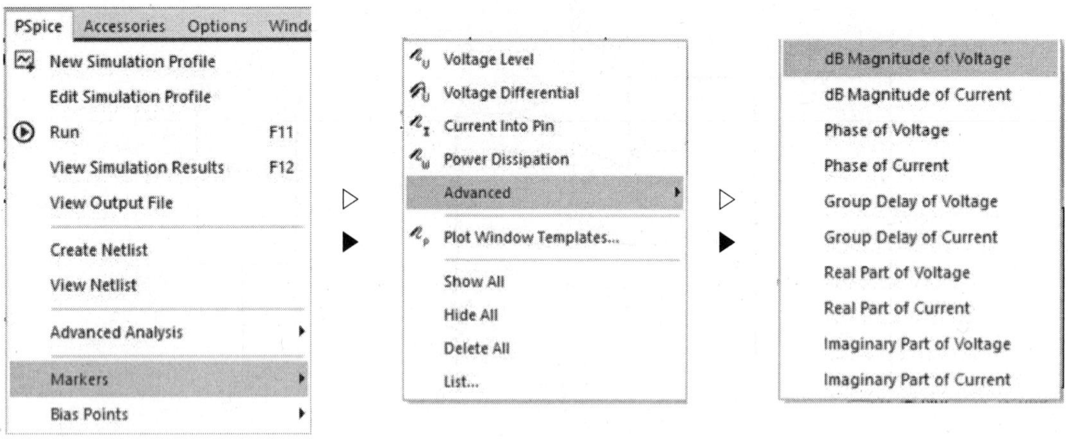

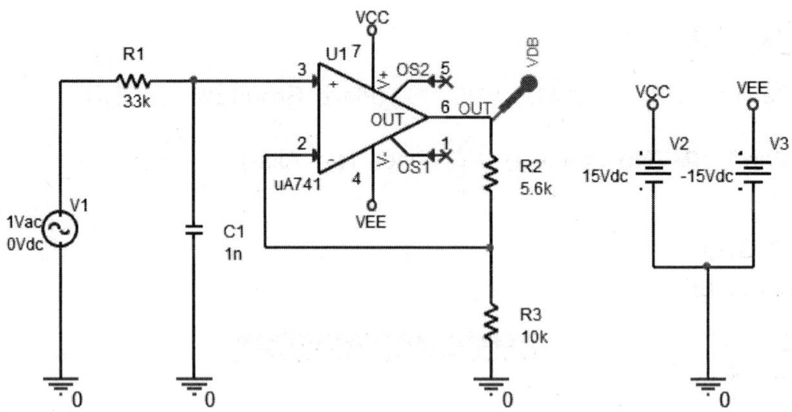

5) Run PSpice

차단주파수를 확인하기 위해서는 Toggle Cursor 버튼을 클릭하고 Search Command 버튼을 클릭한 다음 입력창에 **search forward level (max-3)**을 입력하고 Mark Label 버튼을 클릭하여 데이터를 표시한다.

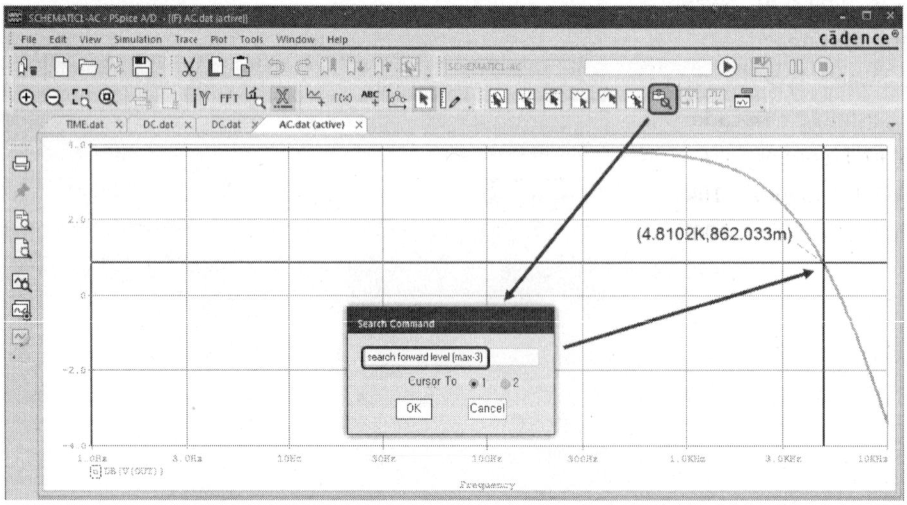

Measurement의 기능으로 차단주파수를 위치를 표시하기 위해서는 메뉴 Tools - Options를 클릭한 다음 Probe Settings 창에서 **Display Evaluation**을 체크한다.

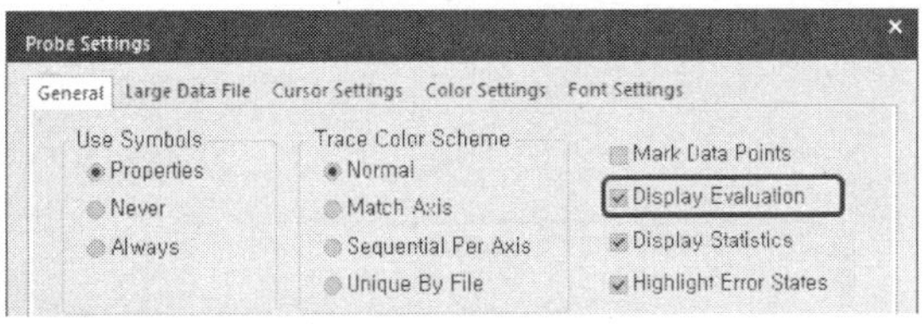

다음 View - Measurement Results를 클릭하고 하단의 Measurement Results을 클릭한 다음 Evaluate Measurement창의 Trace Expression에 Cutoff_Lowpass_3dB(V(out))을 입력한다.

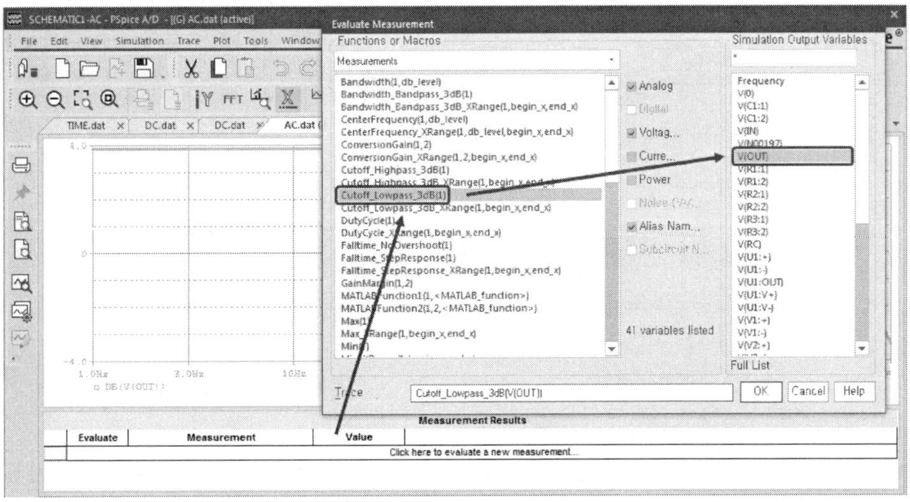

Measurement Results를 입력하면 새로운 Plot이 추가되며, 해당위치와 값이 출력된다.

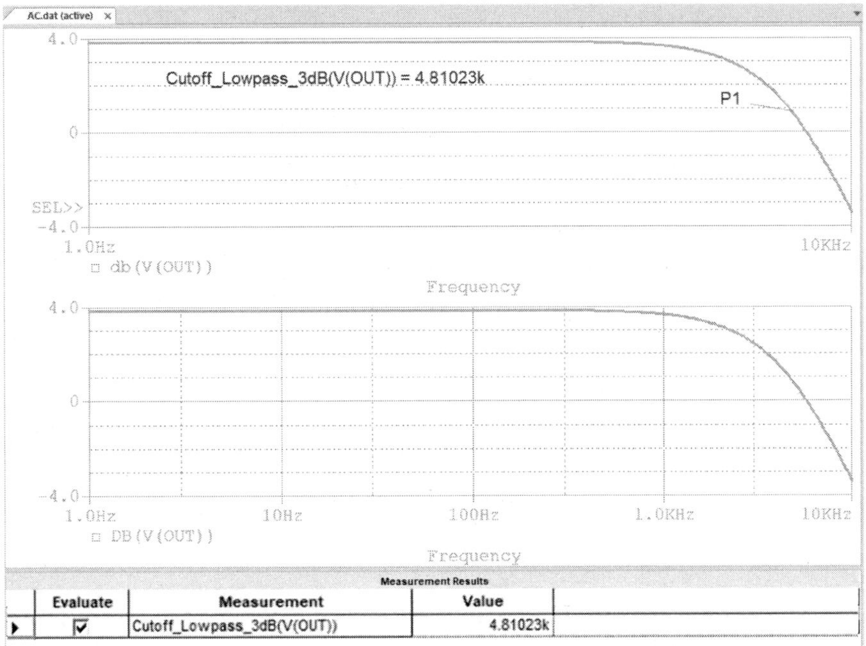

$$\text{차단주파수} : f_c = \frac{1}{2\pi R_1 C_1} = \frac{1}{2 \times 3.141592 \times 33k \times 1n} = 4.822[kHz]$$

과 제 - 인덕터 값에 따른 임피던스 및 어드미턴스의 변화

1. 각 회로도의 임피던스와 어드미턴스를 측정하시오.
 - VDC(VS1, VS2, VS3, VS4)의 전류 측정
 1) 회로도

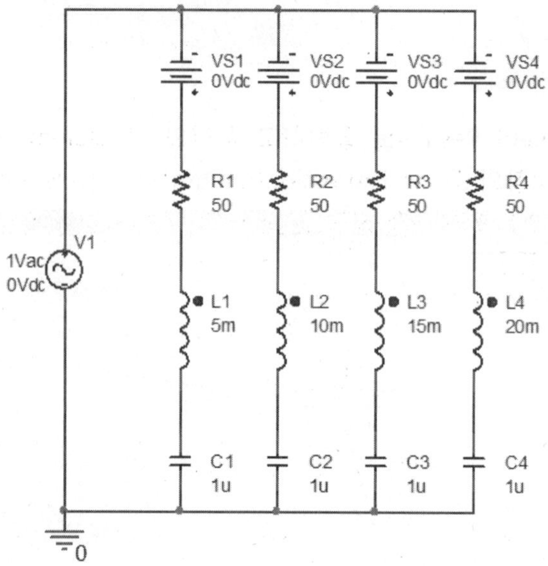

 2) 사용기능 및 부품

(Place Part) VAC, VDC, R, C, L, (Place Ground) 0, (Place Wire)

해 설

 3) 시뮬레이션 조건

New Simulation 창

- Name : **AC**
- Inherit Form : **None**

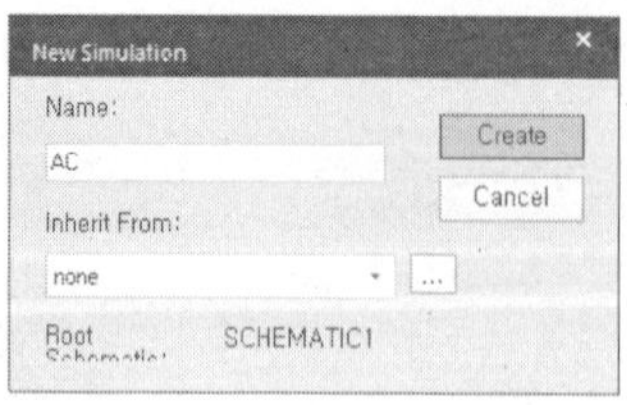

Simulation Setting 창 – Analysis 탭

- Analysis Type : **AC Sweep**
- General Settings
  - AC Sweep Type
    - · Logarithmic : **Decade**
    - · Start Frequency : **1**
    - · End Frequency : **1meg**
    - · Points/Decade : **100**

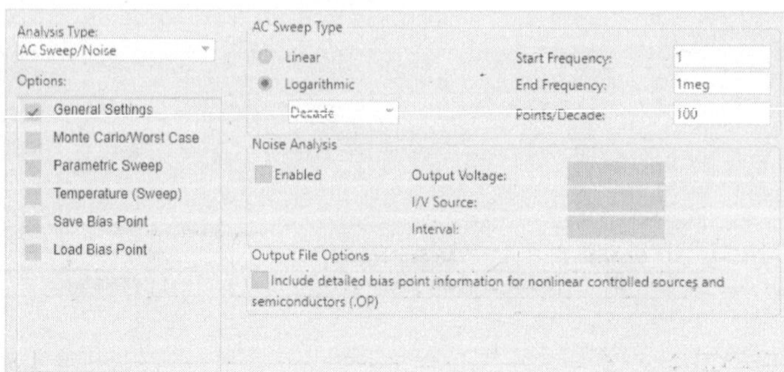

4) Probe 설정

- Current Probe : I(VS1), I(VS2), I(VS3), I(VS4)

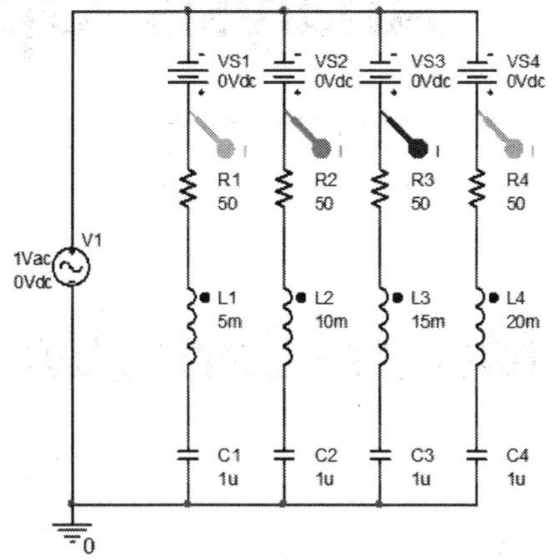

5) Run PSpice

- Admittance

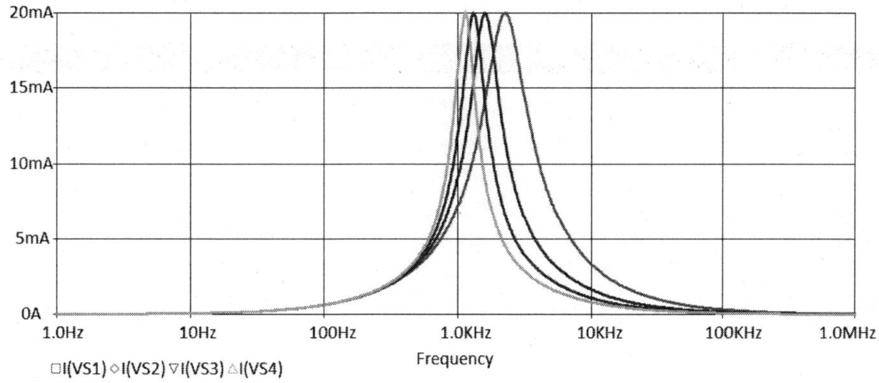

- Impedance

I(VS1), I(VS2), I(VS3), I(VS4)을 각각 더블클릭하여 **1/I(VS1), 1/I(VS2), 1/I(VS3), 1/I(VS4)**로 변경한다.

Y축을 지수 형태로 보기위해서 Log Y Axis( )를 클릭한다.

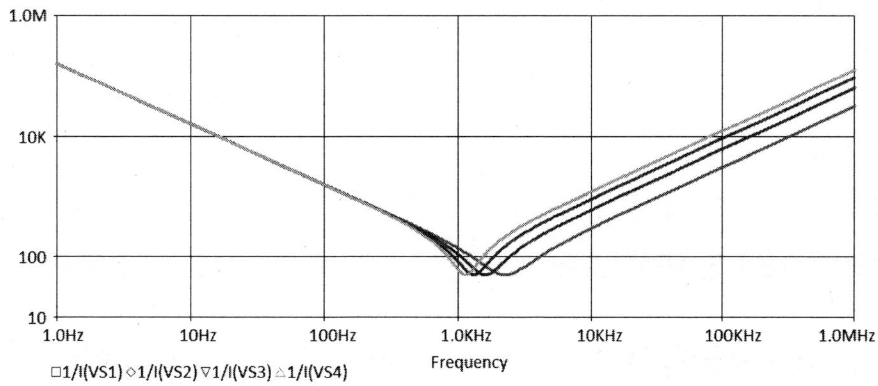

$V = IZ,\ I = \frac{V}{Z}$

CHAPTER 05 Analysis Option

5.1 Monte-Carlo/Worst-Case 해석

1. Monte-Carlo 해석

몬테카를로 해석은 허용범위 안에 모든 소자의 파라미터 값을 랜덤하게 변화시키면서 회로의 응답을 구하는 해석이다.

이 결과로부터 소자 파라미터 변동에 따른 특성 변화에 대한 통계적인 데이터를 구할 수 있고, 회로가 실제 현장에서 동작할 때 어떤 특성 변화가 존재할 것인가를 예측할 수 있다.

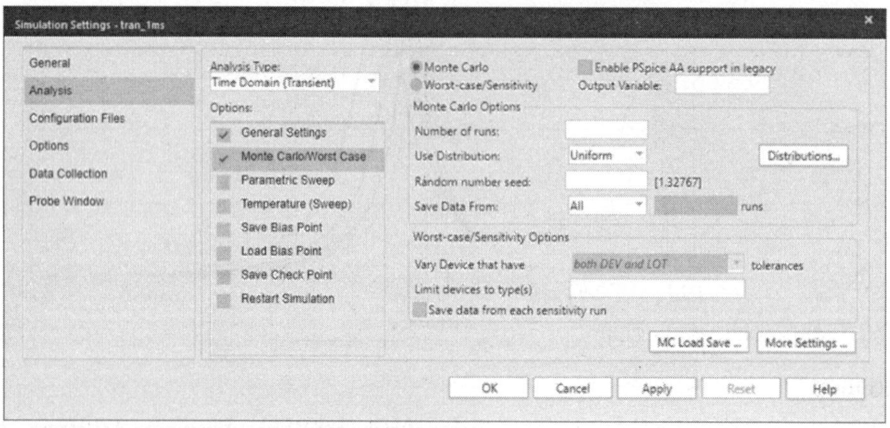

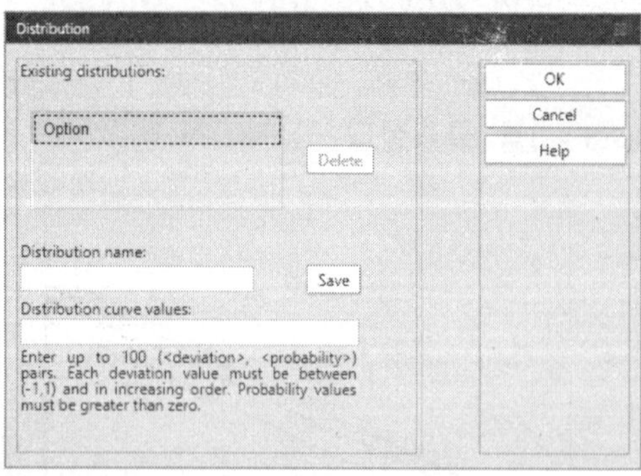

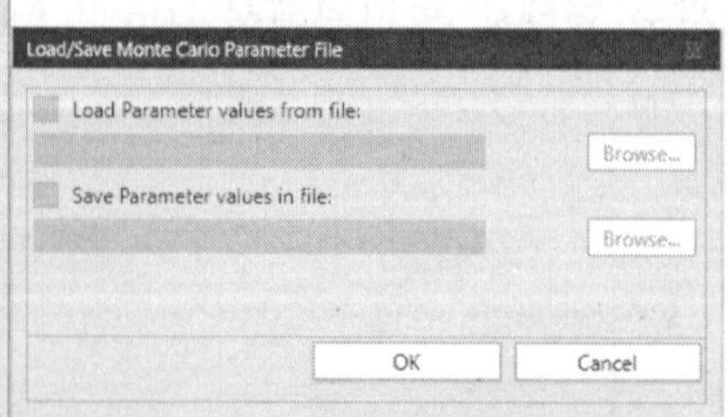

· 균등분포의 확률밀도 함수 : $f_x(x) = \dfrac{1}{b-a}(a \le x \le b)$ - 이산균등분포, 연속균등분포

· 가우시안분포의 확률밀도 함수 : $f_X(x) = \dfrac{1}{\delta\sqrt{2\pi}} e^{\frac{-(x-m)^2}{2\delta^2}}$ - (m : 평균, δ : 표준편차)

2. Worst-Case 해석

Output Variable에 설정한 출력 값이 최대인 위치를 해석하여 보여줌으로써 회로가 정상 동작이 가능한 범위 내에 있는지를 파악하여 신뢰도 높은 설계를 위한 해석에 이용한다.

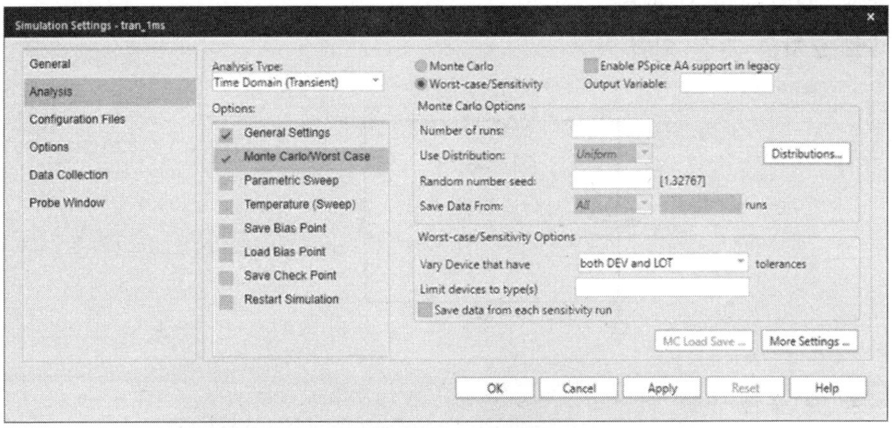

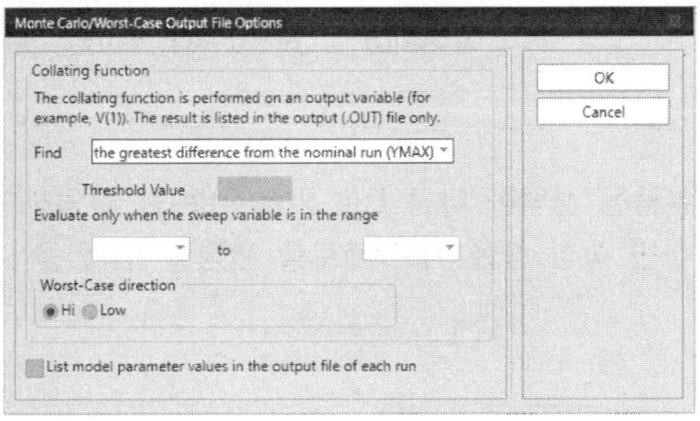

3. Tolerance

1) DEV

부품의 오차 범위로 동일한 모델을 사용하는 부품이라도 서로 다른 오차 값이 설정된다. R, L, C 의 경우 오차 범위만 설정 하려면 부품의 Tolerance 속성에 오차범위를 입력하면 된다. 저항의 Tolerance를 2%(DEV=2%)로 설정 하면 각 저항은 0.98k에서 1.02k까지 저항 값을 가지게 된다.

2) LOT

LOT는 동일한 모델을 사용하는 부품들은 동일한 오차를 가지고 해석한다.

예를 들어 저항의 모델을 R=1 DEV=2% LOT=10%와 같이 설정한 R1과 R2 두 부품이 있을 경우 R1과 R2는 동일한 LOT 오차값을 더한 다음 각각 다른 DEV 오차값을 가지게 된다.

(R1 = Value + LOT + DEV1, R2 = Value + LOT + DEV2, DEV1 ≠ DEV2)

오차의 범위는 LOT와 DEV를 더한 값까지 가지게 되며, 위 예로는 LOT 10%와 DEV 2%를 더한 최대 12%의 오차를 가지게 된다.

따라하기

1) 회로도 (전압 분배 회로 – Monte Carlo 해석)
- R1 : 10% 오차를 가진 저항
- R2 : 5% 오차를 가진 저항

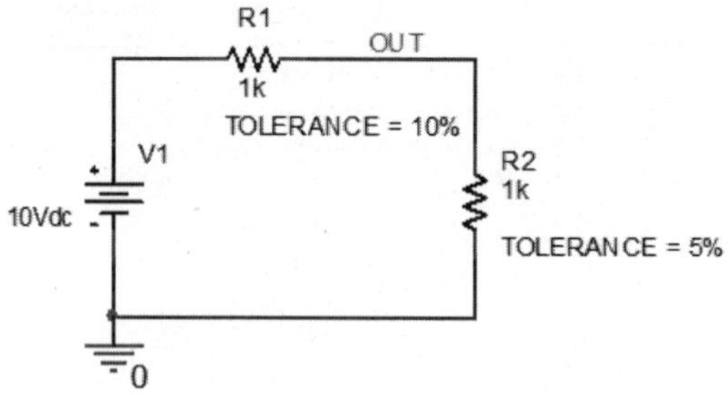

2) 사용기능 및 부품

(Place Part)VDC, R, (Place Ground) 0, (Place Wire), (Place Net Alias)

3) Tolerance 설정

Tolerance 부품은 R 부품을 선택한 다음 Edit Properties를 클릭하여 설정할 수 있다.
※ Pivot 버튼을 클릭하면 속성 창을 가로/세로를 변경할 수 있음

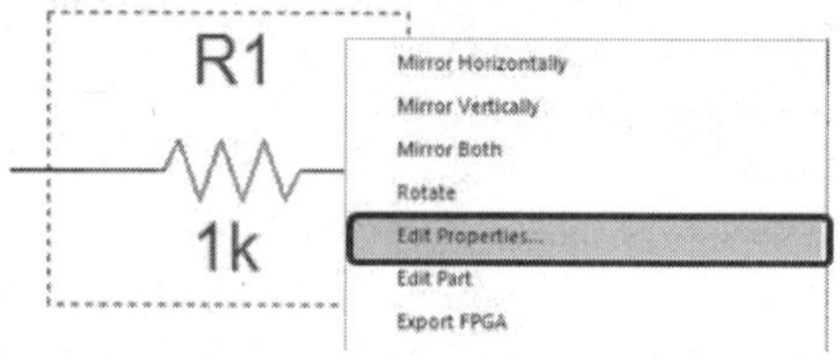

R1의 Tolerance에는 **10%**, R2의 Tolerance에는 **5%**를 입력한다.
화면에 Tolerance 값을 표시하기 위해서 R1과 R2의 Tolerance를 선택 후 Display 버튼을 클릭하고 Name and Value를 선택한다.
설정이 끝이 났으면 Property Editor 창을 닫는다.

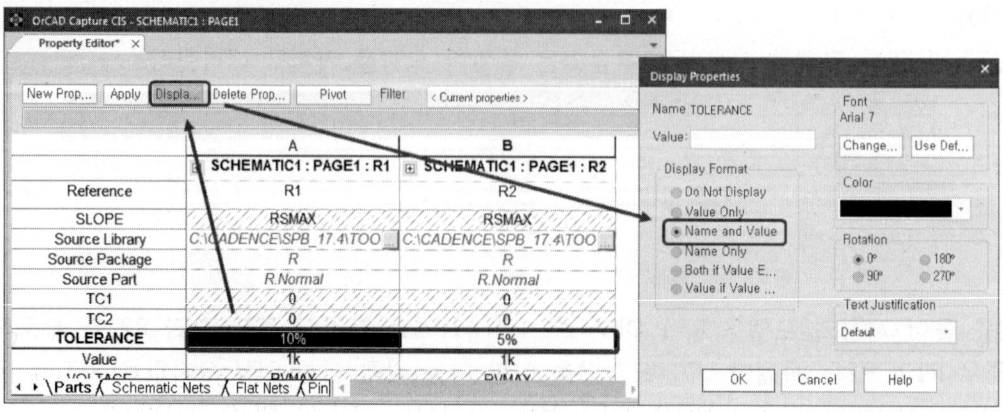

4) 시뮬레이션 조건

New Simulation 창

- Name : **Tran_1ms**
- Inherit Form : **None**

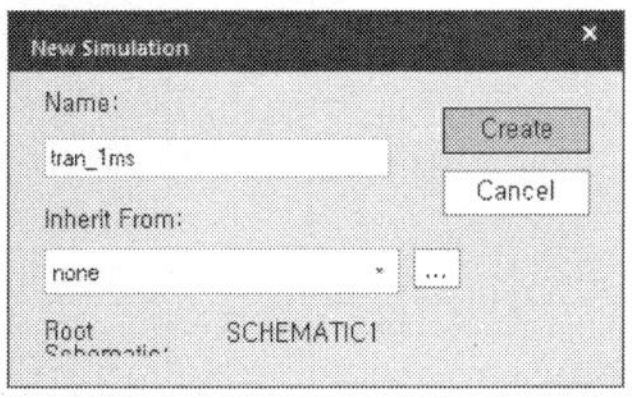

Simulation Setting 창 – Analysis 탭

- Analysis Type : **Time Domain**
- General Settings
  - · Run To Time : **1m**

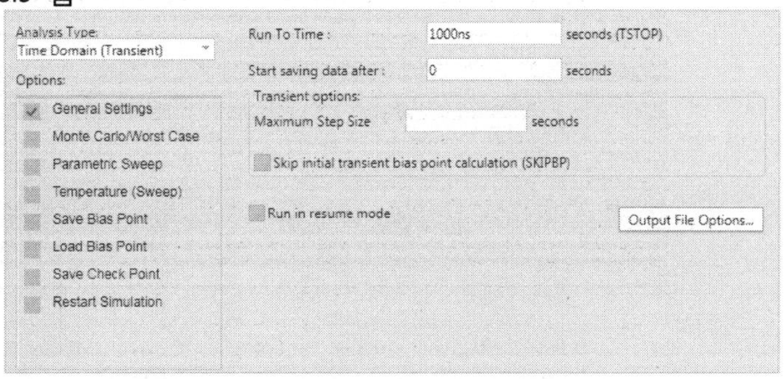

- Monte Carlo/Worst Case
  - · Monte Carlo : **체크**
  - · Output Variable : **V(OUT)**
  - · Monte Carlo Options
    - · Number of runs : **100**
    - · Use Distribution : **Uniform**

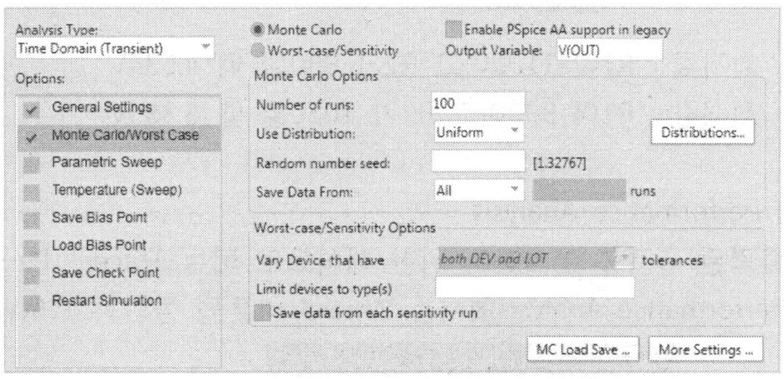

5) Probe 설정

- Voltage Probe : V(OUT)

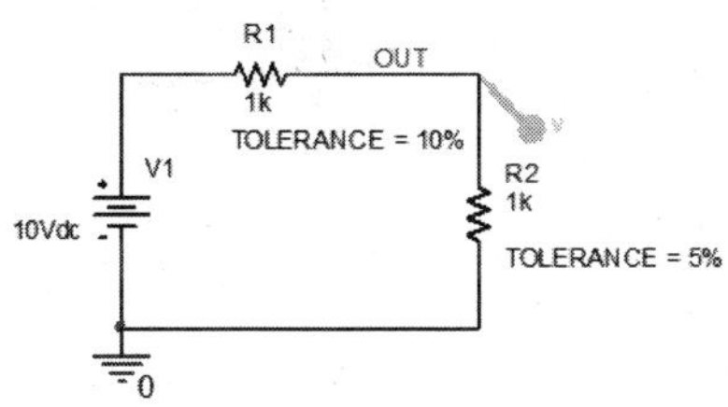

6) Run PSpice

결과 파형을 선택하는 창이 출력된다.

모든 섹션을 선택 후 OK 버튼을 클릭한다.

R1은 10%와 R2는 5% 오차를 가진 저항을 이용한 시뮬레이션 결과가 출력된다.

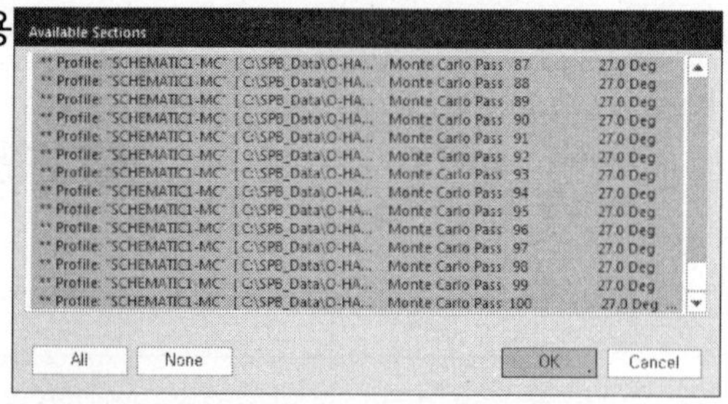

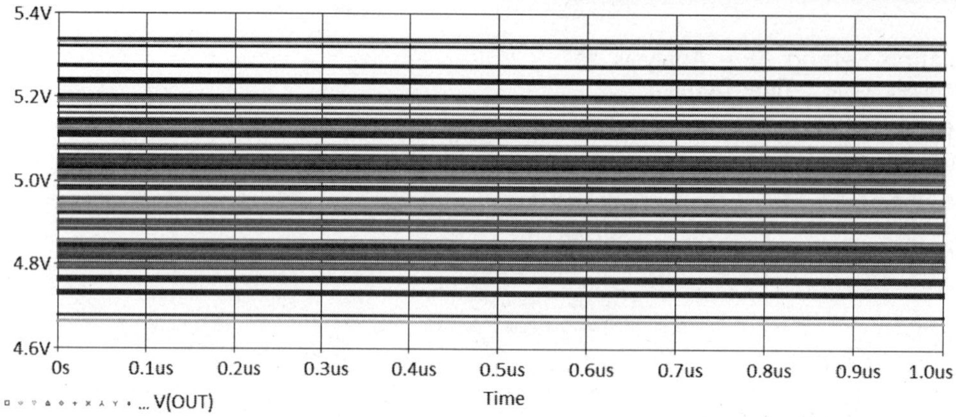

- 최저값 : R1이 1100이고 R2가 950일 때 4.634V
- 최대값 : R1이 900이고 R2가 1050일 때 5.385V

7) Performance Analysis

출력된 결과를 분석하기 위한 해석으로 메뉴 Trace - Performance Analysis...를 실행한다. Performance Analysis에서는 Wizard 버튼을 클릭하고 Step1에서는 Next 버튼을 클릭한다.

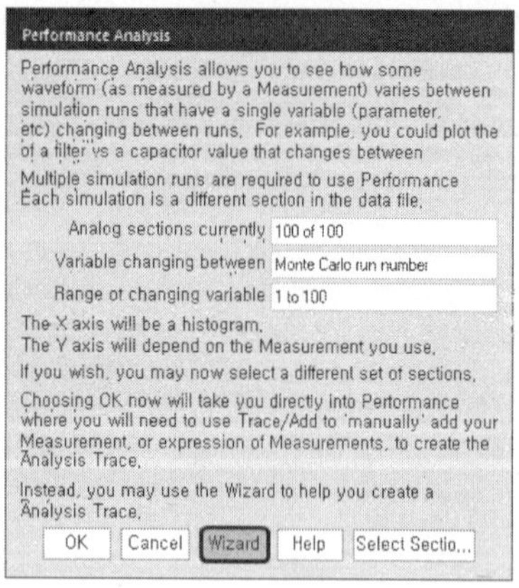

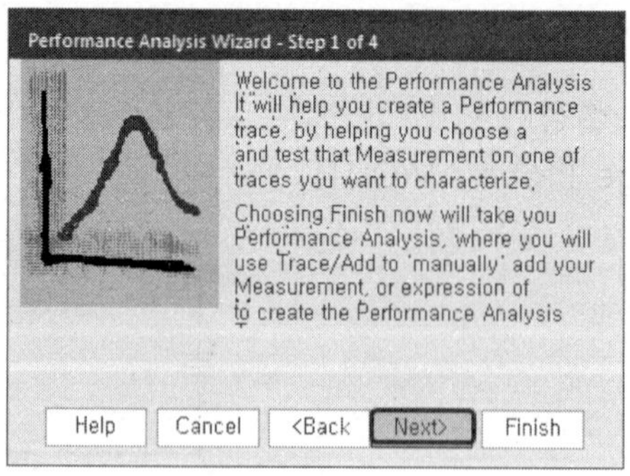

V(OUT) 노드의 전압값을 분석하기 위해 Step2에서는 **Max**를 선택한다.
Step3에서는 Name of trace to search에 **V(OUT)**을 입력한다.

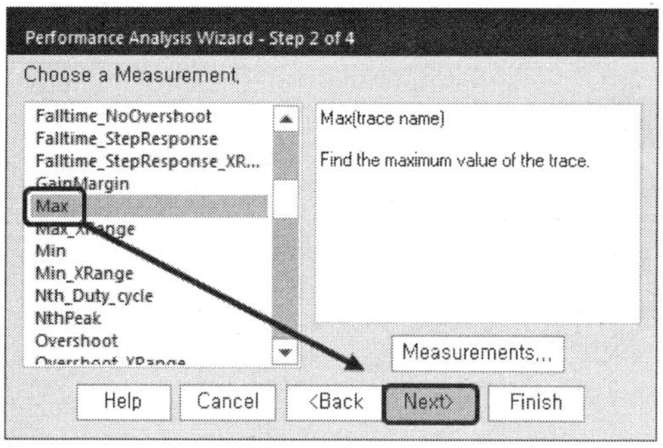

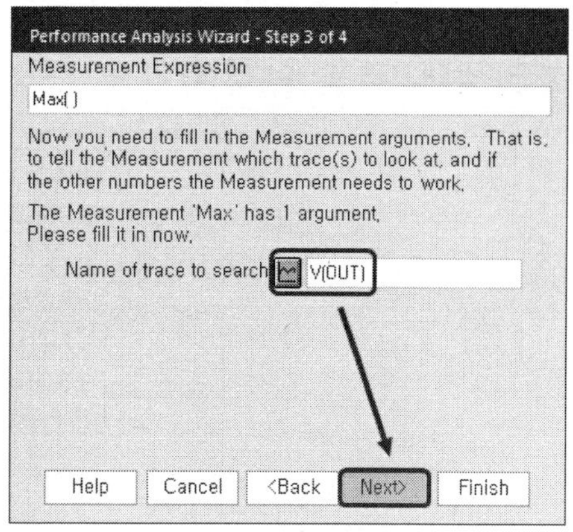

Step4에서는 오차가 적용되지 않은 정상상태의 측정값이 출력된다.

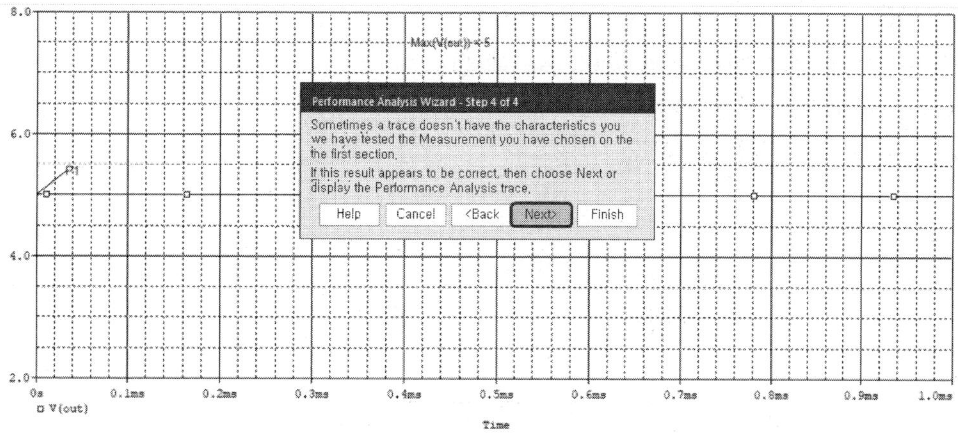

Step4에서 Next 버튼을 클릭하면 출력된 데이터를 분석한 자료가 출력된다.

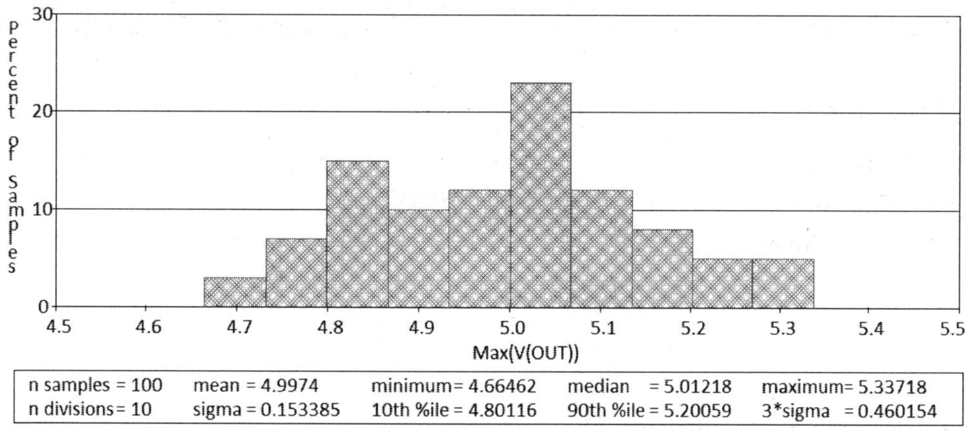

빨간 네모 영역 안에 샘플 수, 편차, 중간값, 평균값, 최대값, 최소값 등의 정보가 있다.

n samples : 실행 횟수	sigma : 편차	median : 중간값
n divisions : 막대그래프 수	minimum : 최소값	90th %ile : 90%일 때의 값
mean : 평균값	10th %ile : 10%일 때의 값	maximum : 최대값

※ C:₩SPB_Data₩cdssetup₩OrCAD_PSpice₩17.4.0₩PSpice.ini의 HISTNDIVISIONS를 수정하면 막대그래프 수 조정 가능

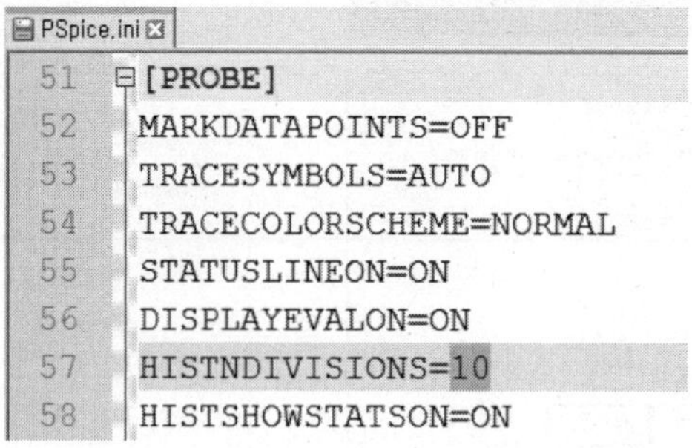

```
PSpice.ini
[PROBE]
MARKDATAPOINTS=OFF
TRACESYMBOLS=AUTO
TRACECOLORSCHEME=NORMAL
STATUSLINEON=ON
DISPLAYEVALON=ON
HISTNDIVISIONS=10
HISTSHOWSTATSON=ON
```

따라하기

1) 회로도 (전압 분배 회로 – Worst Case 해석)
- R1 : 10% 오차를 가진 저항
- R2 : 5% 오차를 가진 저항

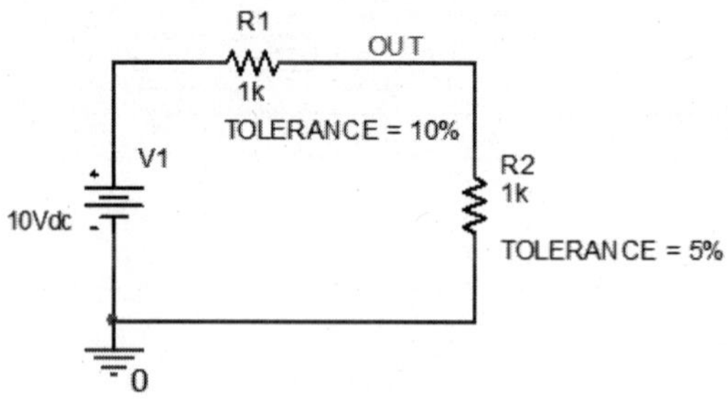

2) 사용기능 및 부품

(Place Part)VDC, R, (Place Ground) 0, (Place Wire), (Place Net Alias)

3) 시뮬레이션 조건

New Simulation 창
- Name : **Tran_1ms**
- Inherit Form : **None**

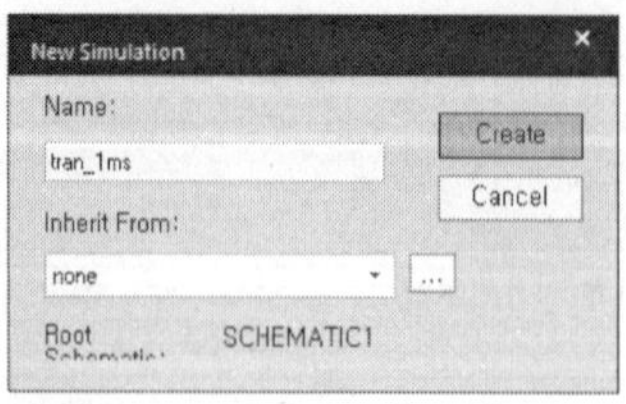

Simulation Setting 창 – Analysis 탭

- Analysis Type : **Time Domain**
- General Settings
  · Run To Time : **1m**

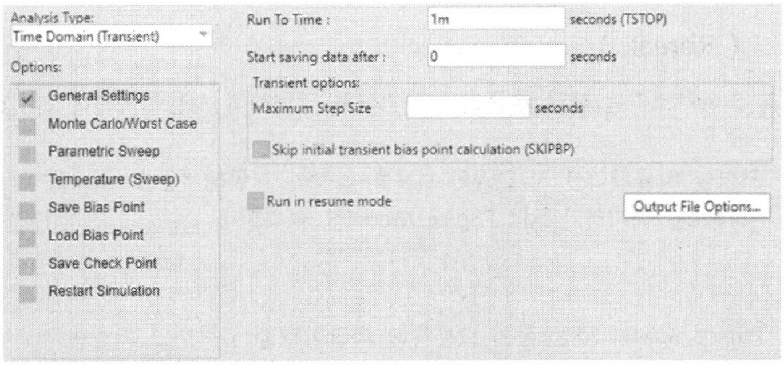

- Monte Carlo/Worst Case
  · Worst-case/Sensitivity : **체크**
  · Output Variable : **V(OUT)**
  · Worst-case Options
    · Vary Device~ :
      Both DEV and LOT

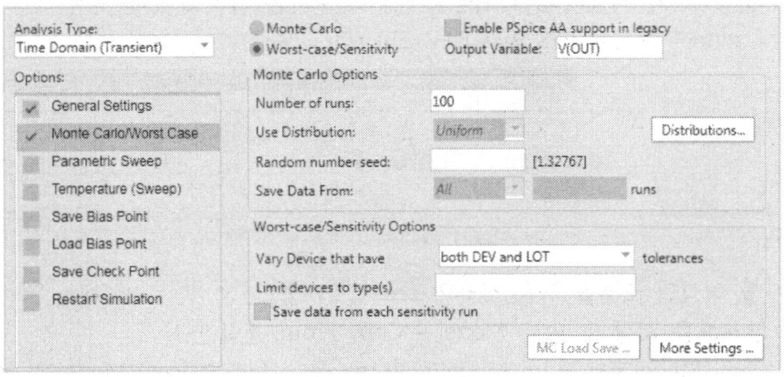

5) Probe 설정 / Run PSpice

- Voltage Probe : V(OUT)

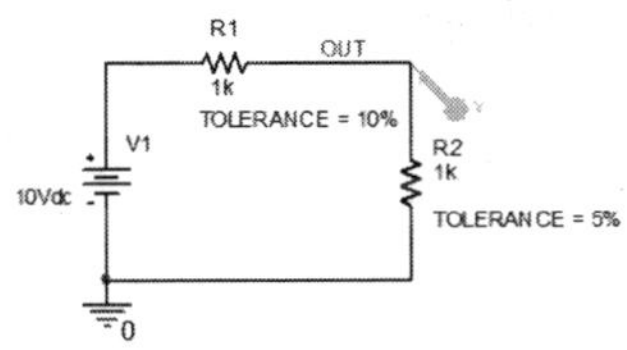

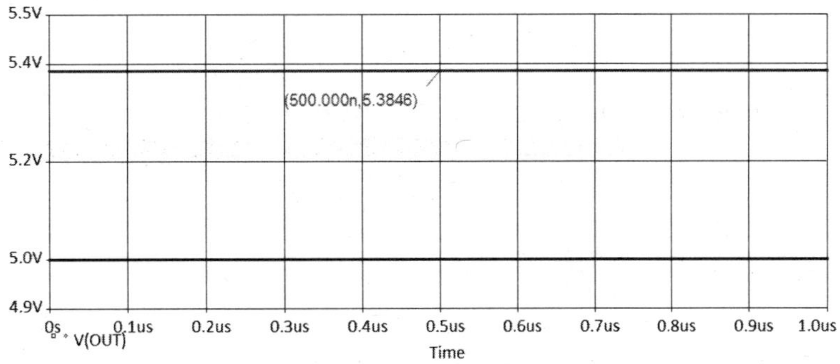

(Rbreak)

※ Break 소자는 해당 부품의 파라미터를 입력하여 시뮬레이션하기 위한 부품이며, 해당 도면에서만 적용

저항을 시뮬레이션 시 DEV와 LOT를 입력하기 위해서는 Rbreak를 이용한다.
Rbreak를 배치하고 Edit PSpice Model을 클릭한다.

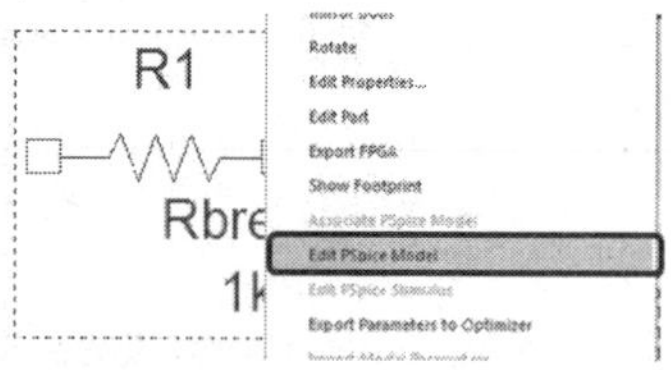

PSpice Model Editor창의 오른쪽에 파라미터를 입력하고 저장한다.
예) 5%오차 저항이며, 제조공정에서 2%오차를 가지고 있을 경우
- .model Rbreak RES R=1 DEV=5% LOT=2%

※ 둘 이상의 모델을 이용 하려면 break 소자를 생성 후 복사(Copy from Model)해서 모델을 만들어 사용
Rbreak를 저장 후 메뉴 Model – Copy From 클릭한다.
Copy Model에서 From Model에 Rbreak를 선택하고 New Model에 생성할 모델(예.**Rmonte**)을 입력한다.

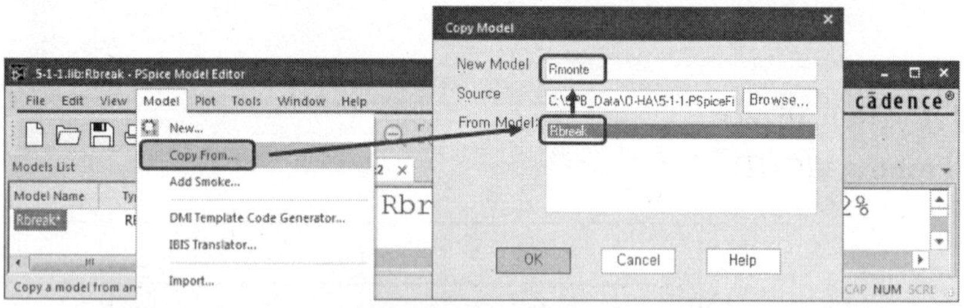

생성된 모델(예.Rmonte)을 선택하고 파라미터를 설정한다.

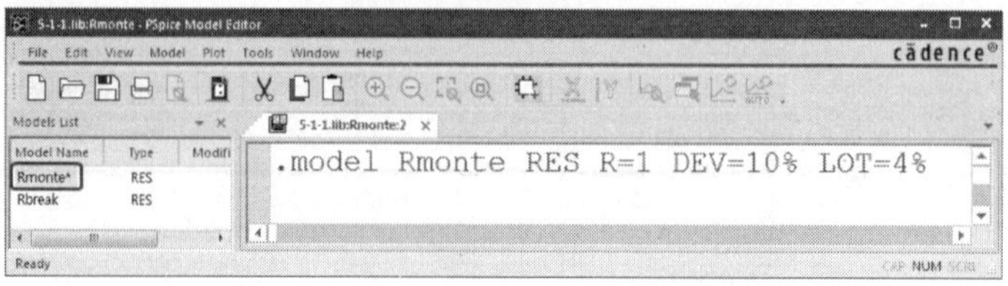

PSpice Model Editor를 저장하고 닫고 Part의 Implementation을 수정한다.

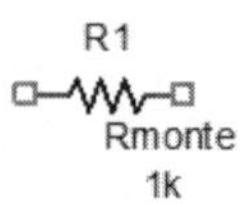

과 제 - Source 전원변동에 의한 영향에 대해 Tran, Param, Monte-Carlo 해석수행

입력 V(in)의 Rise-Edge Trigger가 발생하면 입력에 대해 1ms의 Delay 된 출력 V(out)를 발생하는 펄스 발생기이다. Delay의 설계 공차는 상한치 1.1ms, 하한치 0.9ms로 한다.

1. 전압의 변동 량에 따른 출력 변화를 측정하고 전압의 변동량에 의한 출력 V(out)의 영향을 판단한다. 전압의 변화량(V2)은 ±5%이고 Parametric Analysis를 통한 분석 하시오.

2. 커패시터 C1과 전체 저항 R의 오차에 의해 나타나는 출력 V(out)의 영향을 측정하시오
   C1 : DEV = 5%, 전체 저항 : DEV = 3%

Monte-Carlo 해석을 수행하고 반복 횟수는 100, Distribution은 Uniform으로 설정한다.

1) 회로도

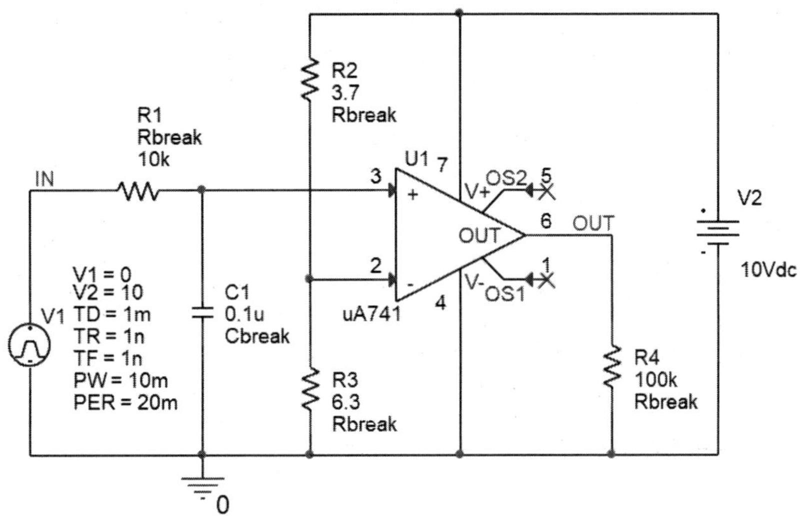

2) 사용기능 및 부품

(Place Part)VPULSE, VDC, uA741, Rbreak, Cbreak, (Place Ground) 0

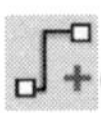(Place Wire), (Place Net Alias)

해 설

Cbreak와 Rbreak를 각 선택 후 Edit PSpice model로 편집한다.

- Cbreak : .model Cbreak CAP C=1 DEV=5%
- Rbreak : .model Rbreak RES R=1 DEV=3%

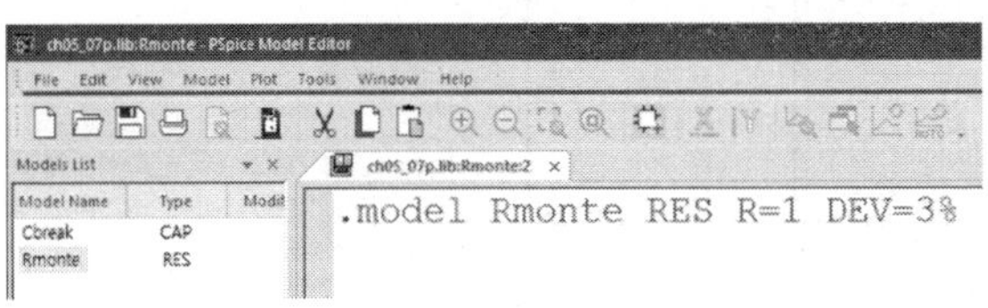

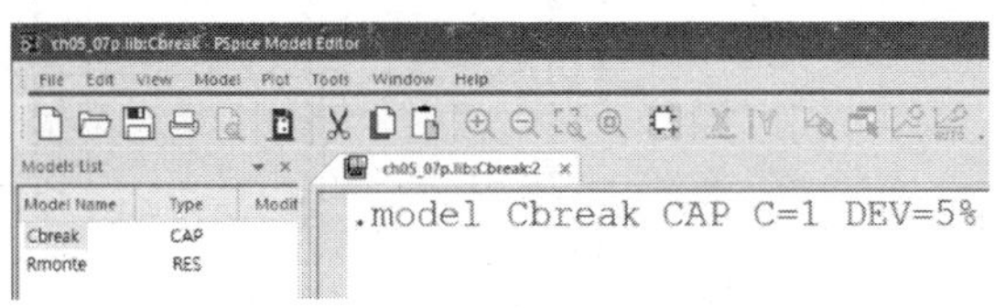

3) 시뮬레이션 조건

New Simulation 창
- Name : **Tran_50ms**
- Inherit Form : **None**

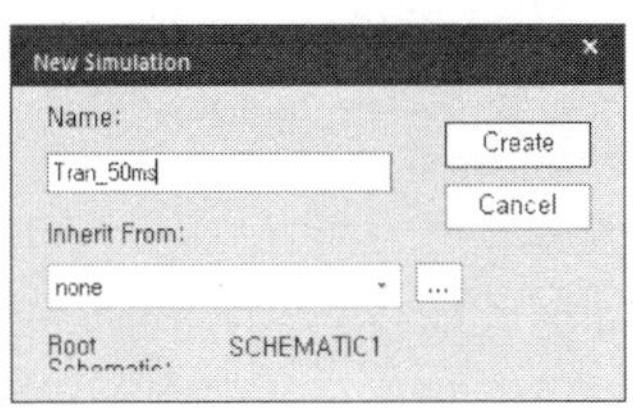

Simulation Setting 창 – Analysis 탭

- Analysis Type : **Time Domain**
- General Settings
  - · Run To Time : **50m**
  - · Maximum Step Size : **50u**

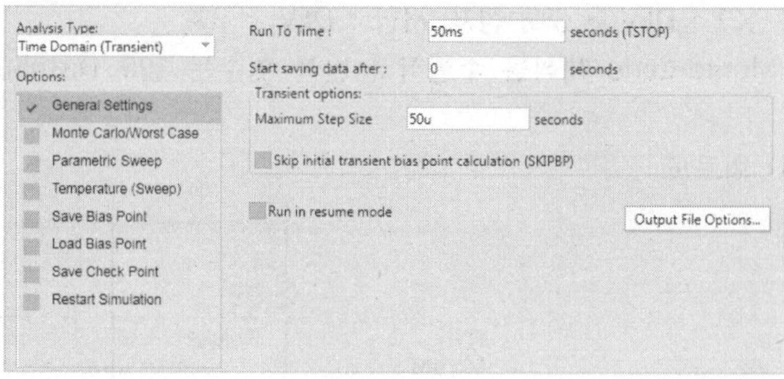

4) Probe 설정

- Voltage Probe : V(IN), V(OUT)

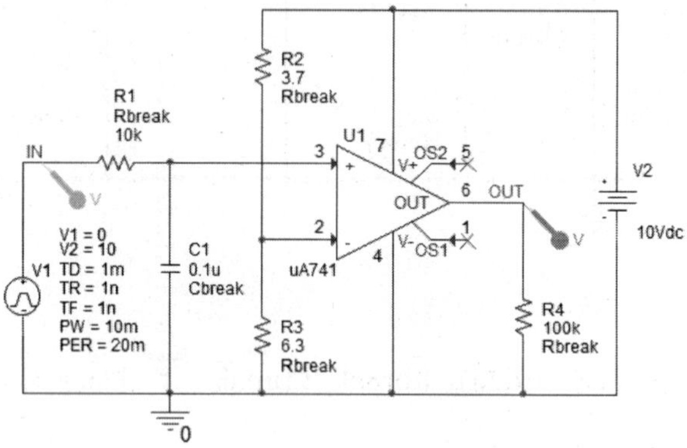

5) Run PSpice

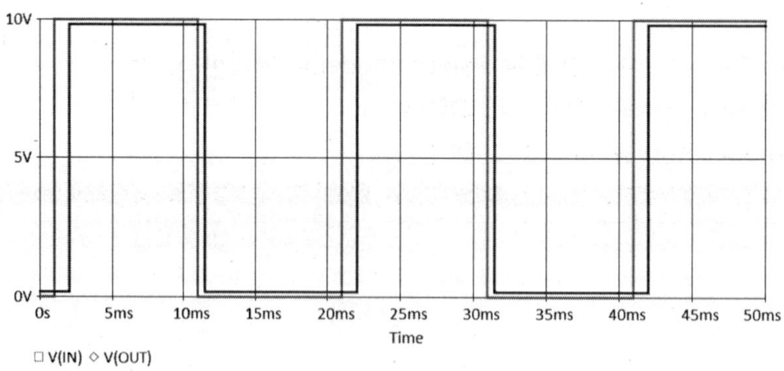

시뮬레이션 결과 Delay 1ms발생

6) 시뮬레이션 조건 변경 – Monte Carlo

Edit Simulation Profile - Setting 창 – Analysis 탭

- Monte Carlo/Worst Case : **체크**
  - · **Monte Carlo 체크**
  - · Output Variable : **V(OUT)**
- Monte Carlo Options
  - · Number of runs : **100**
  - · Use Distribution : **Uniform**
  - · Save Data From : **All**

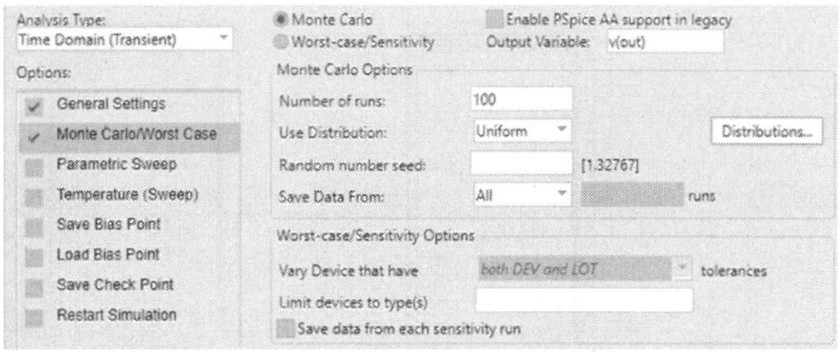

7) Run PSpice – Monte Carlo

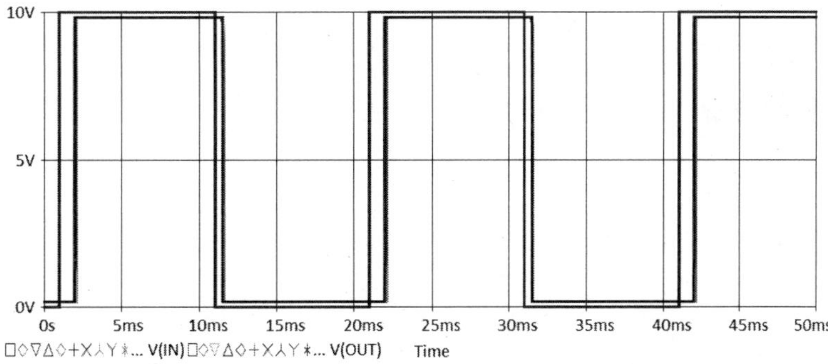

- Performance Analysis : XatNthY(V(OUT), 5, 3)

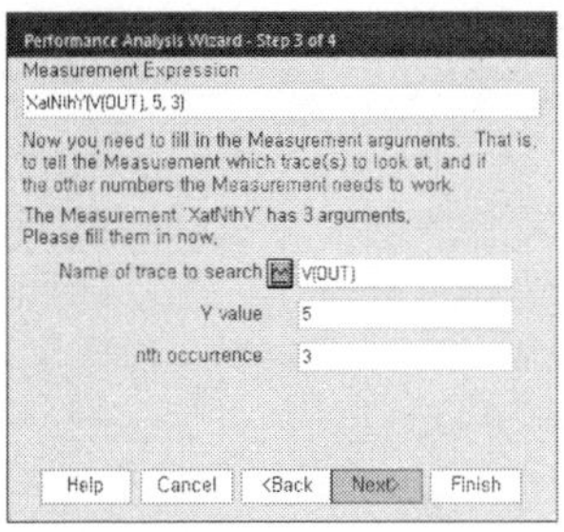

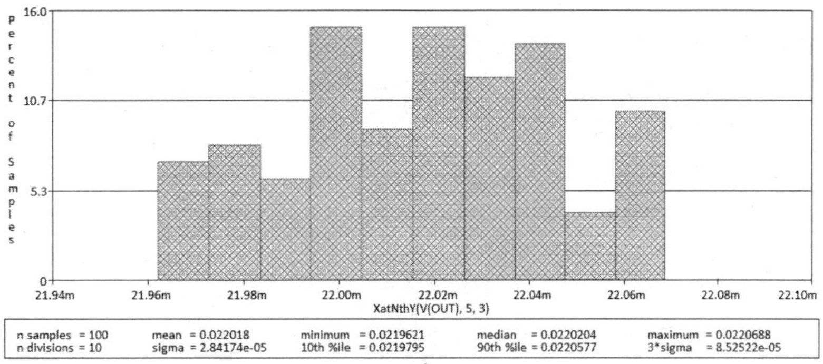

8) 시뮬레이션 조건 변경 – Parametric Sweep

Edit Simulation Profile - Setting 창 – Analysis 탭

- Monte Carlo : **체크 제거**
- Parametric Sweep : **체크**
  - · **Voltage source 체크**
    - > name : **V2**
- Sweep Type
  - · **Linear 체크**
    - > Start Value : **9.5**
    - > End Value : **10.5**
    - > Increment : **0.1**

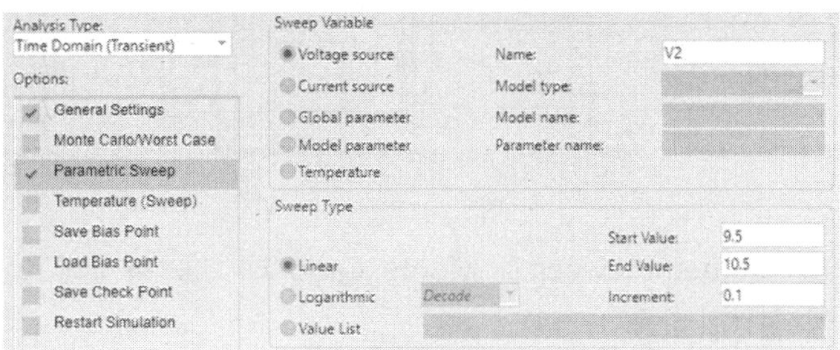

9) Run PSpice – Parametric Sweep

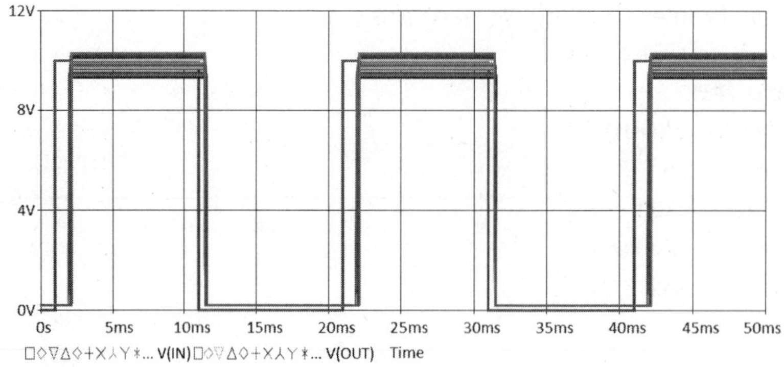

- Performance Analysis : XatNthY(V(OUT), 5, 3)

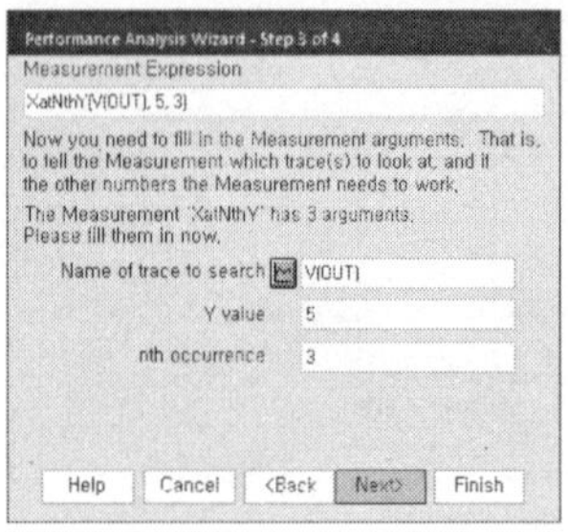

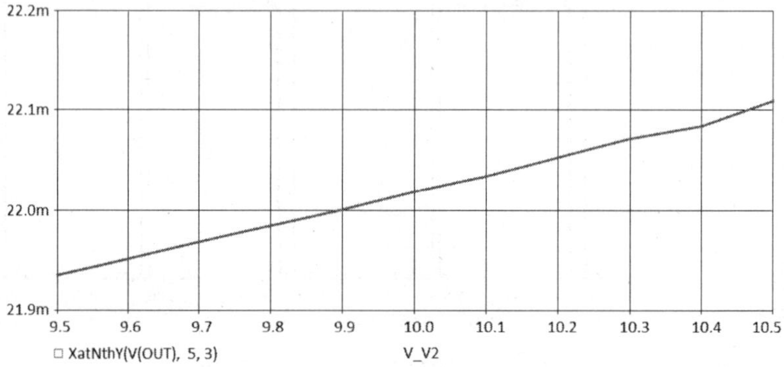

10) 시뮬레이션 조건 변경 – Monte Carlo+Parametric Sweep

Edit Simulation Profile - Setting 창 – Analysis 탭
- Monte Carlo : **체크**
  · 6) Monte Carlo 설정
- Parametric Sweep : **체크**
  · 8) Parametric Sweep 설정

11) Run PSpice – Monte Carlo+Parametric Sweep

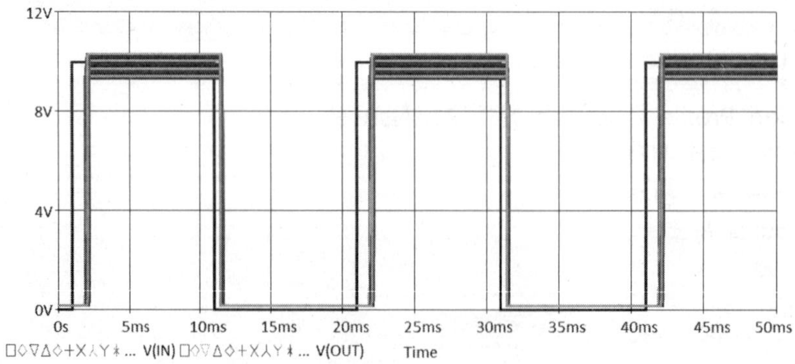

※ Parametric Sweep과 Monte Carlo 해석을 동시에 할 경우에는 Performance Analysis를 실행 할 수 없음

※ XatNthY(Trace_name, Y_value, n_occurrence) : n번째로 지정한 Y값의 X위치 검색

5.2 Parametric 해석

1. Parametric Sweep 해석

Parametric Sweep 해석은 회로 내의 파라미터로 지정한 소자값을 변경하면서 회로 특성이 어떻게 변화하는가를 살펴보는 해석이다.

2. Goal Function (또는 Performance Analysis)

Parametric Sweep 해석 후 측정 지점의 데이터를 모아 Plot으로 표현하는 방법으로 특성의 변화를 확인하거나 원하는 목표값을 찾을 수 있는 해석이다.

3. Measurement Definitions

Definition	Finds the . . .
Bandwidth	Bandwidth of a waveform (you choose dB level)
Bandwidth_Bandpass_3dB	Bandwidth (3dB level) of a waveform
Bandwidth_Bandpass_3dB_XRange	Bandwidth (3dB level) of a waveform over a specified X-range
CenterFrequency	Center frequency (dB level) of a waveform
CenterFrequency_XRange	Center frequency (dB level) of a waveform over a specified X-range
ConversionGain	Ratio of the maximum value of the first waveform to the maximum value of the second waveform
ConversionGain_XRange	Ratio of the maximum value of the first waveform to the maximum value of the second waveform over a specified X-range
Cutoff_Highpass_3dB	High pass bandwidth (for the given dB level)
Cutoff_Highpass_3dB_XRange	High pass bandwidth (for the given dB level)
Cutoff_Lowpass_3dB	Low pass bandwidth (for the given dB level)
Cutoff_Lowpass_3dB_XRange	Low pass bandwidth (for the given dB level) over a specified range
DutyCycle	Duty cycle of the first pulse/period
DutyCycle_XRange	Duty cycle of the first pulse/period over a range
Nth_Duty_cycle	Find the duty cycle of the nth pulse/period
Falltime_NoOvershoot	Falltime with no overshoot.
Falltime_StepResponse	Falltime of a negative-going step response curve
Falltime_StepResponse_XRange	Falltime of a negative-going step response curve over a specified range
GainMargin	Gain (dB level) at the first 180-degree out-of-phase mark
Max	Maximum value of the waveform
Max_XRange	Maximum value of the waveform within the specified range of X
Min	Minimum value of the waveform
Min_XRange	Minimum value of the waveform within the specified range of X
NthPeak	Value of a waveform at its nth peak
Overshoot	Overshoot of a step response curve

Definition	Finds the ...
Overshoot_XRange	Overshoot of a step response curve over a specified range
Peak	Value of a waveform at its nth peak
Period	Period of a time domain signal
Period_XRange	Period of a time domain signal over a specified range
PhaseMargin	Phase margin
PowerDissipation_mW	Total power dissipation in milli-watts during the final period of time (can be used to calculate total power dissipation, if the first waveform is the integral of V(load)
Pulsewidth	Width of the first pulse
Pulsewidth_XRange	Width of the first pulse at a specified range
Q_Bandpass	Calculates Q (center frequency / bandwidth) of a bandpass response at the specified dB point
Q_Bandpass_XRange	Calculates Q (center frequency / bandwidth) of a bandpass response at the specified dB point and the specified range
Risetime_NoOvershoot	Risetime of a step response curve with no overshoot
Risetime_StepResponse	Risetime of a step response curve
Risetime_StepResponse_XRange	Risetime of a step response curve at a specified range
SettlingTime	Time from <begin_x> to the time it takes a step response to settle within a specified band
SettlingTime_XRange	Time from <begin_x> to the time it takes a step response to settle within a specified band and within a specified range
SlewRate_Fall	Slew rate of a negative-going step response curve
SlewRate_Fall_XRange	Slew rate of a negative-going step response curve over an X-range
SlewRate_Rise	Slew rate of a positive-going step response curve
SlewRate_Rise_XRange	Slew rate of a positive-going step response curve over an X-range
Swing_XRange	Difference between the maximum and minimum values of the waveform within the specified range
XatNthY	Value of X corresponding to the nth occurrence of the given Y_value, for the specified waveform
XatNthY_NegativeSlope	Value of X corresponding to the nth negative slope crossing of the given Y_value, for the specified waveform
XatNthY_PercentYRange	Value of X corresponding to the nth occurrence of the waveform crossing the given percentage of its full Y-axis range; specifically, nth occurrence of Y=Ymin+(Ymax-Ymin)*Y_pct/100
XatNthY_Positive Slope	Value of X corresponding to the nth positive slope crossing of the given Y_value, for the specified waveform
YatFirstX	Value of the waveform at the beginning of the X_value range
YatLastX	Value of the waveform at the end of the X_value range
YatX	Value of the waveform at the given X_value
YatX_PercentXRange	Value of the waveform at the given percentage of the X-axis range
ZeroCross	X-value where the Y-value first crosses zero
ZeroCross_XRange	X-value where the Y-value first crosses zero at the specified range
XatMinY	Value of X corresponding to the minimum Y value, for the specified waveform
XatMaxY	Value of X corresponding to the maximum Y value, for the specified waveform

4. 소자 사용 방법

Parametric Sweep 해석을 하기 위해서는 **PARAM (SPECIAL.OLB)**이 필요하다. PARAM은 PARAMETERS 소자로써 변수를 지정할 수 있다. 정의된 변수는 소자의 Value에 **{변수명}** 와 같이 중괄호를 이용하여 Parametric Sweep 해석을 할 수 있다.

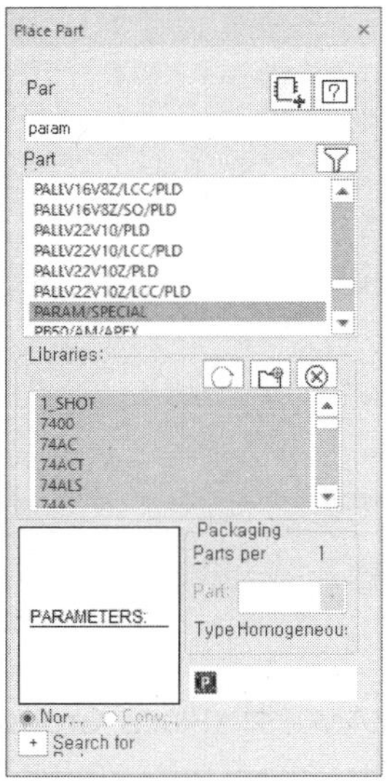

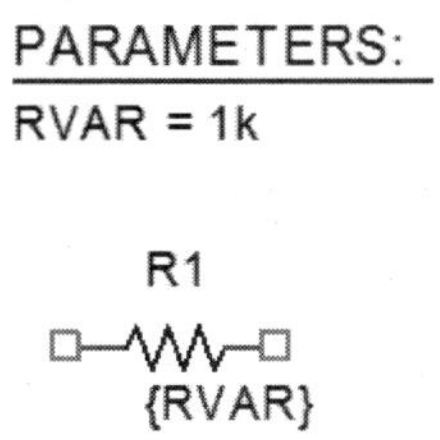

PARAM 소자에 변수를 지정하기 위해서는 PARAMETERS를 더블클릭(또는 Edit Properties 클릭)하고 Property Editor에서 New Property 버튼을 클릭한다.

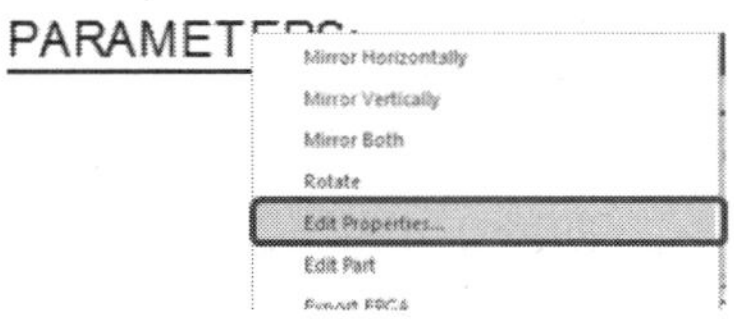

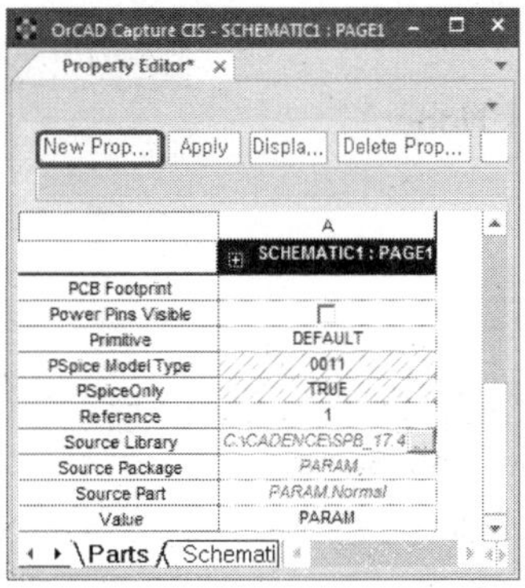

Name에는 변수명을 Value에는 변수값을 입력하고 작업화면(Canvas)에 "속성명 = 속성값"이 출력되도록 Display (ON/OFF)를 체크한 뒤 OK 버튼을 클릭한다.

Display Properties 창에서 Name and Value를 체크하면 작업 화면에 변수명이 출력된다.

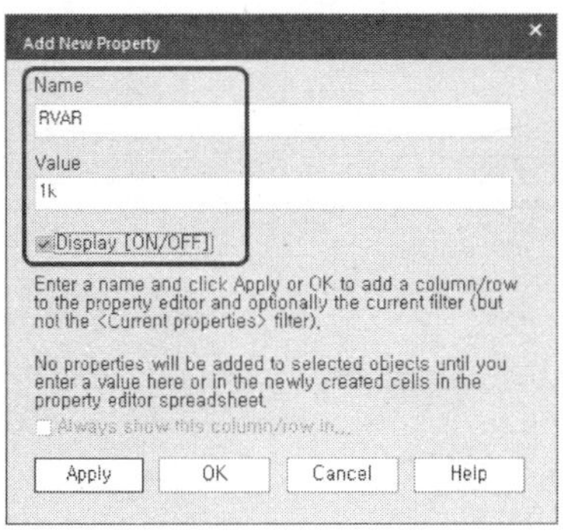

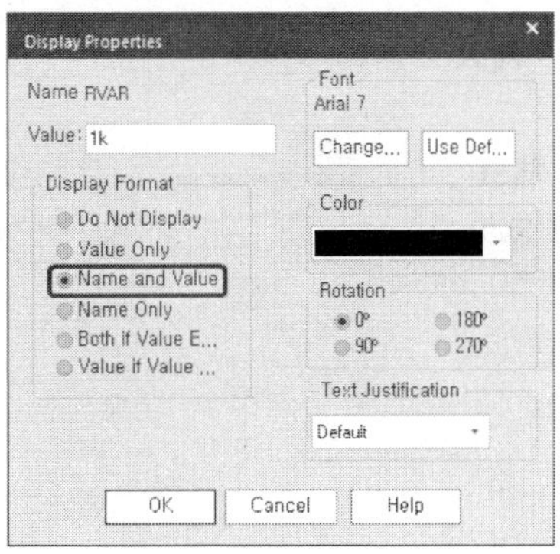

따라하기

1) 회로도 (다중귀환(MF) Band Pass Filter)

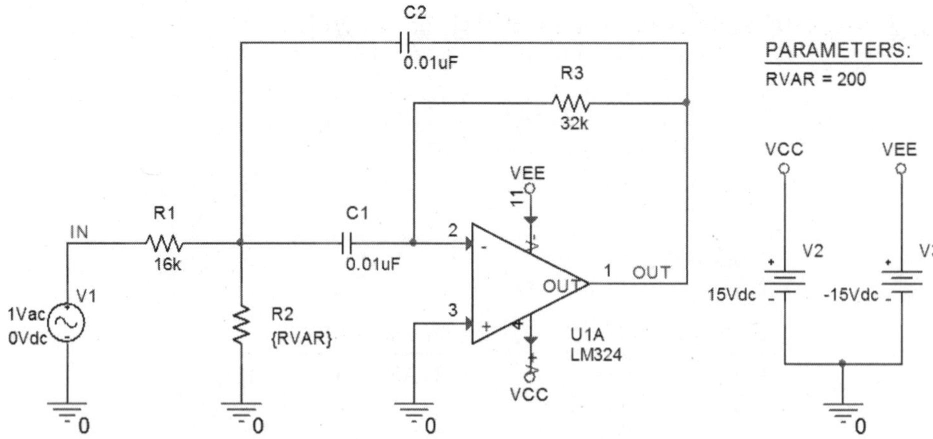

2) 사용기능 및 부품

(Place Part)VAC, VDC, R, C, LM324, PARAM (Place Ground) VCC, 0,

(Place Wire), (Place Net Alias)

3) 시뮬레이션 조건

New Simulation 창

- Name : **AC**
- Inherit Form : **None**

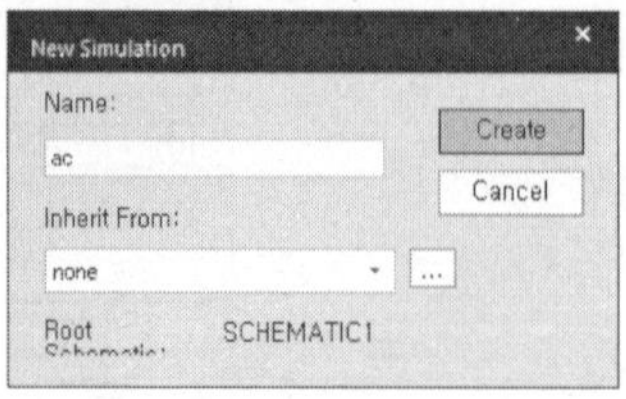

Simulation Setting 창 – Analysis 탭

- Analysis Type : **AC Sweep**
- General Settings
- AC Sweep Type
  - **Logarithmic 체크 : Decade**
  - Start Frequency : **10**
  - End Frequency : **100k**
  - Points/Decade : **100**

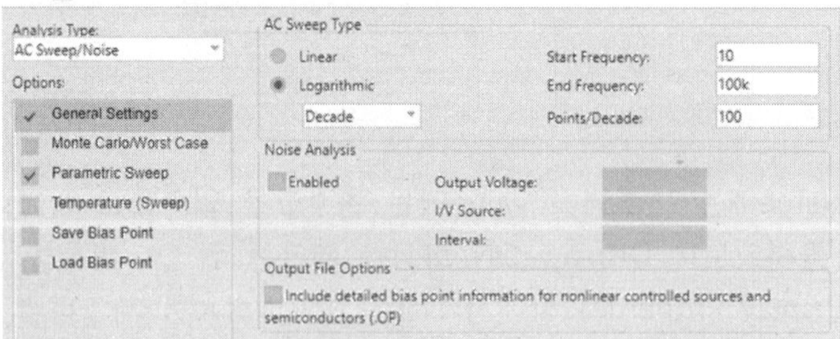

- Parametric Sweep : **체크**
- Sweep Variable
  - **Global Parameter 체크**
  - Parameter name : **Rvar**
- Sweep Type
  - **Linear 체크**
    - Start Value : **200**
    - End Value : **1k**
    - Increment : **200**

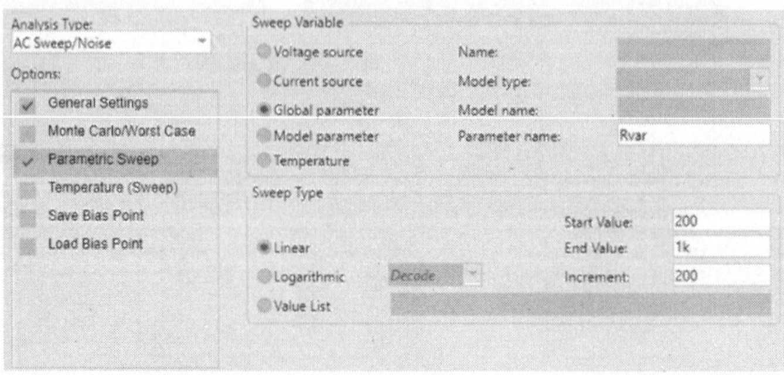

4) Probe 설정

- dB Magnitude of Voltage Probe : DB(V(OUT))

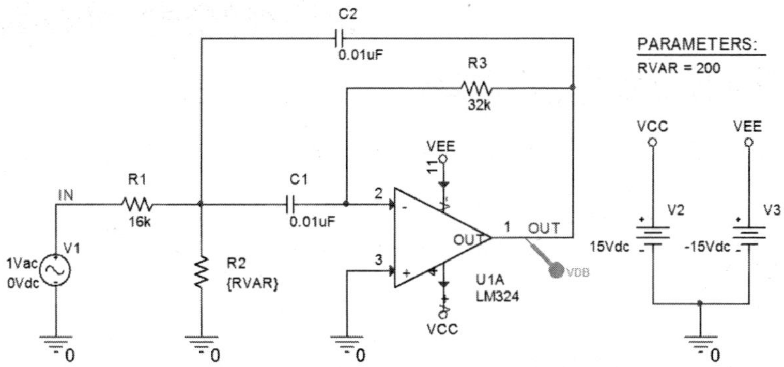

5) Run PSpice

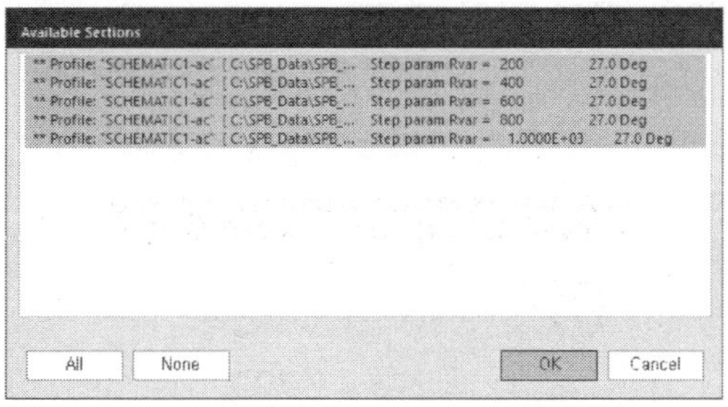

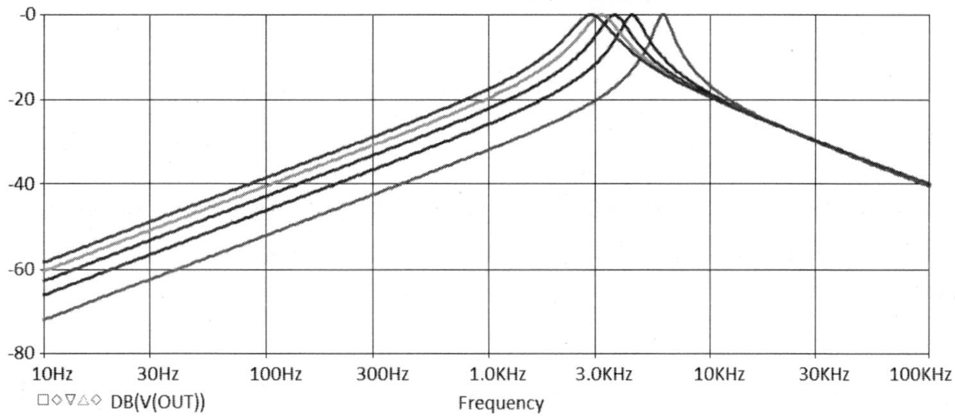

6) Performance Analysis

시뮬레이션이 완료된 후 저항 값에 변화에 따라 3dB의 bandpass 크기를 확인하고자 할 경우에는 메뉴 Trace - Performance Analysis를 이용하여 확인한다.

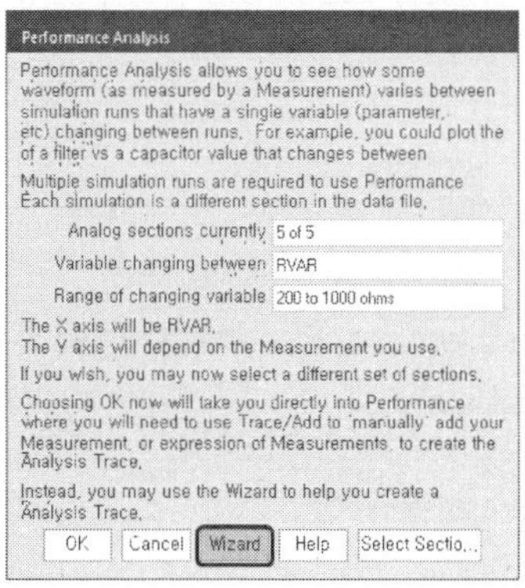

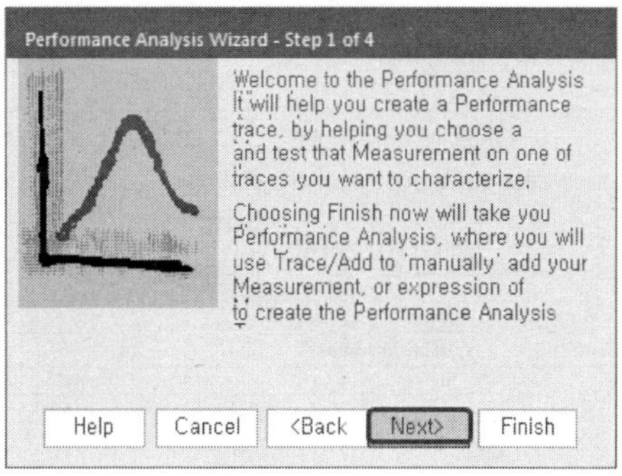

V(OUT) 노드의 전압값을 분석하기 위해 Step2에서 **Bandwidth_Bandpass_3dB**를 선택한다. Step3에서는 Name of trace to search에 **V(OUT)**을 입력한다.

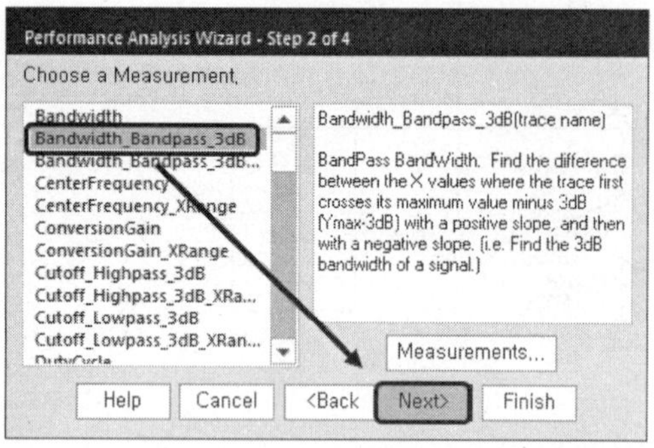

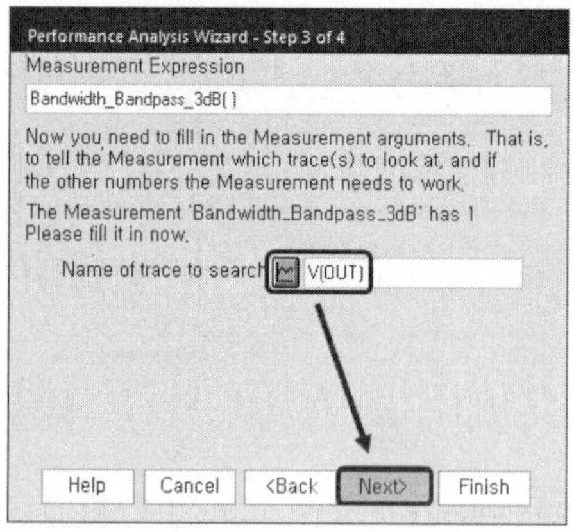

Step4에서는 RVAR이 200일 때의 값이 출력된다.

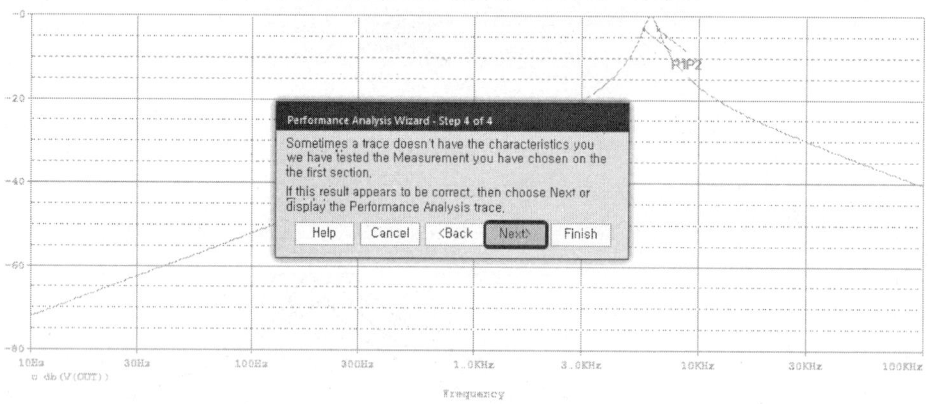

Performance Analysis의 결과 창에서 X축은 저항의 값의 변화이며, Y축은 Bandpass의 3dB 지점의 폭(Bandwidth_Bandpass_3dB)이 된다. 즉, 저항 값의 변화에 따라서 Bandpass폭의 변화를 볼 수 있다.

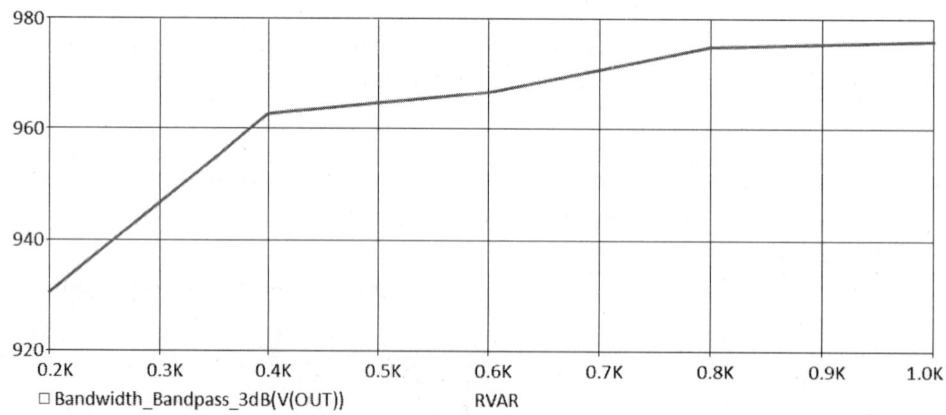

변화량을 텍스트로 확인할 경우에는 메뉴 View- Measurement Results를 선택하면 된다.

Measurement Results

	Evaluate	Measurement	1	2	3	4	5
▶	☑	Bandwidth_Bandpass_3dB(V(OUT))	930.44625	962.66888	966.61712	974.94240	976.03186
	Click here to evaluate a new measurement...						

과 제 - 능동 삼각파-구형파 변환기

1. 다음의 회로에서 저항 값의 변화에 출력 전압 특성(구형파의 펄스 폭)을 확인하시오.

· 저항 값 : 220, 1k 2.7k

1) 회로도

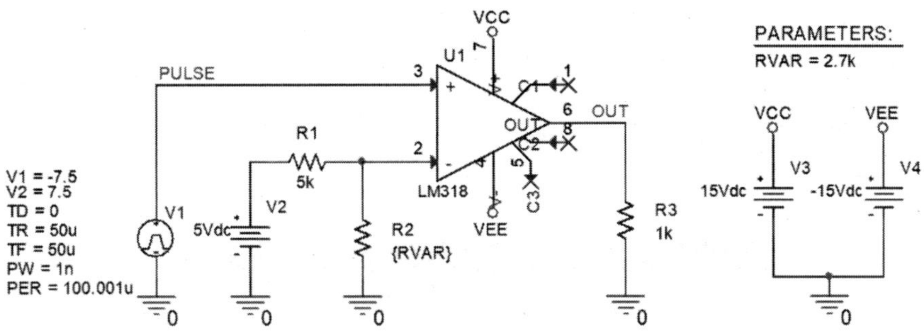

2) 사용기능 및 부품

(Place Part)VPULSE, VDC, R, LM318, PARAM, 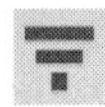(Place Ground) VCC, 0,

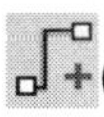(Place Wire), (Place Net Alias), (No Connect)

해 설

3) 시뮬레이션 조건

New Simulation 창

- Name : **Tran**
- Inherit Form : **None**

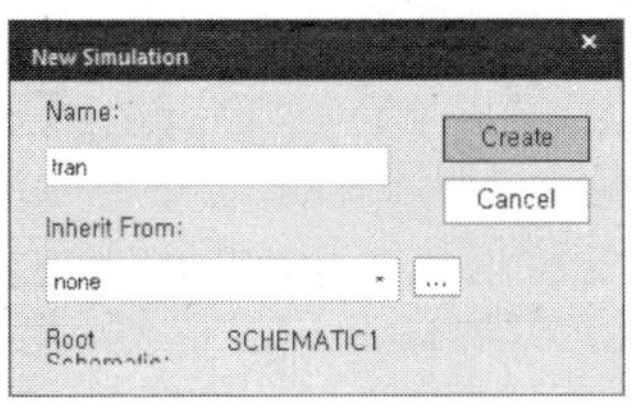

Simulation Setting 창 – Analysis 탭

- Analysis Type : **Time Domain**
- General Settings
  - · Run To Time : **300us**
  - · Start saving data ~ : **0s**
  - · Maximum Step Size : **10n**

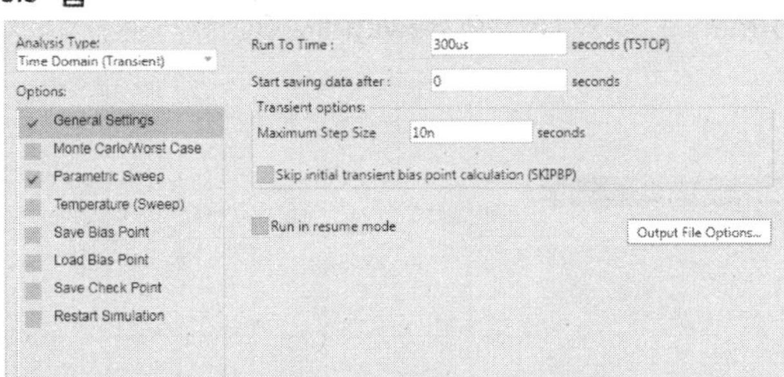

- Parametric Sweep : **체크**
- Sweep Variable
  - · **Global Parameter 체크**
  - · Parameter name : **Rvar**
- Sweep Type
  - · Value List : **220, 1k, 2.7k**

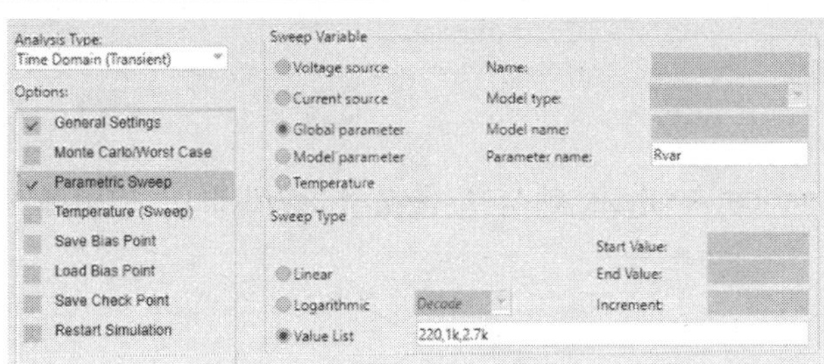

4) Probe 설정

- Voltage Probe : V(PULSE), V(OUT)

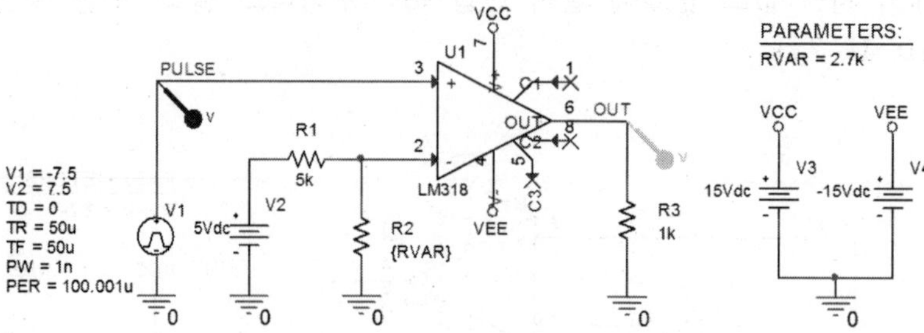

5) Run PSpice

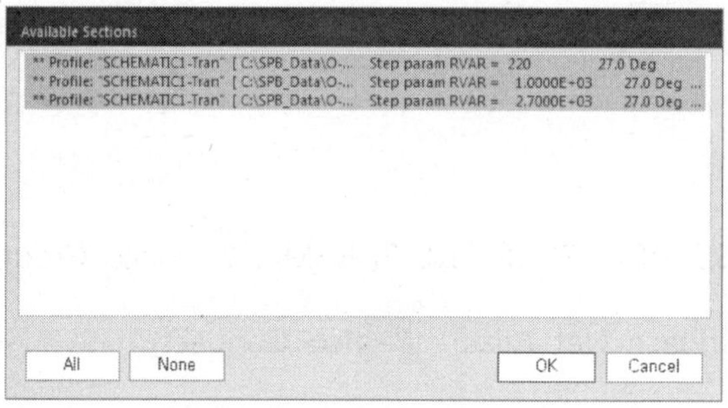

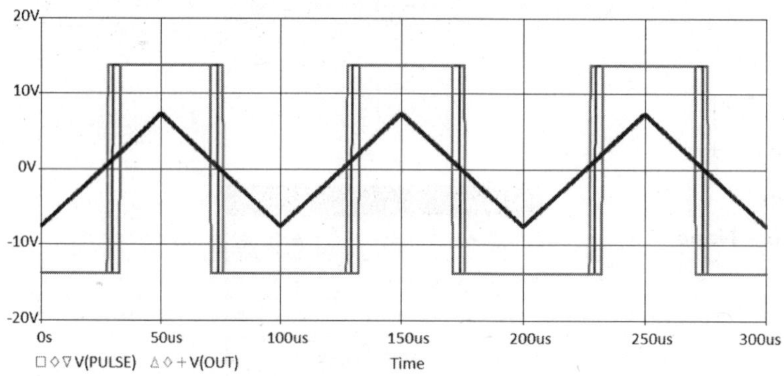

RVAR의 값이 커질수록 Pulse Width의 폭이 작아진다.

- Performance Analysis : Pulsewidth(V(OUT))

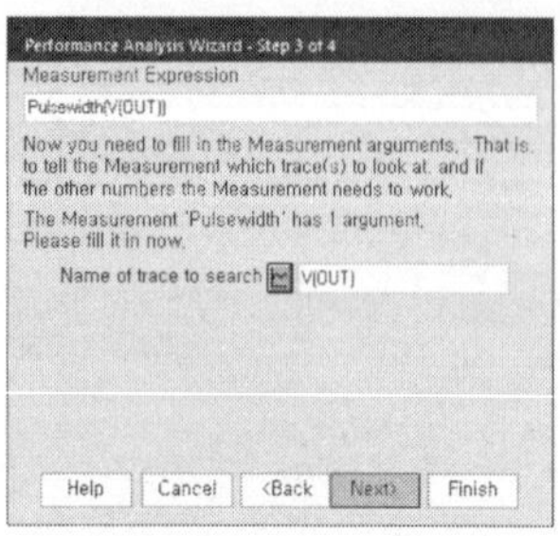

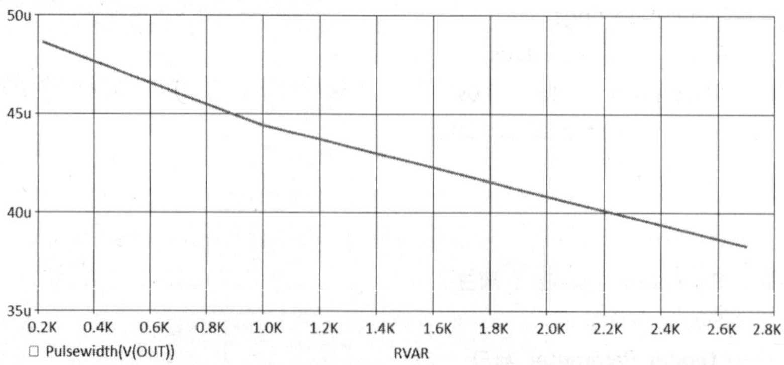

Performance Analysis 해석을 통해서 RVAR값이 변함에 따라서 펄스폭의 크기를 확인할 수 있다.

CHAPTER 06 Model Editor 활용

1. Model Editor 화면구성

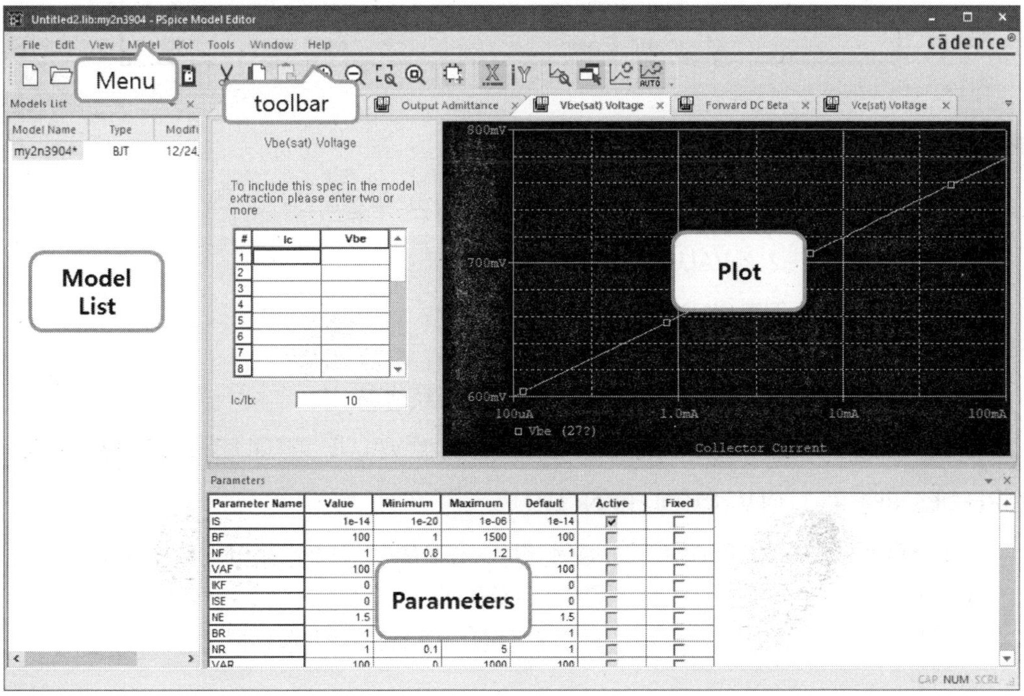

2. Toolbar

① ② ③ ④ ⑤ ⑥ ⑦ ⑧ ⑨ ⑩ ⑪ ⑫ ⑬ ⑭ ⑮ ⑯ ⑰ ⑱ ⑲ ⑳

① New Library : 라이브러리 생성
② Open Library : 라이브러리 열기
③ Save Library : 라이브러리 저장
④ Print Model Directly : 모델 데이터 출력
⑤ Print Preview : 출력 미리보기
⑥ Encrypt Library : 라이브러리 암호화
⑦ Cut : 잘라내기
⑧ Copy : 복사하기
⑨ Paste : 붙여넣기
⑩ Zoom In : 화면 확대
⑪ Zoom Out : 화면 축소
⑫ Zoom Area : 영역 확대
⑬ Zoom to Fit Data : 데이터 영역에 자동 맞춤
⑭ New Model : 새 모델 생성
⑮ Toggle X : X축 Log 또는 Linear Scaling 선택
⑯ Toggle Y : Y축 Log 또는 Linear Scaling 선택
⑰ Extract : 모델 파라미터 추출
⑱ Sync Splitters : 모델 데이터 윈도우의 동기화
⑲ Update Graph : 그래프 업데이트
⑳ Auto Refresh : 데이터 변화 후 자동 갱신

3. Model Device Characters

Diode	.MODEL	D
Bipolar transistor	.MODEL	Q
Bipolar transistor, Darlington model	.SUBCKT	X
IGBT	.MODEL	Z
JFET	.MODEL	J
MOSFET	.MODEL	M
Operational Amplifier	.SUBCKT	X
Voltage Comparator	.SUBCKT	X
Voltage Regulator	.SUBCKT	X
Voltage Reference	.SUBCKT	X
Magnetic Core	.MODEL	K

4. PSpice Template

Capture Symbol과 PSpice Model을 맵핑시키기 위한 속성이다.

- R^@REFDES %1 %2 @VALUE
  - · R^@REFDES : 저항의 Reference syntax
  - · %1, %2 : 저항의 핀 번호 정의
  - · @VALUE : VALUE 속성을 PSpice Netlist로 변환
- R^@REFDES %1 %2 ?TOLERANCE|R^@REFDES| @VALUE ?TOLERANCE| ₩n.model

R^@REFDES RES R=1 DEV=@TOLERANCE%|

  - · ?TOLERANCE : TOLERANCE 속성에 값이 있으면 수직선(| |)안에 syntax를 실행
- X^@REFDES %+ %- %V+ %V- %OUT @MODEL
  - · @MODEL : Implementation 속성에 설정되어 있는 PSpice Model로 매핑

5. Model Parameters

1) Capacitor Model Parameters

Model parameters	Description	Unit	Default
C	capacitance multiplier		1.0
TC1	linear temperature coefficient	°C	0.0
TC2	quadratic temperature coefficient	°C	0.0
T_ABS	absolute temperature	°C	
T_MEASURED	measured temperature	°C	
T_REL_GLOBAL	relative to current temperature	°C	
T_REL_LOCAL	relative to AKO model temperature	°C	
VC1	linear voltage coefficient	volt	0.0
VC2	quadratic voltage coefficient	volt	0.0

C Value = <value> · C · $(1+VC1 \cdot V+VC2 \cdot V^2) \cdot (1+TC1 \cdot (T-Tnom)+TC2 \cdot (T-Tnom)^2)$

2) Diode Model Parameters

Model parameters	Description	Unit	Default
AF	flicker noise exponent		1.0
BV	reverse breakdown knee voltage	volt	infinite
CJO	zero-bias p-n capacitance	farad	0.0
EG	bandgap voltage(barrier height)	eV	1.11
FC	forward-bias depletion capacitance coefficient		0.5
IBVL	low-level reverse breakdown knee current	amp	0.0
IBV	reverse breakdown knee current	amp	1E-10
IKF	high-injection knee current	amp	infinite
IS	saturation current	amp	1E-14
ISR	recombination current parameter	amp	0.0
KF	flicker noise coefficient		0.0
M	p-n grading coefficient		0.5
N	emission coefficient		1.0
NBV	reverse breakdown ideality factor		1.0
NBVL	low-level reverse breakdown ideality factor		1.0
NR	emission coefficient for isr		2.0
RS	parasitic resistance	ohm	0.0
TBV1	bv temperature coefficient(linear)	°C	0.0
TBV2	bv temperature coefficient(quadratic)	°C	0.0
TIKF	ikf temperature coefficient(linear)	°C	0.0
TRS1	rs temperature coefficient(linear)	°C	0.0
TRS2	rs temperature coefficient(quadratic)	°C	0.0
TT	transit time	sec	0.0
T_ABS	absolute temperature	°C	
T_MEASURED	measured temperature	°C	
T_REL_GLOBAL	relative to current temperature	°C	
T_REL_LOCAL	Relative to AKO model temperature	°C	
VJ	p-n potential	volt	1.0
XTI	IS temperature exponent		3.0

3) Inductor Coupling(and Magnetic Core)

Jiles Atherton Model

Model parameters	Description	Unit	Default
A	Thermal energy parameter	amp/meter	1E+3
AREA	Mean magnetic cross-section	cm^2	0.1
C	Domain flexing parameter		0.2
GAP	Effective air-gap length	cm	0
K	Domain anisotropy parameter	amp/meter	500
LEVEL	Model index		2
MS	Magnetization saturation	amp/meter	1E+6
PACK	Pack2 (stacking) factor		1.0
PATH	Mean magnetic path length	cm	1.0

4) Inductor Model Parameters

Model parameters	Description	Unit	Default
L	Inductance multiplier		1.0
IL1	Linear current coefficient	amp	0.0
IL2	Quadratic current coefficient	amp	0.0
TC1	Linear temperature coefficient	°C	0.0
TC2	Quadratic temperature coefficient	°C	0.0
T_ABS	Absolute temperature	°C	
T_MEASURED	Measured temperature	°C	
T_REL_GLOBAL	Relative to current temperature	°C	
T_REL_LOCAL	Relative to AKO model temperature	°C	

$$L\ Value = \langle value \rangle \cdot L \cdot (1+IL1 \cdot I+IL2 \cdot I^2) \cdot (1+TC1 \cdot (T-Tnom)+TC2 \cdot (T-Tnom)^2)$$

5) MOSFET Model Parameters

LEVEL=1 Shichman-Hodges model
LEVEL=2 geometry-based, analytic model
LEVEL=3 semi-empirical, short-channel model
LEVEL=4 BSIM1 model
LEVEL=5 EKV model version 2.6
LEVEL=6 BSIM3 model version 2.0
LEVEL=7 BSIM3 model version 3.2
LEVEL=8 BSIM4 model version 4.1.0

Model parameters	Description	Unit	Default
AF	flicker noise exponent		1
CBD	zero-bias bulk-drain p-n capacitance	farad	0
CBS	zero-bias bulk-source p-n capacitance	farad	0
CGBO	gate-bulk overlap capacitance/channel length	farad/meter	0
CGDO	gate-drain overlap capacitance/channel width	farad/meter	0
CGSO	gate-source overlap capacitance/channel width	farad/meter	0
CJ	bulk p-n zero-bias bottom capacitance/area	farad/meter^2	0
CJSW	bulk p-n zero-bias sidewall capacitance/length	farad/meter	0
FC	bulk p-n forward-bias capacitance coefficient		0.5
GDSNOI	channel shot noise coefficient (use with NLEV=3)		1
IS	bulk p-n saturation current	amp	1E-14
JS	bulk p-n saturation current/area	amp/meter^2	0
JSSW	bulk p-n saturation sidewall current/length	amp/meter	0
KF	flicker noise coefficient		0
L	channel length	meter	DEFL
LEVEL	model index		1
MJ	bulk p-n bottom grading coefficient		0.5
MJSW	bulk p-n sidewall grading coefficient		0.33
N	bulk p-n emission coefficient		1
NLEV	noise equation selector		2

Model parameters	Description	Unit	Default
PB	bulk p-n bottom potential	volt	0.8
PBSW	bulk p-n sidewall potential	volt	PB
RB	bulk ohmic resistance	ohm	0
RD	drain ohmic resistance	ohm	0
RDS	drain-source shunt resistance	ohm	infinite
RG	gate ohmic resistance	ohm	0
RS	source ohmic resistance	ohm	0
RSH	drain, source diffusion sheet resistance	ohm/square	0
TT	bulk p-n transit time	sec	0
T_ABS	absolute temperature	°C	
T_MEASURED	measured temperature	°C	
T_REL_GLOBAL	relative to current temperature	°C	
T_REL_LOCAL	relative to AKO model temperature	°C	
W	channel width	meter	DEFW

Levels 1,2,3

Parameters	Description	Unit	Default
DELTA	width effect on threshold		0
ETA	static feedback (Level 3)		0
GAMMA	bulk threshold parameter	$volt^{1/2}$	
KP	trans conductance coefficient	$amp/volt^2$	2.0E-5
KAPPA	saturation field factor (Level 3)		0.2
LAMBDA	channel-length modulation (Levels 1 and 2)	volt	0.0
LD	lateral diffusion (length)	meter	0.0
NEFF	channel charge coefficient (Level 2)		1.0
NFS	fast surface state density	$1/cm^2$	0.0
NSS	surface state density	$1/cm^2$	none
NSUB	substrate doping density	$1/cm^3$	none
PHI	surface potential	volt	0.6
THETA	mobility modulation (Level 3)	volt	0.0
TOX	oxide thickness	meter	
TPG	Gate material type: +1 = opposite of substrate -1 = same as substrate 0 = aluminum		+1
UCRIT	mobility degradation critical field (Level 2)	volt/cm	1.0E4
UEXP	mobility degradation exponent (Level 2)		0.0
UTRA	(not used)mobility degradation transverse field coefficient		0.0
UO	surface mobility	$cm^2/volt \cdot sec$	600
VMAX	maximum drift velocity	meter/sec	0
VTO	zero-bias threshold voltage	volt	0
WD	lateral diffusion (width)	meter	0
XJ	metallurgical junction depth (Levels 2 and 3)	meter	0
XQC	fraction of channel charge attributed to drain		1.0

6) BJT Model Parameters

Parameters	Description	Unit	Default
AF	flicker noise exponent		1.0
BF	ideal maximum forward beta		100.0
BR	ideal maximum reverse beta		1.0
CJC	base-collector zero-bias p-n capacitance	farad	0.0
CJE	base-emitter zero-bias p-n capacitance	farad	0.0
CJS (CCS)	substrate zero-bias p-n capacitance	farad	0.0
CN	quasi-saturation temperature coefficient for hole mobility		NPN : 2.42 PNP : 2.20
D	quasi-saturation temperature coefficient for scattering-limited hole carrier velocity		NPN : 0.87 PNP : 0.52
EG	bandgap voltage (barrier height)	eV	1.11
FC	forward-bias depletion capacitor coefficient		0.5
GAMMA	epitaxial region doping factor		1E-11
IKF (IK)	corner for forward-beta high-current roll-off	amp	infinite
IKR	corner for reverse-beta high-current roll-off	amp	infinite
IRB	current at which Rb falls halfway to	amp	infinite
IS	transport saturation current	amp	1E-16
ISC (C4)	base-collector leakage saturation current	amp	0.0
ISE (C2)	base-emitter leakage saturation current	amp	0.0
ISS	substrate p-n saturation current	amp	0.0
ITF	transit time dependency on Ic	amp	0.0
KF	flicker noise coefficient		0.0
MJC (MC)	base-collector p-n grading factor		0.33
MJE (ME)	base-emitter p-n grading factor		0.33
MJS (MS)	substrate p-n grading factor		0.0
NC	base-collector leakage emission coefficient		2.0
NE	base-emitter leakage emission coefficient		1.5
NF	forward current emission coefficient		1.0
NK	high-current roll-off coefficient		0.5
NR	reverse current emission coefficient		1.0
NS	substrate p-n emission coefficient		1.0
PTF	excess phase @ 1/(2π·TF)Hz	degree	0.0
QCO	epitaxial region charge factor	coulomb	0.0
QUASIMOD	quasi-saturation model flag for temperature dependence if QUASIMOD = 0, then no GAMMA, RCO, VO temperature dependence if QUASIMOD = 1, then include GAMMA, RCO, VO temperature dependence		0
RB	zero-bias (maximum) base resistance	ohm	0.0
RBM	minimum base resistance	ohm	RB
RC	collector ohmic resistance	ohm	0.0
RCO	epitaxial region resistance	ohm	0.0

RE	emitter ohmic resistance	ohm	0.0
TF	ideal forward transit time	sec	0.0
TR	ideal reverse transit time	sec	0.0
TRB1	RB temperature coefficient (linear)	°C	0.0
TRB2	RB temperature coefficient (quadratic)	°C	0.0
TRC1	RC temperature coefficient (linear)	°C	0.0
TRC2	RC temperature coefficient (quadratic)	°C	0.0
TRE1	RE temperature coefficient (linear)	°C	0.0
TRE2	RE temperature coefficient (quadratic)	°C	0.0
TRM1	RBM temperature coefficient (linear)	°C	0.0
TRM2	RBM temperature coefficient (quadratic)	°C	0.0
T_ABS	absolute temperature	°C	
T_MEASURED	measured temperature	°C	
T_REL_GLOBAL	relative to current temperature	°C	
T_REL_LOCAL	relative to AKO model temperature	°C	
VAF (VA)	forward Early voltage	volt	infinite
VAR (VB)	reverse Early voltage	volt	infinite
VG	quasi-saturation extrapolated bandgap voltage at 0° K	V	1.206
VJC (PC)	base-collector built-in potential	volt	0.75
VJE (PE)	base-emitter built-in potential	volt	0.75
VJS (PS)	substrate p-n built-in potential	volt	0.75
VO	carrier mobility knee voltage	volt	10.0
VTF	transit time dependency on Vbc	volt	infinite
XCJC	fraction of CJC connected internally to Rb		1.0
XCJC2	fraction of CJC connected internally to Rb		1.0
XCJS	fraction of CJS connected internally to Rc		
XTB	forward and reverse beta temperature coefficient		0.0
XTF	transit time bias dependence coefficient		0.0
XTI (PT)	IS temperature effect exponent		3.0

7) Resistor Model Parameters

Parameters	Description	Unit	Default
R	resistance multiplier		1.0
TC1	linear temperature coefficient	°C	0.0
TC2	quadratic temperature coefficient	°C	0.0
TCE	exponential temperature coefficient	%/°C	0.0
T_ABS	absolute temperature	°C	
T_MEASURED	measured temperature	°C	
T_REL_GLOBAL	relative to current temperature	°C	
T_REL_LOCAL	relative to AKO model temperature	°C	

$$R\ \text{Value} = \langle \text{value} \rangle \cdot R \cdot 1.01^{TCE \cdot (T - Tnom)}$$

$$R\ \text{Value} = \langle \text{value} \rangle \cdot R \cdot (1 + TC1 \cdot (T - Tnom) + TC2 \cdot (T - Tnom)^2)$$

<model name> Model name은 일반적인 Part명, Implementation Name과 같은 개념.
<reference model name>
AKO는 (A Kind Of)의 약자로 다른 모델타입의 특성파라미터와 비슷한 모델을 정의할 때 사용된다.
예) .model D1N4003 ako:D1N4001 D(Bv=300) ; use non-rep. peak voltage
> D1N4003은 D1N4001과 같은 특성의 Device이며 Breakdown Voltage만 300V임을 나타낸다.

6. 모델 생성

PSpice Model은 ASCII의 format으로 이루어진 LIB 파일로 제작한다. LIB 파일은 반도체 Vendor에서 제공하는 라이브러리를 이용하는 방법과 사용자가 직접 작성하는 방법이 있다.

모델은 Model Parameter를 이용하여 생성(.MODEL 형식)할 수 있으며, Subcircuit을 이용하여 생성(.SUBCKT 형식) 할 수 있다.

Model Parameter를 이용한 모델은 다음과 같은 포맷으로 되어 있다.

- .MODEL <Model Name> <Model Type> <Parameter Name> = <Value>

.MODEL 형식으로 모델을 만들기 위해서는 소자에 대한 특성과 파라미터를 정확히 고려하여 생성할 수 있다. 데이터시트를 참고하여 모델을 생성하는 방법은 "Part 2. Chapter9-데이터시트를 이용한 모델 생성,편집 활용"을 참고한다.

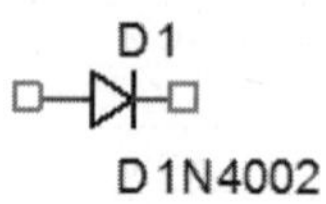


```
.MODEL D1N4002 D (IS=14.11E-9 N=1.984 RS=33.89E-3
+ IKF=94.81 XTI=3 EG=1.110 CJO=51.17E-12
+ M=.2762 VJ=.3905 FC=.5 ISR=100.0E-12
+ NR=2 BV=100.1 IBV=10 TT=4.761E-6)
```

.SUBCKT 형식의 모델의 경우 단자의 수와 순서, 동작의 제어, 파라미터를 지정함으로써 Subcircuit를 정의하고 Subcircuit를 노드와 모델, 값 등으로 구성된다. 그리고 .ENDS로 구성된다.

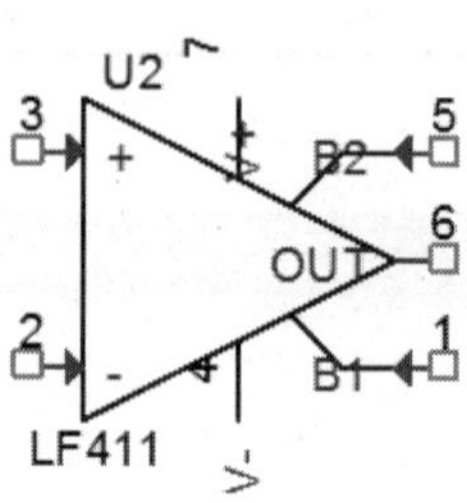


```
* connections:   non-inverting input
*                | inverting input
*                | | positive power supply
*                | | | negative power supply
*                | | | | output
*                | | | | |
.subckt LF411    1 2 3 4 5
c1   11 12 4.196E-12
~~~~~~~~~
.model jx NJF(Is=12.50E-12 Beta=743.3E-6 Vto=-1)
.ends
```

.SUBCKT 형식의 모델을 생성하는 방법은 Capture에서 지원되는 Create Netlist를 이용하여, Hierarchy 형식 및 Subcircuit형식을 이용 가능하기 때문에 회로도에서 모델의 Functional Block Diagram을 참고로 생성하거나, 제조된 제품을 모델화하여 제공할 수 있다. .MODEL 형식의 모델의 경우 Model Editor를 이용하여 Capture Symbol을 생성할 때 정해진 템플릿으로 생성된다. .SUBCKT 형식은 Capture에서 템플릿 심벌을 지원하지는 않기 때문에 심벌을 생성한 다음 Capture에서 Part의 Symbol과 Pin의 위치를 수정하여 사용하여야 한다.

다음 따라 하기는 .SUBCKT 형식의 모델이며 comp_ex 모델을 예제로 하였다.

모델을 만들기 전에 Subcircuit의 동작 테스트 후 모델을 생성한다.

따라하기

1) 회로도 (comp_ex.opj)

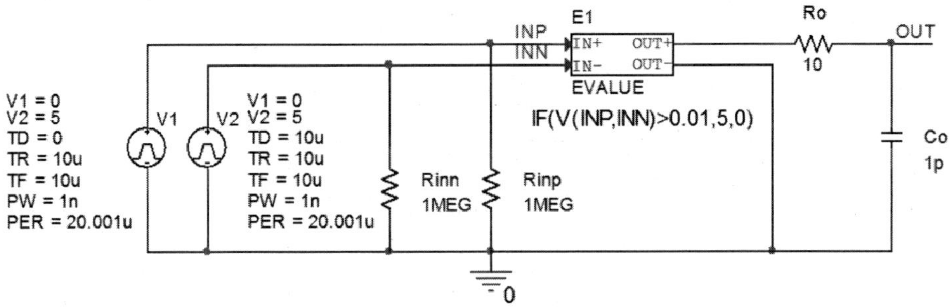

2) 사용기능 및 부품

(Place Part) VPULSE, EVALUE, R, C, (Place Ground) 0,

(Place Wire), (Place Net Alias)

3) 시뮬레이션 조건

New Simulation 창
- Name : **Tran_60us**
- Inherit Form : **None**

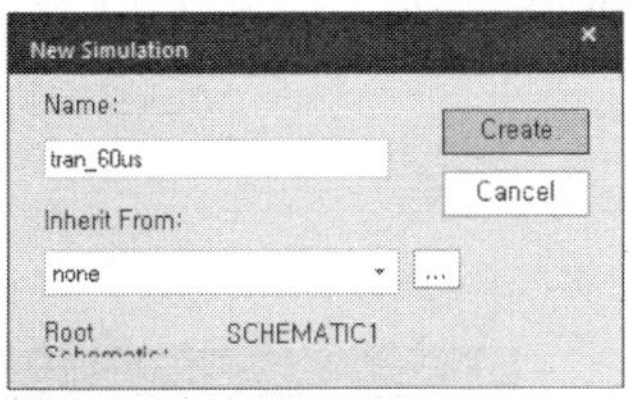

Simulation Setting 창 – Analysis 탭
- Analysis Type : **Time Domain**
- General Settings
  - Run To Time : **60u**
  - Start saving data after : **0s**
  - Maximum Step Size : **0.1n**

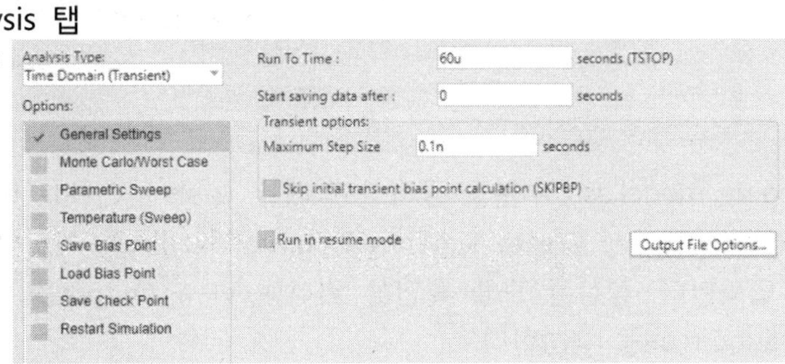

4) Probe 설정 / Run PSpice
- Voltage Probe : V(INP), V(INN), V(OUT)

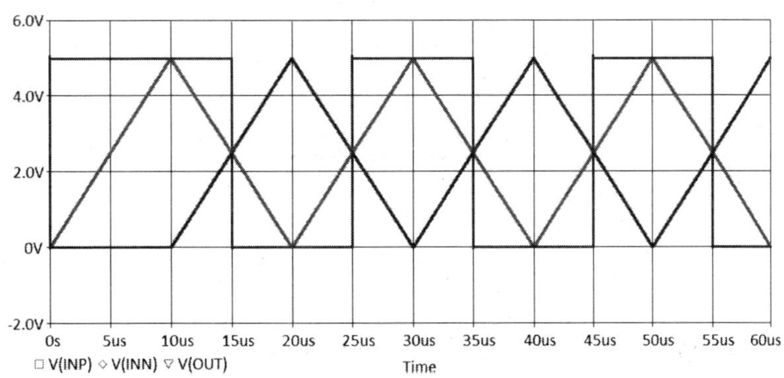

5) Create SubCircuit Format Netlist (comp_model.opj)

새로운 프로젝트(comp_model)를 생성하고 아래 그림과 VPULSE를 제외한 모델로 사용할 부품만 복사하여 붙여넣기를 한다. 부품 핀으로 사용할 부분은 Place Port( )를 이용해서 완성한다.

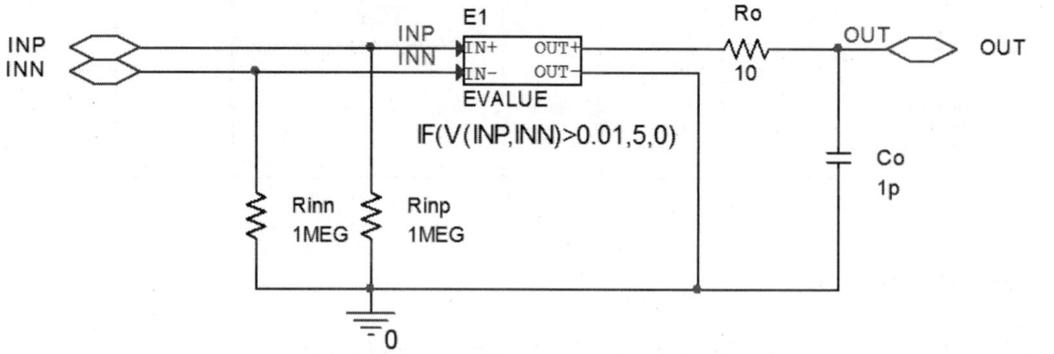

(Place Port) PORTBOTH-L

프로젝트 매니저에서 SCHEMATIC1의 이름을 **COMP**로 변경한다. 포트가 연결된 회로도의 SCHEMATIC 이름이 PSpice Model 이름으로 설정 된다.

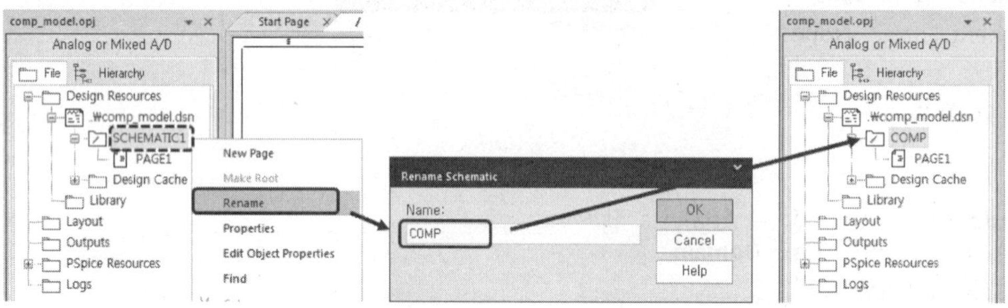

comp_model.dsn 부분을 클릭하고 메뉴 Tools - Create Netlist 버튼을 클릭한다.

PSpice 탭에서 **Create SubCircuit Format Netlist**를 체크하고 **C:₩SPB_Data₩LIB₩COMP.LIB**로 입력한다. 생성된 모델 확인을 위하여 View Output을 체크한 다음 확인 버튼을 클릭하여 SubCircuit을 생성한다.

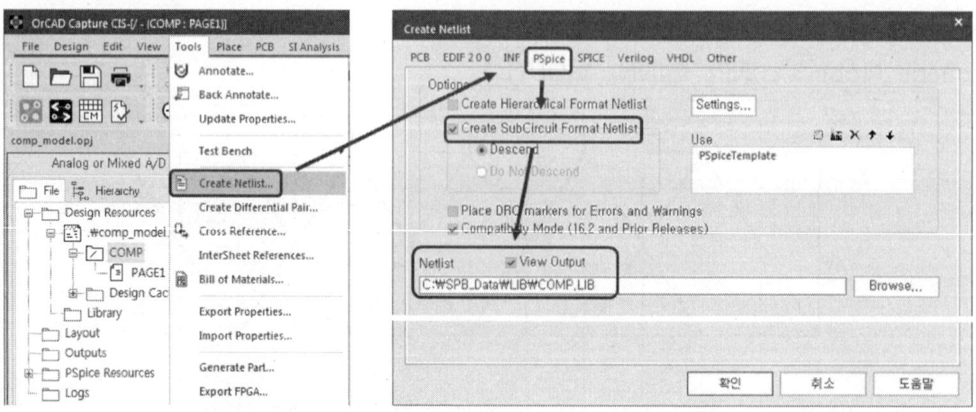

※ '0' 그라운드가 없을 경우 에러 창이 나타나지만 무시

SubCircuit 정보가 출력되면 필요한 경우 모델이름이나 핀의 순서를 Text 창에서 수정한 다음 메뉴 File – Save로 저장합니다.

예.) **.SUBCKT COMP INN INP OUT -> .SUBCKT COMP INP INN OUT**

※ 핀의 이름은 띄움표로 구별

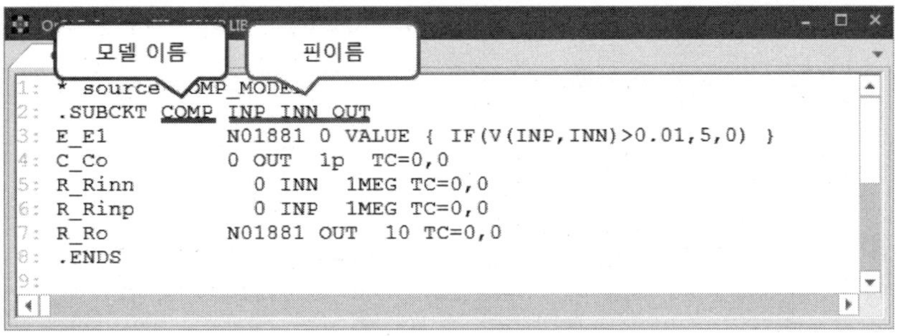

6) Capture Symbol 생성

PSpice Model Editor(윈도우 시작메뉴 – Cadence PCB Utilities 17.4-2019 – PSpice Model Editor 17.4)를 실행한다.

PSpice Model Editor에서 LIB파일(생성된 SubCircuit 파일)을 이용하여 OLB파일(Capture Symbol 파일)을 생성하기 위해 **메뉴 File – Export to Capture part Library**를 클릭한다.

Create Parts for Library창에서 Enter Input Model Library에 생성된 LIB파일을 입력한다.

Enter Output Part Library에는 자동으로 OLB파일이 지정되며, 설계자가 입력을 원하는 OLB 파일이 있으면 선택한 다음 OK 버튼을 클릭한다.

※ C:₩SPB_Data₩LIB₩COMP.LIB을 선택하면 C:₩SPB_Data₩LIB₩COMP.OLB이 자동 생성

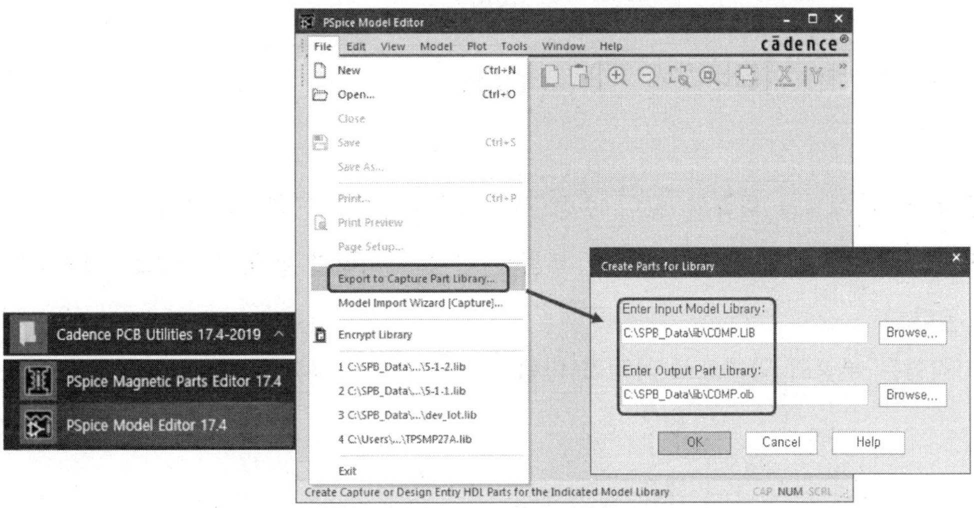

파일 변환 후 결과 리포트에서 에러(Error)와 경고(Warning)를 확인한다.

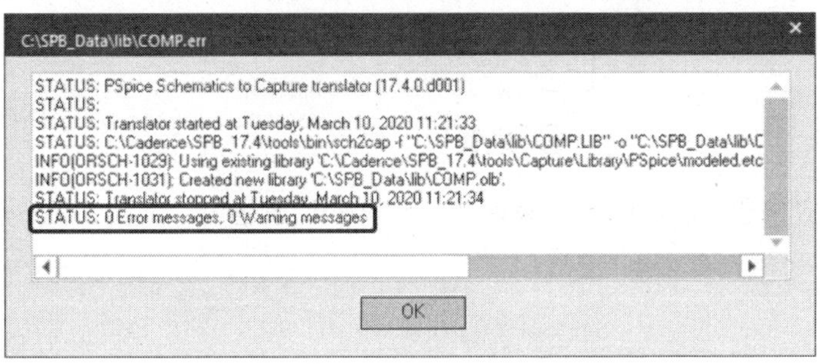

7) 생성된 모델을 이용한 회로도 (comp_cir.opj)

Capture에서 메뉴 File – New – Project를 클릭하여 새로운 프로젝트를 생성 (**comp_cir.opj**)한다.

프로젝트 매니저에서 Library를 클릭하고 마우스 오른쪽 버튼을 눌러 Add File을 클릭한 다음 생성한 OLB 파일(예. **C:₩SPB_Data₩LIB₩COMP.OLB**)를 찾아 추가 한다.

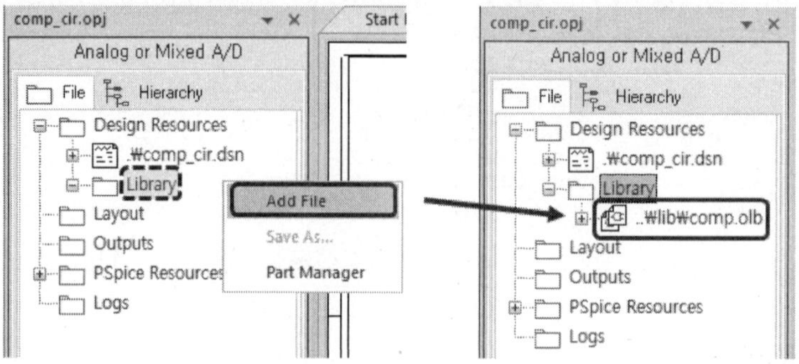

추가된 OLB 파일의 COMP를 더블클릭하면 부품의 Symbol을 확인하거나 편집할 수 있다.

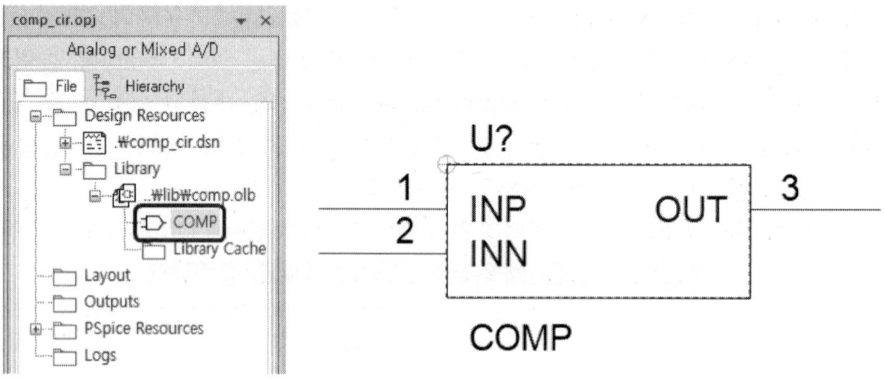

모델의 핀 배치와 심벌을 아래와 같이 수정한다. 빨간색 핀을 드래그하여 위치를 이동시킨다. 부품의 크기를 변경하고자 할 경우는 부품의 사각 모서리를 왼쪽 마우스로 클릭하여 드래그하면 된다.

※ 점선 사각형은 부품의 영역으로 삭제가 안됨

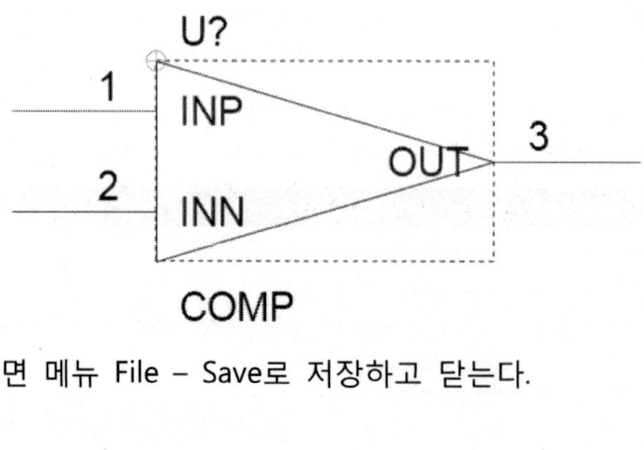

수정이 완료 되었으면 메뉴 File – Save로 저장하고 닫는다.

생성한 부품을 이용하여 회로도를 작성한다.

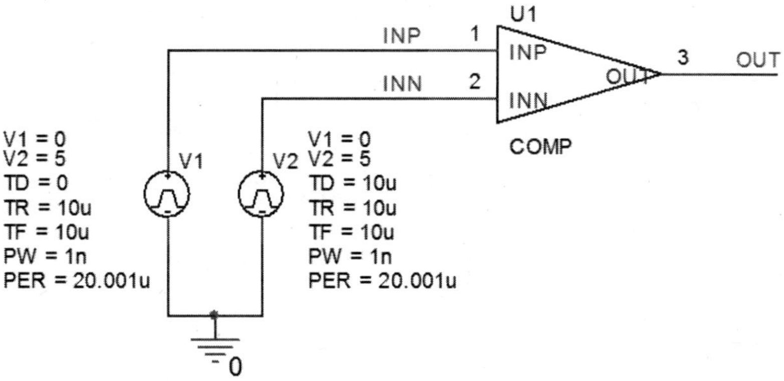

(Place Part)VPULSE, COMP, (Place Ground) 0,

(Place Wire), (Place Net Alias)

8) 시뮬레이션 설정 - 생성한 모델을 추가

New Simulation Profile - Setting 창 – Analysis 탭

- Analysis Type : **Time Domain**
- General Settings
  - · Run To Time : **60u**
  - · Start saving data after : **0s**
  - · Maximum Step Size : **0.1n**

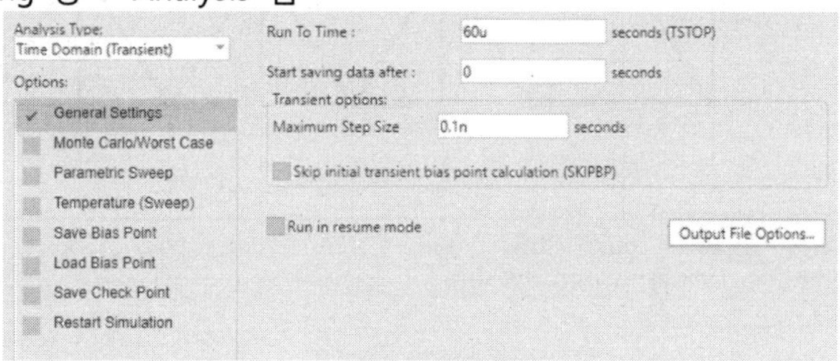

Simulation Setting 창 – Configuration Files 탭 – Library 카테고리

- File name의 Browse로 LIB 파일(예.**C:₩SPB_Data₩LIB₩COMP.LIB**)을 추가
- Add to Design을 클릭하여 Library 추가

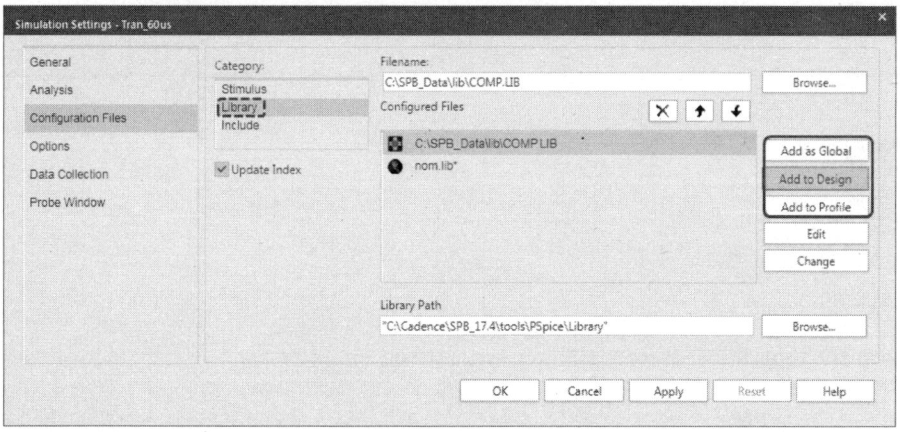

※ Add as Global : 기본 라이브러리로 추가

※ Add to Design : 현재 도면에 라이브러리 추가, 새로운 회로도는 시뮬레이션 불가

※ Add to Profile :

현재 프로파일에만 저장하여 새로운 시뮬레이션 설정을 설정하면 시뮬레이션 불가

9) Probe 설정

- Voltage Probe : V1(INP), V2(INN), V3(OUT)

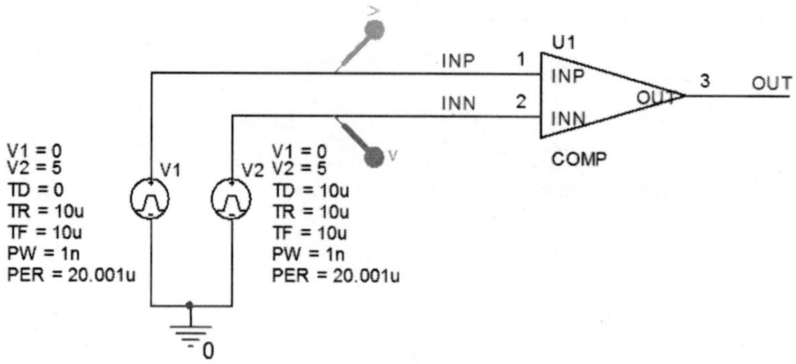

10) Run PSpice

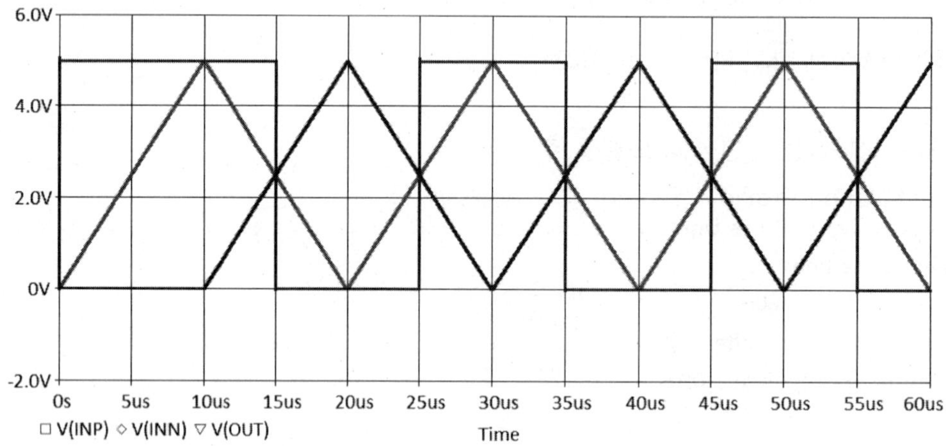

※ 8)에 Library를 추가하지 않았을 경우에는 아래와 같이 에러가 발생한다.

- ERROR(ORPSIM-15108): Subcircuit COMP used by X_U1 is undefine

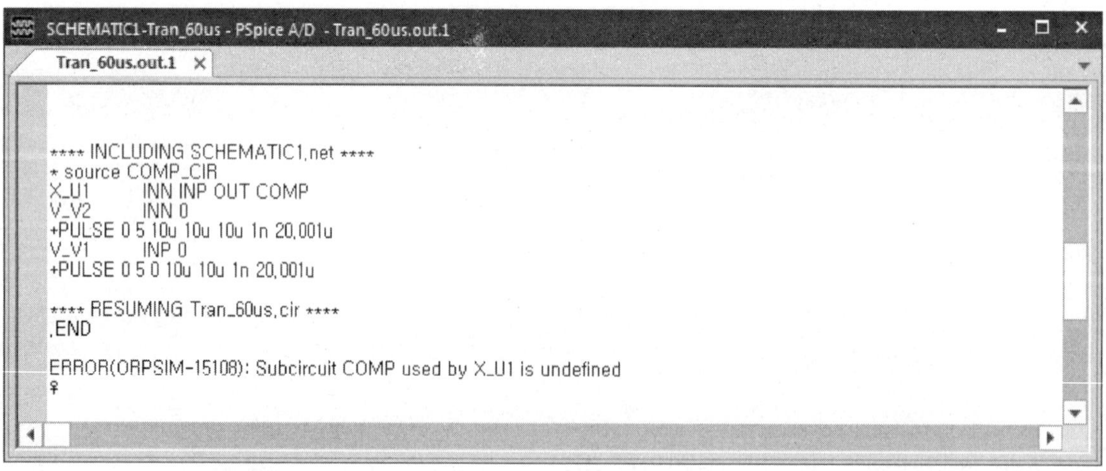

SCHEMATIC1-Tran_60us - PSpice A/D - Tran_60us.out.1

Tran_60us.out.1

```
**** INCLUDING SCHEMATIC1.net ****
* source COMP_CIR
X_U1         INN INP OUT COMP
V_V2         INN 0
+PULSE 0 5 10u 10u 10u 1n 20.001u
V_V1         INP 0
+PULSE 0 5 0 10u 10u 1n 20.001u

**** RESUMING Tran_60us.cir ****
.END

ERROR(ORPSIM-15108): Subcircuit COMP used by X_U1 is undefined
```

7. 제조사에서 제공하는 Model data를 이용한 PSpice Part 생성

따라하기 - ROHM사의 LED 특성 확인

1) 라이브러리 다운받기 - ROHM사의 LED

ROHM사 (http://www.rohm.com/web/global)에서 PSpice 라이브러리를 다운받기 위해서는 Technical Support - Design Support - Design Simulation Models 을 클릭한다.

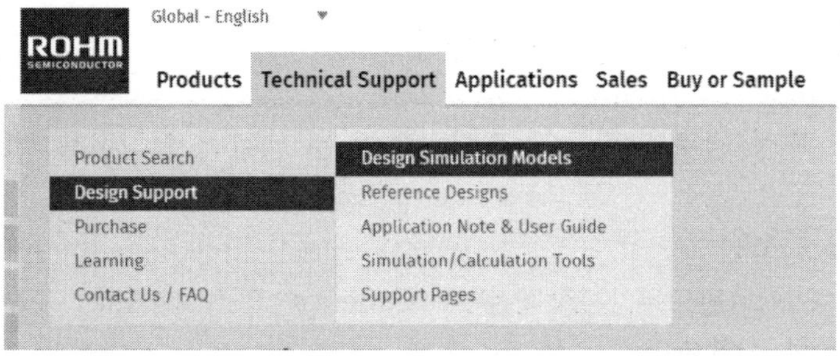

SML-P12DT(Orange), **SML-P12VT**(Red), **SML-P12WT**(Yellow), **SML-P12Y2T**(Yellow)을 다운 받는다. 이 때 Category에 SPICE Model인 파일은 다운 받는다.

Title	Category	Product Category 1	Product Category 2	Last updated
SML-P12 ALL RESET	7 items Selected	LED	Browse Here	
Ray Data for SML-P12VT(R)	Ray File	LED	Chip LEDs (Mono-color type)	2019/10/02
SPICE Model for SML-P12M2T(R)	SPICE Model	LED	Chip LEDs (Mono-color type)	2019/10/02
SPICE Model for SML-P12U2T(R)	SPICE Model	LED	Chip LEDs (Mono-color type)	2019/10/02
SPICE Model for SML-P12DT(R)	SPICE Model	LED	Chip LEDs (Mono-color type)	2019/10/02
SPICE Model for SML-P12VT(R)	SPICE Model	LED	Chip LEDs (Mono-color type)	2019/10/02
SPICE Model for SML-P12WT(R)	SPICE Model	LED	Chip LEDs (Mono-color type)	2019/10/02
SPICE Model for SML-P12Y2T(R)	SPICE Model	LED	Chip LEDs (Mono-color type)	2019/10/02
SPICE Model for SML-P12Y3T(R)	SPICE Model	LED	Chip LEDs (Mono-color type)	2019/10/02
SPICE Model for SML-P12MT(R)	SPICE Model	LED	Chip LEDs (Mono-color type)	2019/10/02
SPICE Model for SML-P12UT(R)	SPICE Model	LED	Chip LEDs (Mono-color type)	2019/10/02
SPICE Model for SML-P12YT(R)	SPICE Model	LED	Chip LEDs (Mono-color type)	2019/10/02
showing 1 to 11 of 11		Items per Page 20	Page 1 of 1	First Previous Next Last

약관에 동의를 하고 Download를 클릭하여 라이브러리를 받는다.

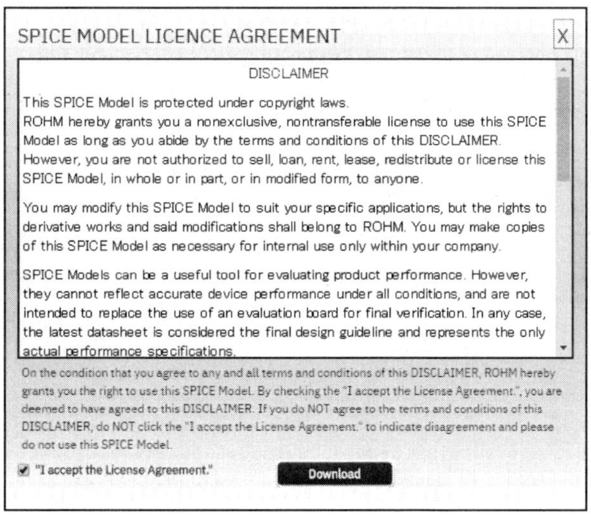

다운받은 라이브러리는 **C:₩SPB_DATA₩LIB** 폴더에 압축을 풀어 저장한다.

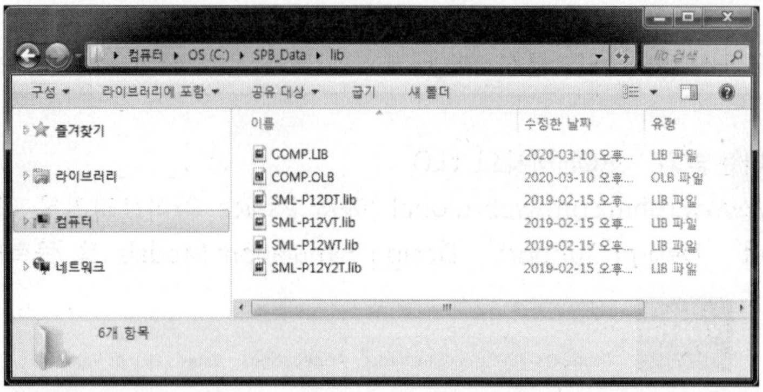

※ 라이브러리의 저장 경로는 한글이 포함되지 않는 경로에 확장자를 LIB로 하여 저장

2) Capture Symbol 생성

PSpice Model Editor(윈도우 시작메뉴 – Cadence PCB Utilities 17.4-2019 – PSpice Model Editor 17.4)를 실행한다.

기존의 Capture Symbol을 이용하여 부품을 생성하기 위해서 PSpice Model Editor의 메뉴 File – Model Import Wizard를 클릭한다.

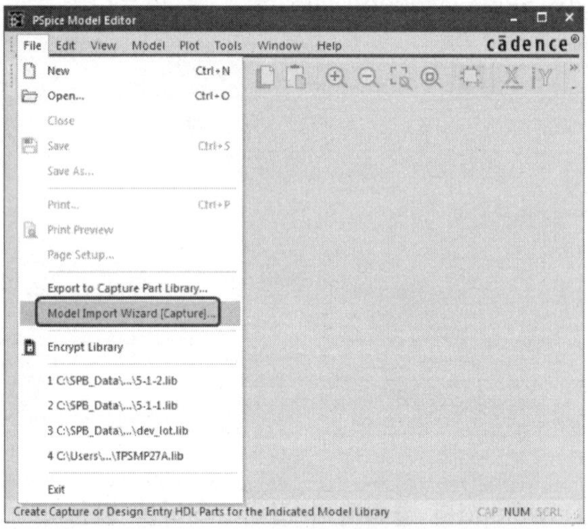

Model Import Wizard : Specify Library에 다음과 같이 설정하고 다음 버튼을 클릭한다.

- Enter Input Model Library : **C:₩SPB_DATA₩LIB₩SML-P12DT.LIB**
- Enter Destination Symbol Library : **C:₩SPB_DATA₩LIB₩ROHM_LED.OLB**

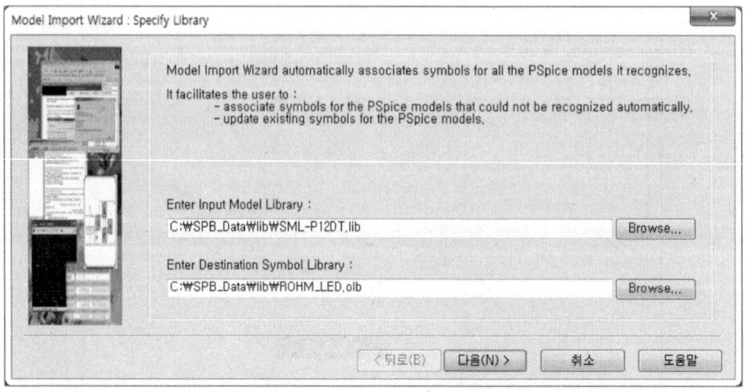

Model Import Wizard : Associate/Replace Symbol에는 Symbol을 변경할 Model (**SML-P12DT**)을 선택하고 Replace Symbol을 클릭한다.

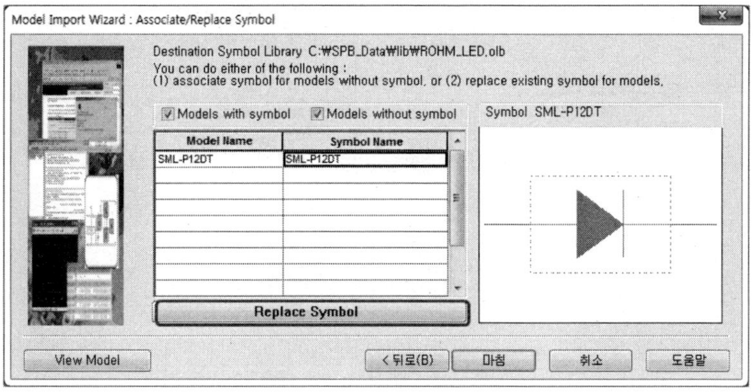

Model Import Wizard : Select Matching에서는 모델에 적용한 Capture Symbol이 있는 OLB 파일과 PART를 선택한다.

- Select library to pick matching symbols : **C:₩Cadence₩SPB_17.4₩tools₩capture₩library₩Discrete.olb**
- Matching Symbols : **LED**

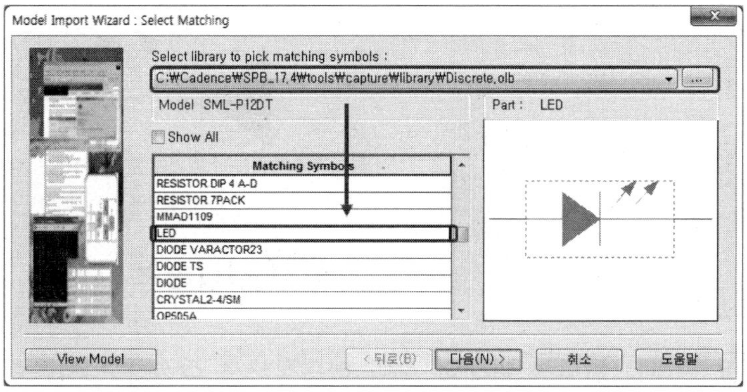

Model Import Wizard : Define Pin Mapping에서는 모델과 Capture Symbol에 핀을 매칭시킨 후 Save Symbol 버튼을 클릭한다.

Model Terminal	Symbp; Pin
A	ANODE
C	CATHODE

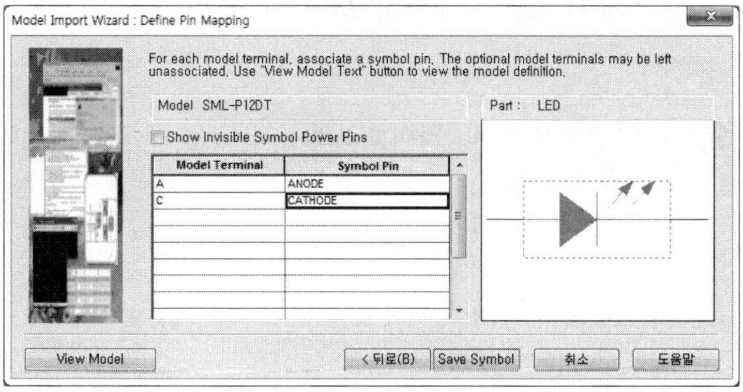

모델에 Symbol이 제대로 되었으며, 마침 버튼을 클릭하고 Error File의 로그를 확인한다.

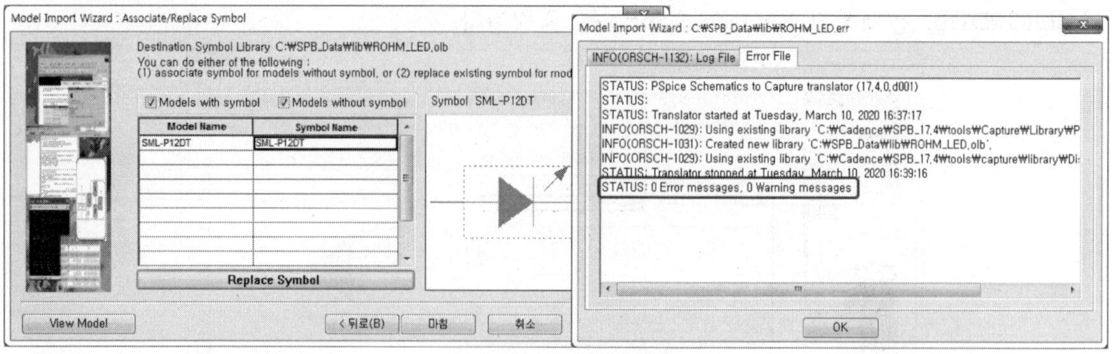

다른 모델 똑같이 적용한다.

Capture에서 메뉴 File - Open – Library를 클릭하고 ROHM_LED.OLB 파일을 불러 Symbol이 재대로 적용되었는지 확인한다.

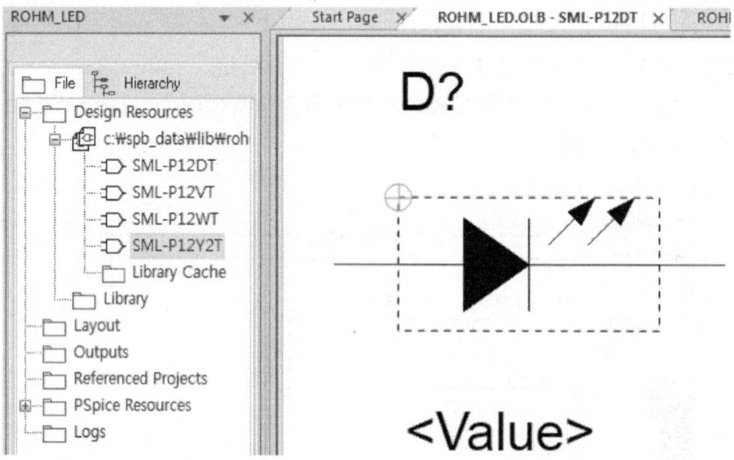

라이브러리 통합 관리를 위하여 아래와 같이 메모장으로 작성하고 저장한다.

- 파일명 : **C:₩SPB_DATA₩LIB₩ROHM_LED.LIB**

※ 라이브러리 통합하기 위해서는 .lib 라이브러리 ; 과 같은 구조로 하여야 하며, 세미콜롬(;)이 필수로 있어야 함

3) 회로도 (ROHM LED 특성 테스트 회로)

새로운 프로젝트를 생성 후 프로젝트 매니저의 Library에 생성한 OLB 파일을 추가한다.

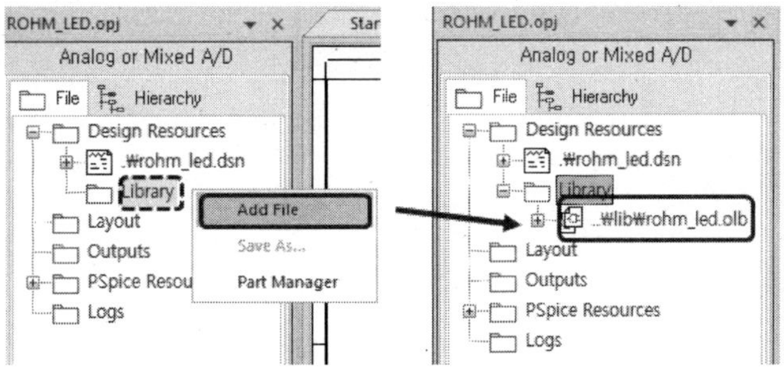

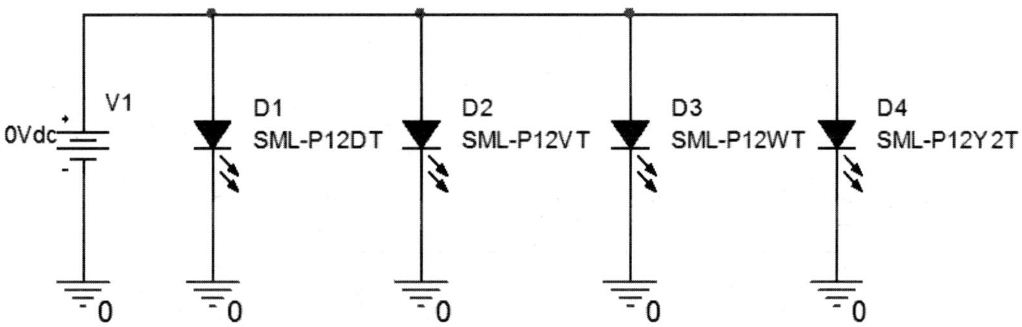

4) 사용기능 및 부품

(Place Part)VDC, SML-P12DT, SML-P12VT, SML-P12WT, SML-P12Y2T

(Place Ground) 0, (Place Wire)

5) 시뮬레이션 조건

New Simulation 창

- Name : **DC**
- Inherit Form : **None**

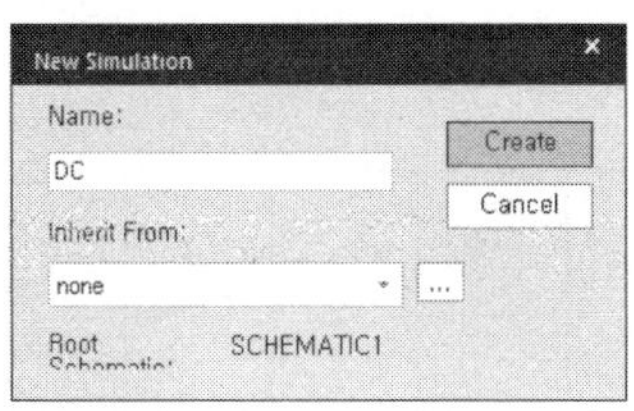

Simulation Setting 창 – Analysis 탭

- Analysis Type : **DC Sweep**
- Primary Sweep
- Sweep Variable
  - · **Voltage source 체크**
  - · Name : **V1**
- Sweep Type
  - · **Linear 체크**
  - · Start Value : **0**
  - · End Value : **6**
  - · Increment : **0.01**

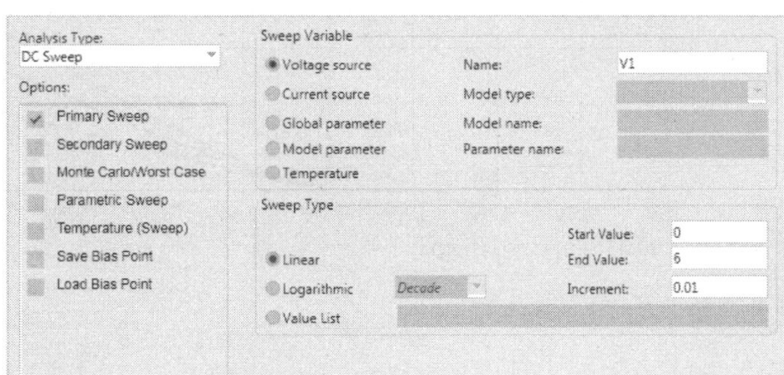

Simulation Setting 창 – Configuration Files 탭 – Library 카테고리
- File name의 Browse로 LIB 파일(예.**C:₩SPB_Data₩LIB₩ROHM_LED.LIB**)을 추가
- Add to Design을 클릭하여 Library 추가

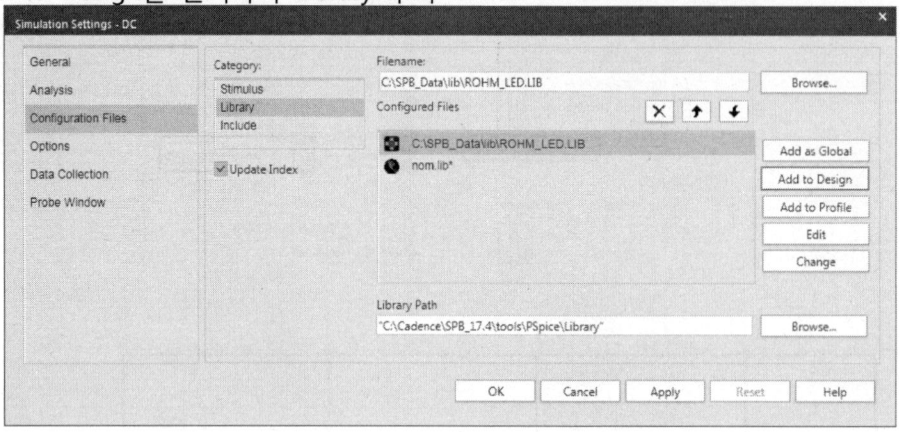

6) Probe 설정
- Current Probe : I(D1), I(D2), I(D3), I(D4)

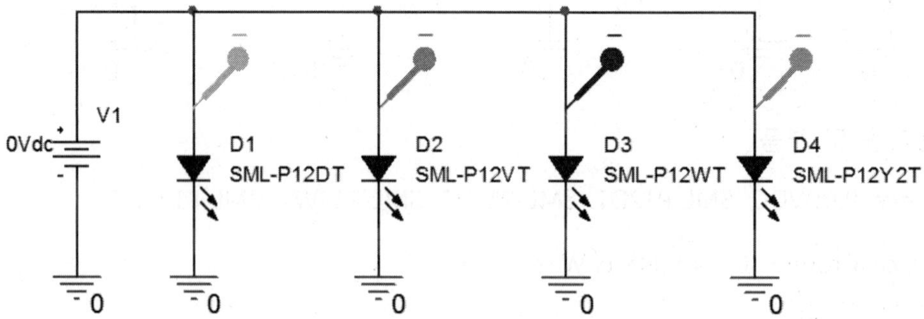

7) Run PSpice

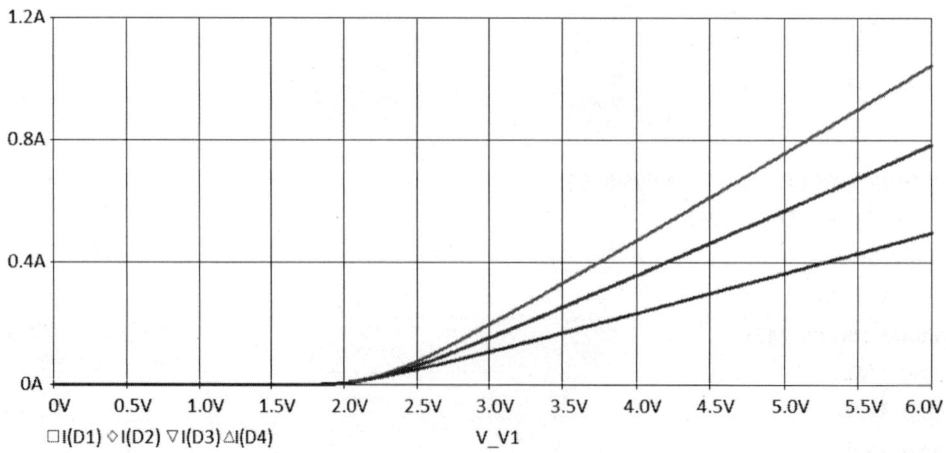

따라하기

동일한 파라미터를 가진 부품에서 특정 파라미터만 다른 경우 부품을 시뮬레이션하기 위한 방법으로 라이브러리를 수정하고 시뮬레이션하는 방법과 Simulation Setting에서 Model Parameter를 변환하여 시뮬레이션 하는 방법이 있다.

1) 회로도 (제너다이오드 정전압 회로)

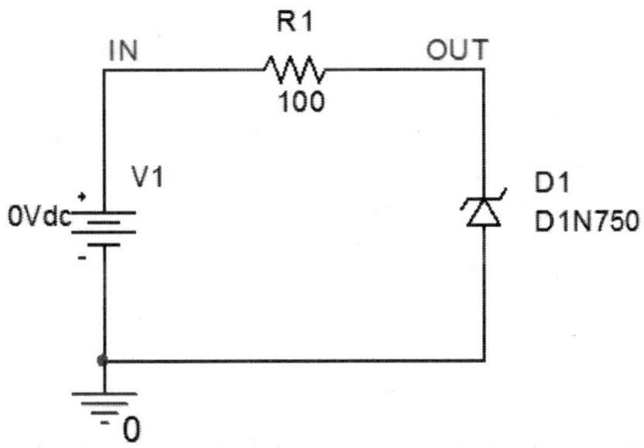

2) 사용기능 및 부품

(Place Part)VDC, R, D1N750, (Place Ground) 0

(Place Wire), (Place Net Alias)

3) 시뮬레이션 조건

New Simulation 창

- Name : **DC**
- Inherit Form : **None**

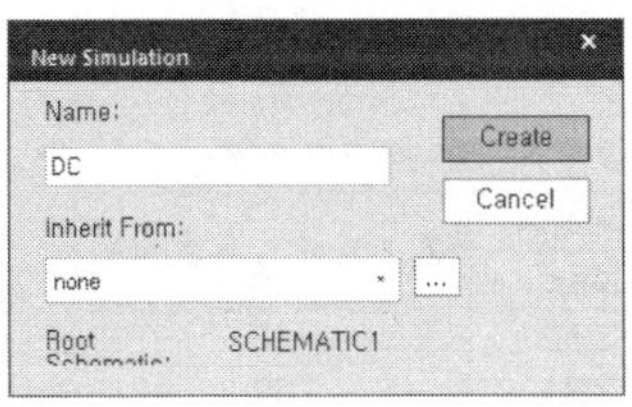

Simulation Setting 창 – Analysis 탭

- Analysis Type : **DC Sweep**
- General Settings
- Sweep Variable
  - **Voltage source 체크**
  - Name : **V1**
- Sweep Type
  - **Linear 체크**
  - Start Value : **1**
  - End Value : **10**
  - Increment : **0.02**

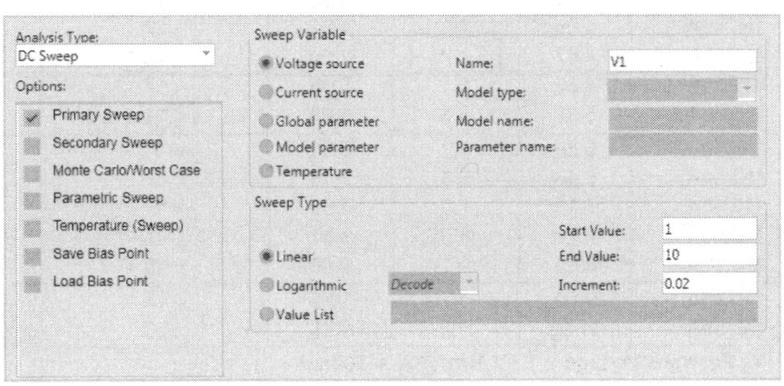

4) Probe 설정

- Voltage Probe : V(OUT)
- Add Trace : 4.7

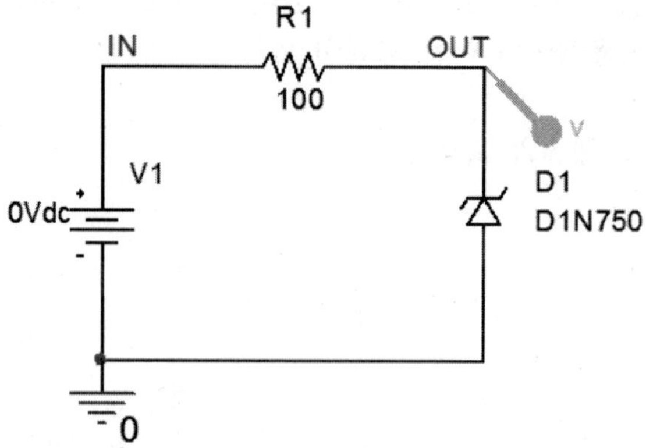

5) Run PSpice

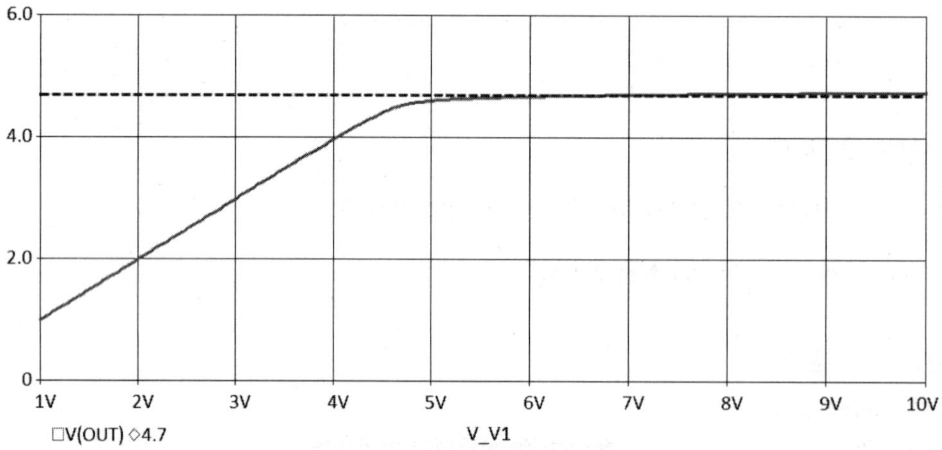

Electrical Characteristics T_A=25°C unless otherwise noted

Device	V_Z (V) @ I_Z = 20mA (Note 1)			Z_Z (Ω) @ I_Z = 20mA	I_{ZM} (mA) (Note 2)	I_R (μA) @ V_R = 1V	
	Min.	Typ.	Max.			Ta = 25°C	Ta = 125°C
1N4370A	2.28	2.4	2.52	30	150	100	200
1N4371A	2.57	2.7	2.84	30	135	75	150
1N4372A	2.85	3.0	3.15	29	120	50	100
1N746A	3.14	3.3	3.47	28	110	10	30
1N747A	3.42	3.6	3.78	24	100	10	30
1N748A	3.71	3.9	4.10	23	95	10	30
1N749A	4.09	4.3	4.52	22	85	2	30
1N750A	4.47	4.7	4.94	19	75	2	30
1N751A	4.85	5.1	5.36	17	70	1	20
1N752A	5.32	5.6	5.88	11	65	1	20
1N753A	5.89	6.2	6.51	7	60	0.1	20
1N754A	6.46	6.8	7.14	5	55	0.1	20
1N755A	7.13	7.5	7.88	6	50	0.1	20
1N756A	7.79	8.2	8.61	8	45	0.1	20
1N757A	8.65	9.1	9.56	10	40	0.1	20
1N758A	9.50	10	10.5	17	35	0.1	20
1N759A	11.40	12	12.6	30	30	0.1	20

V_F Forward Voltage = 1.5V Max @ I_F = 200mA

1N750의 Vz(Zener Voltage)는 4.7V를 가진다.

3) 시뮬레이션 모델 수정

Capture에서 D1N750 모델 클릭 후 마우스 오른쪽 버튼을 눌러 Edit PSpice Model 메뉴를 클릭한다.

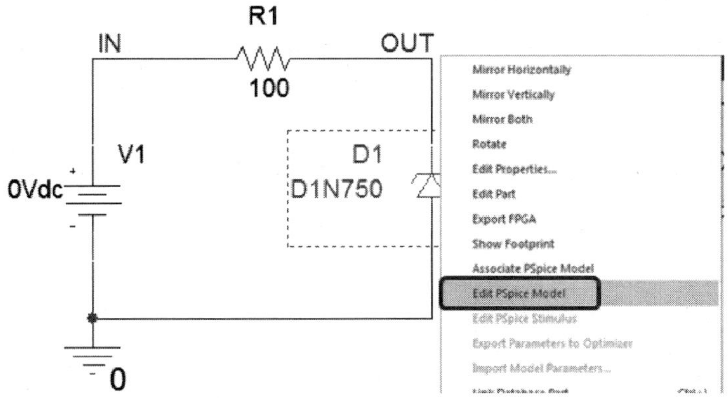

PSpice Model Editor 창에서 D1N750 부품의 **BV** 속성을 4.7에서 **8**로 변경한다.

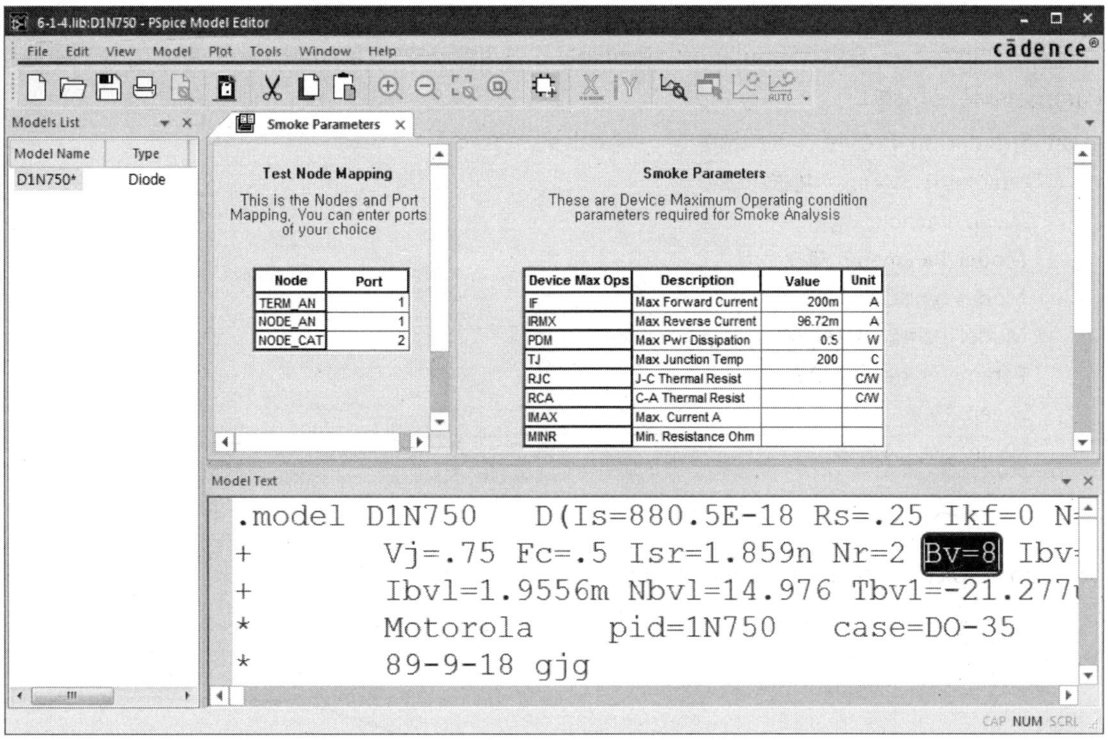

수정이 완료되었으면 메뉴 File – Save를 클릭하고 저장하고 PSpice Model Editor창을 닫는다.

※ Edit PSpice Model로 수정한 파라미터는 현재 시뮬레이션 설정에만 적용되며, New Simulation Profile을 클릭하거나 새로운 프로젝트를 생성하면 초기상태로 돌아감

4) Run PSpice - 시뮬레이션 모델 수정

8V에서 Vz가 일어나는 것을 확인할 수 있다.

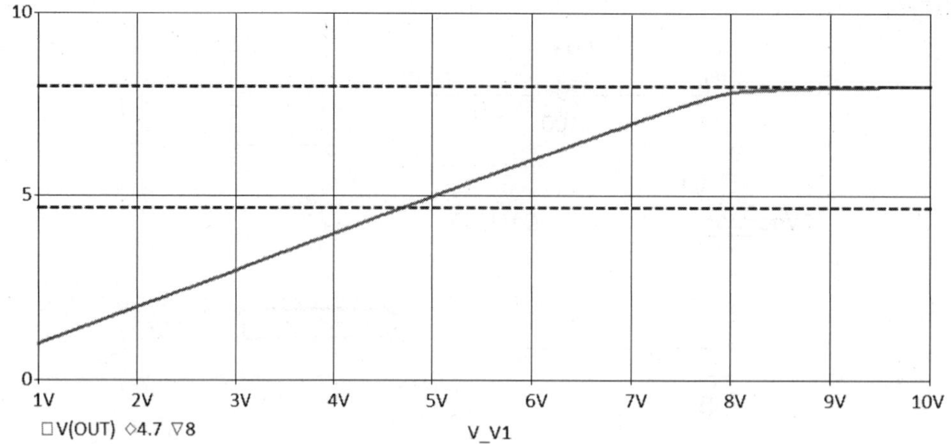

5) Simulation Setting에서 Model Parameter 설정

메뉴 PSpice – Edit Simulation Profile을 클릭한 후 Parametric Sweep에서 Model Parameter를 설정한다.

Edit Simulation Profile – Setting 창 – Analysis 탭

- Parametric Sweep : **체크**
- Sweep Variable
  - **Model Parameter 체크**
  - Model type : **D**
  - Model name : **D1N750**
  - Parameter name : **BV**
- Sweep Type
  - Value List **: 4.7, 8**

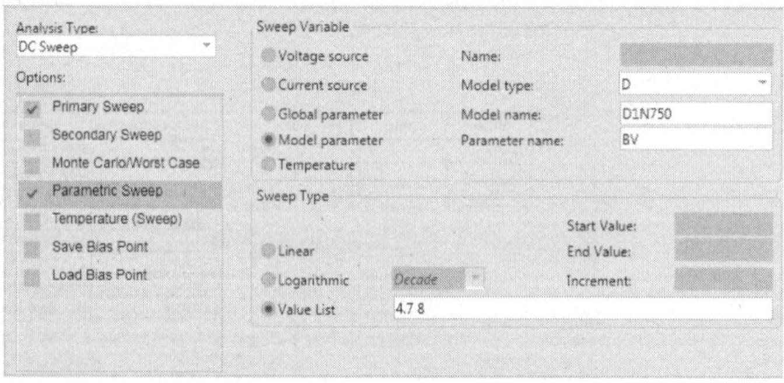

6) Run PSpice - Model Parameter 설정

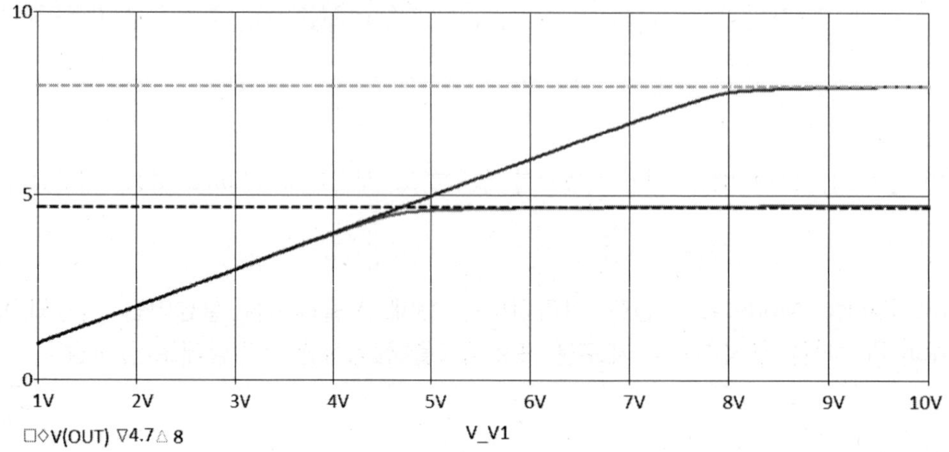

과 제 - Clipper 회로 만들기

1. 아래의 (1) 회로로 MY_Clip 모델을 만들고 (2) 회로와 같이 시뮬레이션 하시오.

1) 회로도

(1)

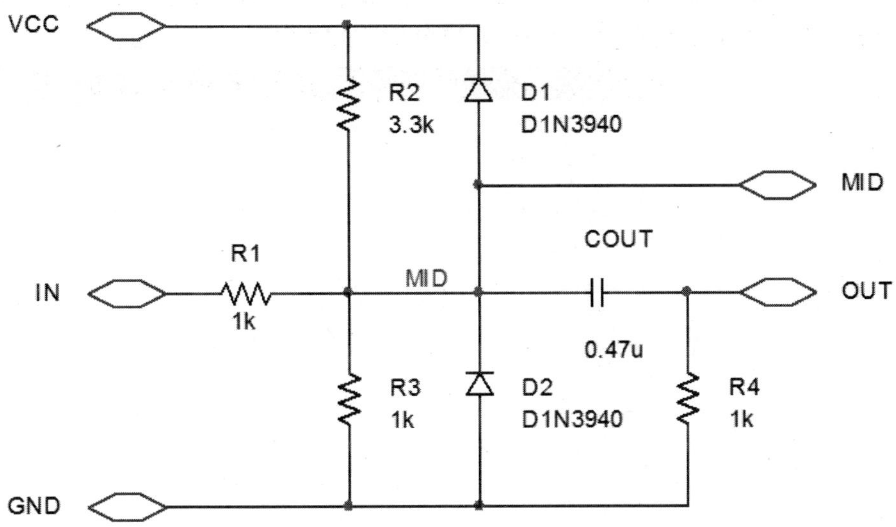

(2)

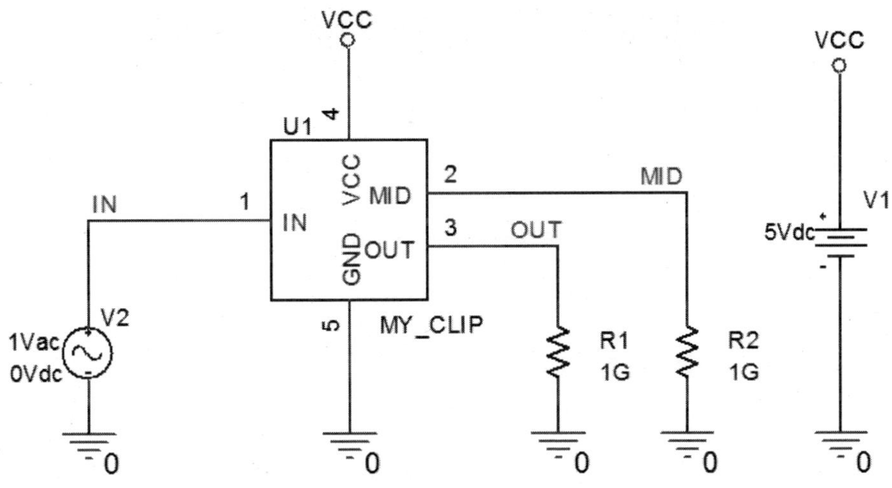

2) 사용기능 및 부품

(Place Part)VDC, VAC, R, C, D1N3940, MY_CLIP, (Place Ground) VCC, 0,

(Place Wire), (Place Net Alias), (Place Port) PORTBOTH-L

해 설

3) Create SubCircuit Model (my_clip.opj)

Capture에서 (1)의 회로도를 작성 후 프로젝트 매니저에서 Schematic1에 모델이름 (**MY_CLIP**)으로 변경한다.

메뉴 Tools – Create Netlist를 클릭하고 PSpice 탭에서 Create SubCircuit를 이용하여 모델을 만든다. (저장경로와 파일은 **C:₩SPB_DATA₩LIB₩MY_CLIP.LIB** 로 설정)

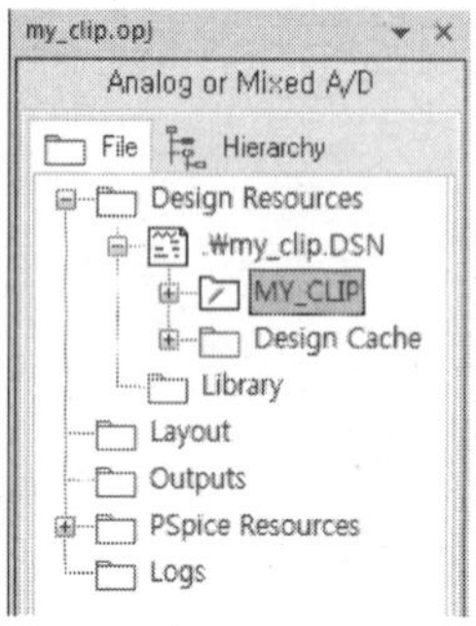

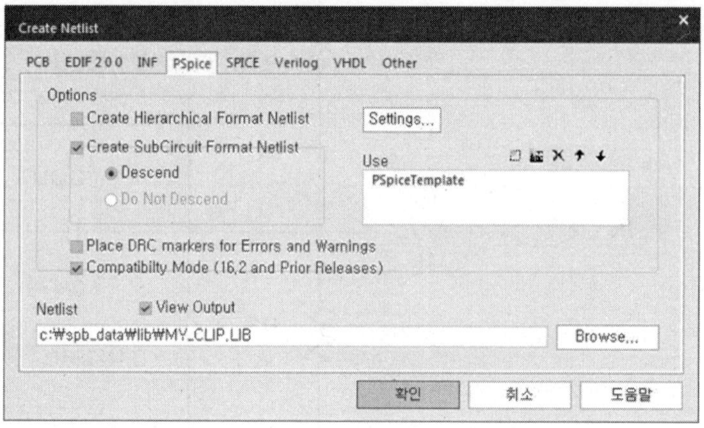

핀의 순서를 수정하고 메뉴 File – Save로 저장한다.
(.SUBCKT MY_CLIP GND IN MID OUT VCC → **.SUBCKT MY_CLIP IN MID OUT VCC GND**)

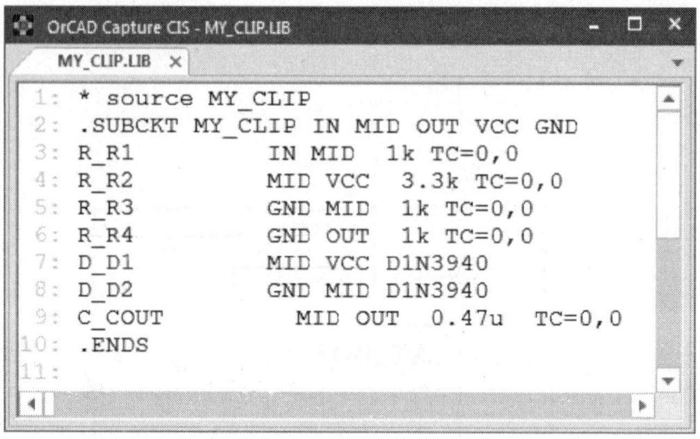

PSpice Model Editor에서 메뉴 File – Export to Capture Part Library를 클릭하여 LIB파일로 OLB 파일을 생성한다.

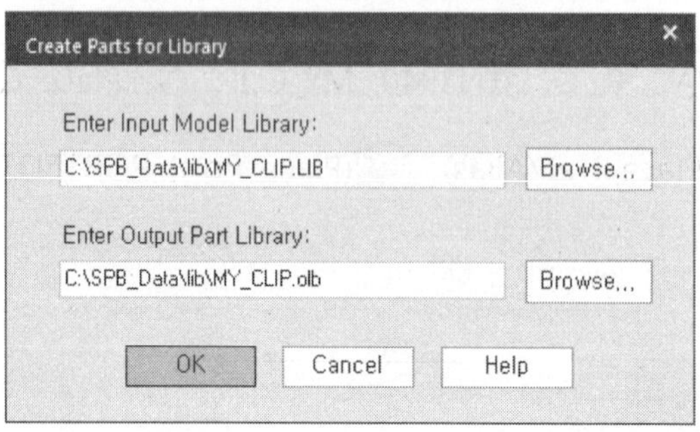

Capture Symbol을 수정하기 위해서 Capture에서 메뉴 File – Open – Library를 클릭하고 생성된 OLB파일(**C:₩SPB_DATA₩LIB₩MY_CLIP.OLB**)을 불러와 수정하고 저장한다.

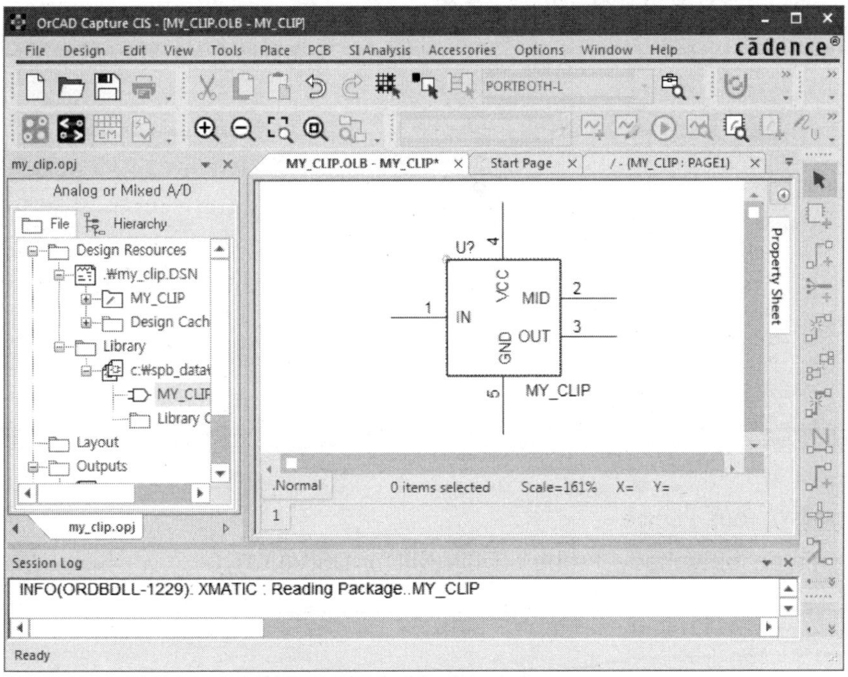

4) 생성된 모델을 이용한 회로도 (MY_CLIP_CIR.opj)

새로운 프로젝트를 생성하고 (2)와 같이 회로도를 작성한다.

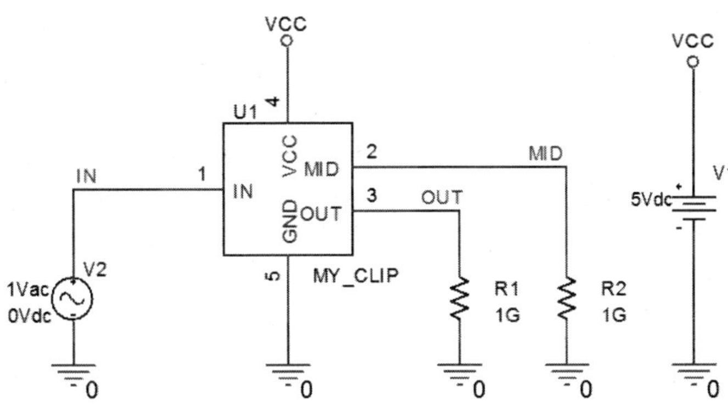

6) 시뮬레이션 조건

New Simulation 창

New Simulation Profile - Setting 창 – Analysis 탭

- Analysis Type : **AC Sweep**
- General Settings
- AC Sweep Type
  - · **Logarithmic 체크 : Decade**
  - · Start Frequency : **1**
  - · End Frequency : **100meg**
  - · Point/Decade : **100**

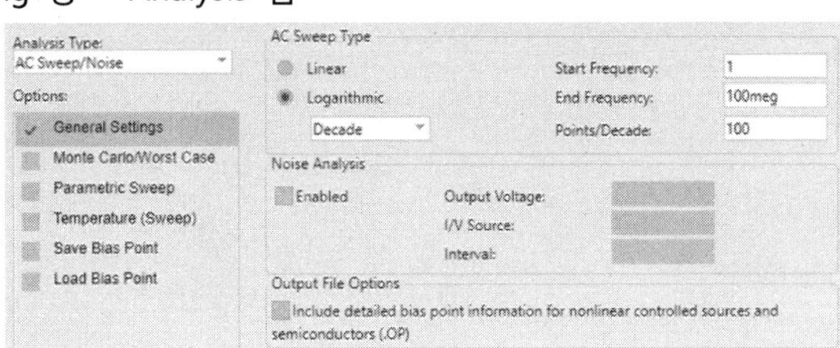

Simulation Setting 창 – Configuration Files 탭 – Library 카테고리
- File name의 Browse로 LIB 파일(예.**C:₩SPB_Data₩LIB₩MY_CLIP.LIB**)을 추가
- Add to Design을 클릭하여 Library 추가

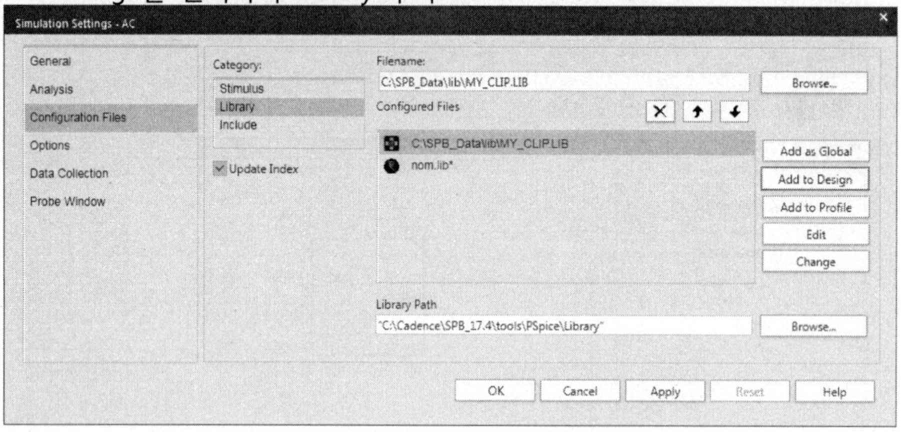

7) Probe 설정 / Run PSpice
- dB Magnitude of Voltage Probe : DB(V(MID)), DB(V(OUT))

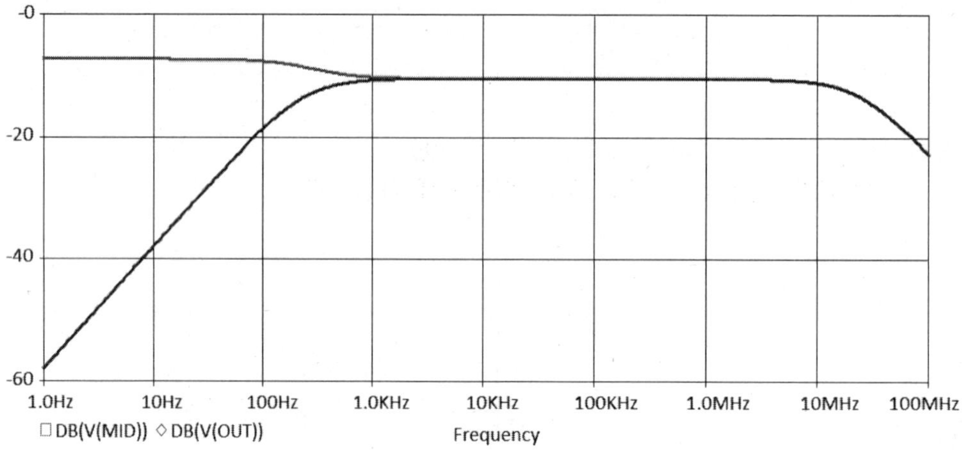

CHAPTER 07

FRA (Frequency Response Analysys)

1. FRA (Transient Analysis)

FRA(Frequency Response Analysis) 해석은 Middlebrook's Method을 적용하여 Transient Analysis로 해석한 데이터를 바탕으로 주파수 응답을 해석한다. 즉, 변화하는 동작 점을 가진 비선형 스위칭 회로의 주파수 응답을 해석할 수 있다.

따라하기

1) 회로도 (Op-amp 반전 증폭 회로)

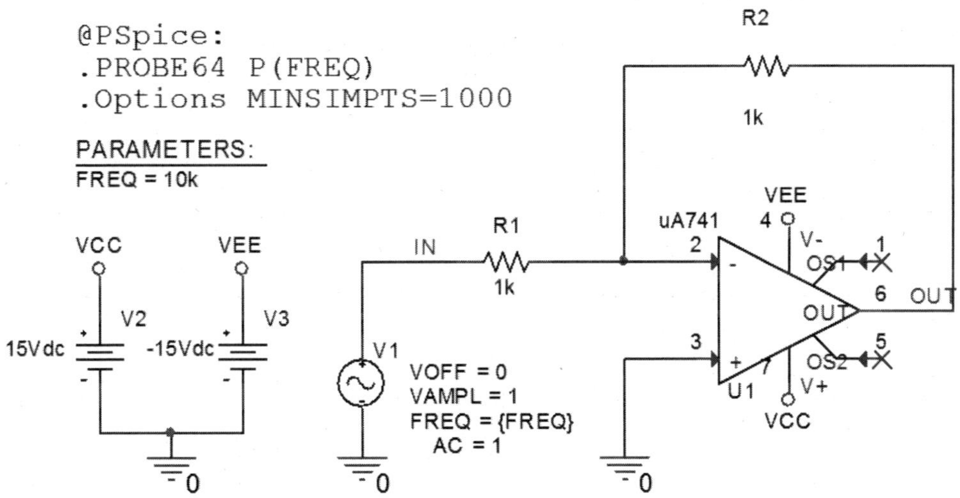

FRA를 수행하기 위해서는 주파수 위상 데이터가 필요하며, 데이터 출력의 정확성을 높이기 위해 최소 데이터 측정 수를 1000개로 설정한다.
Place Text(메뉴 Place - Text)에서 **@PSpice:** 입력 후 **Ctrl + Enter**(줄 바꿈)를 이용하여 **.PROBE64 P(FREQ)**와 **.Options MINSIMPTS=1000**을 입력한다.

```
@PSpice:
.PROBE64 P(FREQ)
.Options MINSIMPTS=1000
```

2) 사용기능 및 부품

(Place Part)PARAM, UA741, VDC, VSIN, (Place Ground)GND, VCC

(Place Wire), (Place Net Alias), (Place Text)

3) 시뮬레이션 조건

New Simulation 창

- Name : **AC**
- Inherit Form : **None**

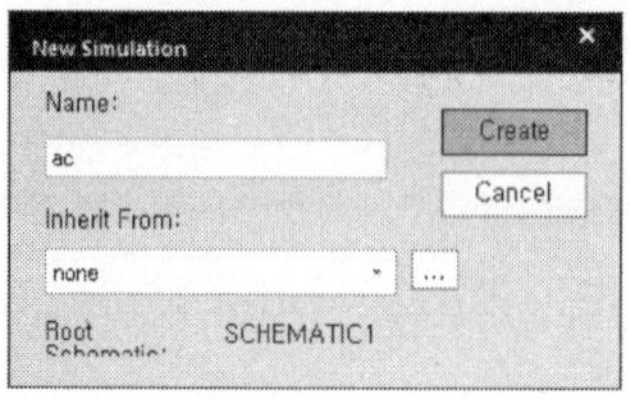

Simulation Setting 창 – Analysis 탭

- Analysis Type : **AC Sweep**
- General Settings
- AC Sweep Type
  - · **Logarithmic 체크**
  - · Start Frequency : **1**
  - · End Frequency : **100meg**
  - · Point/Decade : **100**

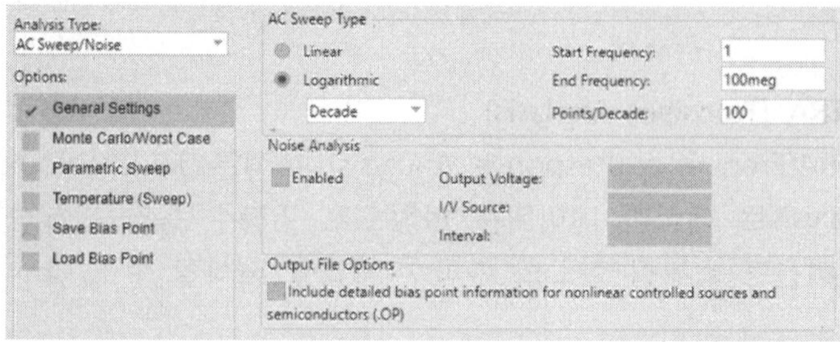

4) Probe 설정 / Run PSpice – AC Sweep

- dB Magnitude of Voltage Probe : DB(V(OUT))

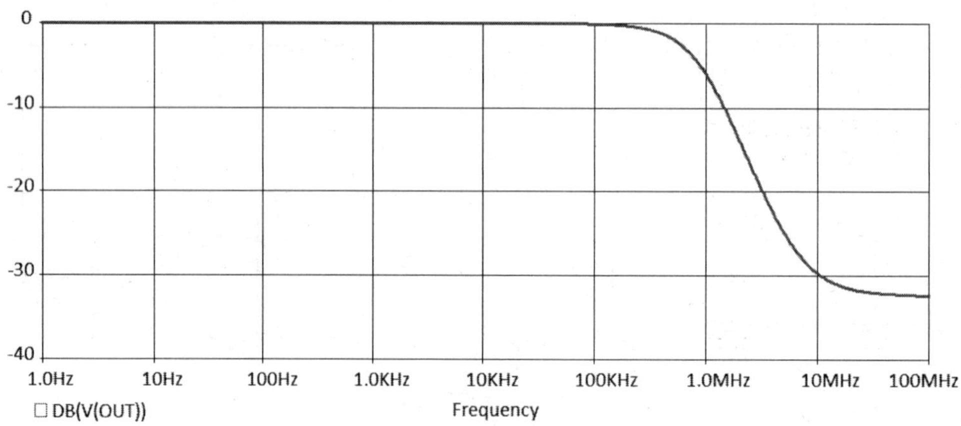

메뉴 View - Measurement Result를 클릭하고 차단주파수를 확인한다.

- Measurement 설정 값 : Cutoff_Lowpass_3dB(V(out))

Measurement Results

	Evaluate	Measurement	Value
▶	☑	Cutoff_Lowpass_3dB(V(OUT))	654.41475k
		Click here to evaluate a new measurement...	

5) Time Domain 해석에서 FRA 이용하기

New Simulation 창

- Name : **FRA**
- Inherit Form : **None**

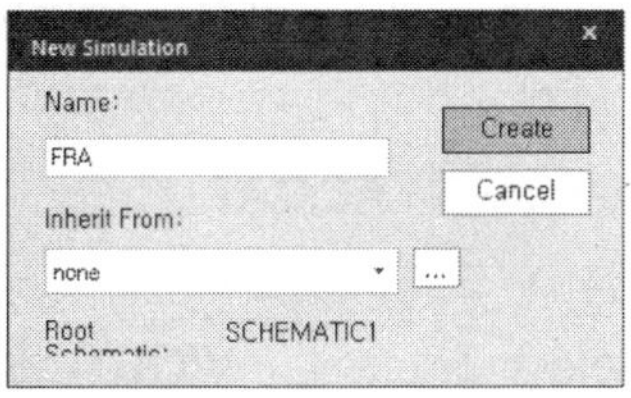

Simulation Setting 창 – Analysis 탭

- Analysis Type : **Time Domain**
- General Settings
  - · Run to Time : **{5/FREQ}**
  - · Start saving data after : **0**

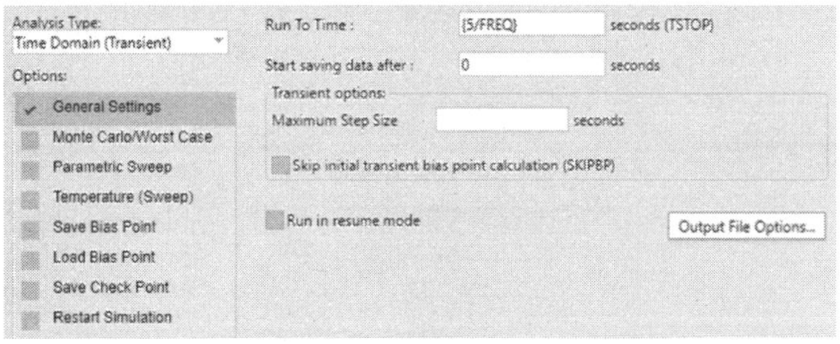

- Parametric Sweep : **체크**
- Sweep Variable
  - · **Global parameter 체크**
- Sweep Type
  - · **Logarithmic 체크 : Decade**
    - · Start Value : **1**
    - · End Value : **100meg**
    - · Point/Decade : **10**

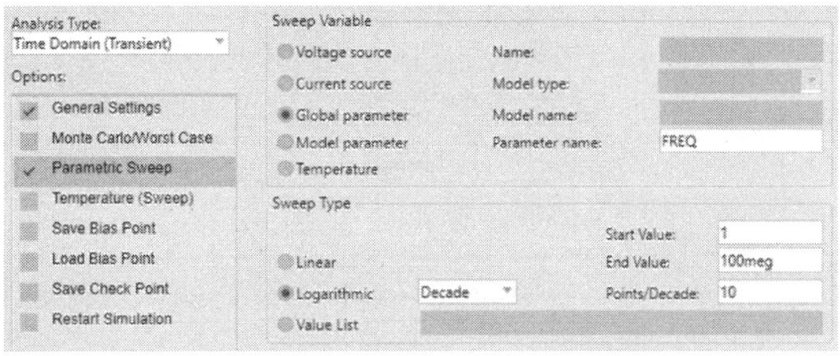

Run to time은 **{5/FREQ}**로 설정한다.

- {5/FREQ} : 수식을 이용하여 각 Parameter(FREQ)값에 따라 시뮬레이션 시간을 달리 설정할 수 있어 동일한 시간을 해석하였을 때 주파수에 따른 데이터양을 조절 할 수 있다. (PSpice는 한 Trace에 최대 10,000,000개의 데이터를 저장 가능)

6) Probe 설정 / Run PSpice – Time domain

- Voltage Probe : V(OUT)

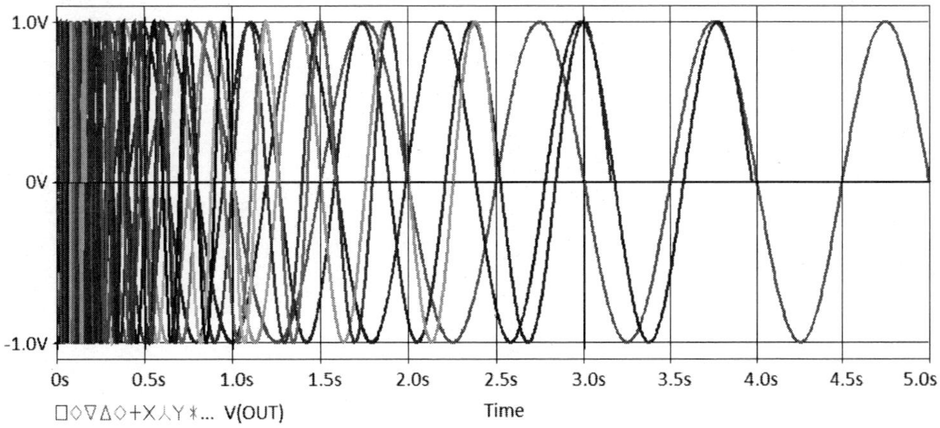

7) FRA 설정 / Plot 출력

- PSpice 창에서 Frequency Response Analysis(메뉴 Tools - FRA)을 실행 후 설정한다.
  - · Select the generated Transient dat file : **자동 설정되는 DAT 파일**
    - > FRA를 해석할 dat 파일을 설정
  - · Enter name of the output dat to ~: **AC.DAT**
    - > 출력 데이터 파일명을 설정
  - · Select the two traces ~의 Select Trace 1 : **V(OUT)**, Select Trace 2 : **V(IN)**
    - > Select Trace 1 : 출력 파형, Select Trace 2 : 입력 파형

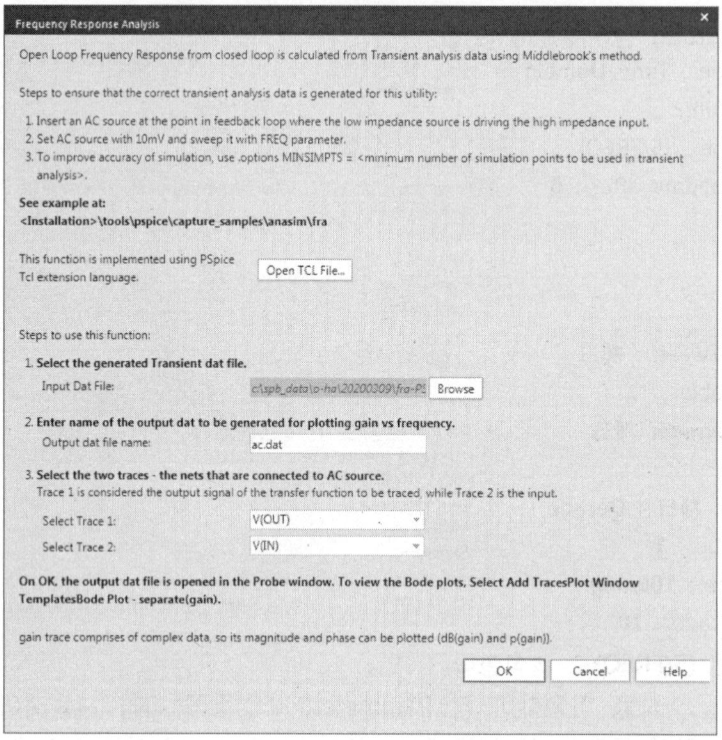

빈 화면 창이 나타나면 **Gain Trace**(메뉴 Trace - Add Trace)를 추가하면 주파수 응답을 확인할 수 있다.

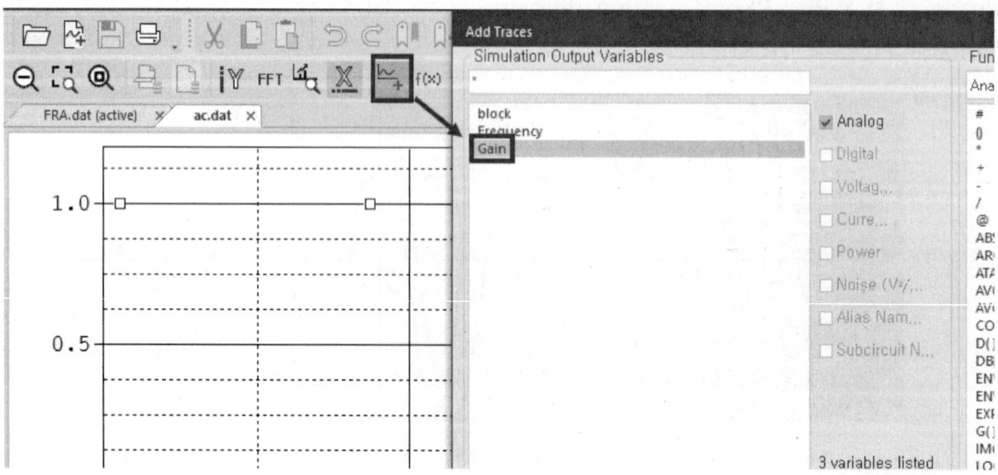

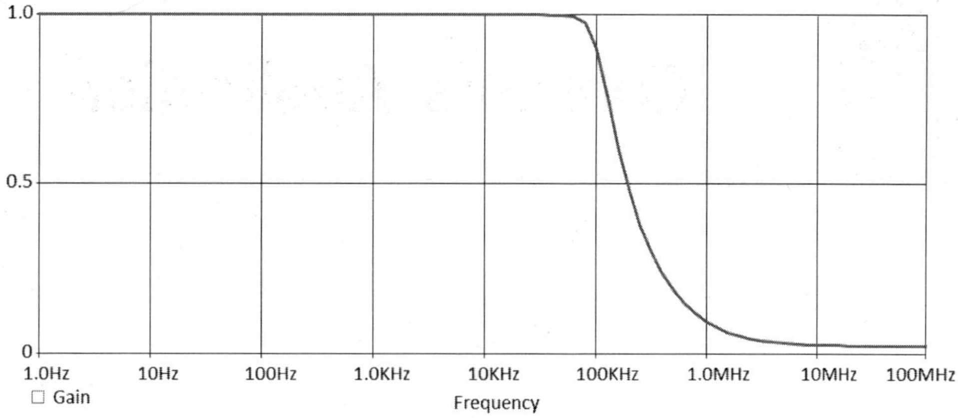

메뉴 View - Measurement Result를 클릭하고 차단주파수를 확인한다.

- Measurement 설정 : Cutoff_Lowpass_3dB(Gain)

Measurement Results

	Evaluate	Measurement	Value
▶	☑	Cutoff_Lowpass_3dB(Gain)	135.67563k
		Click here to evaluate a new measurement...	

AC 해석은 PSpice Model을 Average model화하여 주파수 해석을 진행하기 때문에 Time Domain 해석과 차이가 있을 수 있다. FRA 해석은 Transient 해석 결과를 Open loop frequency response으로 분석하여 회로의 동작 특성을 고려한 결과를 나타낸다.

CHAPTER 08

Core-loss Application

Hysteresis Core-loss는 자기결합 인덕터의 core-loss(철심손실)를 계산하는 도구이다.

1. Core

따라하기

1) 회로도 (코어 회로)

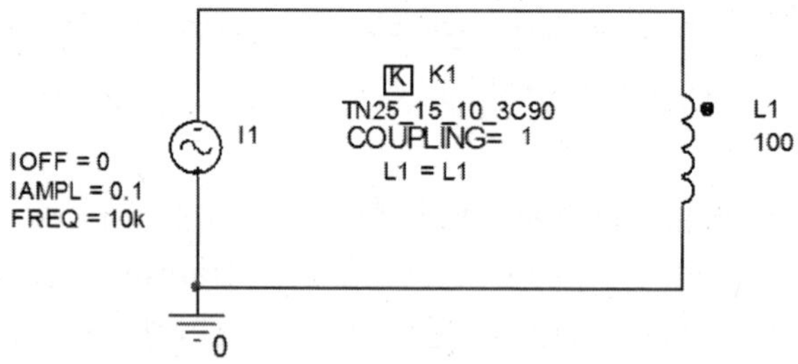

2) 사용기능 및 부품

(Place Part)ISIN, L, TN25_15_10_3C90, (Place Ground) 0, (Place Wire)

3) 시뮬레이션 설정

New Simulation 창

- Name : **Tran**
- Inherit Form : **None**

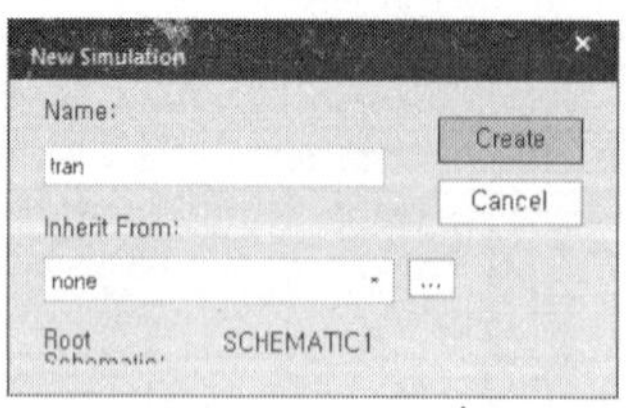

Simulation Setting 창 – Analysis 탭

- Analysis Type : **Time Domain**
- General Settings
  - · Run to Time : **2ms**
  - · Maximun Step Size: **0.2us**

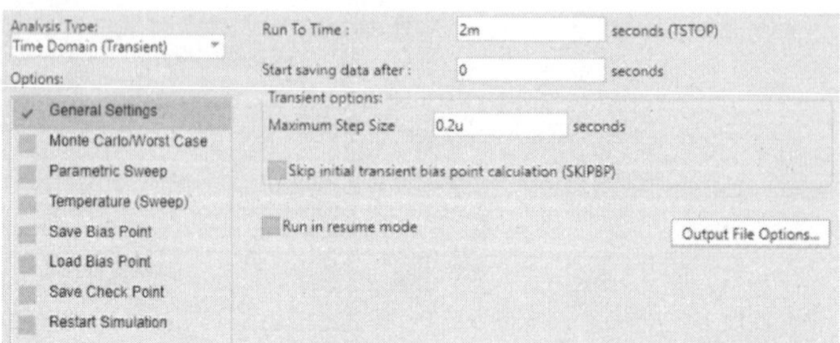

4) Run PSpice

- Add Trace : **B(K1)**

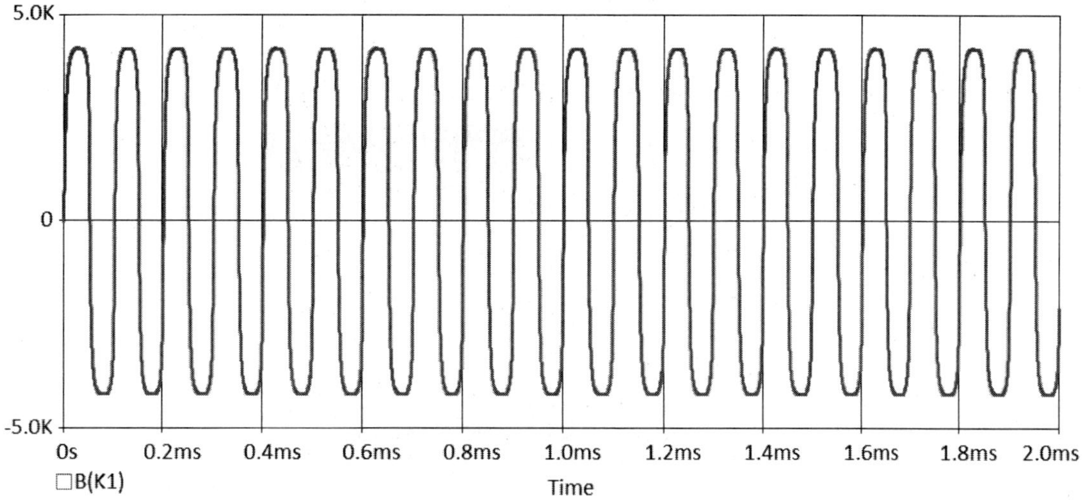

B-H 특성곡선을 설정하기 위해서 x 축을 설정(메뉴 Plot - Axis Settings)한다. Axis Setting 창에서 X Axis의 Axis Variable 값을 **H(K1)**으로 설정한다.

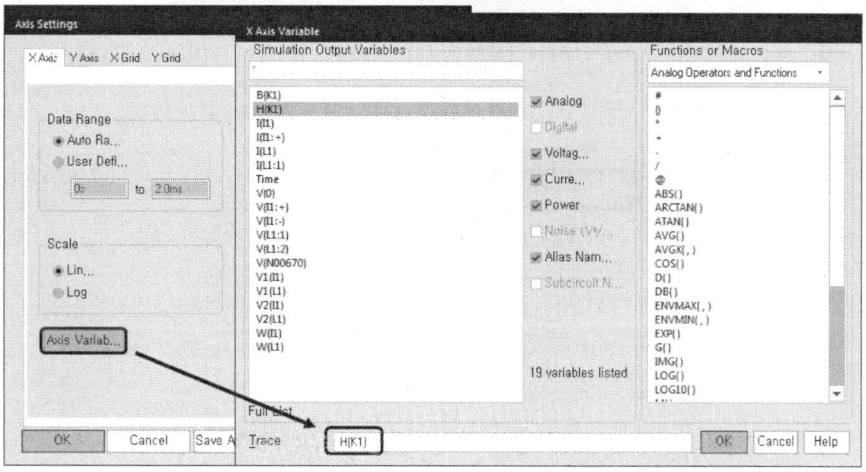

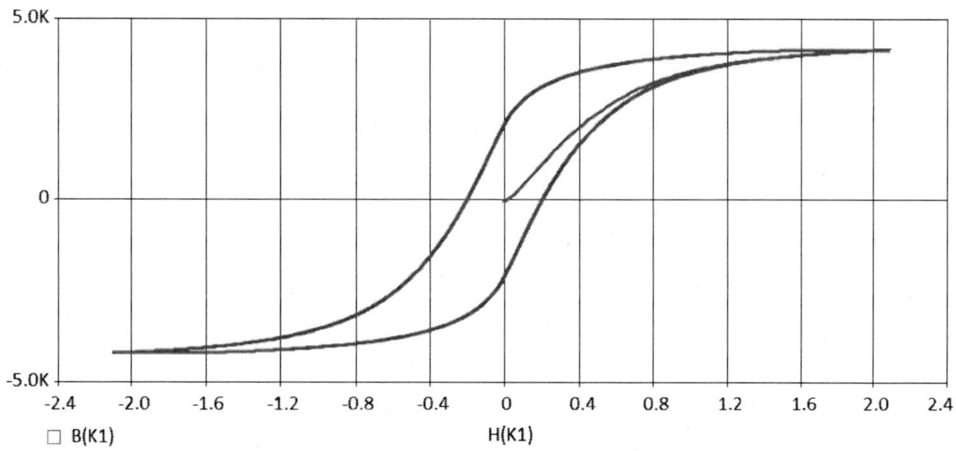

PSpice에 출력되는 B(자속밀도; Flux density)와 H(자기장; Magnetic Field)는 Gauss와 Oersted 단위로 구성되어 있으며 Tesla, A/m 단위로 수정하기 위해 환산해준다.

$$1\,Gauss = \frac{1}{1000}\,Tesla,\ 1\,Oe = \frac{1000}{4\pi}\,A/m$$

- Trace 범례에 나타난 B(K1)을 클릭하여 B(K1)/1000으로 수정한다.

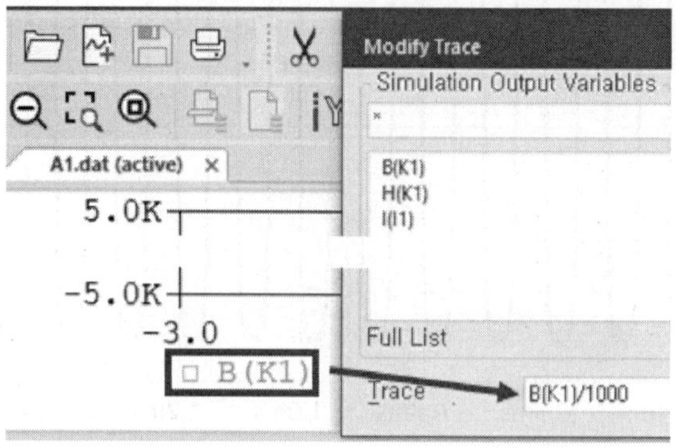

- 메뉴 Plot - X Axis Setting을 클릭하여 X Axis Variable을 H(K1)*1000/4/pi를 입력한다.

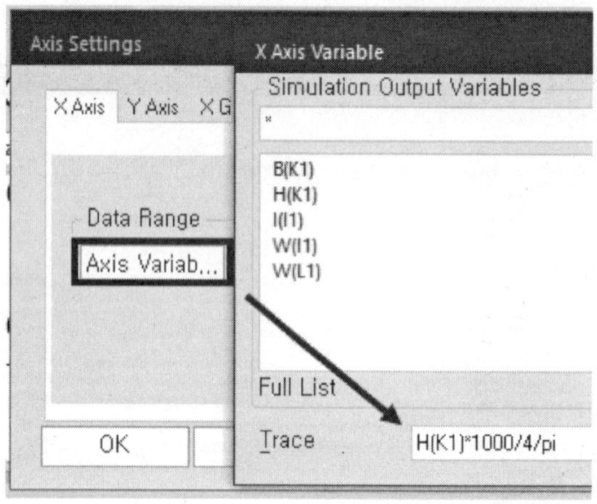

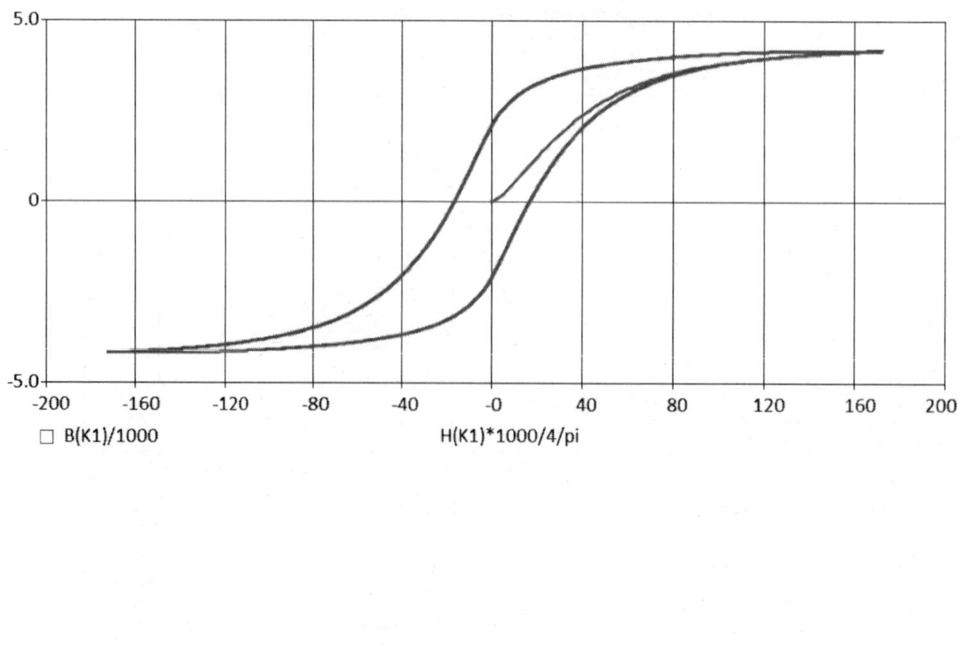

Hysteresis Core Loss를 계산(메뉴 Tools - PSpice Calculator - Hysteresis Core Loss)하기 위해서는 코어에 대한 정보가 필요하다.

Ferrite toroids TN25/15/10

RING CORES (TOROIDS)

Effective core parameters

SYMBOL	PARAMETER	VALUE	UNIT
Σ(I/A)	core factor (C1)	1.23	mm^{-1}
V_e	effective volume	2944	mm^3
l_e	effective length	60.2	mm
A_e	effective area	48.9	mm^2
m	mass of core	≈ 15	g

Coating

The cores are coated with polyamide 11 (PA11), flame retardant in accordance with *"UL 94V-2"*; UL file number E 45228 (M).
The colour is white.
Maximum operating temperature is 160 °C.

Isolation voltage

DC isolation voltage: 2000 V.
Contacts are applied on the edge of the ring core, which is also the critical point for the winding operation.

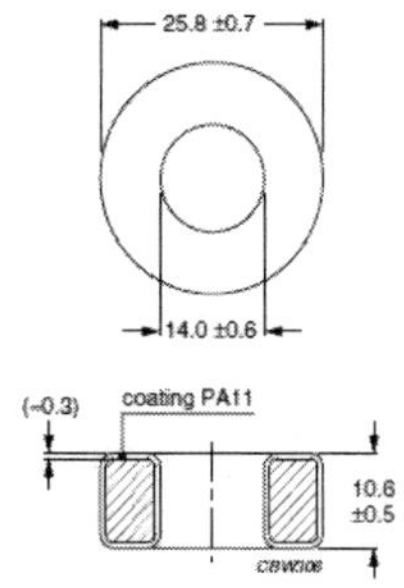

Dimensions in mm.

Fig.1 TN25/15/10 ring core.

Hysteresis Core Loss Calculator에서 Core Volume 값을 설정 후 Calculate 아이콘을 클릭하면 Core Loss가 계산된다.

- Data(.dat) File: Core를 포함한 PSpice 결과 데이터를 선택
- Date File Section: PSpice 결과 데이터에서 Core Loss를 계산할 세션을 선택(Parametric Sweep에 활용)
- Core : PSpice 데이터에서 Core Loss를 계산할 Core를 선택
- Core Volume : Core의 부피를 설정
- Start / End Time : B-H곡선에서 데이터의 시간 대역을 설정
- Frequency : 입력 소스에 대한 주파수 크기가 계산되어 출력

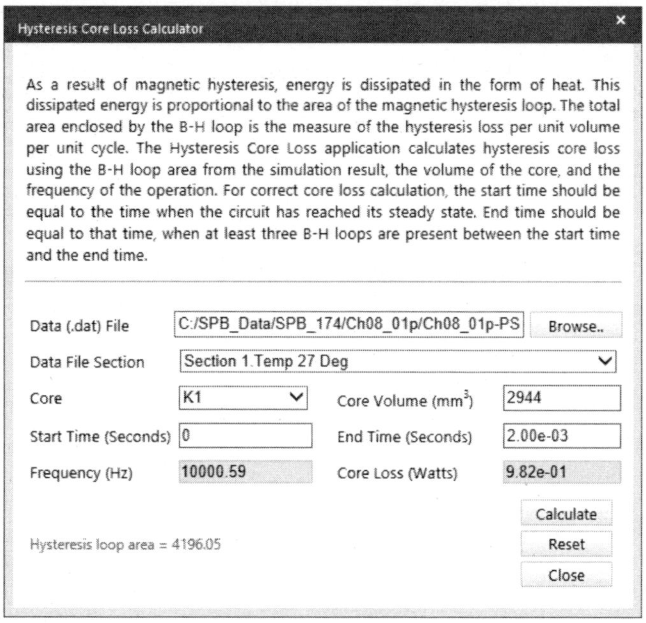

2. Buck converter

따라하기

1) 회로도 (DC-DC 컨버터 회로)

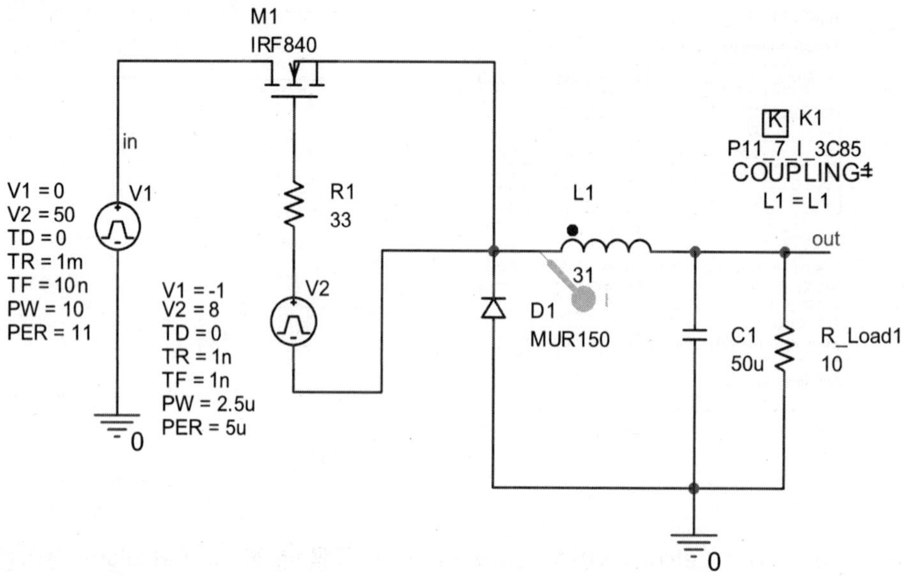

2) 사용기능 및 부품

(Place Part)VPULSE, IRFZ34, MUR150, L, C, R, P11_7_i_3C85

(Place Ground) 0, (Place Wire), (Place Net Alias)

회로 완성 후 P11_7_i_3C85 소자를 Edit PSpice Model로 열어서 GAP 속성 추가 후 저장

GRADE	A_L (nH)	μ_e	AIR GAP (μm)	TYPE NUMBER
3C81	63 ±3%	≈ 43	≈ 500	P11/7/I-3C81-A63
	100 ±3%	≈ 68	≈ 290	P11/7/I-3C81-A100
	160 ±3%	≈ 109	≈ 170	P11/7/I-3C81-A160
	250 ±5%	≈ 171	≈ 100	P11/7/I-3C81-A250
	315 ±5%	≈ 215	≈ 75	P11/7/I-3C81-A315
	2100 ±25%	≈ 1430	≈ 0	P11/7/I-3C81

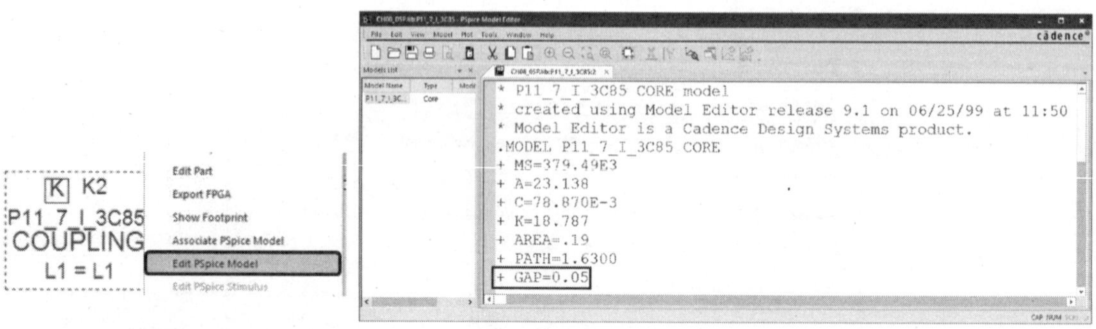

※ GAP의 단위는 cm

3) 시뮬레이션 설정

New Simulation 창

- Name : **Tran**
- Inherit Form : **None**

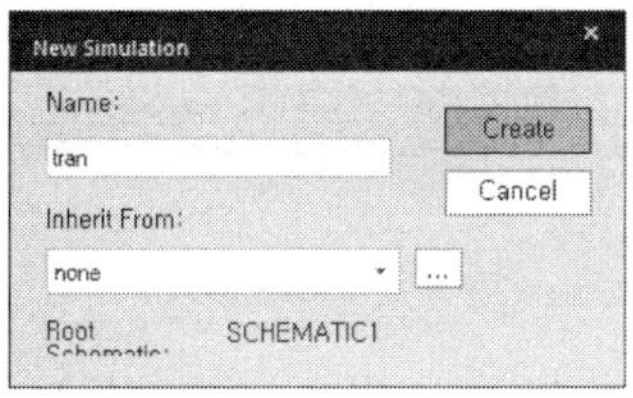

Simulation Setting 창 – Analysis 탭

- Analysis Type : **Time Domain**
- General Settings
  - · Run to Time : **5ms**
  - · Start saving data after : **4ms**
  - · Maximum Step Size : **1u**

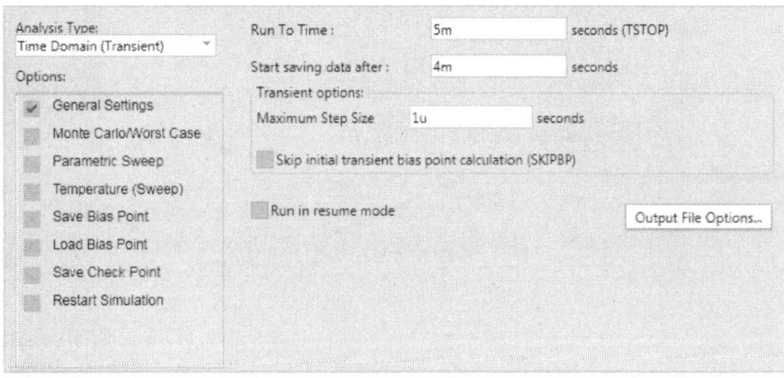

※ 정상상태 값을 출력하기 위해 Start saving data after를 설정

4) Probe 설정 / Run PSpice

- Current Probe : I(L2)

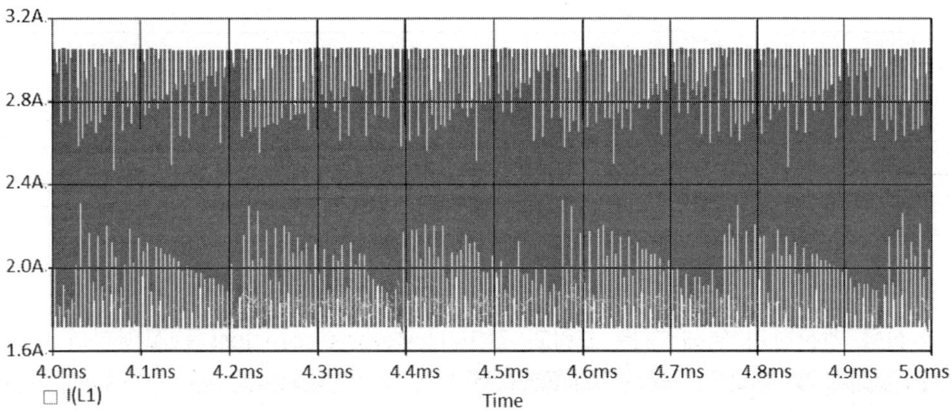

B-H 히스테리시스 곡선을 그리기 위해 다음과 같이 새 창을 연다.

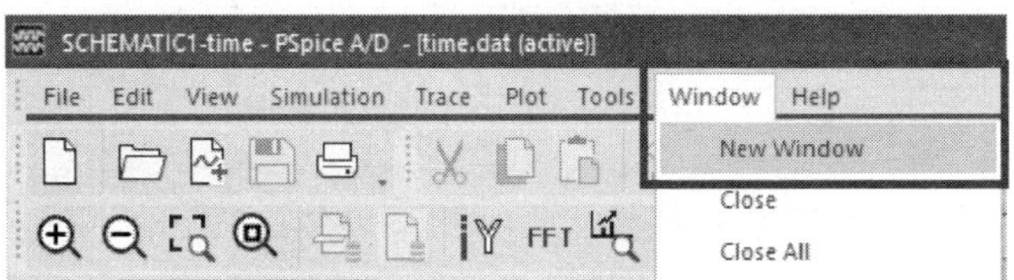

메뉴 Trace - Add trace에서 **B(K1)**를 추가하고, X축 변수를 시간에서 **H(K1)**로 설정한다.
메뉴 Plot - Axis settings에서 "Axis variable" 버튼을 클릭하고, 다음 그림과 같이 H(K1)으로 변경하고 모두 "OK"를 클릭하면 B-H 곡선이 그려진다.

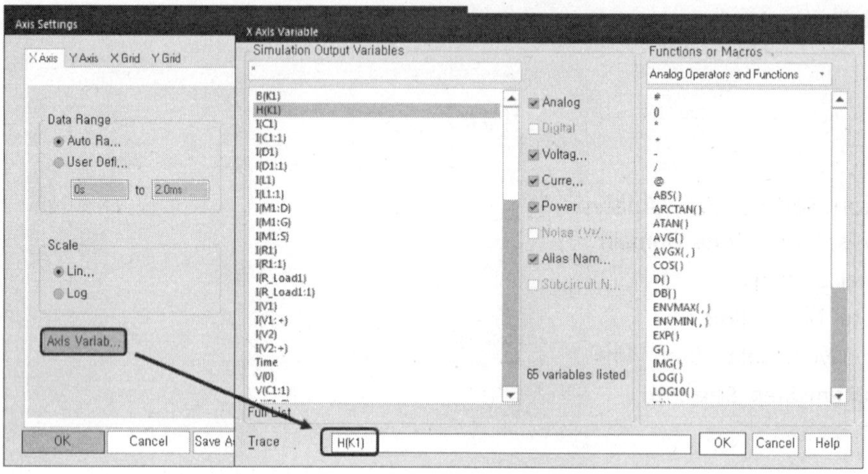

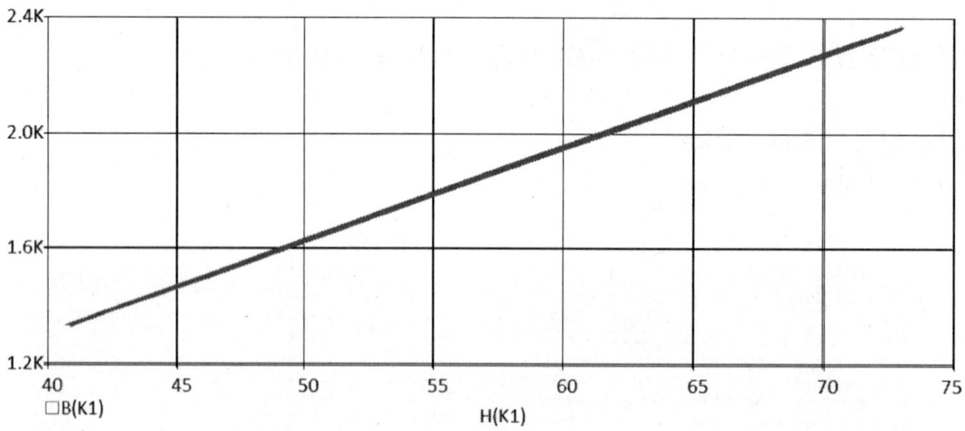

[B-H Curve]

코어 손실을 계산하기 위해 다음 그림과 같이 Hysteresis core loss을 실행한다.

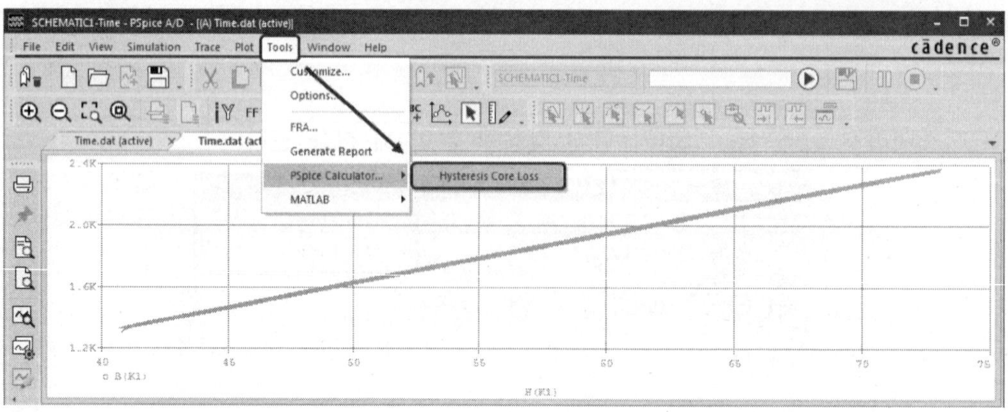

Hysteresis core loss에서 불러드릴 시뮬레이션 시간(Start time, End time)을 설정한다.

- Start Time : **4ms** (또는 4.00e-03)
- End Time : **5ms** (또는 5.00e-03)
- Core volume(mm^3) : **309** (데이터시트의 Core volume 참고)

P cores and accessories P11/7/I

CORE SETS

Effective core parameters

SYMBOL	PARAMETER	VALUE	UNIT
$\Sigma(I/A)$	core factor (C1)	0.860	mm^{-1}
V_e	effective volume	309	mm^3
l_e	effective length	16.3	mm
A_e	effective area	19.0	mm^2
A_{min}	minimum area	13.7	mm^2
m	mass of set	≈ 1.9	g

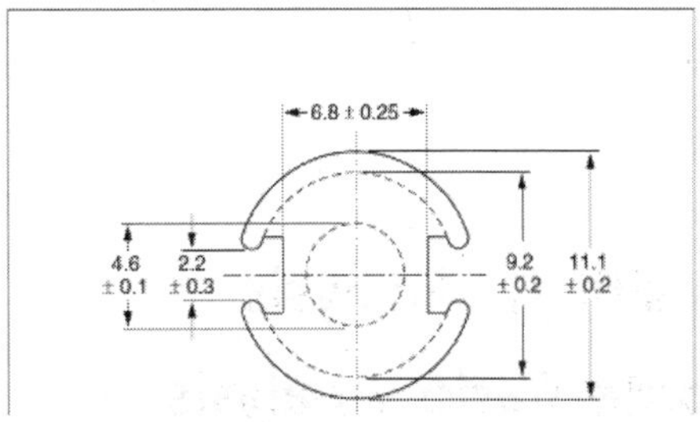

입력을 하고 "Calculate"를 클릭한다.

자기 코어에서의 전체 코어손실의 손실이 (Core Loss(Watts):) **9.72e-002**로 나왔다.

(P11/7/i의 경우 0.0972W가 나왔다.)

B-H곡선의 루프영역을 이용하여 인덕터 전류의 주파수와 전체 코어손실을 얻기 위한 히스테리시스 계산한다. 주파수는 정상상태에서의 주파수(200kHz)이며 펄스 스위칭(V2의 PER : 5us)로 결정된다.

CHAPTER 09 Advanced Analysis Option

1. Sensitivity Analysis
2. Monte-Carlo Analysis
3. Optimizer Analysis
4. Smoke Analysis

PSpice AA Option 소개

PSpice Advanced analysis는 회로 설계에서 자동으로 회로의 성능을 테스트함으로서 작업을 극대화 시킬 수 있다. 주요 기능으로는 Sensitivity Analysis, Monte Carlo Analysis(Yield analysis), Optimization, Smoke Analysis(Stress analysis - only Time domain)가 있으며, 설계의 가상 프로토 타입을 생성하는 것과 자동으로 회로의 성능을 극대화 시키는 작업이 가능하다. 복합적인 시뮬레이션 profile을 가진 측정값들을 함께 처리할 수 있다.

PSpice Advanced analysis는 30여 개의 라이브러리 안에 4300개의 소자를 제공하고 있다. PSpice AA 라이브러리는 AD와 별도로 제공이 된다.

PSpice AA를 사용하기 위해서는 PSpice 폴더 아래 advanls에 포함된 라이브러리를 등록시켜서 사용한다. PSpice AA 라이브러리의 경로는 아래에 있다.

· C:₩Cadence₩SPB_17.4₩tools₩capture₩library₩pspice₩advanls

- Required Parameters

Advanced Analysis tools	Component parameter
Sensitivity	Tolerance Parameters
Optimizer	Optimizable Parameters
Smoke	Smoke Parameters
Monte Carlo	Tolerance Parameters Distribution parameters

- Resistor Parameters

DEV=Deviation
Tolerance Parameters
- RLC
  POSTOL=10%
  NEGROL=10%
Optimizable Parameters
- OPAMP
  GWB(gain bandwidth)=1e7
- RLC
  Value=1k
Smoke Parameters
- RLC
  POWER=RMAX
  MAX_TEMP=RTMAX
Distribution Parameters
-RLC
  DIST=FLAT

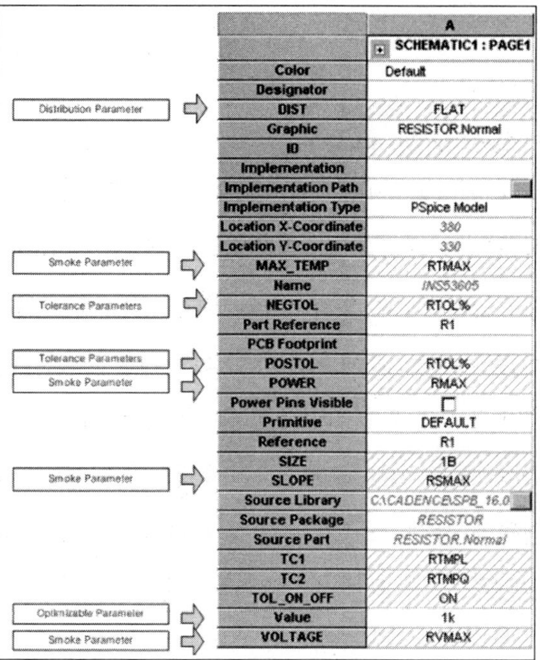

- Tolerance Parameters

Tolerance 변수는 positive와 negative 편차를 정의할 수 있으며, 민감도 해석이나 몬테카를로 해석에서는 소자의 속성에서 Tolerance Parameters를 지정하여야만 결과값을 볼 수 있다.

9.1 Sensitivity analysis

1. Sensitivity analysis

Sensitivity Analysis는 회로에 사용된 소자의 기준값이나 Model Parameter에 편차를 적용하여 해석할 수 있으므로 소자 혹은 Model Parameter가 결과에 얼마나 중요한 영향을 미치는지 해석 할 수 있다. 이는 설계에 사용된 소자의 민감도를 파악하여 오차가 낮거나 특성이 좋은 소자를 적재적소에 사용함으로써 부품단가를 낮출 수 있으며, 또한 회로에 문제가 발생했을 때 해결 할 수 있는 방안을 보다 빨리 찾을 수 있는 근거로도 활용할 수 있다. 예를 들어 각, 소자가 전압, 전류, 이득 등에 얼마나 민감하게 동작하는지를 파악하기 때문에 특정 노드의 전압이 비정상적이라면 Sensitivity Analysis의 Report를 확인하여 원인을 쉽게 찾을 수 있도록 해준다.

2. Simulation Settings

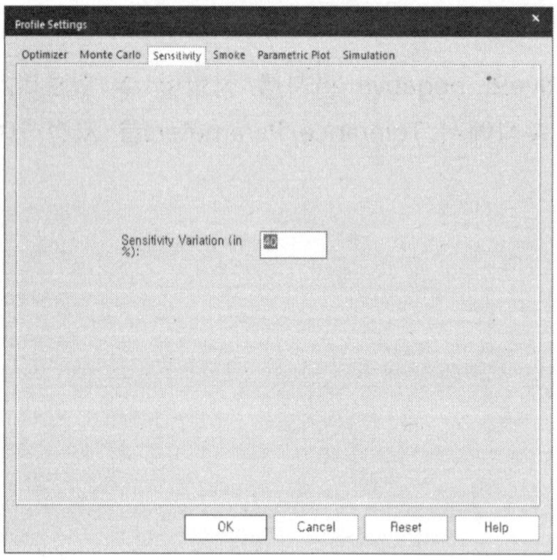

- **Sensitivity Variation (in %)** : Value값에 Tolerance 값을 적용 후 범위 재적용

  ex) R = 100 ohm , Tolerance = 10% ≫ R = 90 ~ 110 ohm

  Sensitivity Variation = 40% ≫ R = 96 ~ 104 ohm

따라하기

1) 회로도 (Cascode 회로)

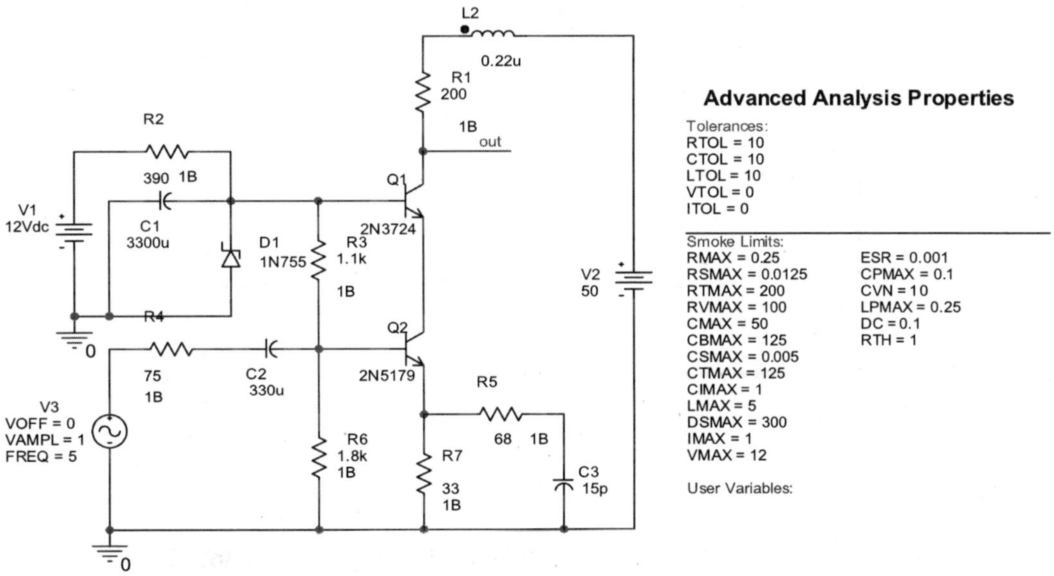

· 2n3724, 2n5179, 1n755 부품의 Parameter 설정 방법

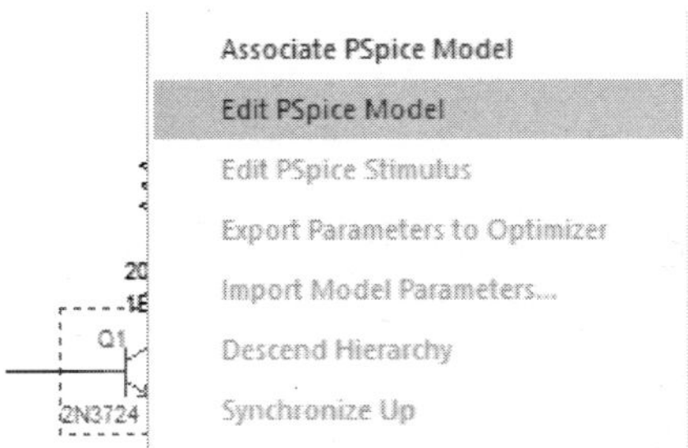

해당 부품을 선택 후 오른쪽 마우스를 눌러서 Edit PSpice model을 클릭한다.

Edit PSpice Model

1N755 Parameter - Distribution = FLAT

VZT (Postol = 10%, Negtol = 10%)

2n3724 and 2n5179 - Distribution = FLAT

BF (Postol = 40%, Negtol = 40%)

CJE (Postol = 20%, Negtol = 20%)

CJC (Postol = 20%, Negtol = 20%)

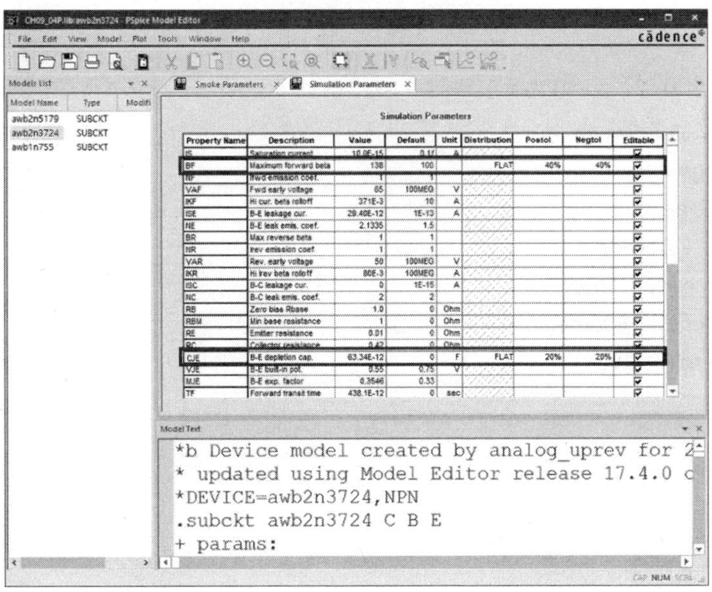

또는 저장경로에서 PSpiceFiles 폴더 아래에서 확장자.prp 파일을 열어서 수정할 수 있다.

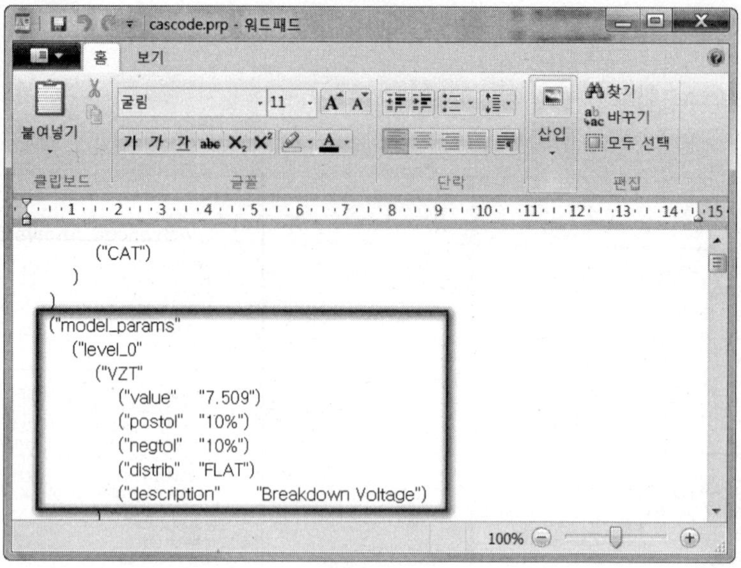

2) 사용기능 및 부품

(Place Part)VDC, VSIN, RESISTOR, CAPACITOR, INDICTOR, VARIABLES

(Place Ground) 0, (Place Wire), (Place Net Alias)

3) 시뮬레이션 조건

New Simulation 창

- Name : **AC**
- Inherit Form : **None**

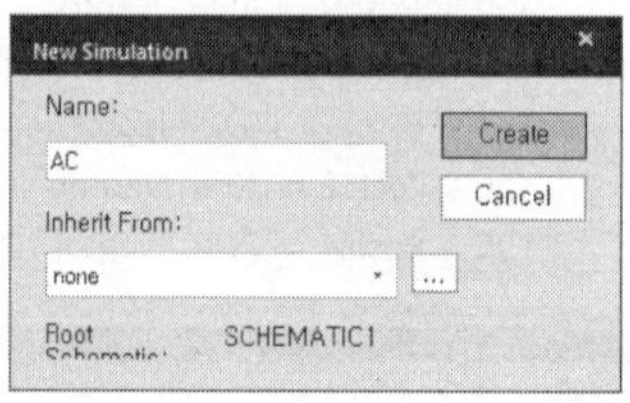

Simulation Setting 창 – Analysis 탭

- Analysis Type : **AC Sweep**
- General Settings
  - AC Sweep Type
    - · Logarithmic : **Decade**
      - · Start Frequency : **1meg**
      - · End Frequency : **600meg**
      - · Points/Decade : **100**

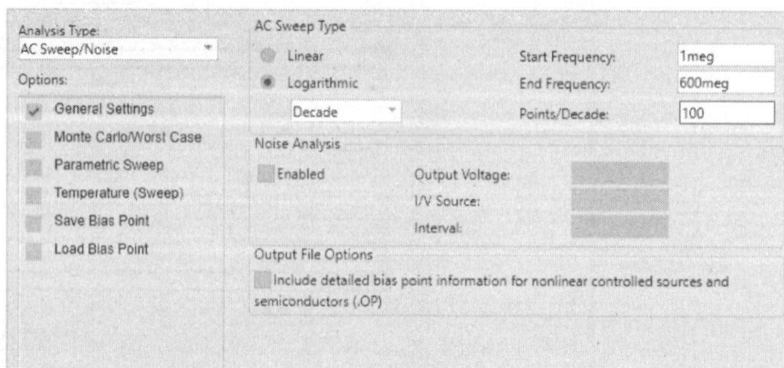

4) Probe 설정

- dB Magnitude of Voltage Probe : DB(V(OUT))

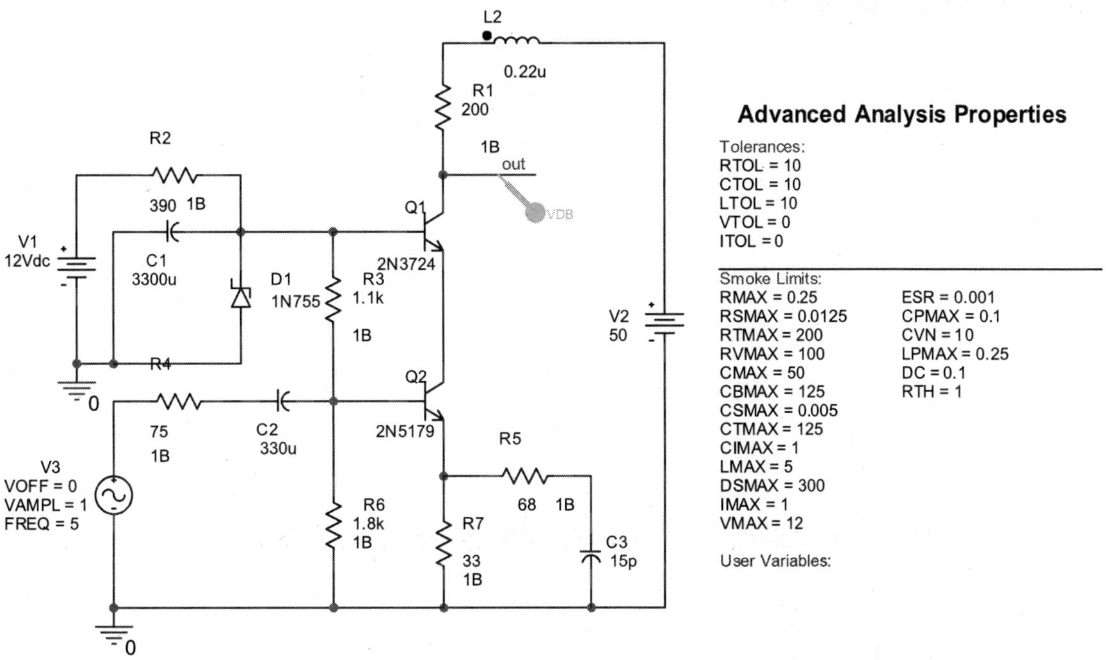

5) Run PSpice

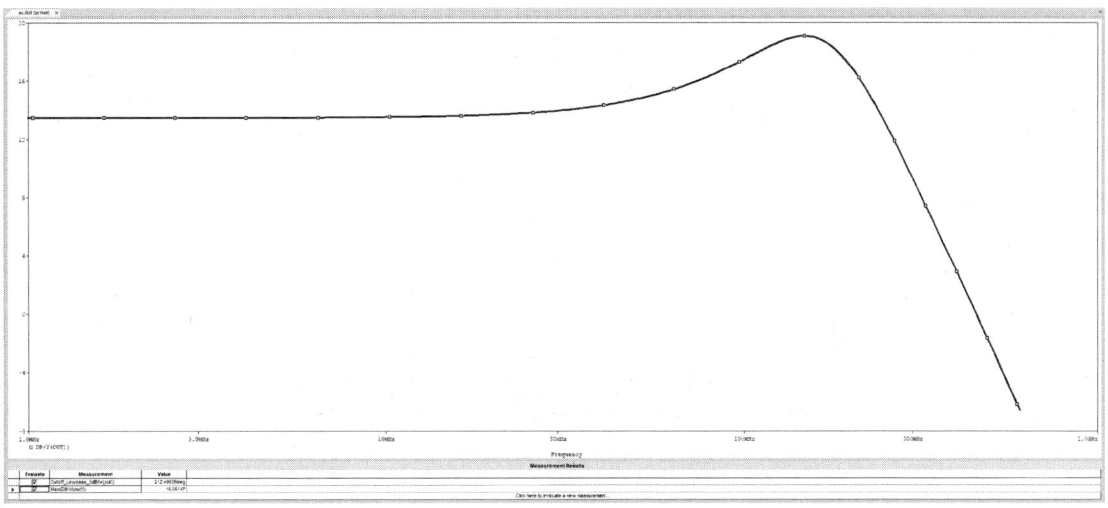

Trace - Evaluate Measurement에서 Cutoff_Lowpass_3dB 함수와 Max(dB) 함수를 사용하여 결과 값을 표현한다. A/D에서 사용한 함수는 A/A에 적용이 된다.

6) PSpice A/A 실행

A/D 시뮬레이션이 정상 동작한 경우 Schematic page에서 PSpice - Advanced Analysis - Sensitivity Analysis를 실행한다.

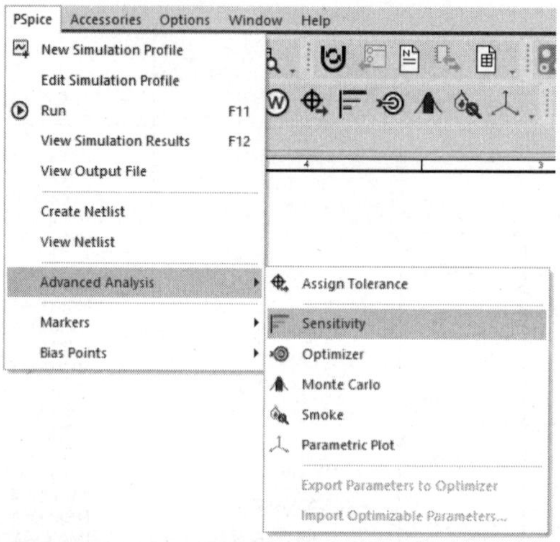

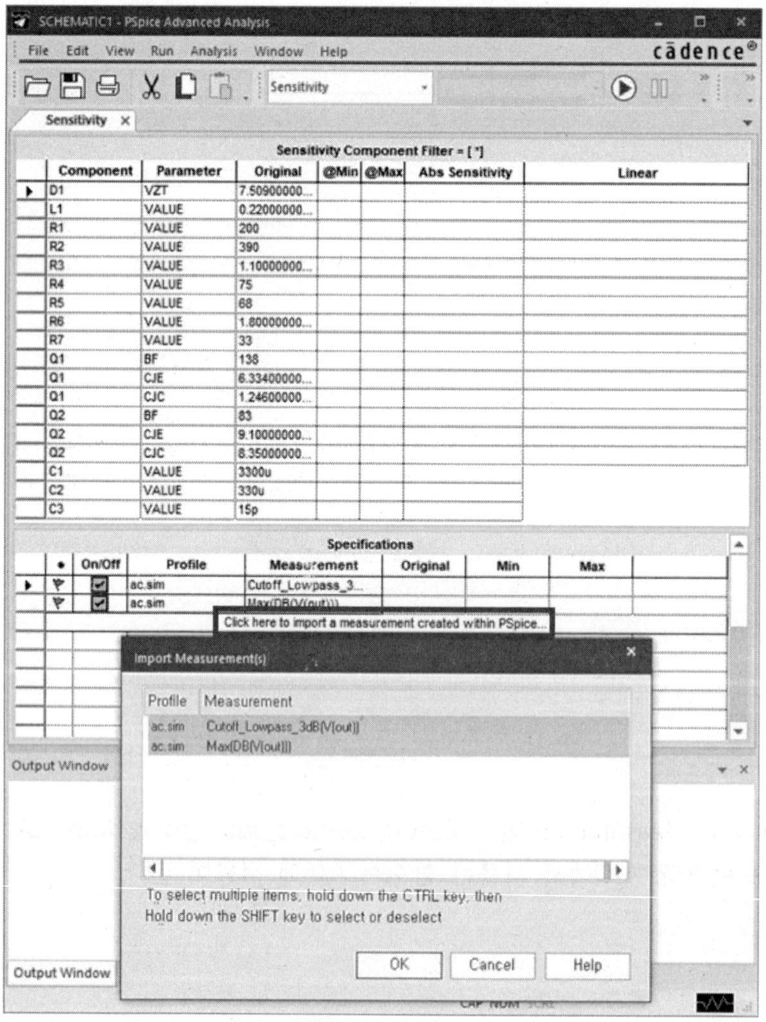

A/D에서 적용한 함수를 A/A에서 적용시키기 위해서는 Click here to import...부분을 선택하여 적용시킬 수 있다. Sensitivity Variation(in %)을 변경하고자 하는 경우에는 Edit - Profile Settings에서 변경할 수 있다.

7) 시뮬레이션 결과

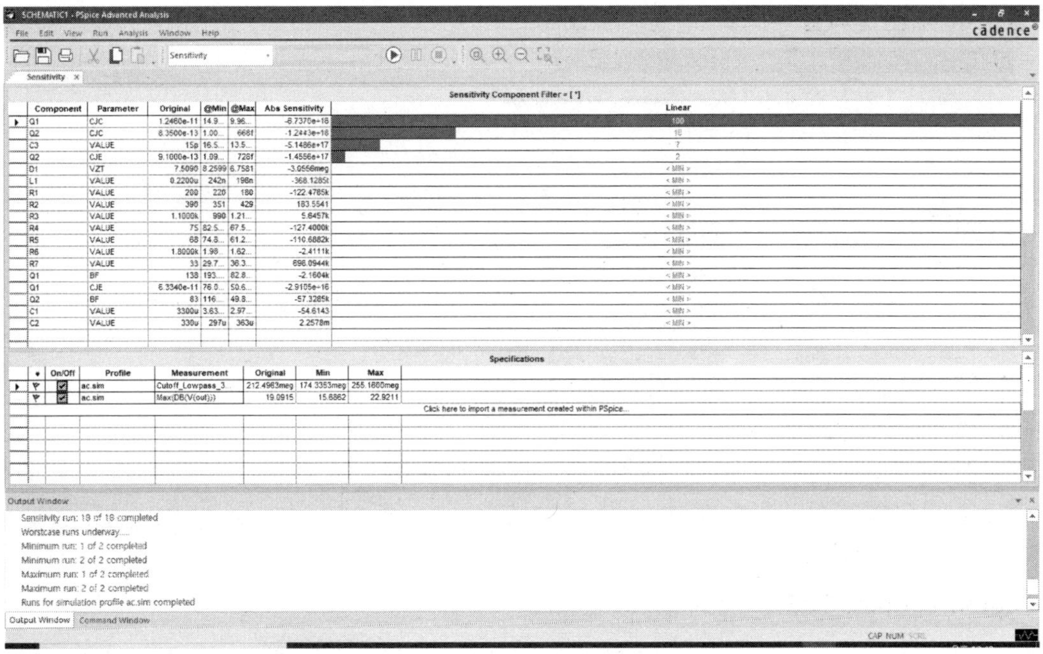

- Original : Original Value 값
- Min, Max : value 값이 worst - case에서의 tolerance 범위 안에서 가변 되는 최소/최대 값

  · Original * (1 ∓ tolerances)

- Absolute sensitivity : Parameter value 값(저항 등)의 가변 값(비율)에 따라 측정되는 값(전압 등)의 변화량(비율)

$$[(Ms - Mn)/(Pn * Sv * Tol)]$$

  · Ms = the measurement from the sensitivity run for that parameter
  · Mn = the measurement from the nominal run
  · Tol = relative tolerance of the parameter
  · Pn = Nominal parameter value
  · Sv = Sensitivity Variation. (Default = 40%)

    ex) 저항 R1을 예로 들면,

    Ms = 211.5165Meg

    Mn = 212.4963Meg

    Pn = 200Ω

    Tol = 10%

    Sv = 40%

$$[(211.5165meg - 212.4963meg)/(200 * 40\% * 10\%)]$$
$$= 122.475k$$

- Relative sensitivity : Parameter value 값(저항 등)의 가변(%)에 따라 측정되는 값(전압 등)의 변화량(%)

$$[(Ms - Mn)/(Sv * Tol)]$$

실행 결과를 텍스트 형태로 보고자 할 경우에는 View - Log File - Sensitivity를 선택하면 각 출력에 대한 결과를 텍스트로 볼 수 있다.

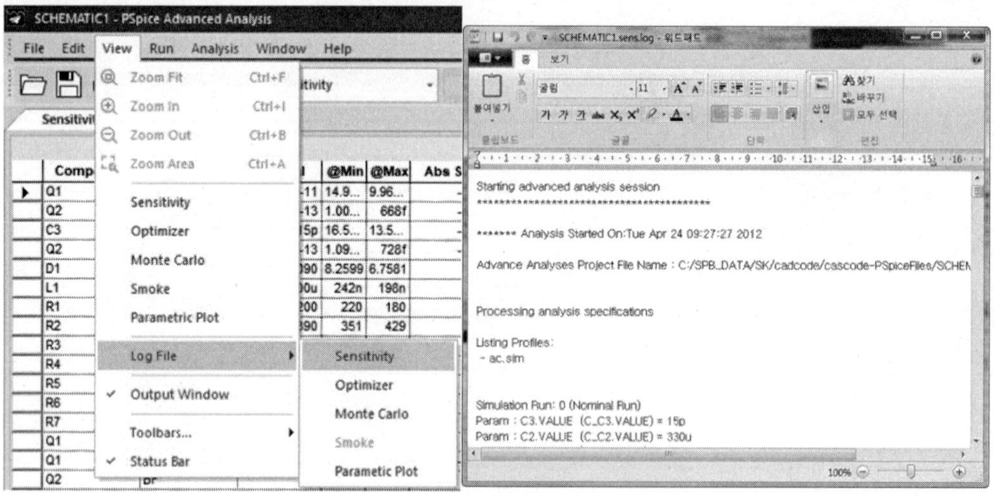

- Cutoff_Lowpass_3dB

Component	Parameter	Original	@Min	@Max	Rel Sensitivity	Linear
Q1	CJC	1.2460e-011	14.9520p	9.9680p	-839.4310k	100
L1	VALUE	0.2200u	242n	198n	-809.8813k	96
R1	VALUE	200	220	180	-244.9577k	29
D1	VZT	7.5090	10.5126	4.5054	-241.3378k	28
R7	VALUE	33	29.7000	36.3000	230.3730k	27
R4	VALUE	75	82.5000	67.5000	-95.5519k	11
C3	VALUE	15p	16.5000p	13.5000p	-77.2285k	9
R5	VALUE	68	74.8000	61.2000	-75.2700k	8
R3	VALUE	1.1000k	990	1.2100k	62.1014k	7
Q2	BF	83	116.2000	49.8000	-47.5830k	5
R6	VALUE	1.8000k	1.9800k	1.6200k	-43.3985k	5
Q1	CJE	6.3340e-011	76.0080p	50.6720p	-18.4351k	2
Q2	CJC	8.3500e-013	1.0020p	668f	-10.3907k	1
Q1	BF	138	193.2000	82.8000	-2.9810k	<MIN>
Q2	CJE	9.1000e-013	1.0920p	728f	-1.3251k	<MIN>
R2	VALUE	390	351	429	714.5777	<MIN>
C1	VALUE	3300u	3.3000m	3.3000m	0	0
C2	VALUE	330u	330u	330u	0	0

↑ 1%	BW ↑	G ↑
Q1 CJC	↓*	
L1 Value	↓	
R1 Value	↓	
R7 Value	↑	
D1 VZT	↓	
C3 Value	↓	
R5 Value	↓	
R3 Value	↑	
R6 Value	↓	
Q2 BF	↓	
Q1 CJE	↓	
Q2 CJC	↓	

- Max_dB

Component	Parameter	Original	@Min	@Max	Rel Sensitivity	Linear
L1	VALUE	0.2200u	198n	242n	69.7878m	100
Q1	CJC	1.2460e-011	14.9520p	9.9680p	-49.3965m	70
R1	VALUE	200	220	180	-42.4909m	60
R7	VALUE	33	36.3000	29.7000	-40.0467m	57
R4	VALUE	75	82.5000	67.5000	-20.0804m	28
D1	VZT	7.5090	10.5126	4.5054	-18.2479m	26
R3	VALUE	1.1000k	990	1.2100k	12.1197m	17
C3	VALUE	15p	13.5000p	16.5000p	11.7024m	16
R5	VALUE	68	74.8000	61.2000	-6.4940m	9
Q2	BF	83	49.8000	116.2000	4.5999m	6
Q1	CJE	6.3340e-011	76.0080p	50.6720p	-2.3522m	3
R6	VALUE	1.8000k	1.9800k	1.6200k	-1.8519m	2
Q2	CJC	8.3500e-013	1.0020p	668f	-1.1607m	1
Q1	BF	138	82.8000	193.2000	458.3311u	<MIN>
Q2	CJE	9.1000e-013	1.0920p	728f	-101.1922u	<MIN>
R2	VALUE	390	351	429	51.5326u	<MIN>
C1	VALUE	3300u	3.3000m	3.3000m	0	0
C2	VALUE	330u	330u	330u	0	0

↑ 1%	BW ↑	G ↑
Q1 CJC	↓*	↓
L2 Value	↓	↑*
R1 Value	↓	↓
R7 Value	↑	↓
D1 VZT	↓	↓
C3 Value	↓	↑
R5 Value	↓	↓
R3 Value	↑	↑
R6 Value	↓	↓
Q2 BF	↓	↑
Q1 CJE	↓	↓
Q2 CJC	↓	↓

9.2 Monte-Carlo analysis

1. Monte-Carlo analysis(Yield analysis)

Monte-Carlo Analysis는 회로에 사용된 소자의 편차, 분포범위를 설계자가 정의하면 그 값 내에서 무작위로 적용하여 해석함으로써 Yield를 파악하거나 목표 값의 편차(Sigma)의 확인을 통해 해석 기준 조건에 만족하는지를 확인할 수 있도록 해준다. 특히 6 Sigma 같은 설계 기준을 맞추기 위해서는 필수적으로 해석해야 하는 것으로 해석 결과에서 표준편차(Sigma), 3 Sigma, 6 Sigma 항목의 확률을 확인할 수 있다.

2. Simulation Settings

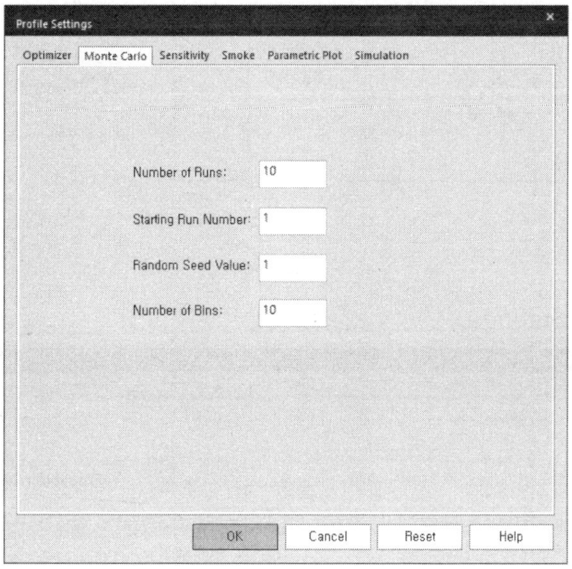

- **Number of Runs** : 총 Run의 횟수
- **Start Run Number** : 첫 Run의 number
- **Random Seed Value** : Seed value의 수
- **Number of Bins** : 막대그래프의 막대 수

따라하기

1) 회로도 (Sensitivity analysis 동일 회로)

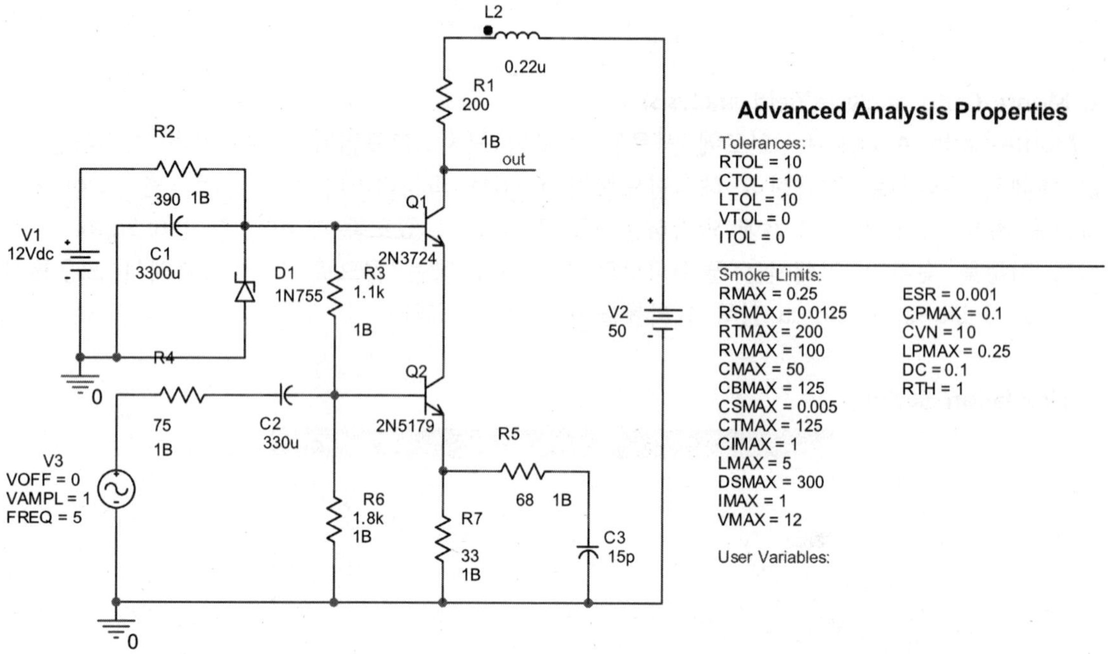

2) A/A에서의 Profile Settings

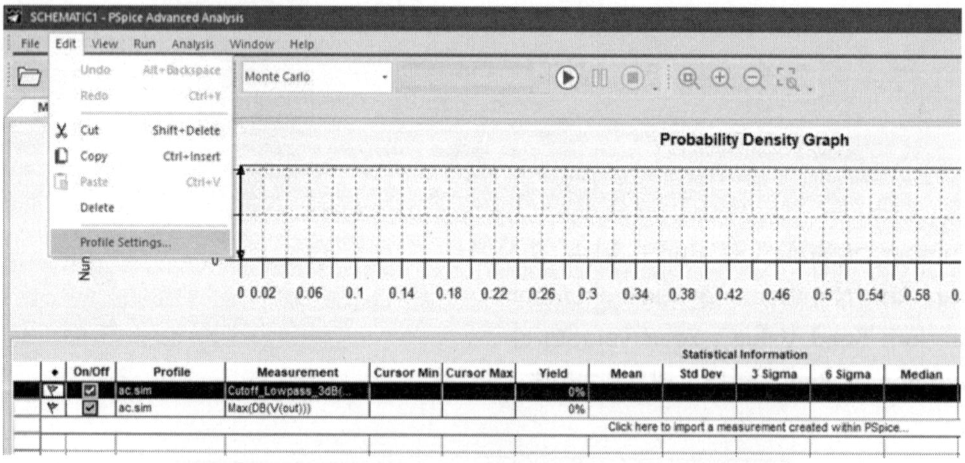

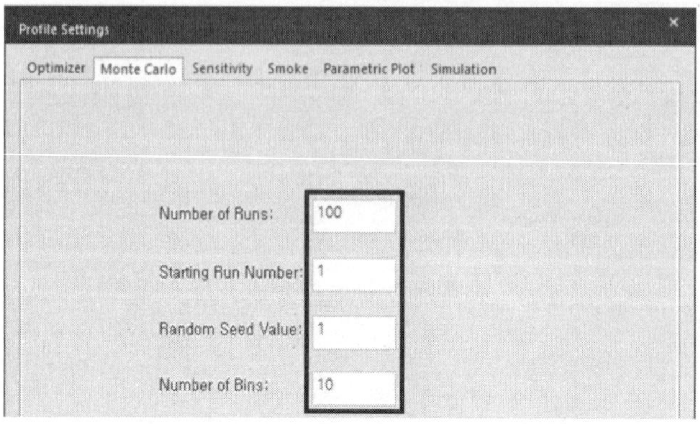

3) 시뮬레이션 결과

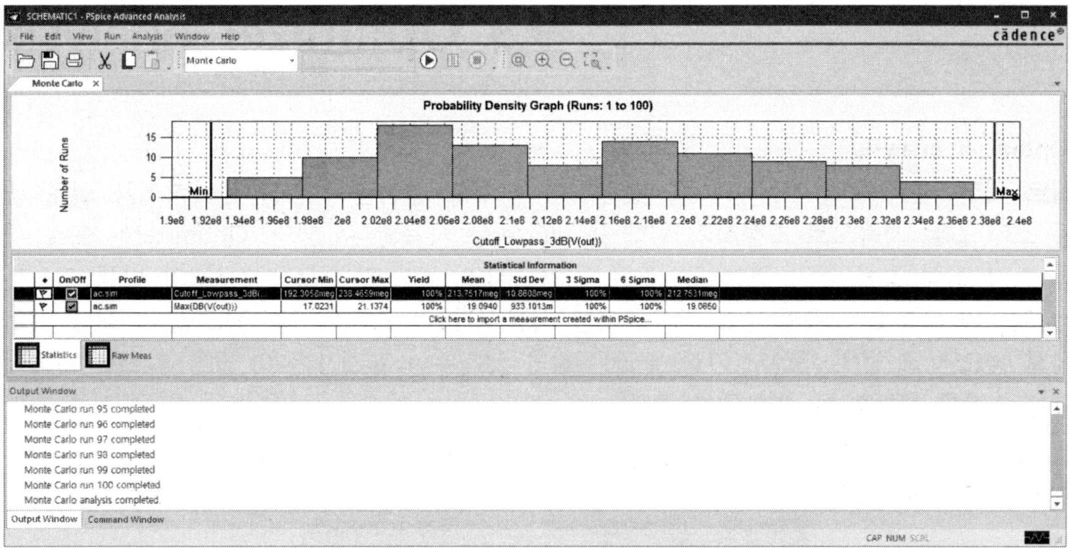

· yield : 설정 Margin의 만족 여부
· Mean : 평균
· Std Dev : 표준 편차
· 3 Sigma : 평균치의 상하에 표준편차의 3배 폭을 잡은 한계에서 관리 상태를 판단
· 6 Sigma : 평균치의 상하에 표준편차의 6배 폭을 잡은 한계에서 관리 상태를 판단
· Median : 중앙값 (도수를 큰 순서대로 나열 후 가운데 값을 중간 값으로 정함)

9.3 Optimizer analysis

1. Optimizer analysis

회로 제작 시 목표로 하는 Goal을 설정하여 Goal로 설정한 특성을 만족하게끔 회로 내 수동 소자 값을 자동으로 조정하기 위해 Optimizer를 사용할 수 있다. Optimizer는 회로 내 수동 소자 최적 값을 찾기 위한 목적으로 사용되지만, 반대로 회로 내 문제가 발생 가능한 조건 확인의 용도로 사용할 수도 있다. 또한 사용자가 각 소자의 값 등의 최소, 최대 값을 지정해 놓으면 그 범위 내에서 가장 알맞은 값을 찾아주며 설계자는 이 값을 참고로 제작에 필요한 소자를 선택할 수 있도록 해준다.

2. Simulation Settings

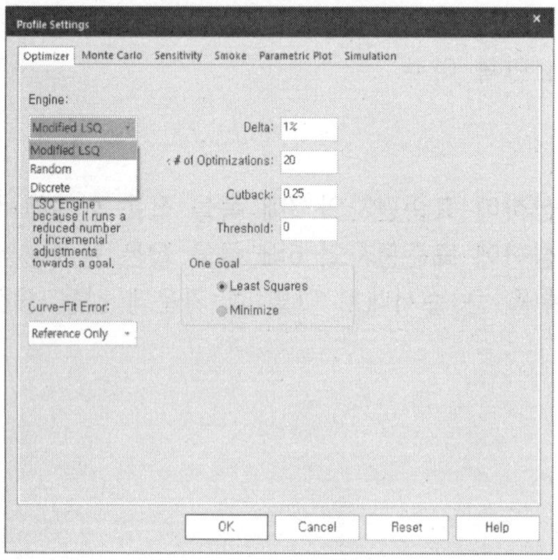

- **Engine :** Modified LSQ(Least Squares Quadratic) - Gradient Method

※ Gradient-based algorithms(Iteration에 의해 해를 구하는 방법) -

비선형 함수의 최소 점을 찾는 방법으로 각 단계 점에서의 경사도를 이용하여 반복적으로 최소 점에 수렴시키는 방법

· Least Squares(최소 자승) : 편차 제곱이 최소가 되는 분포 점수로 평균을 정의.
어떤 두 개의 x와 y사이에 함수관계가 존재한다고 할 때, 그 인과관계를 수량적으로 파악하는데 일반적으로 사용되는 것이 최소 자승법이다.

> Delta : LSQ 엔진이 각 파라미터의 original 값으로부터 이동시키는 최대/최소 범위 (Percentage로 작성 - Default : 1%)

> Max # of Optimizations : 최대 Run 횟수 (최적 값을 찾을 경우에는 종료)

- Max # of Optimizations을 20으로 설정하였을 때

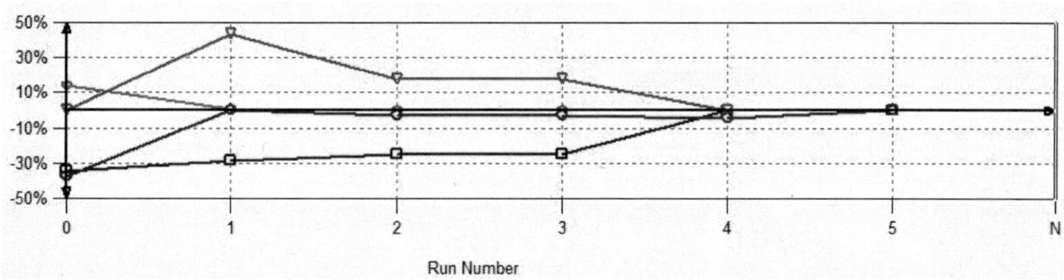

※ Run = 5일 때 최적 값을 찾은 후 종료

- Max # of Optimizations을 3으로 설정하였을 때

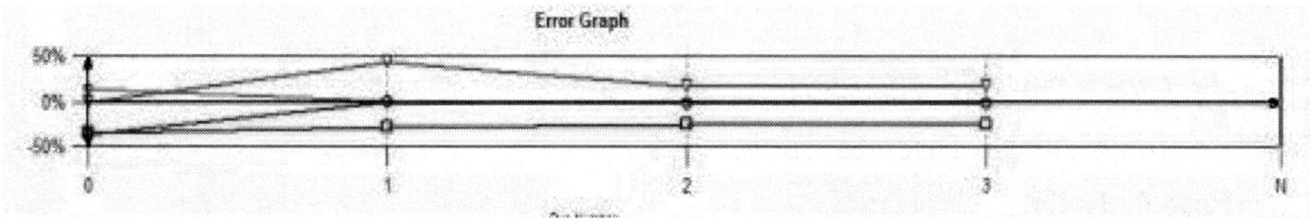

※ 최적 값을 찾지 못하였지만 Max값이 3이기 때문에 Run=3 일 때 종료

· Cutback : target value를 찾기 위해 줄여나가는 최소 간격

· Threshold : 최적의 Parameter를 찾기 위해 Modified LSQ engine이 사용하는 최소 Step 사이즈

· One Goal

> Least Squares : Least-Squares Algorithm 이용

> Minimize : 가능한 최소의 Value값으로 줄여가며 측정

- **Engine :** Random : LSQ 사용 시 starting point를 잡기 어려울 때 사용

· Steps per Range : parameter의 최대 값과 최소 값 사이에서의 step

ex) Steps per Range = 7

Parameter	Min	Max
A	1	4
B	10	16

The possible parameter values would be

Parameter A = 1, 1.5, 2, 2.5, 3, 3.5, 4

Parameter B = 10, 11, 12, 13, 14, 15, 16

· Max Number of Runs : 최대 Run 횟수

Optimization nominal run 0
Optimization random run 1
Optimization random run 2
Optimization random run 3
Optimization best fit run 4
Optimization runs completed

· Replay Best N Runs at End : Best fit을 마지막에 Replay 하는 횟수

· Random Number Generator Seed : Random Number Generator의 Seed.

- **Engine** : Discrete : 부품의 상용 적인 값과 근접하도록 찾아줌.

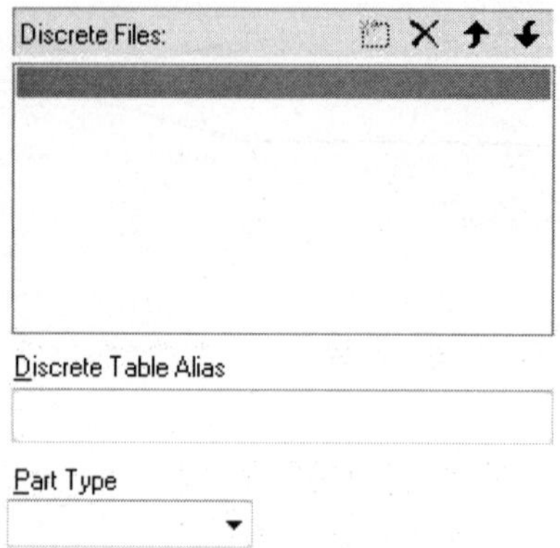

· Discrete Files : Discrete File 추가, 삭제, 수정
· Discrete Table Alias : Discrete Table 이름
· Part Type(R, L, C)

- **Curve-Fit Error**

· Reference Only : Reference file data만을 이용하여 Error 계산
· Simulation Also : Simulation과 Reference file data를 이용
· Weight Reference : Simulation과 Weight 설정된 Reference file data를 이용
· Legacy : 각 Reference file data를 Goal로서 사용

따라하기

1) 회로도 (Sensitivity analysis 동일 회로)
- R1 값 300Ω으로 변경

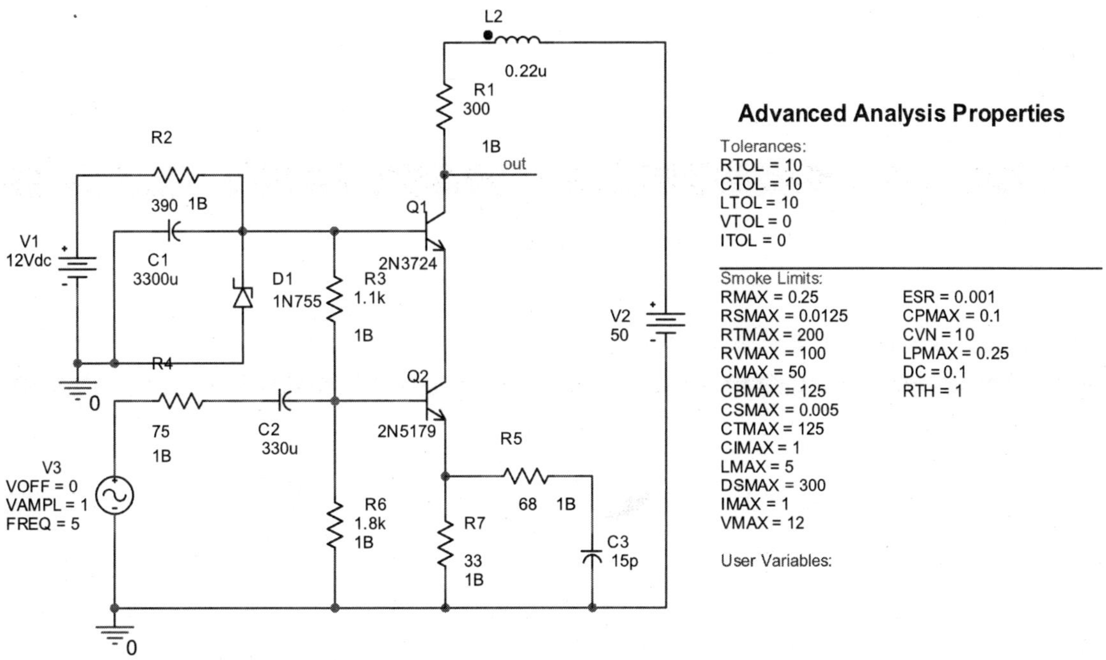

2-1) A/A에서의 Profile Settings

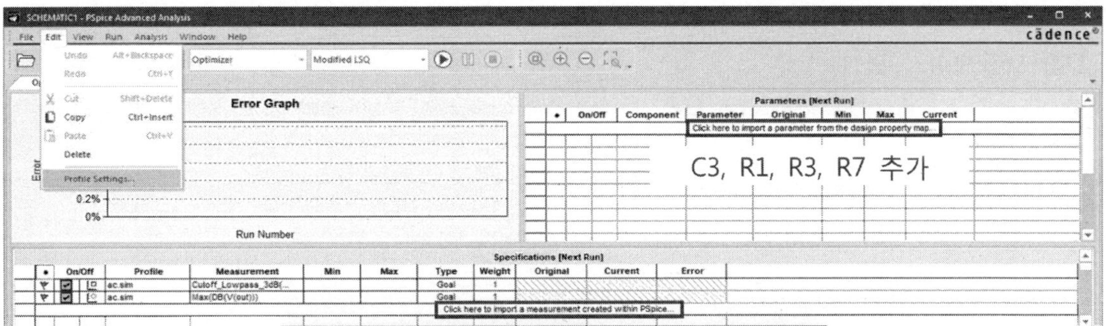

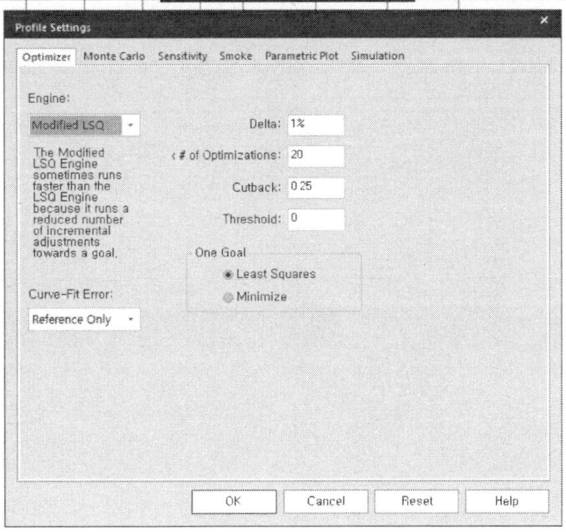

Change the Ranges of Parameters

Parameter names	Min Value	Max Value
R7	24Ω	42Ω
R3	550Ω	11kΩ
R1	210Ω	390Ω
C3	10.5p	19.5p

Setting the Goals and Constraints

Measurement	Min Value	Max Value
Cutoff_Lowpass_3dB	181.5Meg	
Max_dB	-20dB	

Modified LSQ 엔진 사용 - 설정 완료 후

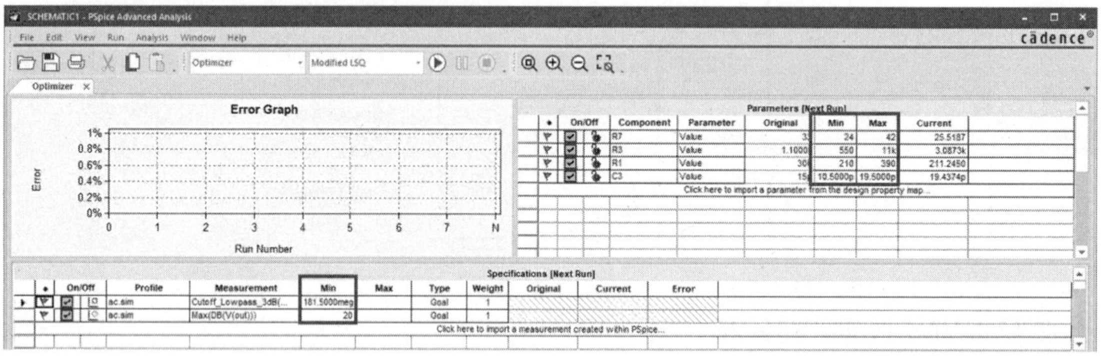

2-2) 시뮬레이션 결과

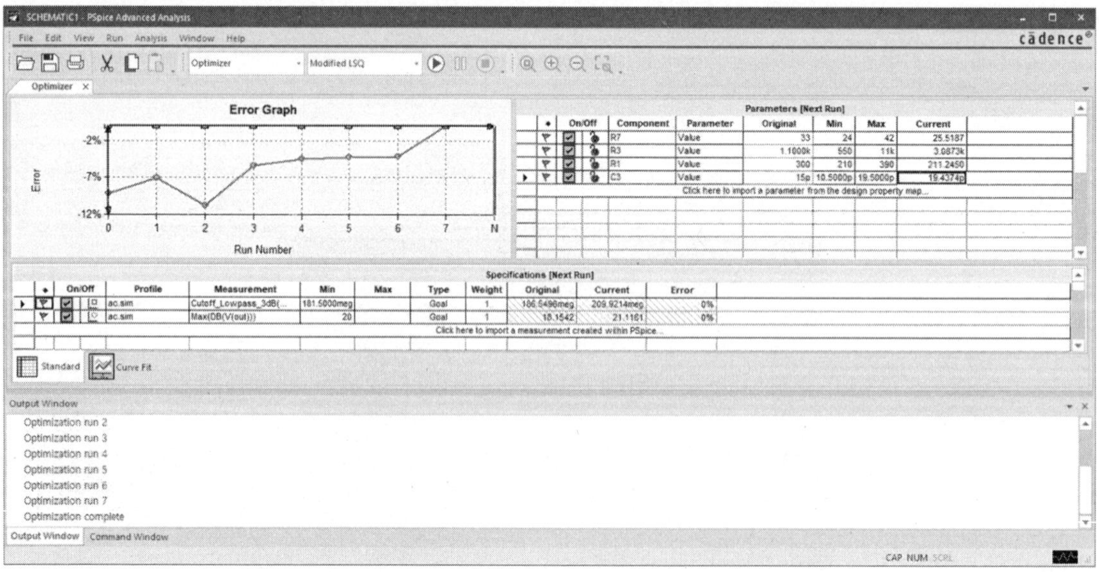

2-3) Discrete Engine 사용 (Edit - Profile Settings)

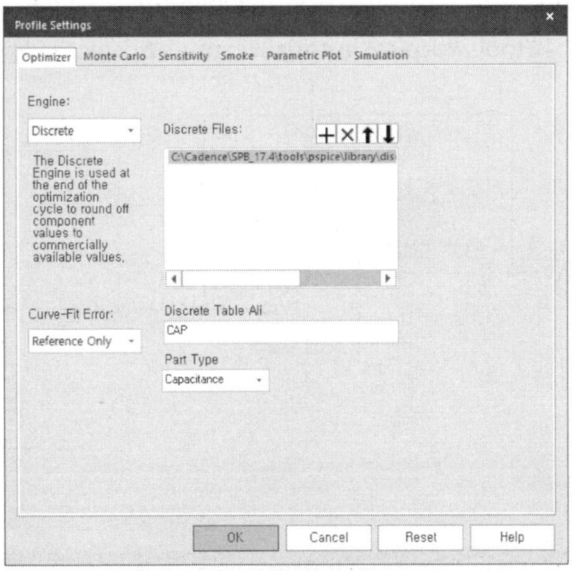

Capacitance Table 추가

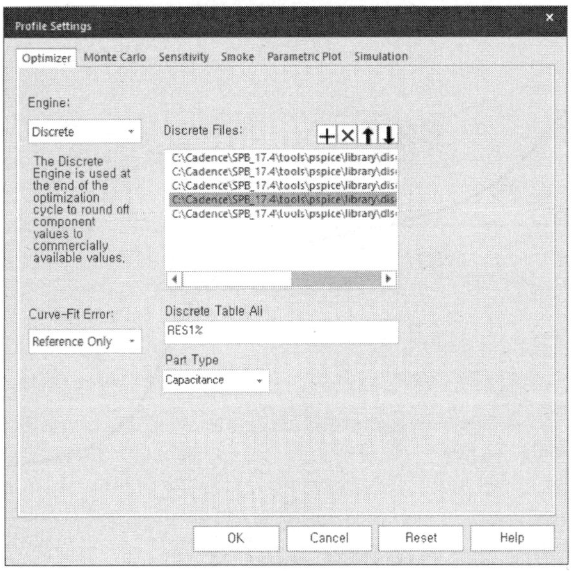

Resistance Table 추가

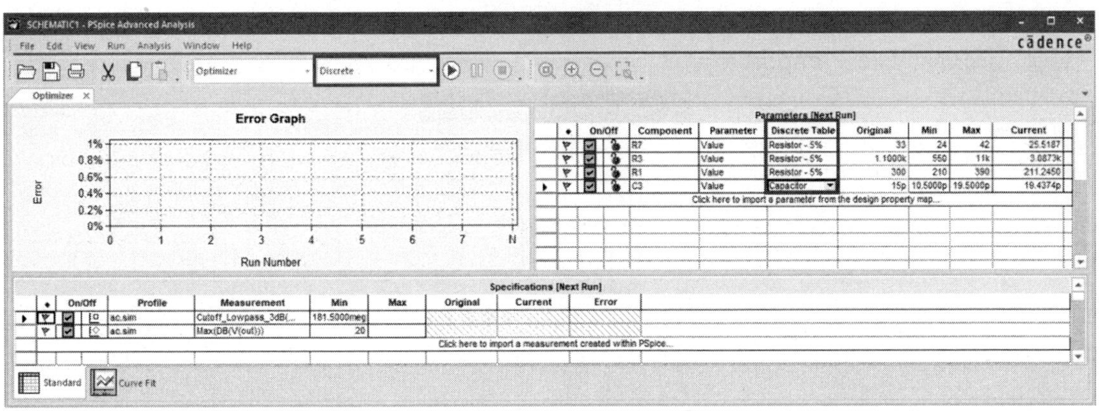

따라하기 - Reference 측정 데이터를 이용한 Optimizer - Curve fit

C:₩Cadence₩SPB_17.4₩tools₩pspice₩tutorial₩capture₩pspiceaa₩bandpass 파일 열기

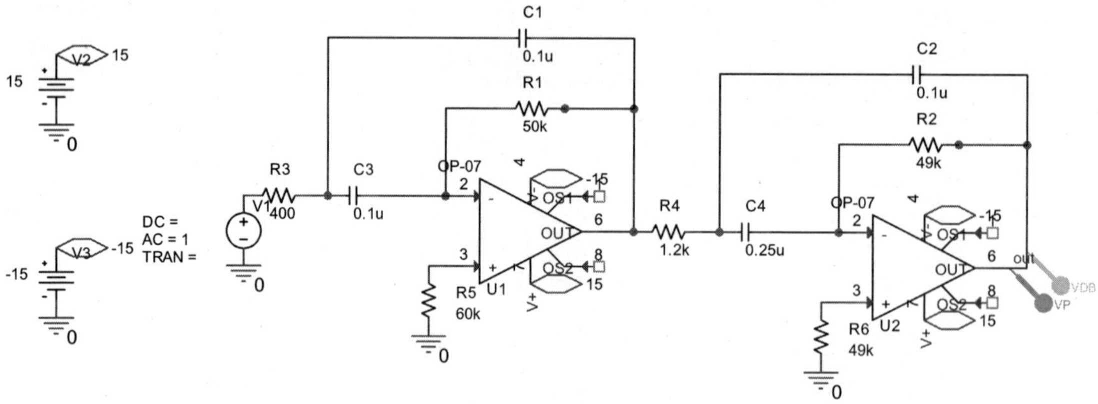

Run 실행

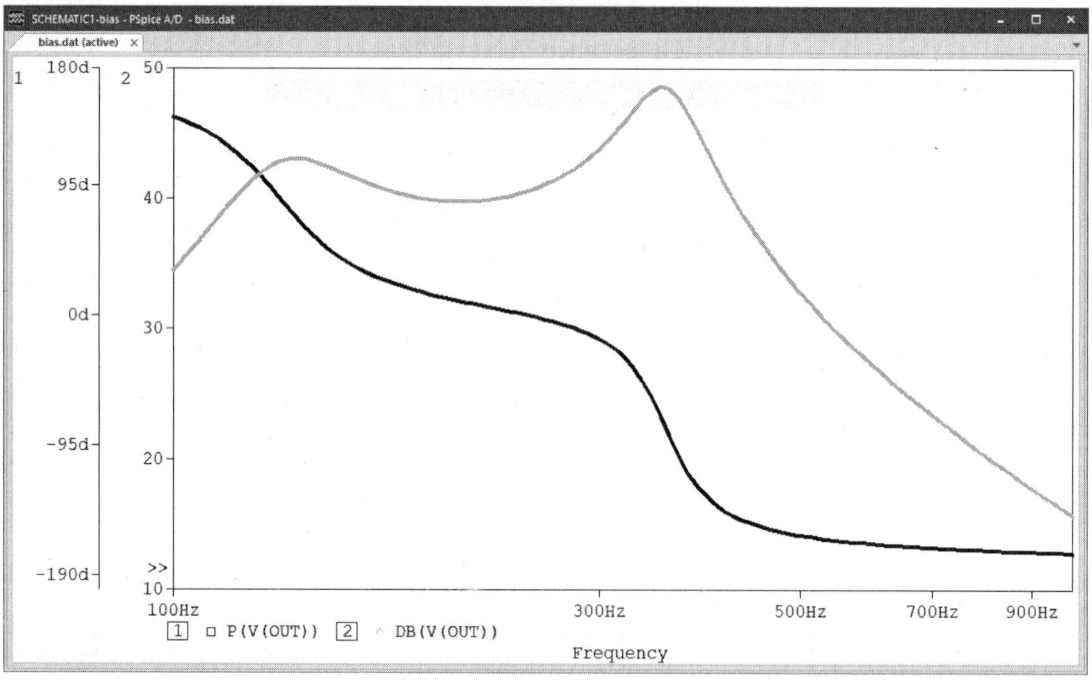

실행 결과에서 File - Import

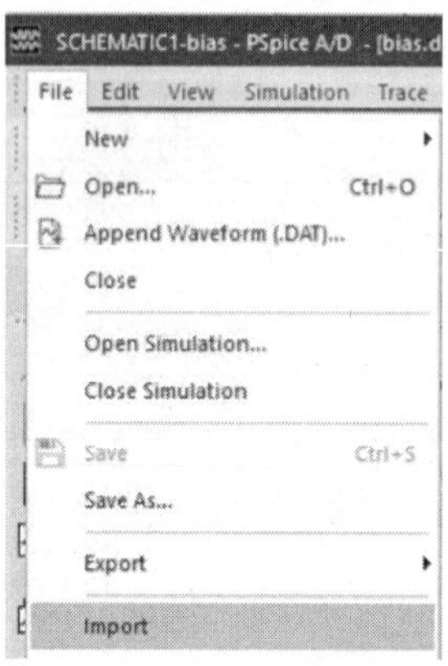

C:₩Cadence₩SPB_17.4₩tools₩pspice₩tutorial₩capture₩pspiceaa₩bandpass₩bandpass-PSpiceFiles₩SCHEMATIC1₩referenct.txt 파일 선택 후 열기

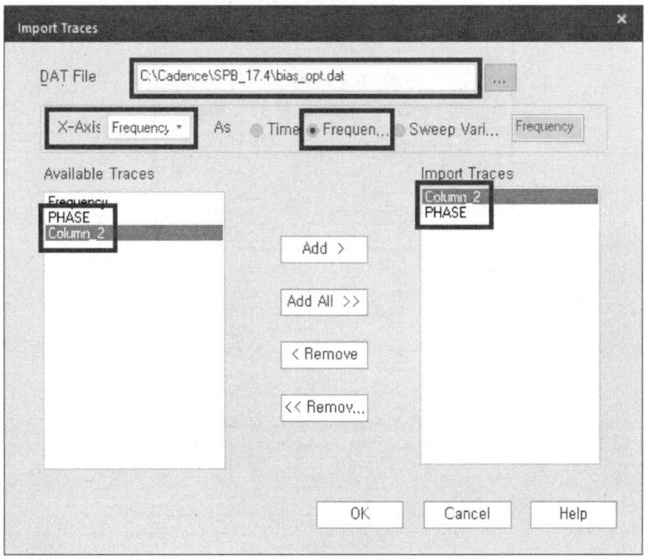

PHASE 및 Column_2 선택 후 저장경로 지정 후 저장

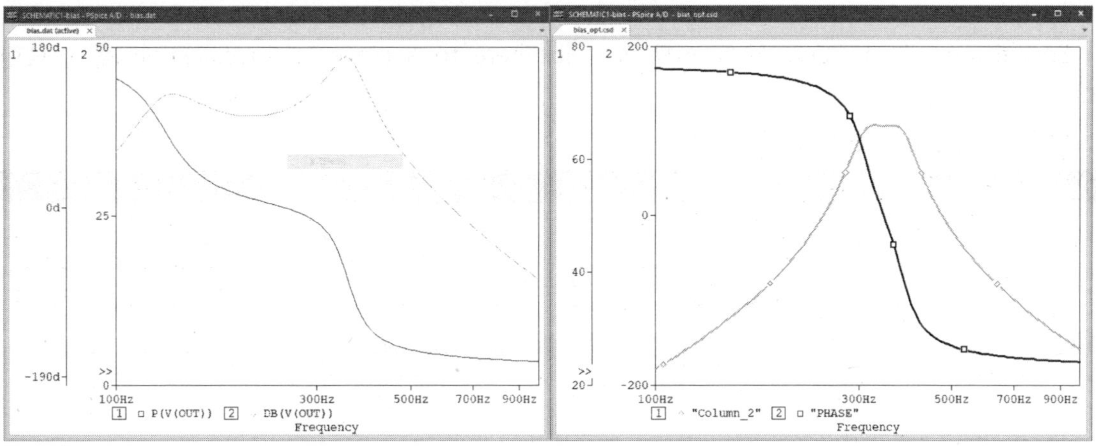

Column_2와 PHASE를 각각 추가 후 Y축을 구분하여 입력 후 Schematic page에서 PSpice - Advanced Analysis - Optimizer 실행

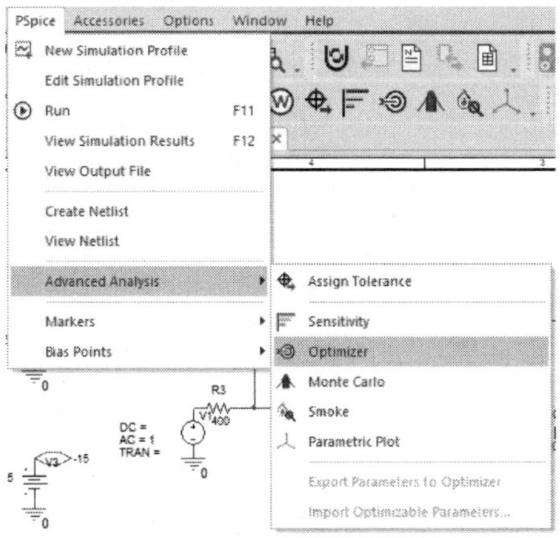

Parameters에서 값을 변경하여 적용할 소자를 선택하여 추가(저항과 커패시터 모두 추가)

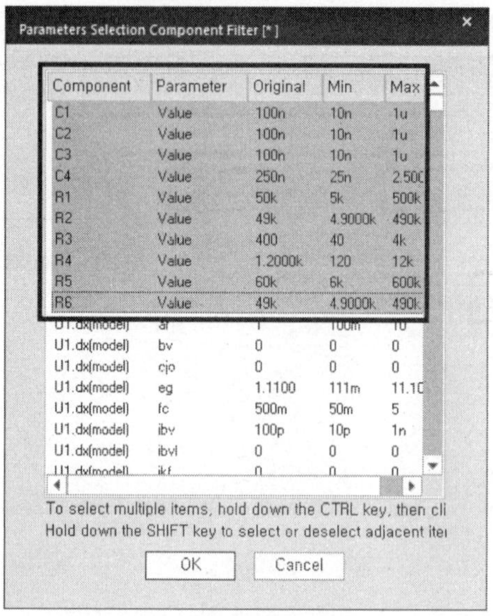

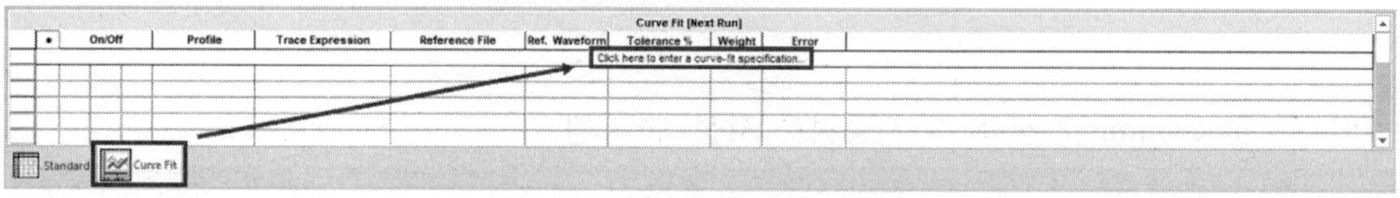

Specifications에서 Curve Fit를 선택 후 Click here to a curve-fit Specification...를 선택한다.

아래에 해당하는 함수를 추가한다.

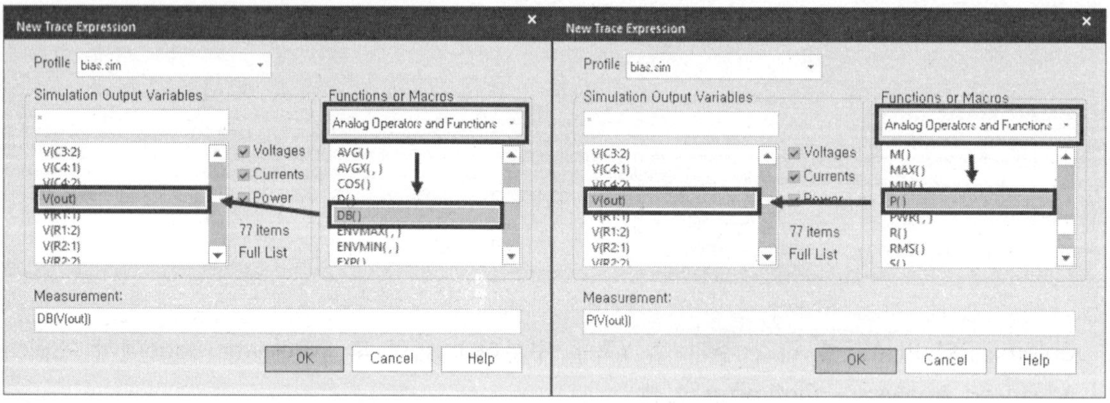

Reference로 저장된 텍스트 파일의 경로(①)를 지정하고 Y 축을 지정(②)한다.

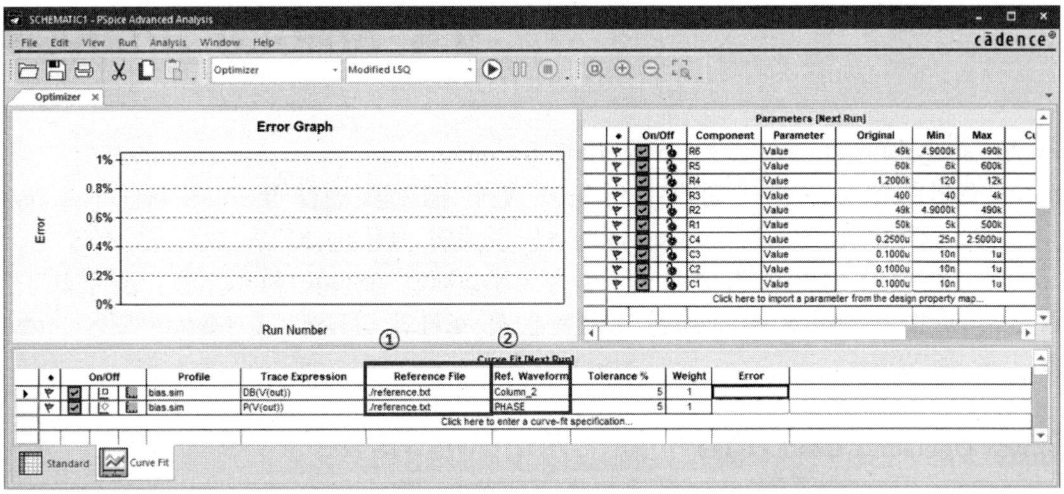

Optimizer 시뮬레이션 결과

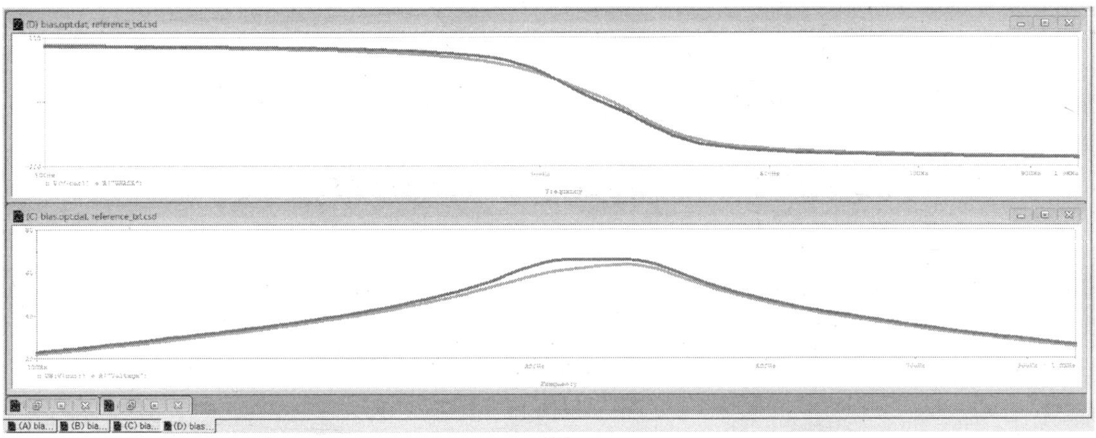

Reference data에 의해 최적화 된 값

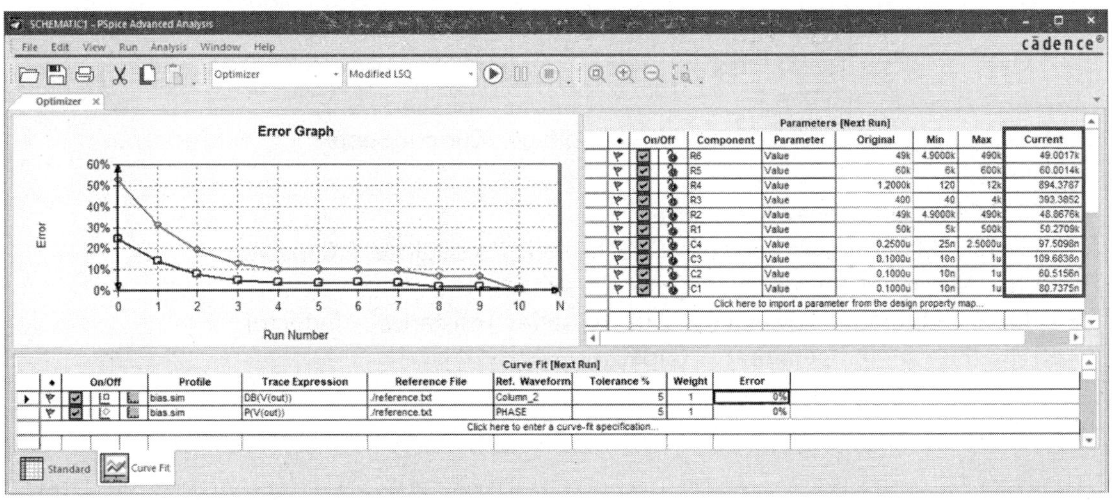

9.4 Smoke analysis

1. Smoke analysis(Stress analysis - only Time Domain)

Smoke 옵션은 전력 소실, 접합 온도의 증가, 전력 임계점, 전압 및 전류 제한의 초과에 대한 소자의 영향을 경고한다. Smoke Analysis는 회로에 사용된 소자의 정격 즉, 최대 동작 범위(저항의 경우 최대소비전력, 커패시터의 경우 Working Voltage, Inductor의 경우 최대전류 등)를 적용한 후 Smoke Analysis를 실행하면 각 소자의 정격에서의 Margin 또는 Stress를 확인 할 수 있다.

Maximum Operating Conductions

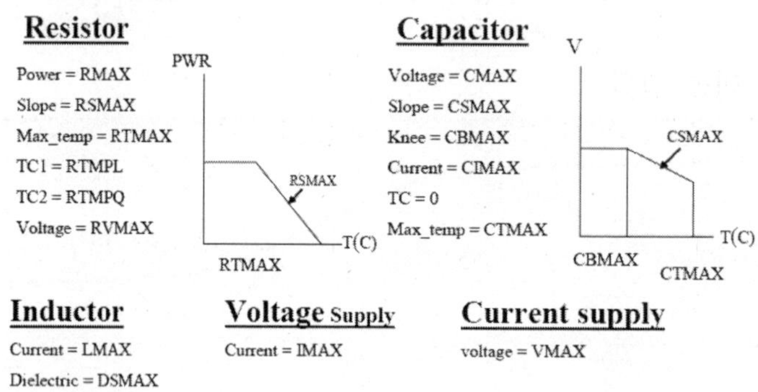

Smoke Limits:

RMAX = 0.25	Power	Resistor
RSMAX = 0.0125	Slope	Resistor
RTMAX = 200	Max Temp	Resistor
RVMAX = 100	Voltage	Resistor
CMAX = 50	Knee	Capacitor
CBMAX = 125	Slope	Capacitor
CSMAX = 0.005	Max Temp	Capacitor
CTMAX = 125	Current	Capacitor
CIMAX = 1	Current	Inductor
LMAX = 0.1	Dielectric	Inductor
DSMAX = 300	Current /Voltage Supply	
IMAX = 1	Voltage /Current Supply	
VMAX = 12		

- ESR : Equivalent Series Resistance
- CPMAX : Maximum Power Loss Due to series resistance - Capacitor
- CVN : Maximum Reverse Voltage – Capacitor
- LPMAX : Maximum Power Loss Due to series resistance - Inductor
- RTH : (Rise in Temperature) – Capacitor

2. Simulation Settings

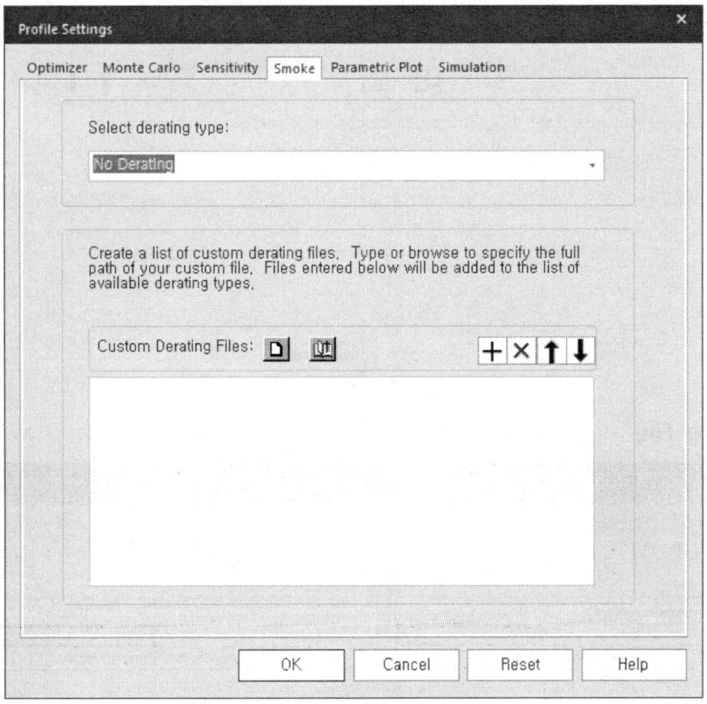

※ Derating : 주로 전기·전자 기기에 있어서 신뢰도를 향상시키기 위해서 부품에 걸리는 부하(동작 스트레스)를 정격치보다 내려서 사용하는 설계법(設計法).

- No Derating 선택

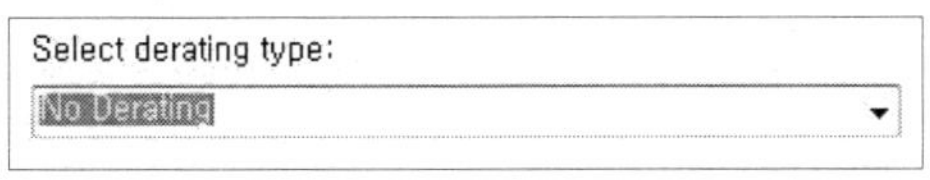

◆	Component	Parameter	Type	Rated Value	% Derating	Max Derating
	C1	CV	Average	50	100	50
	C1	CV	Peak	50	100	50
	C1	CV	RMS	50	100	50
	C1	CI	Average	1	100	1
	C1	CI	Peak	1	100	1
	C1	CI	RMS	1	100	1

- Standard Derating을 선택

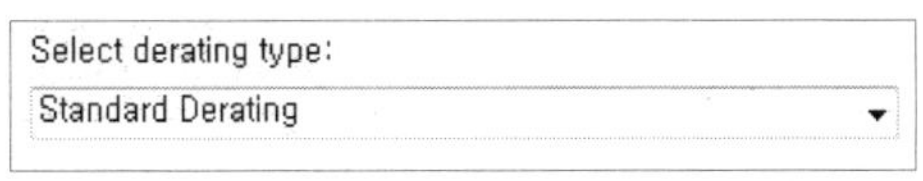

◆	Component	Parameter	Type	Rated Value	% Derating	Max Derating
	C1	CV	Average	50	90	45
	C1	CV	Peak	50	90	45
	C1	CV	RMS	50	90	45
	C1	CI	Average	1	70	700m
	C1	CI	Peak	1	70	700m
	C1	CI	RMS	1	70	700m

- **Custom Derating File** : Derating 사용자 지정

C:₩Cadence₩SPB_17.4₩tools₩pspice₩library₩custom_derating_template.drt 샘플 제공

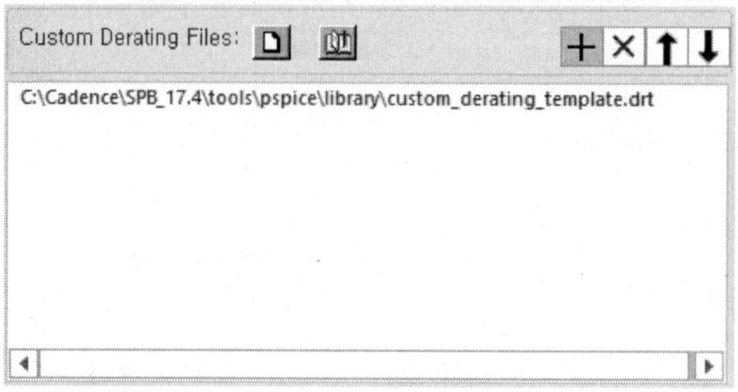

- **Create Derate File** -> Type과 Factor 지정

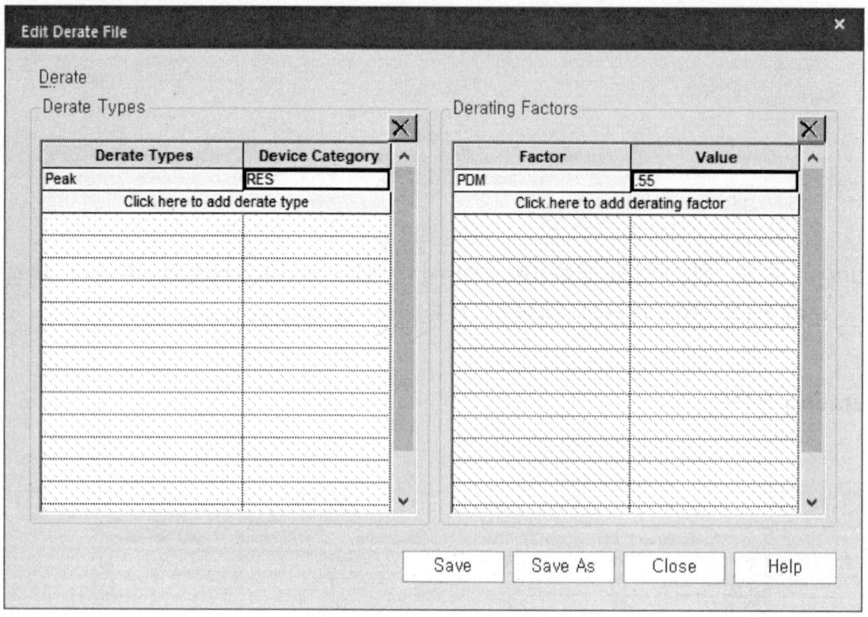

따라하기

1) 회로도 (Monte-Carlo Analysis 동일 회로)

· VSIN : VAMPL - 3V, FREQ - 1k로 변경

· Advanced Analysis Properties - LMAX : 0.1로 변경

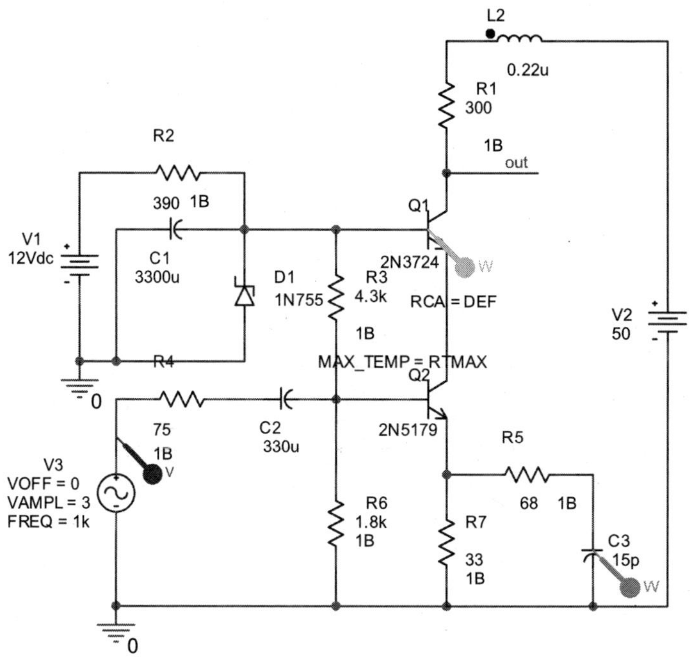

Advanced Analysis Properties

Tolerances:
RTOL = 0
CTOL = 0
LTOL = 0
VTOL = 0
ITOL = 0

Smoke Limits:

RMAX = 0.25	ESR = 0.001
RSMAX = 0.0125	CPMAX = 0.1
RTMAX = 200	CVN = 10
RVMAX = 100	LPMAX = 0.25
CMAX = 50	DC = 0.1
CBMAX = 125	RTH = 1
CSMAX = 0.005	
CTMAX = 125	
CIMAX = 1	
LMAX = 0.1	
DSMAX = 300	
IMAX = 1	
VMAX = 12	

User Variables:

※ RCA : Thermal resistance, Case-to-Ambient (degC/W)

2) 시뮬레이션 설정

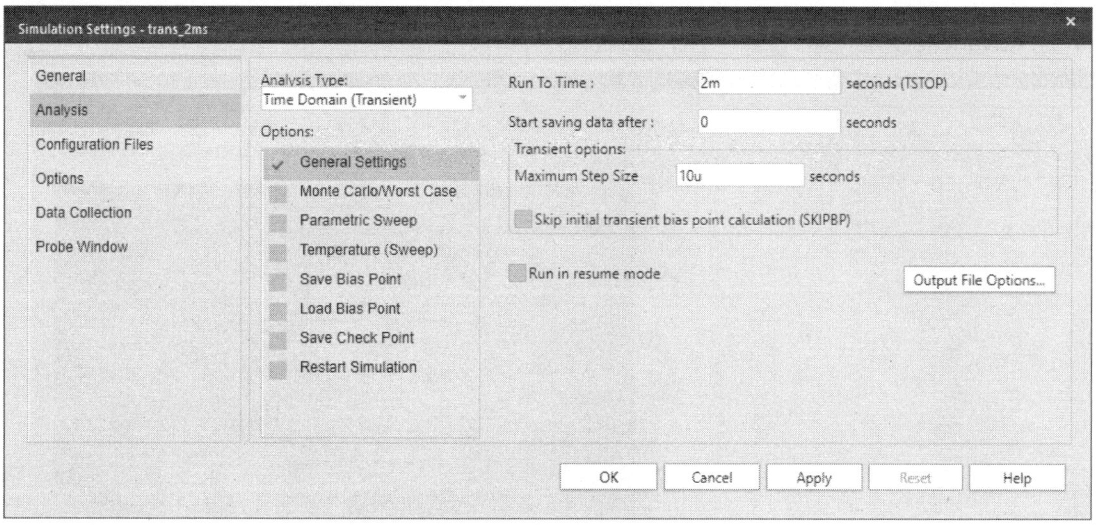

3) 시뮬레이션 결과

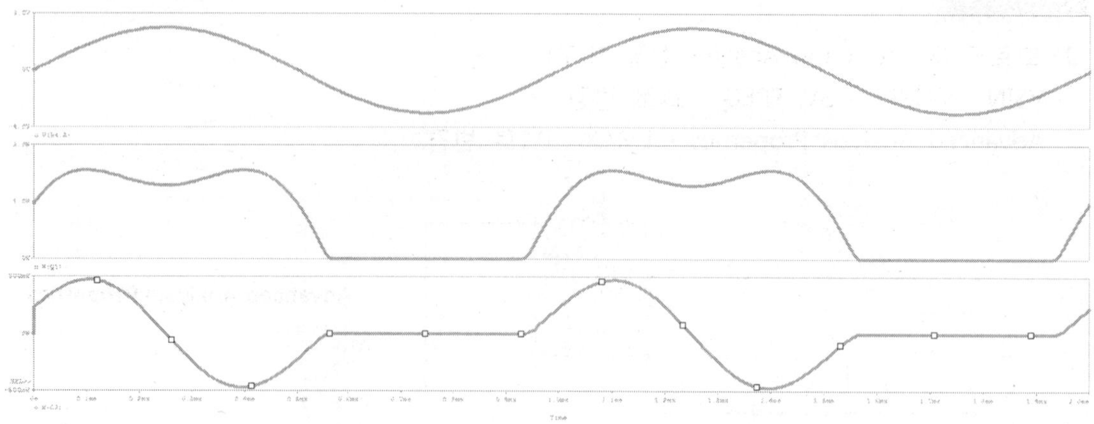

Smoke Analysis 실행

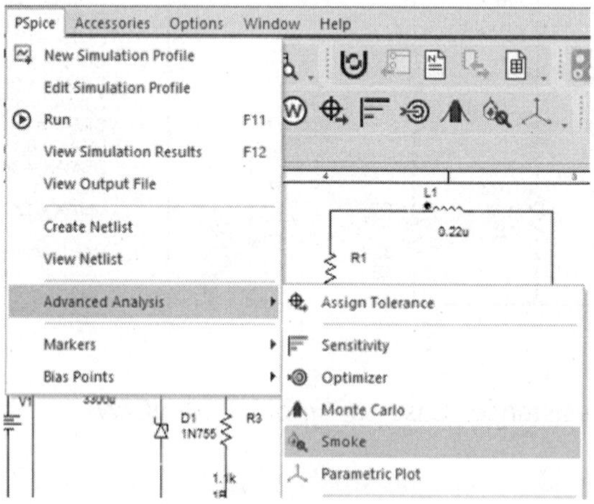

4-1) Advanced Analysis 결과 - No Derating

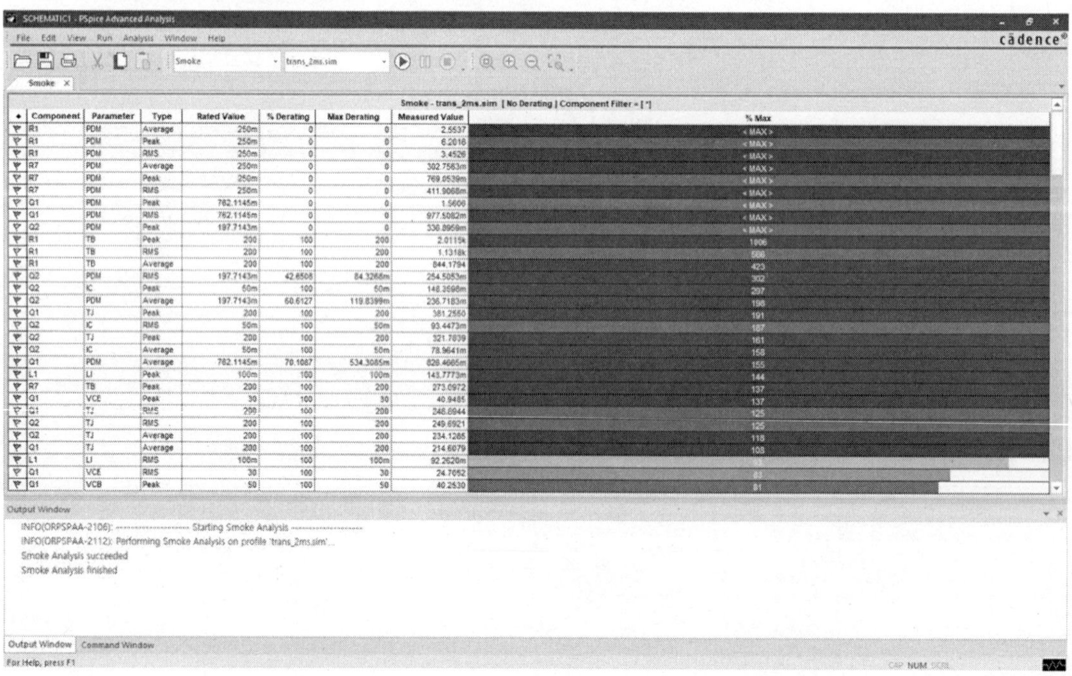

4-2) Advanced Analysis 결과 - Standard Derating

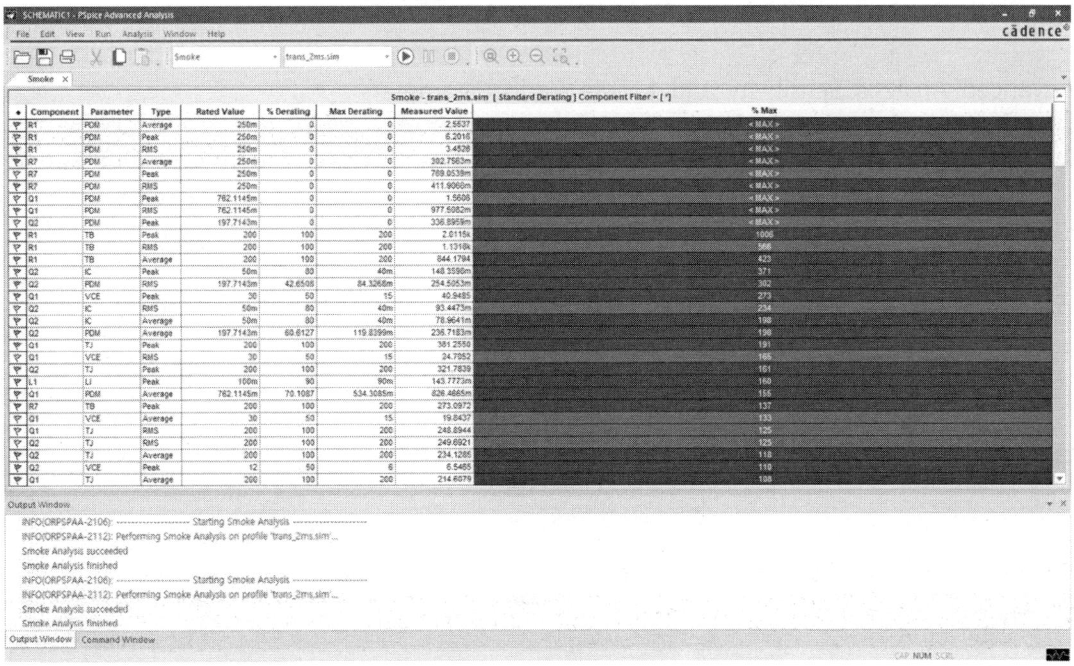

- Rated Value : 모델의 고유 지정 값 - Model Editor에서 확인 가능 (각 Type의 설명과 Default 값 등은 하단 이미지 첨부)
- % Derating : Derating 할 % 기입 (Profile Settings - Smoke 탭에서 derating type 선택)
- Max Derating : 최대로 Derating 되는 값 (Rated Value * %Derating)
- Measured Value : Derating 후 측정된 값 (온도, 전압, 전류 등)
- %Max : $\frac{Measured\,Value}{Max\,Derating} * 100$
  - Red - Operating value 초과
  - Yellow - Operating value의 90~100%
  - Green - Operating value의 90% 이하
  - Grey - 유효하지 않은 변수

※ Derating : 주로 전기·전자 기기에 있어서 신뢰도를 향상시키기 위해서 부품에 걸리는 부하(동작 스트레스)를 정격치보다 내려서 사용하는 설계법.

RLC_AA_Parameters

Advanced Analysis Sensitivity and Monte Carlo Parameters

Part	Tolerance Property Name	Value
Resistor	POSTOL	RTOL%
Resistor	NEGTOL	RTOL%
Inductor	POSTOL	LTOL%
Inductor	NEGTOL	LTOL%
Capacitor	POSTOL	CTOL%
Capacitor	NEGTOL	CTOL%

Advanced Analysis Optimizer Parameters

Part	Optimizer Property Name	Value
Resistor	VALUE	10K
Inductor	VALUE	33m
Capacitor	VALUE	0.1u

Advanced Analysis Smoke Parameters

Part	Smoke Property Name	Value
Resistor	MAX_TEMP	RTMAX
Resistor	POWER	RMAX
Resistor	SLOPE	RSMAX
Resistor	VOLTAGE	RVMAX
Inductor	CURRENT	DIMAX
Inductor	DIELECTRIC	DSMAX
Capacitor	CURRENT	CIMAX
Capacitor	KNEE	CBMAX
Capacitor	MAX_TEMP	CTMAX
Capacitor	SLOPE	CSMAX
Capacitor	VOLTAGE	CMAX

Passive_Smoke_user_interface

Smoke User Interface Parameter Name	Passive Component	Maximum Operating Condition	Symbol Property Name	Symbol Smoke Parameter Name	Variable Table Default Value
CI	Capacitor	Maximumripple	CURRENT	CIMAX	1A
CV	Capacitor	Voltage rating	VOLTAGE	CMAX	50V
IV	Current Supply	Max. voltage current source can withstand	VOLTAGE	VMAX	12V
LI	Inductor	Current rating	CURRENT	LMAX	5A
LV	Inductor	Dielectric strength	DIELECTRIC	DSMAX	300V
PDM	Resistor	Maximum power dissipation of resistor	POWER	RMAX	0.25W
RBA*(=1/SLOPE)	Resistor	Slope of power dissipation vs. temperature	SLOPE	RSMAX	0.005W/degC
RV	Resistor	Voltage Rating	VOLTAGE	RVMAX	--
SLP*	Capacitor	Temperature derating slope	SLOPE of volt temperature curve	CSMAX	0.005 V/degC
TBRK*	Capacitor	Breakpoint temperature	KNEE	CBMAX	125 degC
TMAX*	Capacitor	Maximum temperature	MAX_TEMP	CTMAX	125 degC
TMAX, TB	Resistor	Maximum temperature resistor can withstand	MAX_TEMP	RTMAX	200 degC
VI	Voltage Supply	Max. current voltage source can withstand	CURRENT	IMAX	1A
*Parameters used internally and having no impact on the result values displayed in the Smoke window					

Semiconductor_Smoke_user_interface

Smoke Parameter Name and Symbol ProPerty Name	Semiconductor Component	Maximum Operating Condition
IB	BJT	Maximum base current (A)
IC	BJT	Maximum collector current (A)
PDM	BJT	Maximum power dissipation (W)
RCA	BJT	Thermal resistance, Case-to-Ambient (degC/W)
RJC	BJT	Thermal resistance, Junction-to-Case (degC/W)
SBINT	BJT	Secondary breakdown intercept (A)
SBMIN	BJT	Derated percent at TJ (secondary breakdown)
SBSLP	BJT	Secondary breakdown slope
SBTSLP	BJT	Temperature derating slope (secondary breakdown)
TJ	BJT	Maximum junction temperature (degC)
VCB	BJT	Maximum collector-base voltage (V)
VCE	BJT	Maximum collector-emitter voltage (V)
VEB	BJT	Maximum emitter-base voltage (V)
IF	Diode	Maximum forward current (A)
PDM	Diode	Maximum power dissipation (W)
RCA	Diode	Thermal resistance, Case-to-Ambient (degC/W)
RJC	Diode	Thermal resistance, Junction-to-Case (degC/W)
TJ	Diode	Maximum junction temperature (degC)
VR	Diode	Maximum reverse voltage (V)
IC	IGBT	Maximum collector current (A)
IG	IGBT	Maximum gate current (A)
PDM	IGBT	Maximum Power dissipation (W)
RCA	IGBT	Thermal resistance, Case-to-Ambient (degC/W)
RJC	IGBT	Thermal resistance, Junction-to-Case (degC/W)
TJ	IGBT	Maximum junction temperature (degC)
VCE	IGBT	Maximum collector-emitter (V)
VCG	IGBT	Maximum collector-gate voltage (V)
VGEF	IGBT	Maximum forward gate-emitter voltage (V)
VGER	IGBT	Maximum reverse gate-emitter (V)
ID	JFET or MESFET	Maximum drain current (A)
IG	JFET or MESFET	Maximum forward gate current (A)
PDM	JFET or MESFET	Maximum power dissipation (W)
RCA	JFET or MESFET	Thermal resistance, Case-to-Ambient (degC/W)
RJC	JFET or MESFET	Thermal resistance, Junction-to-Case (degC/W)
TJ	JFET or MESFET	Maximum junction temperature (degC)
VDG	JFET or MESFET	Maximum drain-gate voltage (V)
VDS	JFET or MESFET	Maximum drain-source voltage (V)
VGS	JFET or MESFET	Maximum gate-source voltage (V)

Smoke Parameter Name and Symbol ProPerty Name	Semiconductor Component	Maximum Operating Condition
ID	MOSFET or Power MOSFET	Maximum drain current (A)
IG	MOSFET or Power MOSFET	Maximum forward gate current (A)
PDM	MOSFET or Power MOSFET	Maximum power dissipation (W)
RCA	MOSFET or Power MOSFET	Thermal resistance, Case-to-Ambient (degC/W)
RJC	MOSFET or Power MOSFET	Thermal resistance, Junction-to-Case (degC/W)
TJ	MOSFET or Power MOSFET	Maximum junction temperature (degC)
VDG	MOSFET or Power MOSFET	Maximum drain-gate voltage (V)
VDS	MOSFET or Power MOSFET	Maximum drain-source voltage (V)
VGSF	MOSFET or Power MOSFET	Maximum forward gate-source voltage (V)
VGSR	MOSFET or Power MOSFET	Maximum reverse gate-source voltage (V)
ITM	Varistor	Peak current (A)
RCA	Varistor	Thermal resistance, Case-to-Ambient (degC/W)
RJC	Varistor	Thermal resistance, Junction-to-Case (degC/W)
TJ	Varistor	Maximum junction temperature (degC)
IFS	Zener Diode	Maximum forward current (A)
IRMX	Zener Diode	Maximum reverse current (A)
PDM	Zener Diode	Maximum power dissipation (W)
RCA	Zener Diode	Thermal resistance, Case-to-Ambient (degC/W)
RJC	Zener Diode	Thermal resistance, Junction-to-Case (degC/W)
TJ	Zener Diode	Maximum junction temperature (degC)

OPAMP_Smoke_user_interface

Smoke Parameter Name	Op Amp Component	Maximum Operating Condition
IPLUS	OPAMP	Non-inverting input current
IMINUS	OPAMP	Inverting input current
IOUT	OPAMP	Output current
VDIFF	OPAMP	Differential input voltage
VSMAX	OPAMP	Supply voltage
VSMIN	OPAMP	Minimum supply voltage
VPMAX	OPAMP	Maximum input voltage (non-inverting)
VPMIN	OPAMP	Minimum input voltage (non-inverting)
VMMAX	OPAMP	Maximum input voltage (inverting)
VMMIN	OPAMP	Minimum input voltage (inverting)

CHAPTER 10 SystemC Model Simulation using DMI

이 실습에서는 PSpice DMI(Device Modeling Interface)용 C와 SystemC 모델의 컴파일에 필요한 setup을 설정한 후, PSpice-DMI(Device Model Interface)를 이용하여 SystemC 모델의 시뮬레이션을 다룬다.

- 환경설정 방법
- Visual Studio 실행
- 라이선스 설정
- SystemC로 작성된 FIR 필터모델의 예제
- Model Editor를 이용하여 SystemC 모델의 DMI 템플릿 코드 생성
- DMI 템플릿 코드에 SystemC 모델을 통합하기

따라하기 - PSpice DMI 시뮬레이션을 위한 환경설정

환경변수 SYSTEMC를 SystemC 설치경로로 지정한다.
"제어판₩시스템 및 보안₩시스템" 실행 후 왼쪽 메뉴의 "고급 시스템 설정"을 클릭한다.
"환경 변수" 버튼을 클릭한다.
사용자 변수 항목에서 "새로 만들기"를 클릭한다.
변수 이름을 "SYSTEMC" 라고 하고, 변수 값을 다음과 같이 한다.
PSpice 설치경로가 "C:₩Cadence₩SPB_17.4" 라면,
"C:₩Cadence₩SPB_17.4₩tools₩pspice₩tclscripts₩pspModelCreate₩SystemC"

명령프롬프트 실행 후 SystemC 경로설정을 검증한다.

Visual Studio Community을 설치하고 실행한다.

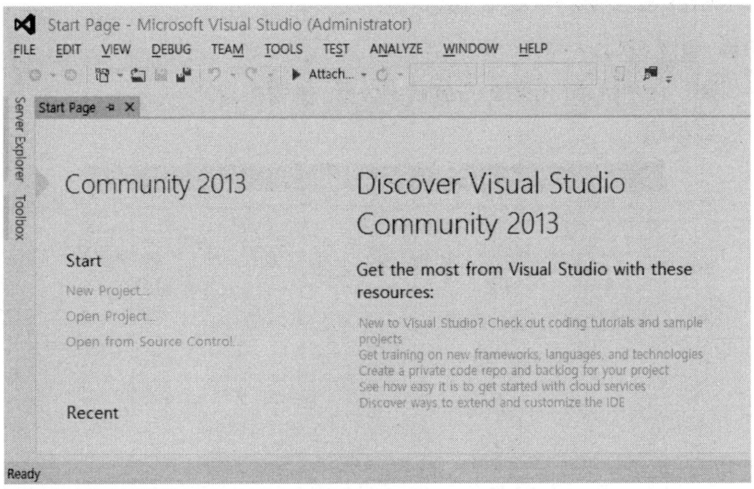

PSpice-DMI 모델의 시뮬레이션을 위한 Capture/PSpice 라이선스 선택한다.

※ PSpice-DMI 모델 시뮬레이션은 Allegro PSpice Simulator와 OrCAD PSpice Designer Plus 라이선스에서 지원된다. (PSpice AA Option 필요)

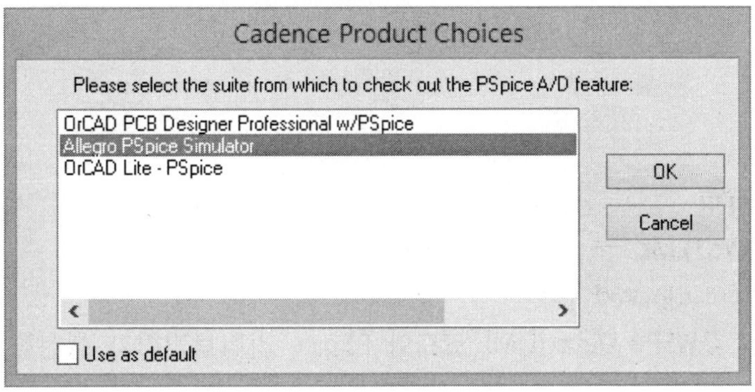

따라하기 - SystemC DMI model 생성

Model Editor를 실행한다.

메뉴 Tools – DMI Template Code Generator를 선택한다.

다음과 같이 입력한다.

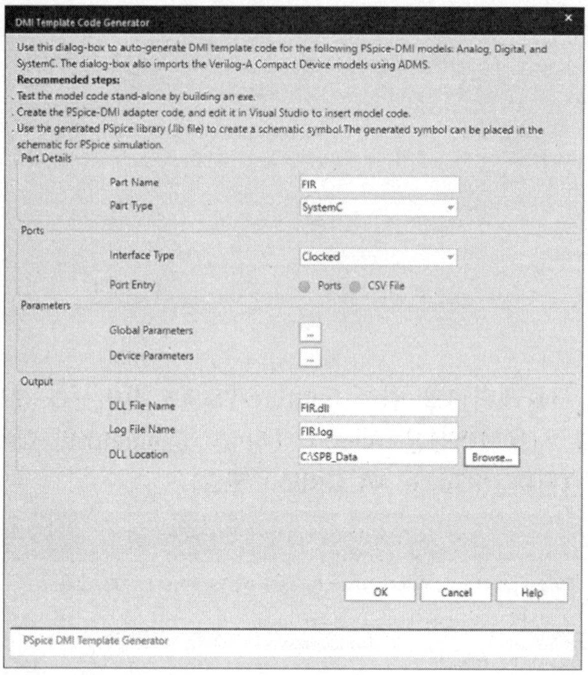

· Part Name: **FIR**

· Part Type: **SYSTEMC**

· Interface Type: **Clocked**

· Dll Location: **C:₩SPB_Data** (DMI 코드와 PSpice 라이브러리가 생성될 위치)

Ports 라디오 버튼을 클릭하고 다음과 같이 Port 데이터를 입력한다.

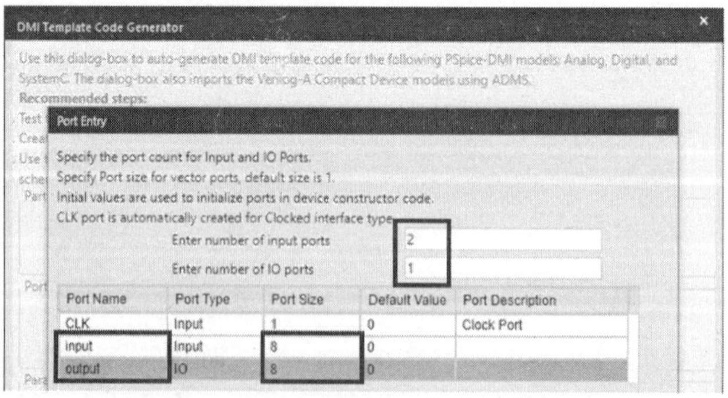

OK를 클릭한다. 템플릿 모델 코드가 생성되고, 로그 파일이 텍스트 에디터로 열린다.

생성된 모델을 위한 PSpice 라이브러리(FIR.LIB)가 자동으로 생성되어 다음과 같이 Model Editor에서 확인된다. 이 예에서 Input과 Output 같은 벡터(배열) 포트는 다음에 표시한 부분과 같이 라이브러리 파일 내에서 PSpice용 스칼라(1차원) 포트로 확장되며, PSpice-DMI의 C_MODEL인 FIR.dll을 가리킨다. 다음 단계에서 이 모델 코드를 완성하고 컴파일하여 DLL을 생성할 것이다.

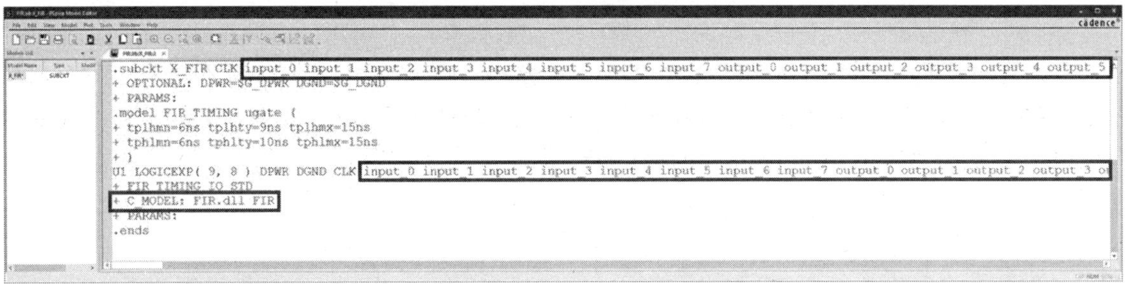

PSpice 모델 (*.lib) 파일의 각 행은 132자를 넘으면 인식하지 못하므로, 위와 같이 한 행이 너무 길게 나오면, 다음과 같이 적당한 단어 다음에 [Enter]를 이용해서 행을 바꾸고, 행이 이어지는 의미인 '+' 기호를 행 바꿈 시작부분에 추가한다. 또한 DLL에서 호출할 함수명에 맞게 수정이 필요하다. FIR 대신 SysCFIR로 수정한다.

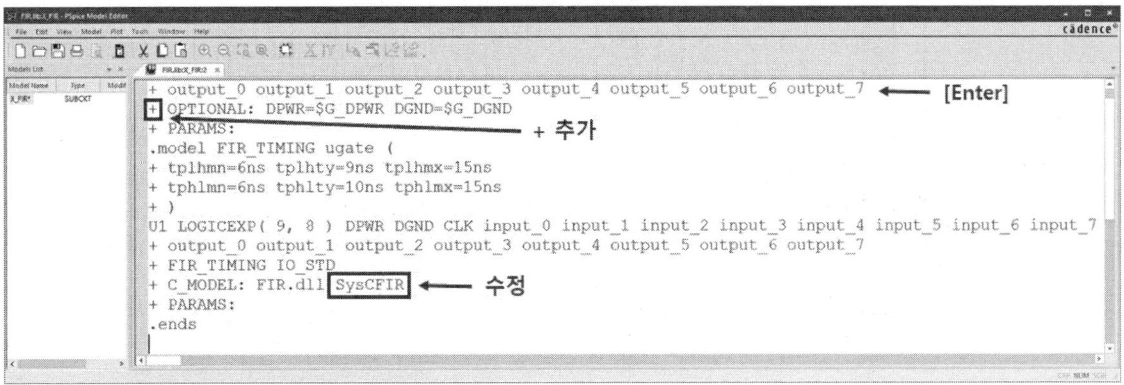

Visual Studio Community 2013을 실행하고 메뉴 File – Open Project/Solution을 선택해서 C:₩SPB_Data₩FIR₩code에 있는 pspSysCFIR.vcxproj 프로젝트 파일을 연다.

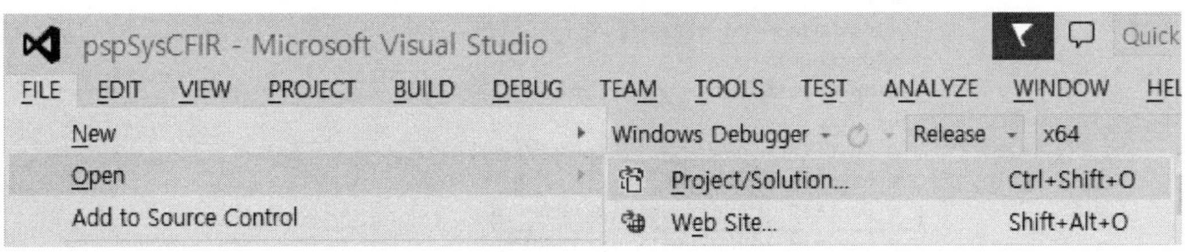

※ 주의: vcxproj 파일이 에러 메시지와 함께 열리지 않는 경우, 텍스트에디터로 vcxproj 파일을 열어본다. 다음과 같이 처음 몇 바이트에 깨진 글자가 있으면 삭제/저장하여 해결하고 다시 Visual studio에서 연다.

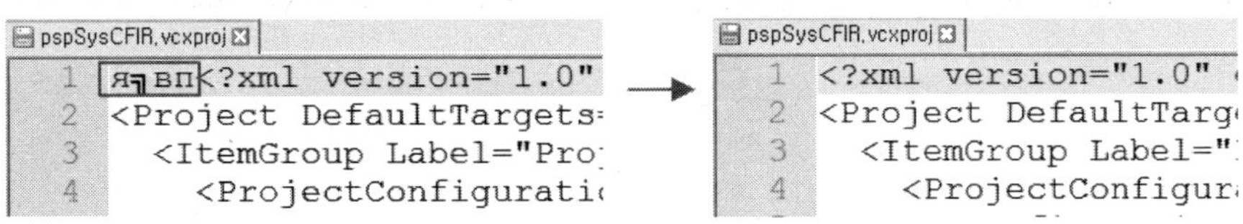

툴바에 있는 기본 설정을 "Release x64"로 변경하고, 메뉴 Build – Build Solution으로 "빌드"가 잘 되는지 빌드 시켜본다.

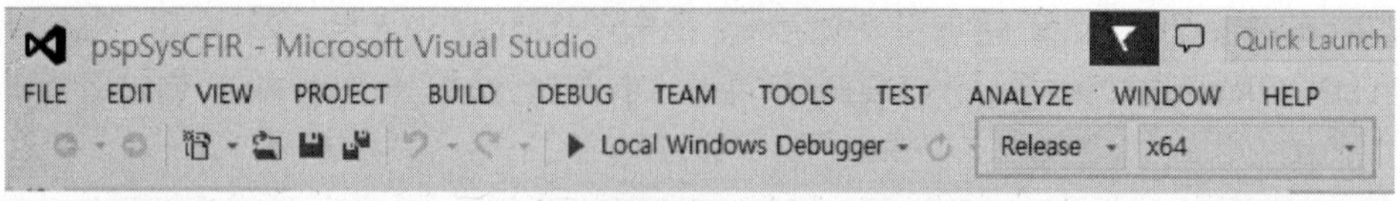

소스를 수정한다. 먼저 SysCFIR.cpp 파일에 있는 SysCFIR::entry 함수를 찾아서, 주석 처리된 샘플코드를 주석 해제한다. (해당구간에 블록을 씌우고 Ctrl-K, Ctrl-U를 연속으로 누르면 쉽다.) 이 샘플코드는 SystemC를 이용한 FIR 필터 구현코드이다.

```
void SysCFIR::entry() {
    //const sc_uint<8> coef[5] :
    //sc_int<16> taps[5];
    ////reset code
    //output.write(0);
    ////reset internal variable:
    ////reset outputs
    //wait();
    //while (true) {
    //  //read inputs
    //  for (int i = 4; i > 0; i-
    //      taps[i] = taps[i - 1]
    //  }
    //  taps[0] = input.read();
    //  //algorithm
    //  sc_int<16> value;
    //  for (int i = 0; i < 5; i-
    //      value += coef[i] * ta
    //  }
    //  //write outputs
    //  output.write(value);

    //  FILE* fp = fopen("out.vc
    //  fprintf(fp, "\n%d %d %d",
    //  fclose(fp);

    //  cout << "Time[" << sc_tir
    //  wait();
    //}
}
```

→

```
void SysCFIR::entry() {
    const sc_uint<8> coef[5] =
    sc_int<16> taps[5];
    //reset code
    output.write(0);
    //reset internal variables
    //reset outputs
    wait();
    while (true) {
        //read inputs
        for (int i = 4; i > 0; i
            taps[i] = taps[i - 1
        }
        taps[0] = input.read();
        //algorithm
        sc_int<16> value;
        for (int i = 0; i < 5; i
            value += coef[i] * t
        }
        //write outputs
        output.write(value);

        FILE* fp = fopen("out.vc
        fprintf(fp, "\n%d %d %d"
        fclose(fp);

        cout << "Time[" << sc_ti
        wait();
    }
}
```

이제 pspSysCFIR.cpp 파일에 있는 pspSysCFIR::pspSysCFIR 함수를 찾아서 다음 위치에 m_SysCFIR->reset(sysCsig_reset); 문장을 추가한다.

```
pspSysCFIR::pspSysCFIR(const char* pInstName, void*pRef){
    mRef = pRef;
    mInstName = pInstName;
    mPortCount = 17;
    mInputPortCount = 9;

    m_SysCFIR = new SysCFIR(pInstName);
    m_SysCFIR->CLK(sysCsig_CLK);
    m_SysCFIR->reset(sysCsig_reset);
    m_SysCFIR->input(sysCsig_input);
    m_SysCFIR->output(sysCsig_output);

}
```

메뉴 Build – Build Solution으로 솔루션을 다시 빌드하여 PSpice-DMI DLL 파일을 생성한다.

OrCAD Capture에서 사용되는 FIR.olb를, DMI code generator에 의해 생성된 PSpice 라이브러리 파일(FIR.lib)을 이용하여 Model Editor에 의해 자동으로 생성시킨다. Model Editor에서 메뉴 File – Export to Part library하고 다음 그림과 같이 입력하고 OK를 클릭하면 FIR.olb가 생성된다.

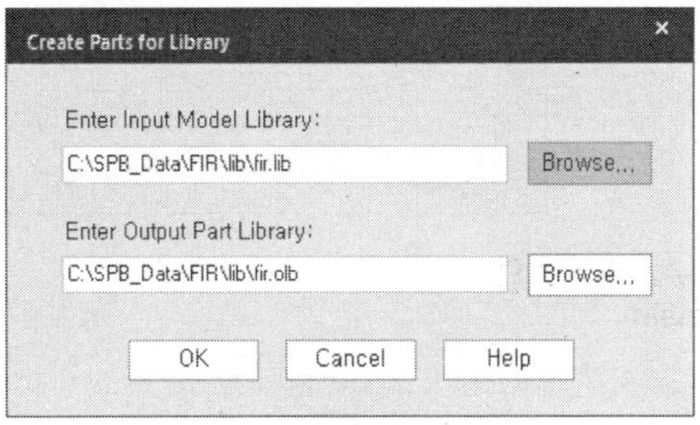

[Model Editor]

Capture에서 다음과 같이 FIR.OLB 라이브러리를 추가하면, X_FIR 부품이 나타난다.

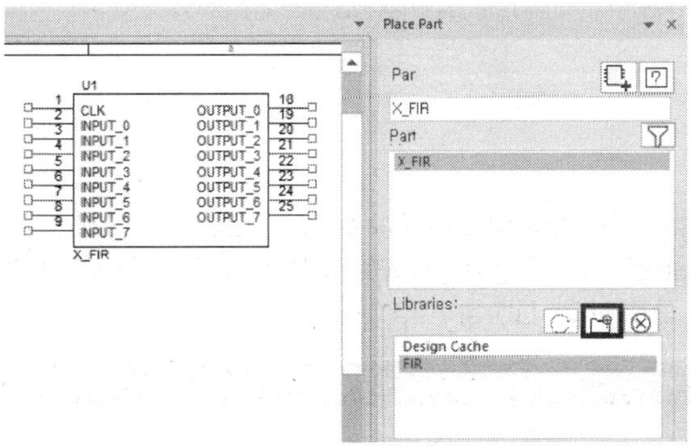

[Capture]

시뮬레이션 구성을 다음과 같이 한다.

1) 회로도 (C:₩SPB_Data₩FIR₩capture 폴더에 Design1 이름으로 생성)

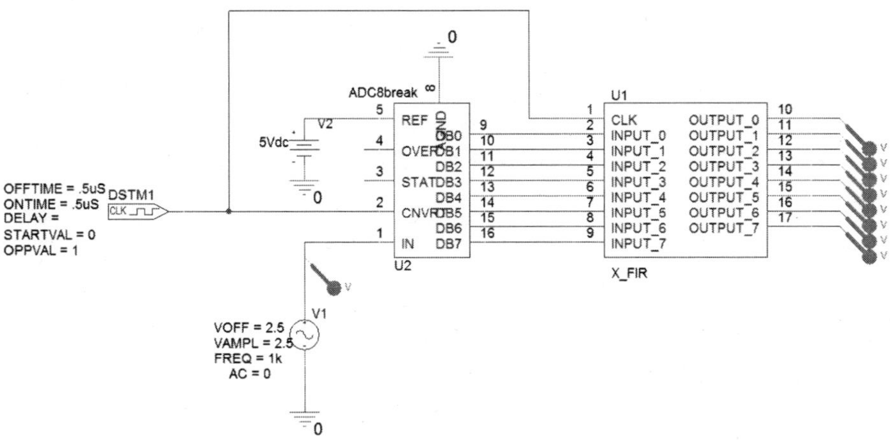

2) 사용기능 및 부품

(Place Part) X_FIR, ADC8break, DigClock, VDC, VSIN,

(Place Ground) 0, (Place Wire), (Voltage Marker)

3) 시뮬레이션 조건

New Simulation 창
- Name : **Tran**
- Inherit Form : **None**

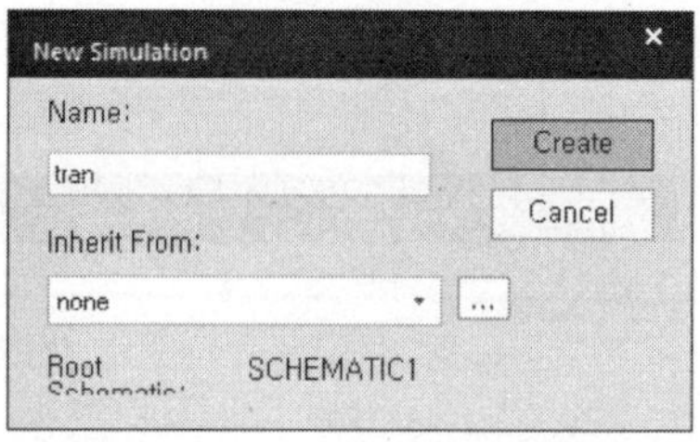

Simulation Setting 창 – Analysis 탭
- Analysis Type : **Time Domain**
- General Settings
  · Run To Time : **1m**
  · Start saving data after : **0s**

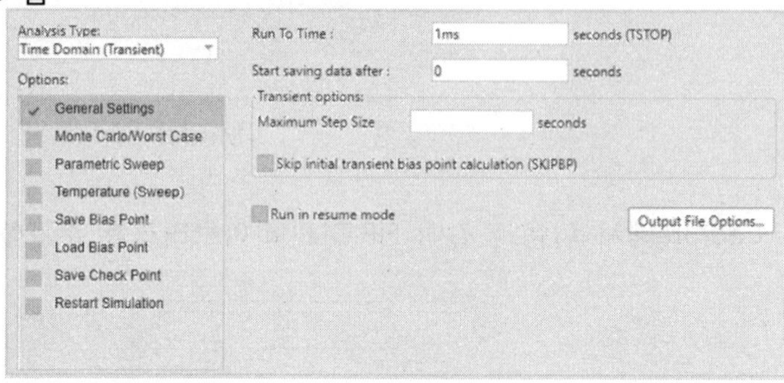

Simulation Setting 창 – Configuration Files 탭 – Library 카테고리
- File name의 Browse로 LIB 파일(예.**C:₩SPB_Data₩FIR₩lib₩fir.LIB**)을 추가
- Add to Design을 클릭하여 Library 추가

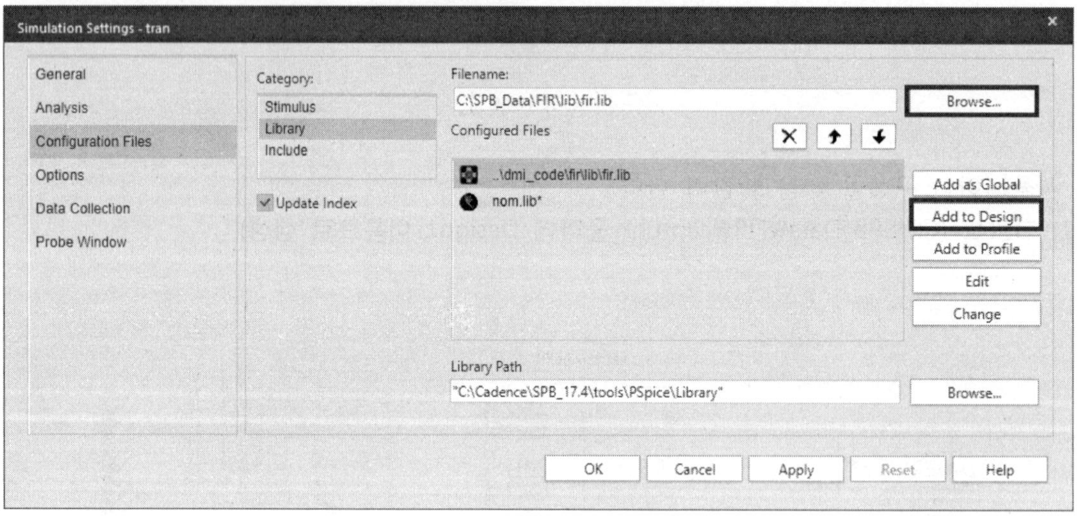

4) Run PSpice

C:₩SPB_Data₩FIR₩code₩x64₩Release 폴더에 FIR.dll이 생성되어 있다. 이 파일을 회로도 저장 폴더 아래에 있는 시뮬레이션 프로파일 폴더에 복사한다.

- (C:₩SPB_Data₩FIR₩capture₩Design1-PSpiceFiles₩SCHEMATIC1₩tran)

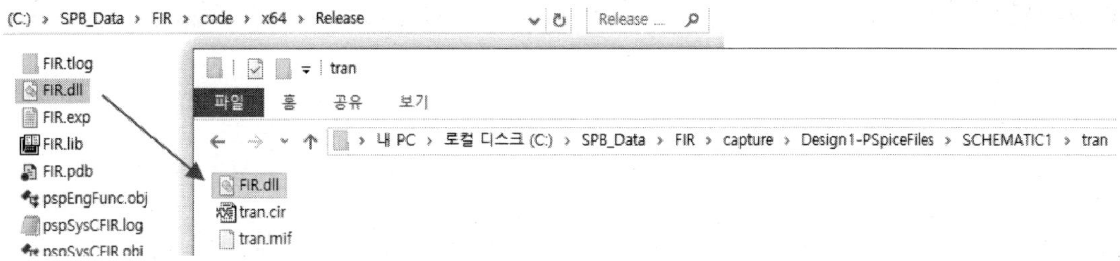

※ 주의: DLL이 생성된 디렉토리에 함께 있는 FIR.lib는 PSpice가 아닌 Visual Studio용 LIB 파일이니 혼동되지 않도록 주의한다.

시뮬레이션을 실행하면 다음과 같이 파형을 볼 수 있다.

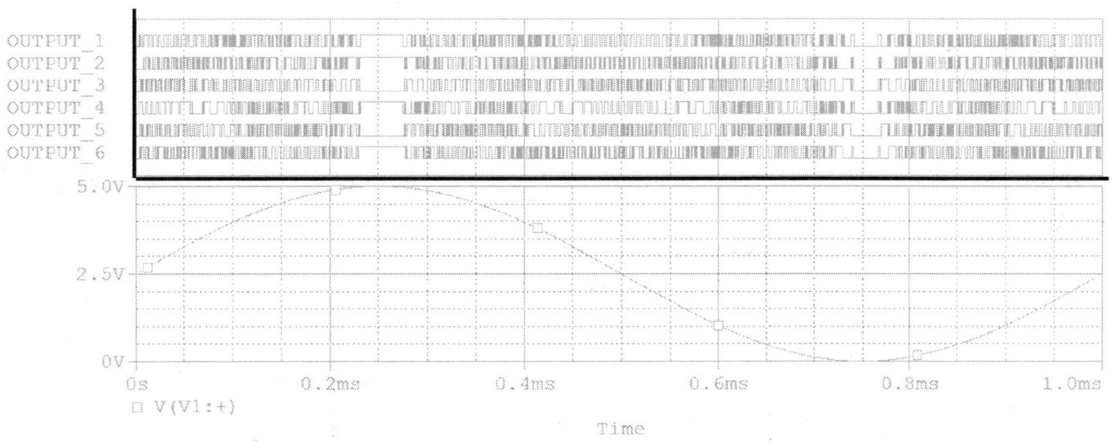

CHAPTER 11 VerilogA-ADMS Support

이 단원에서는 Verilog-A 파일을 import해서 DMI모델로 변환하는 방법을 설명한다.

- Verilog-A로 작성된 커패시터 모델의 예.
- Model Editor에서 Verilog-A를 임포트하여 PSpice-DMI 모델로 변환
- 자동 생성된 모델 코드에서 빌드 에러를 해결하는 방법

따라하기 - Verilog-A model 생성

먼저 간단한 Verilog-A 파일을 하나 만들어 보자. 텍스트 에디터로 다음과 같이 작성해서 cap.va라는 파일명으로 저장한다. 여기서는 C:₩SPB_Data₩VerilogA 라는 경로를 작업경로로 가정한다.

```
`include "discipline.h"

module cap(p,n);
 inout p,n;
 electrical p,n;
 parameter real c1=0 from [0:inf);
 parameter real c2=0 from [0:inf);

 analog
   I(p,n) <+ ddt((c1+2*c2)*V(p,n));

endmodule
```

※ 주의: 위 코드의 첫 번째 글자는 키보드에서 엔터키 옆의 작은 따옴표 ' 가 아니라 Tab 키 위에 있는 작은따옴표 ` 이다.

이 코드는 C1, C2 2개의 파라미터를 받아서, 1개의 C1, 2개의 C2가 병렬로 연결된 등가 커패시터로 동작하는 Verilog-A 모델이다.

Model Editor를 실행한다.
메뉴 Tools – DMI Template Code Generator를 선택한다.
다음과 같이 입력한다.

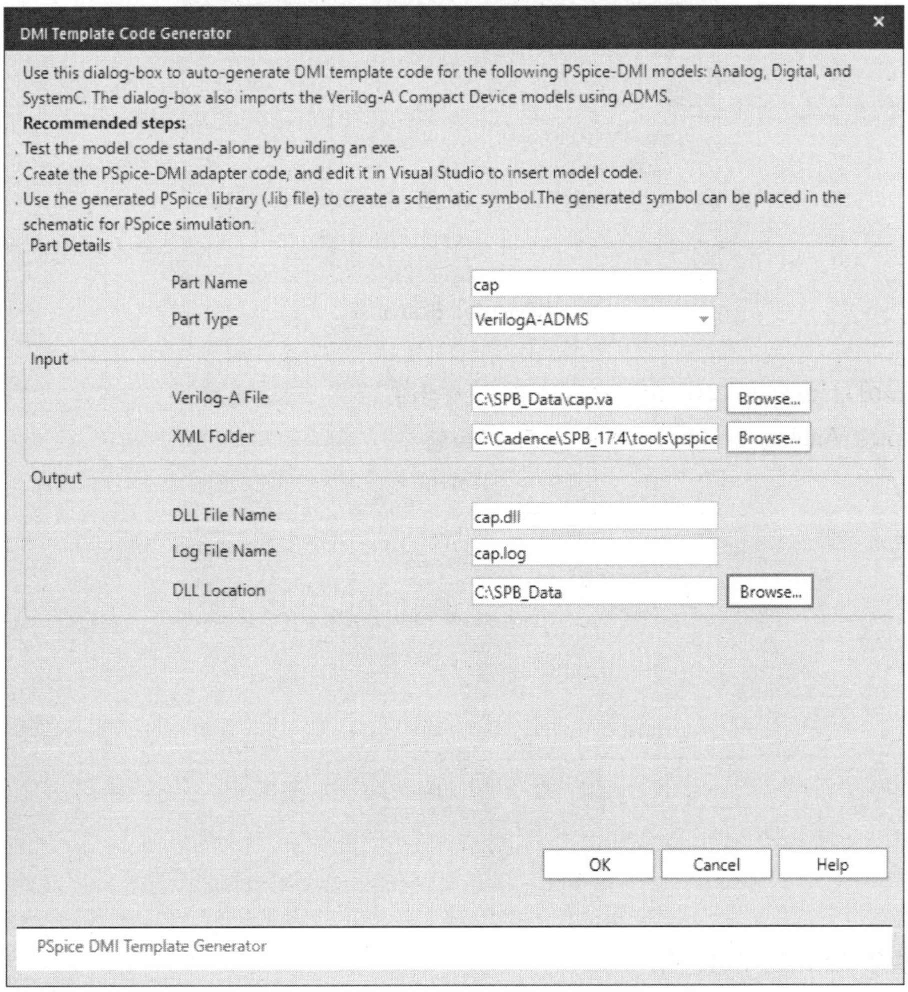

· Part Name: cap
· Part Type: VerilogA-ADMS
· Verilog-A File: C:₩SPB_Data₩cap.va
· Dll Location: C:₩SPB_Data (DMI 코드와 PSpice 라이브러리가 생성될 위치)
※ 주의: Part Name은 Verilog-A 파일 내의 module 이름과 반드시 일치해야 한다.

OK를 클릭하면 Verilog-A파일을 임포트해서 DMI 모델이 생성되고 변환과정을 기록한 log 파일이 생성된다.

C:₩SPB_Data₩cap₩code에 생성된 코드는 make를 이용하여 자동으로 컴파일까지 되어있어서 이미 DMI용 DLL파일도 생성되어 있다.

C:₩SPB_Data₩cap₩lib 폴더에 만들어져 있는 cap.lib를 이용해서 olb 파일을 만든다.
※ 주의: 생성된 DLL이 있는 디렉토리에도 cap.lib가 있는데 이것은 PSpice가 아닌 Visual Studio용 LIB 파일이다.

Model Editor에서 메뉴 File - Export to Part Library를 실행하여 다음과 같이 입력하면 Capture 라이브러리(cap.olb)가 생성된다.

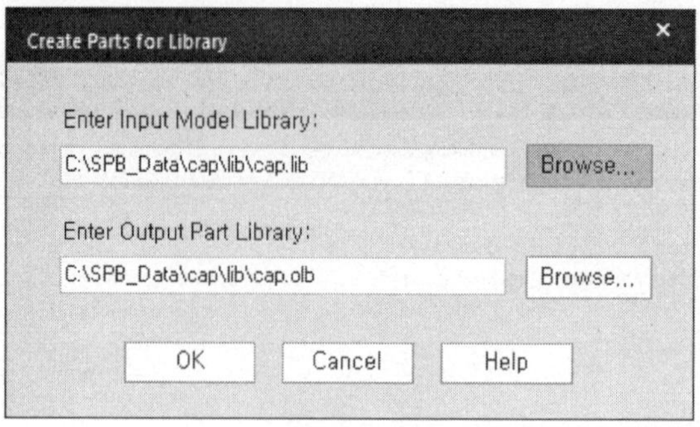

[Model Editor]

Capture에서 다음과 같이 라이브러리를 추가한다.

· PSpice Analog or Mixed A/D 모드로 실행.

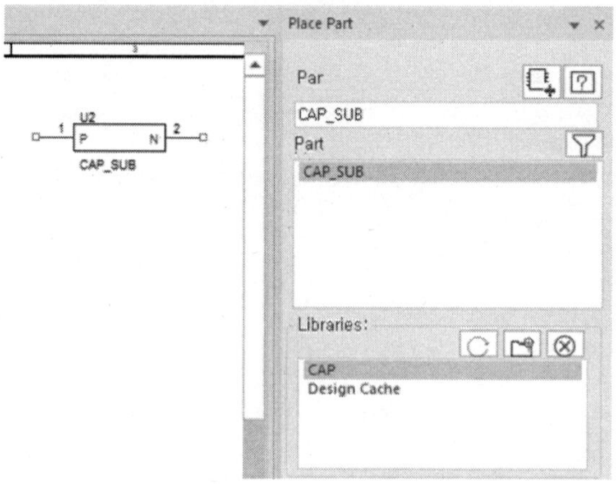

다음과 같이 회로를 구성한다.

1) 회로도

C:₩SPB_Data₩cap₩capture 폴더에 Design1 이름으로 생성하자.

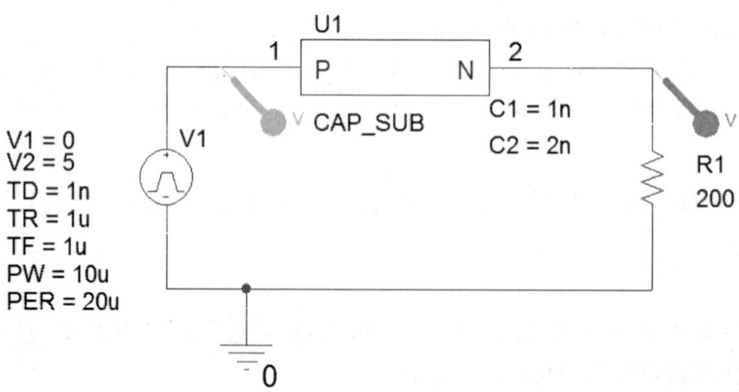

2) 사용기능 및 부품

(Place Part)VPULSE, R, CAP_SUB, (Place Ground) 0, (Place Wire)

C1, C2 값을 입력하기 위해 CAP_SUB 소자를 더블클릭하여 다음과 같이 Property 창이 나오면 C1, C2 값을 각각 1n, 2n로 입력한다.

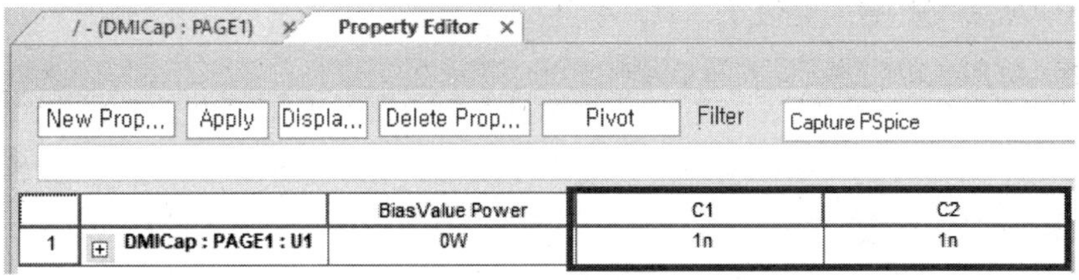

다음과 같이 C1, C2를 블록 씌운 뒤 Display 버튼을 클릭 후 "Name and Value" 라디오 버튼을 선택하고 OK를 클릭한다.

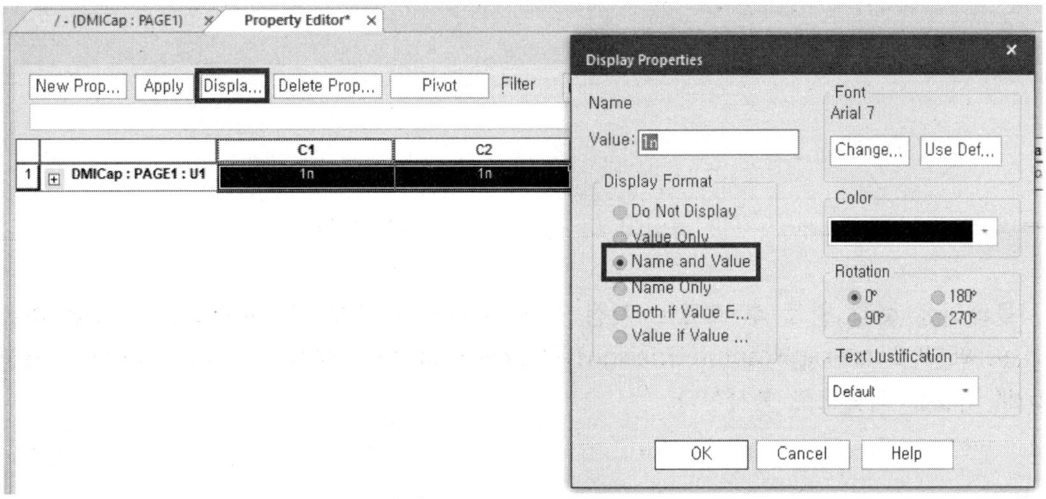

시뮬레이션 프로파일을 tran으로 생성 후 다음과 같이 설정한다.

3) 시뮬레이션 조건

New Simulation 창

- Name : **Tran**
- Inherit Form : **None**

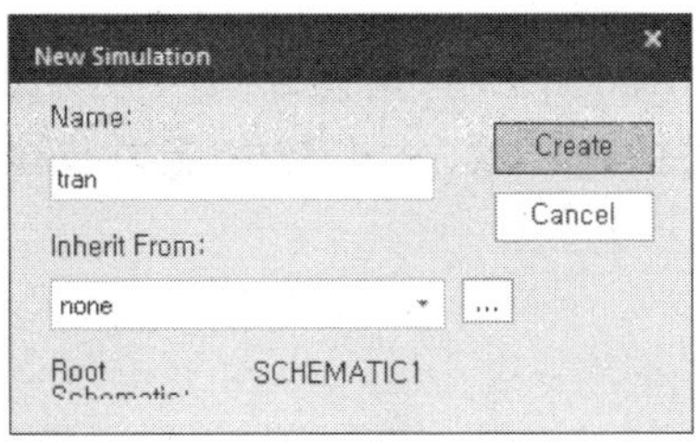

Simulation Setting 창 – Analysis 탭

- Analysis Type : **Time Domain**
- General Settings
  - · Run To Time : **60u**
  - · Start saving data after : **0s**

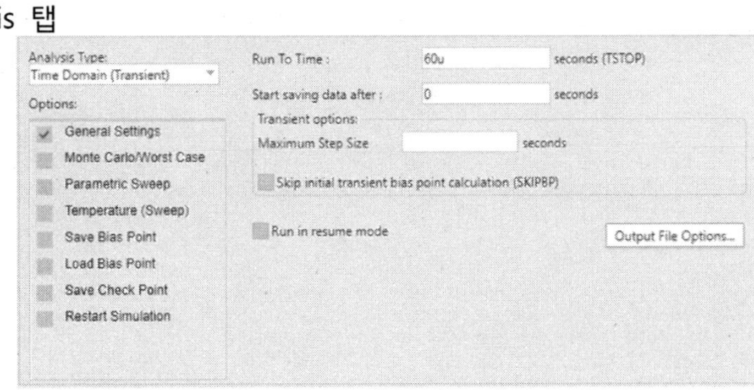

Simulation Setting 창 – Configuration Files 탭 – Library 카테고리
- File name의 Browse로 LIB 파일(예.**C:₩SPB_Data₩CAP₩lib₩cap.LIB**)을 추가
- Add to Design을 클릭하여 Library 추가

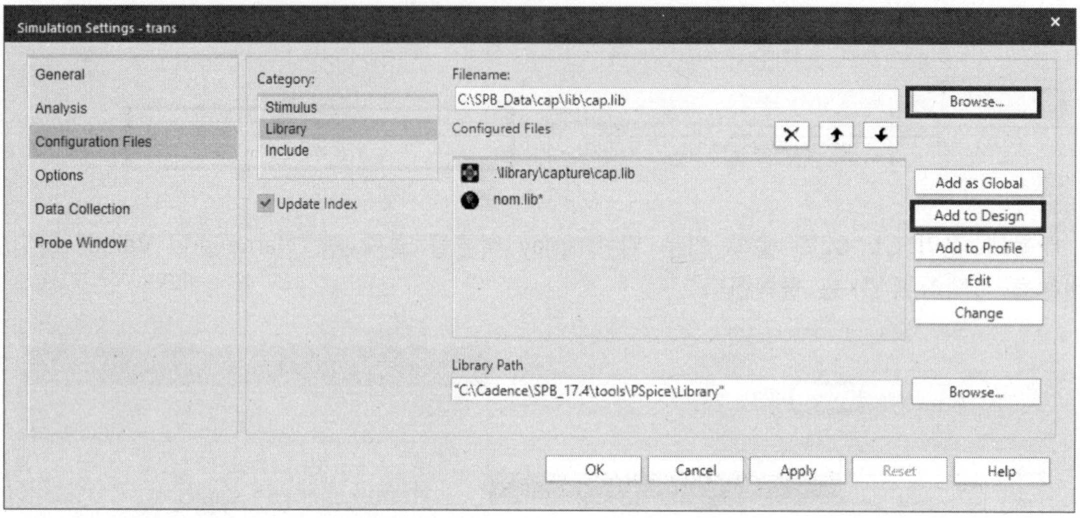

※ 주의: Visual Studio용 LIB 파일이 아닌, PSpice용 LIB 파일을 등록해야 한다.

시뮬레이션 설정 완료 후 회로도 저장 폴더 아래에 시뮬레이션 프로파일 폴더로 이동한다. (C:₩SPB_Data₩cap₩capture₩design1-PSpiceFiles₩SCHEMATIC1₩tran) 앞에서 생성한 cap.dll 파일을 이곳으로 복사한다.

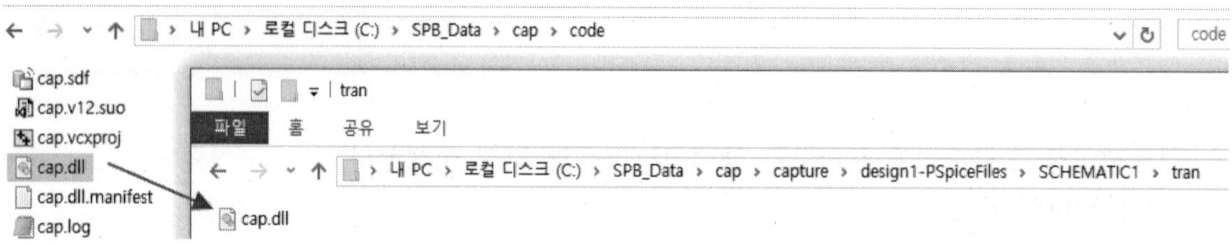

시뮬레이션을 실행하면 RC 회로가 다음과 같이 시뮬레이션 된다. 이 커패시터 모델은 Verilog-A 파일로 작성한 C1 + 2*C2 식에 의한 등가 캐패시턴스 값 (5nF)으로 동작한다.

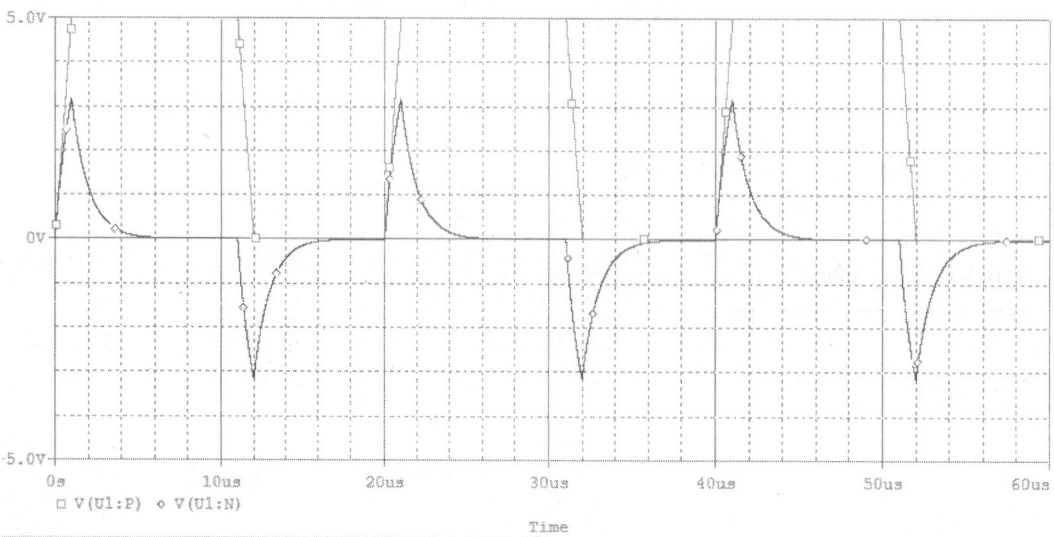

PART

02

실무자를 위한 활용가이드

CHAPTER 01 PSpice 도면 관리법

1. Make Root

하나의 파일에서 회로도의 시뮬레이션 조건을 변경해가며 시뮬레이션 할 경우 Parametric Sweep를 이용하지 않고 별도의 Schematic을 이용하여 시뮬레이션 가능하다.

따라하기

아래의 회로도와 같이 계층 블록으로 회로도가 구성되어있는 경우, 각각의 폴더에 구성되어있는 회로도를 Make Root 기능을 이용하여 시뮬레이션 가능하다.

※ 시뮬레이션이나 PCB Netlist 시 Make Root Schematic이 기준으로 Netlist가 생성

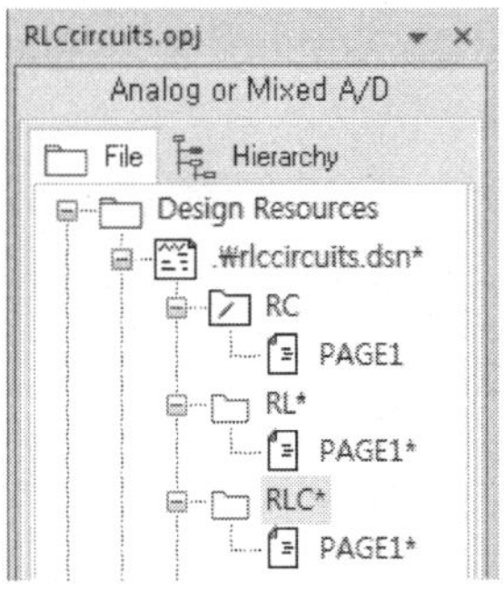

Make Root의 설정은 해당 폴더를 선택한 다음 오른쪽 마우스를 눌러서 Make Root를 선택한다.

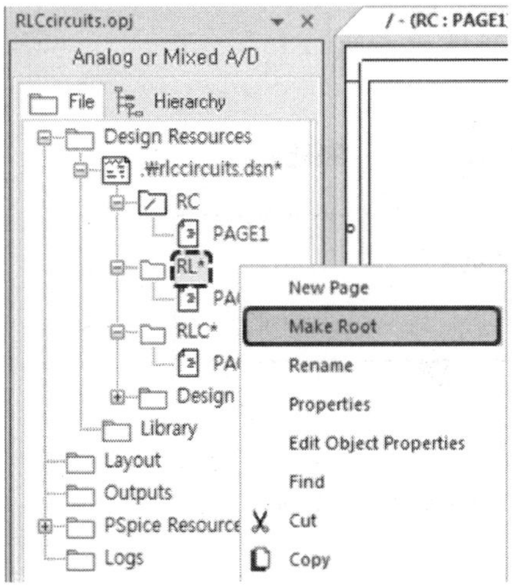

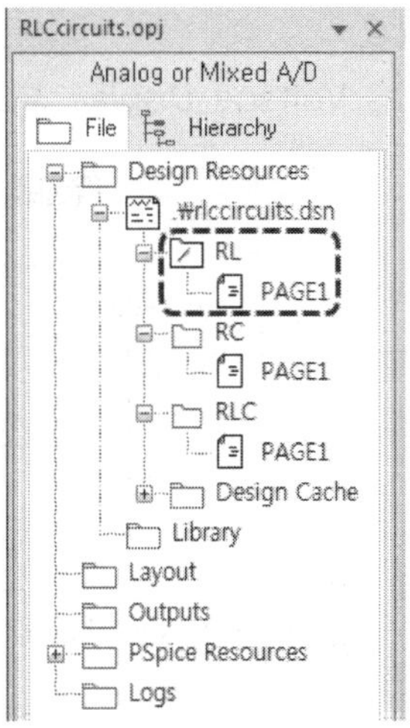

2. PSPNETLIST_IGNORE

회로도면 상에서 부품을 삭제하지 않고 시뮬레이션 상에서 제외시키는 방법이다. (PSpice 상에서 Connector와 같은 Spice model이 없는 경우에도 적용 가능)

따라하기

1) 회로도 (DC 회로)

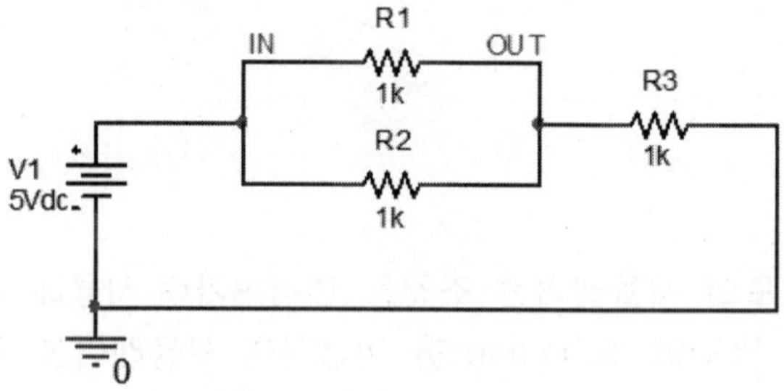

2) 사용기능 및 부품

(Place Part)VDC, R, (Place Ground)0, (Place Wire)

(Place Net Alias)

3) 시뮬레이션 조건

New Simulation Profile – Simulation Setting 창 – Analysis 탭

- Analysis Type : **Bias Point**
- General Settings :
  설정하지 않음

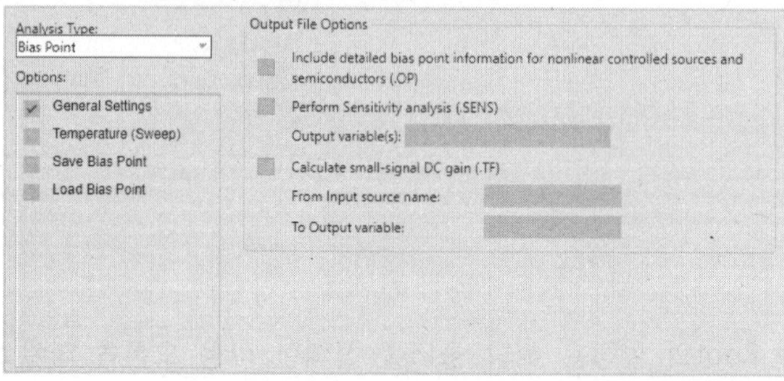

4) Run PSpice

- Enable Bias Voltage Display 체크

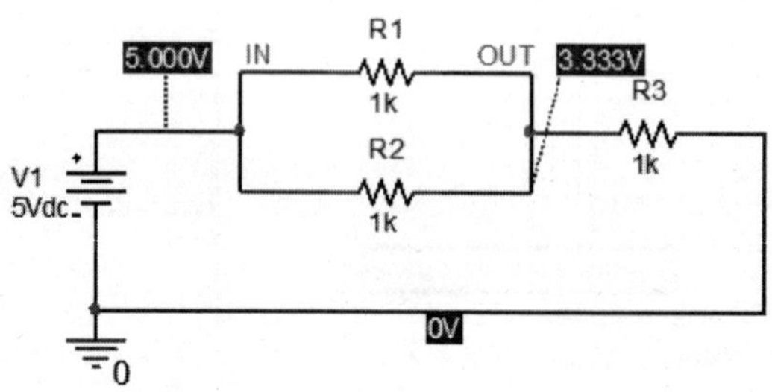

$$V_{OUT} = \frac{R_3}{R_1//R_2 + R_3} V_{IN} = 1{,}000\Omega/1{,}500\Omega \times 5\,V = 3.333\,V$$

5) PSPNETLIST_IGNORE 설정 방법

제외하고자 하는 부품을 선택 후 마우스 우클릭 후 Edit Properties를 클릭한다.

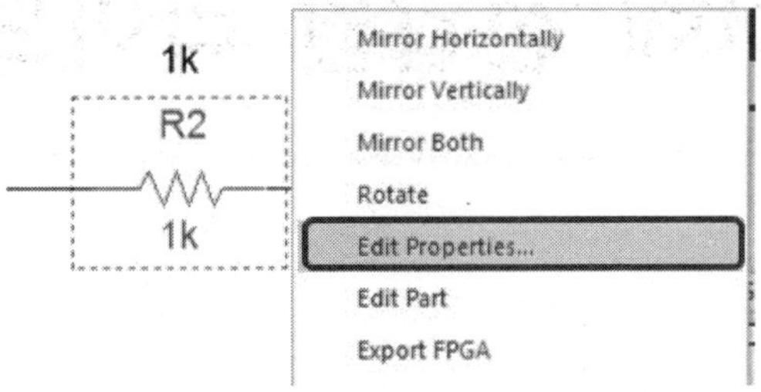

New Property를 클릭하고 PSPNETLIST_IGNORE속성을 설정한다.

- Name : **PSPNETLIST_IGNORE**
- Value : **TRUE**

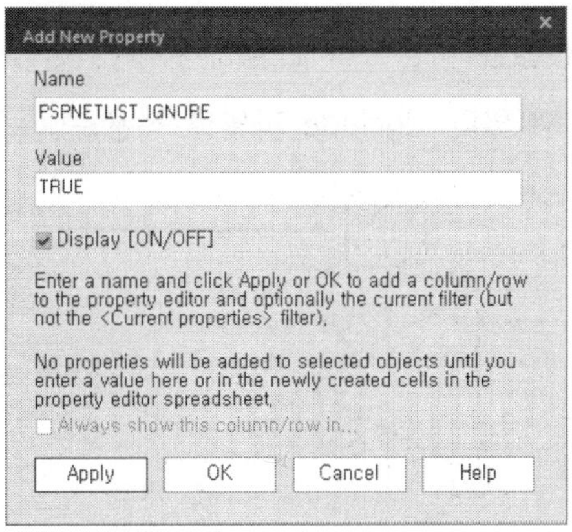

PSPNETLIST_IGNORE이 적용된 부품(R2)은 회색으로 변경된다

적용 전	적용 후
R2  1k	R2  1k PSPNETLIST_IGNORE = TRUE

※ 다시 시뮬레이션에 적용시킬 때는 PSPNETLIST_IGNORE 속성값을 FALSE로 변경

※ PSPNETLIST_IGNORE 적용 시 단선 또는 단락이 되는 회로가 되면 안 됨

6) R2를 PSPNETLIST_IGNORE (TRUE) 설정 후 시뮬레이션 결과

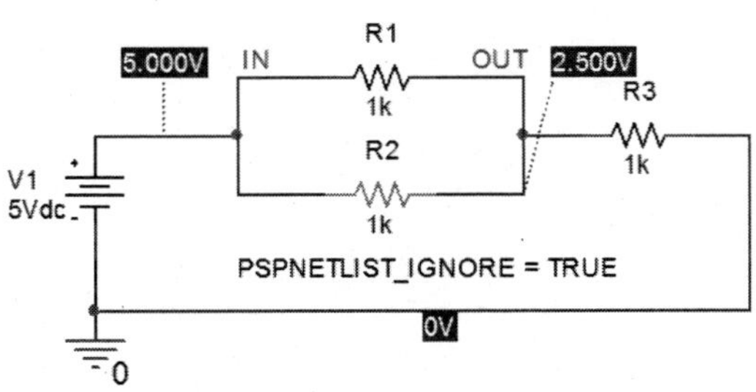

$$V_{OUT} = \frac{R_3}{R_1 + R_3} V_{IN} = 1{,}000\Omega / 2{,}000\Omega \times 5\,V = 2.5\,V$$

CHAPTER 02 Global 전압원 라이브러리 활용

1. 기본적인 VCC Symbol의 사용 방법

일반적으로 아래와 같은 OPAMP를 이용하여 회로를 구성하였을 경우 VCC Symbol을 사용 할 경우 반드시 VDC 전원을 이용하여 연결해 줘야만 정상 동작. 이 방법 이외에 VCC에 직접 전원을 입력할 수 있다. (include 파일을 적용)

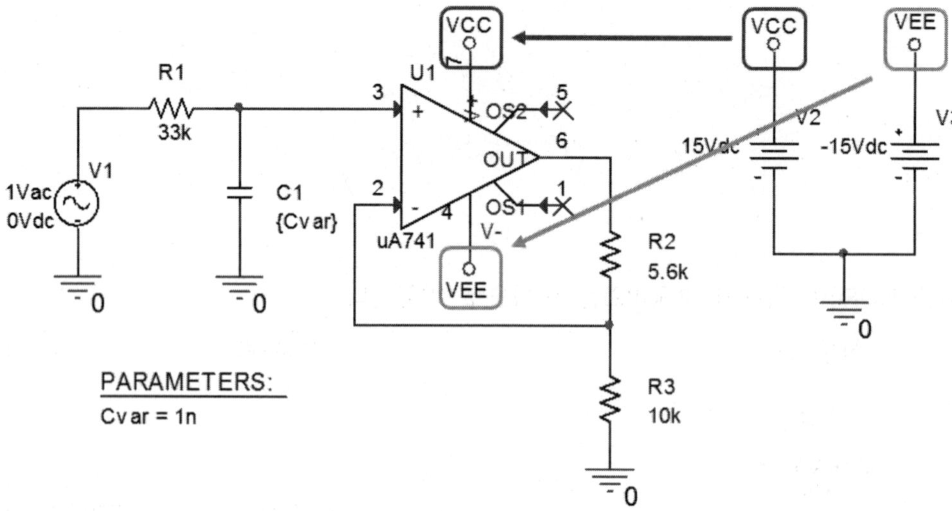

따라하기

1) VCC Symbol 복사

프로젝트 매니저에서 Library에 C:₩Cadence₩SPB_17.4₩tools₩capture₩library₩capsym.olb 파일을 추가한다.

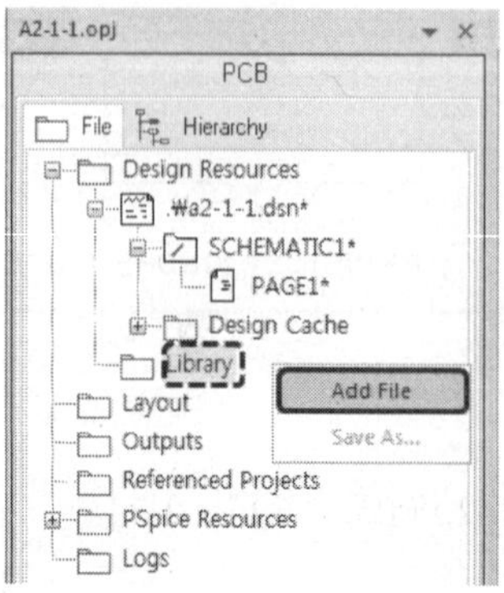

메뉴 File - New - Library를 선택하여 새로운 라이브러리(.olb) 파일을 생성한다.

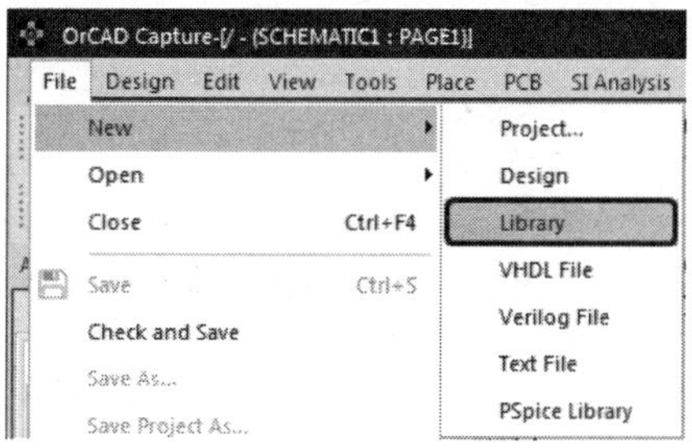

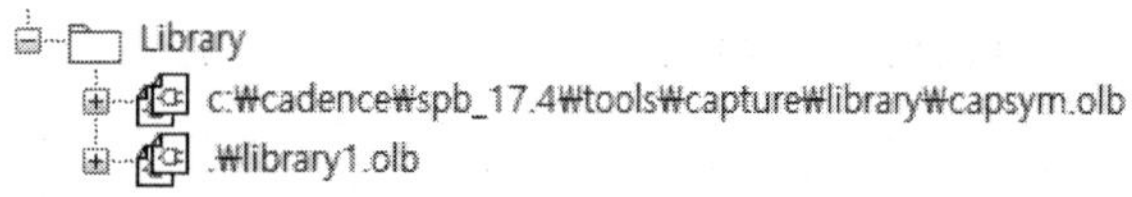

기존에 제공되는 VCC Symbol을 이용하기 위해서 capsym.olb 파일을 열어서 VCC를 선택 후 복사를 하고 library1.olb에 붙여넣기를 한다.

복사된 Part는 선택하고 마우스 우클릭 후 Rename을 클릭하여 이름을 변경한다.

※ 동일한 Part 이름이 있을 경우 붙여넣기가 안됨

- Power Symbol Name : **-15V**, **15V**, **5V**

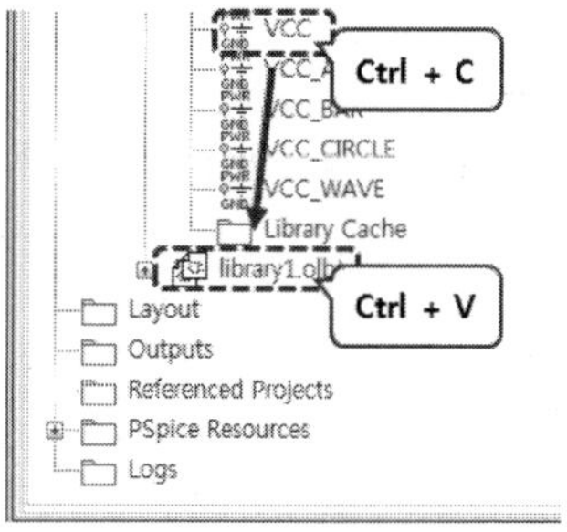

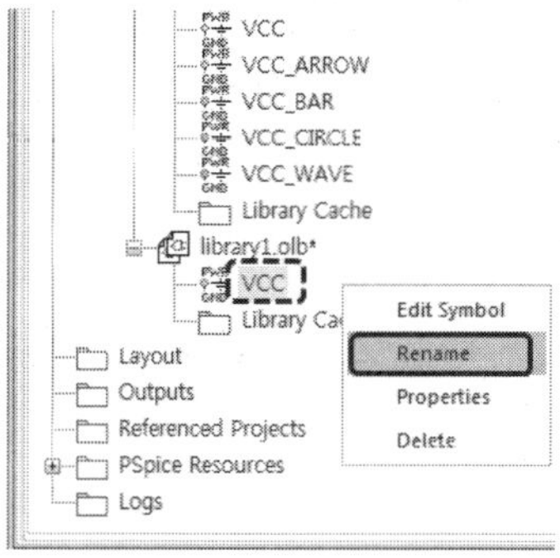

library1.olb를 선택하고 마우스 우클릭 후 Save As를 클릭하고 저장한다.

- File Name :

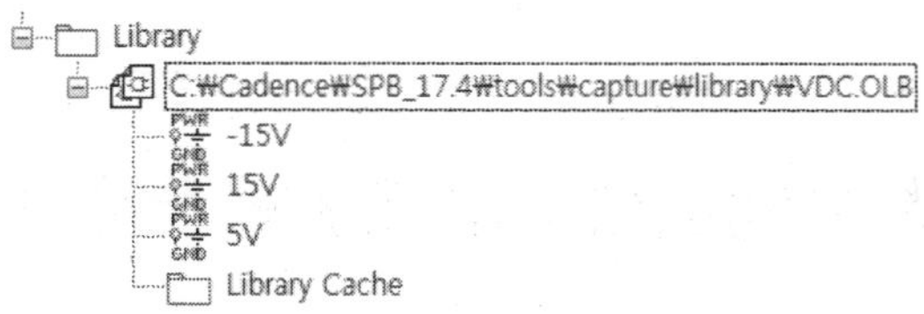

2) Include 파일 생성

Include 파일은 메모장을 이용하여 생성하고, 파일을 저장할 때 다른이름 저장으로 파일형식을 **모든 파일 (*.*)** 설정하고 **.inc** 파일로 저장한다. (예. **C:₩SPB_Data₩LIB₩VDC.inc**)

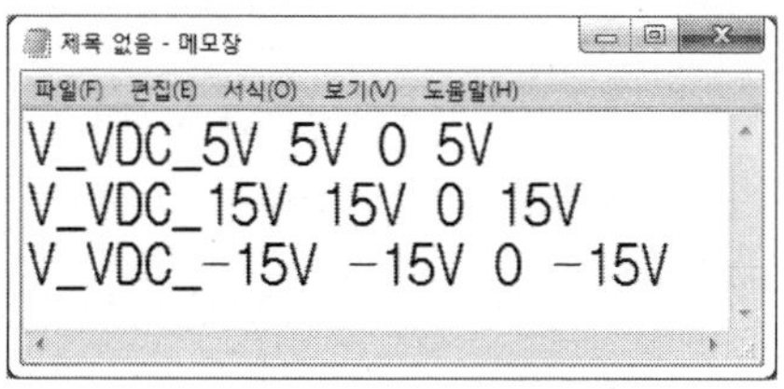

INC 파일의 내용은 아래와 같이 구성 있다.

V_VDC_5V	5V	0	5V
DC 전원 정의	노드1 이름 (전원 Symbol의 이름)	노드2 이름	전압 (노드1과 노드2의 전위차)

만약 PULSE 전원이나 SIN 전원을 이용 할 경우 아래 형태로 구성하여 추가 가능. 노드의 이름은 Symbol의 이름과 동일해야 한다.

- PULSE 전원 설정

V_VPULSE	**VPULSE**	**0**	**PULSE**	**0**	**5V**	**0.5m**	**1n**	**1p**	**1m**	**2m**
PULSE전원 정의	노드1 이름	노드2 이름	PULSE 정의	V1	V2	TD	TR	TF	PW	PER

- SIN 전원 설정

V_VSIN	**VSIN**	**0**	**AC**	**0**	**SIN**	**0**	**10**	**1k**	**1m**	**50**	**300**
SIN 전원 정의	노드1 이름	노드2 이름	AC 해석 정의	AC 전원	시간 해석 정의	VOFF	VAMPL	FREQ	TD	DF	PHASE

※ INC 파일로 여러개의 전압원을 만들 때 전원의 정의 부분에는 다른 이름으로 지정

※ 2개 이상의 전압원이 노드1과 노드2의 이름을 모두 같이 사용하였을 경우 쇼트 에러 발생

예) 두 개의 전압원이 node1과 0으로 설정되었을 경우

V1 node1 0 5V

V2 node2 0 10V

3) 회로도 상에서의 VCC Symbol을 이용한 전원 사용 방법

Place Power를 선택한 뒤 Add Library를 클릭하고 생성한 vdc.olb 파일 추가한다.

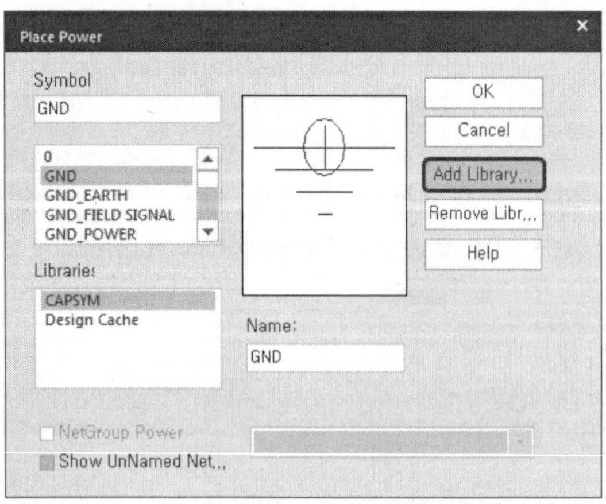

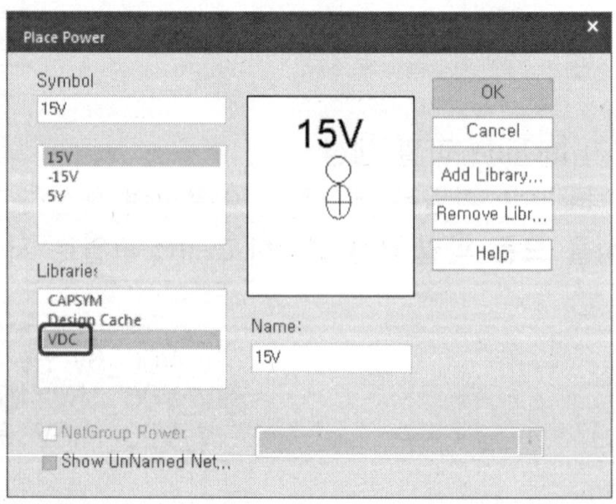

4) 회로도 및 시뮬레이션 설정(Include 설정)

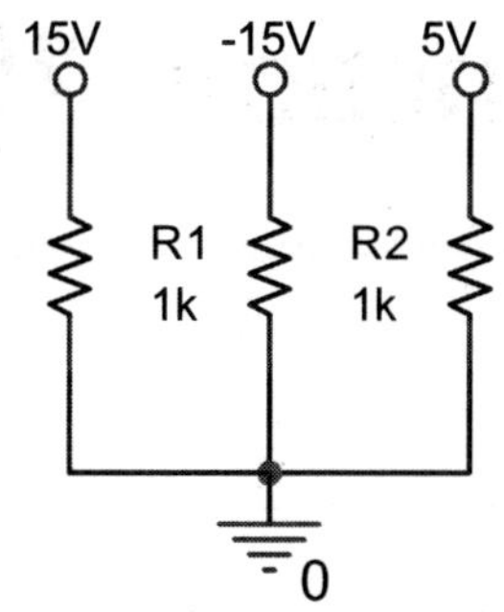

Simulation Setting 창 – Configuration Files 탭 – Include 카테고리
- File name의 Browse로 INC 파일(예.**C:₩SPB_Data₩LIB₩VDC.INC**)을 추가
- Add to Global을 클릭하여 Library 추가

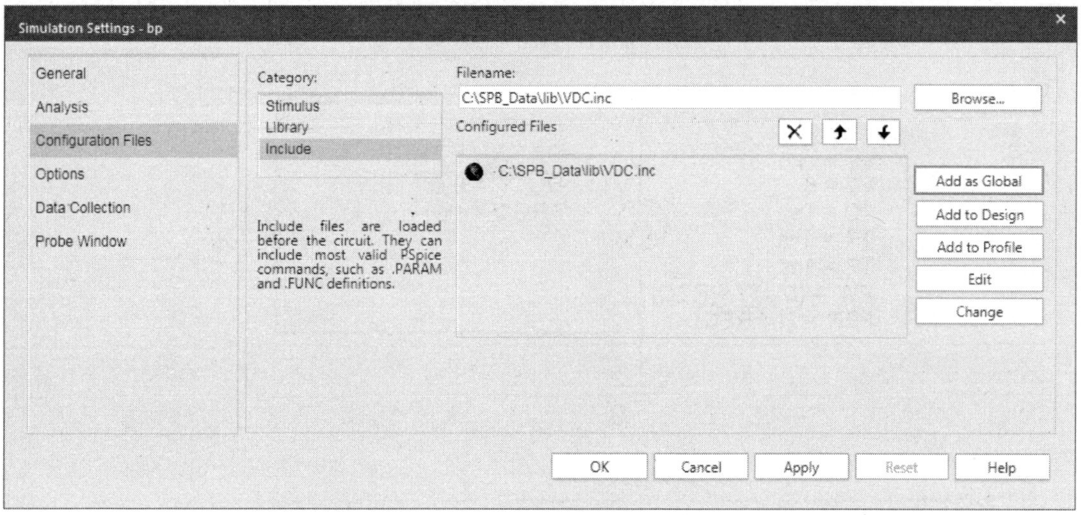

전원에 대한 Include 파일을 설정하게 되면 회로도에 전압원/전류원을 배치하지 않아도 각 Power Symbol에 전원이 적용된다.

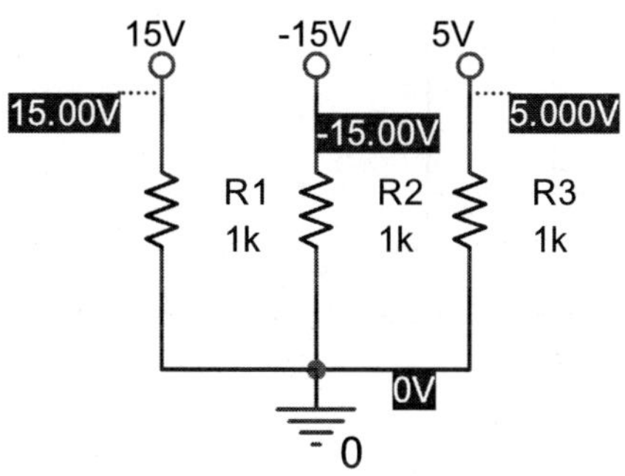

CHAPTER 03 Function 기능 활용

1. 자주 사용하는 수식 및 변수

아래와 같이 회로의 속성값을 설정할 때 시간의 속성값에 주파수 설정으로 해석하기 위해서는 파라미터의 변수와 수식을 이용하여 설정 가능. 시뮬레이션 시 자주 사용하는 수식의 경우 include 파일을 이용하여 적용시킬 수 있다.

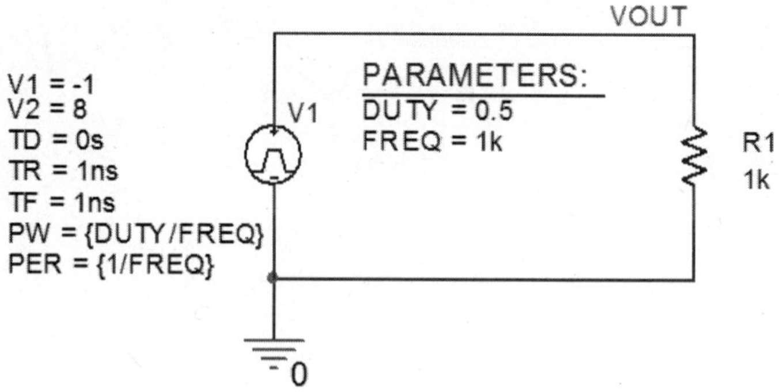

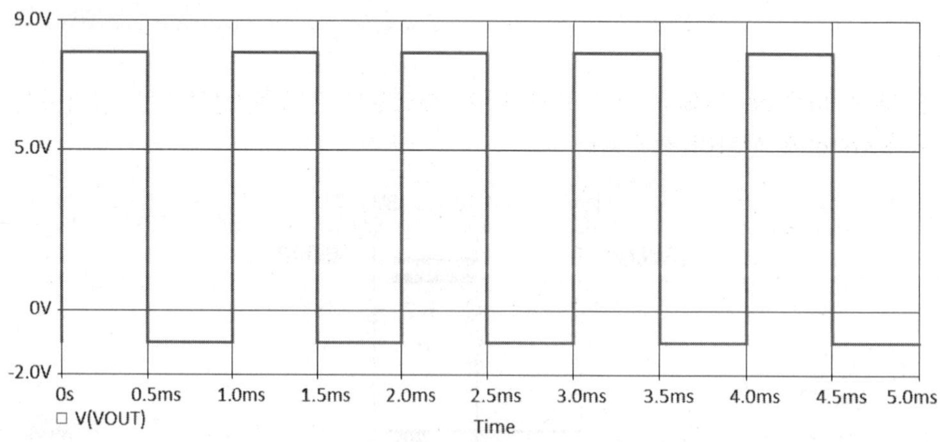

1) Function 파일 생성

Function 파일은 메모장을 이용하여 생성하고, 파일을 저장할 때 다른이름 저장으로 파일 형식을 **모든 파일 (*.*)** 설정하고 **.inc** 파일로 저장한다. (예. **C:₩SPB_Data₩LIB₩func.inc**)

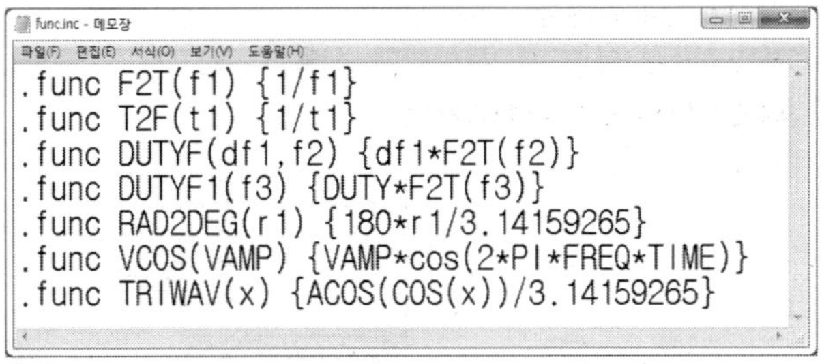

Function 기능은 .func 명령어 뒤에 Function이름과 인수, 그리고 수식으로 구성된다.

.func 이름(인수1,인수2,...) {수식}

인수는 10개까지 사용 가능하며, 수식에는 중괄호({})안에 다른 Func, Parameter 변수, TIME(시간), s(라플라스) 그리고 macro를 이용하여 수식을 구성할 수 있다.

2) 시뮬레이션 설정(Function 설정)

Time Domain을 5ms로 설정하고 **Function 기능 활용**를 시뮬레이션 한다.

Simulation Setting 창 – Analysis 탭 (해당

- Analysis Type : **Time Domain**
- General Settings
  - Run to Time : **5m**
  - Maximum Step Size : **1u**

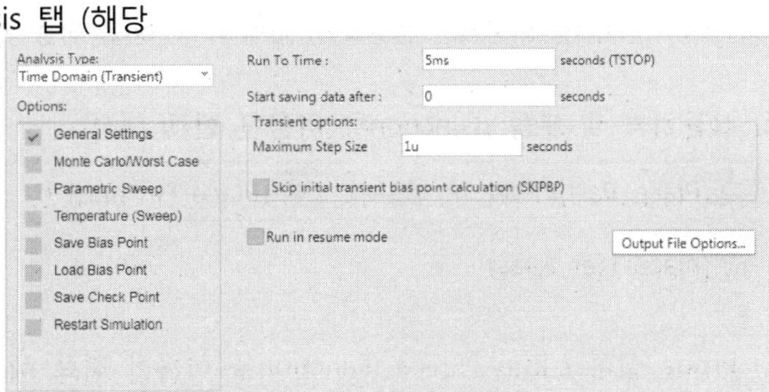

Simulation Setting 창 – Configuration Files 탭 – Include 카테고리

- File name의 Browse로 INC 파일(예.**C:₩SPB_Data₩LIB₩func.INC**)을 추가
- Add to Global을 클릭하여 Library 추가

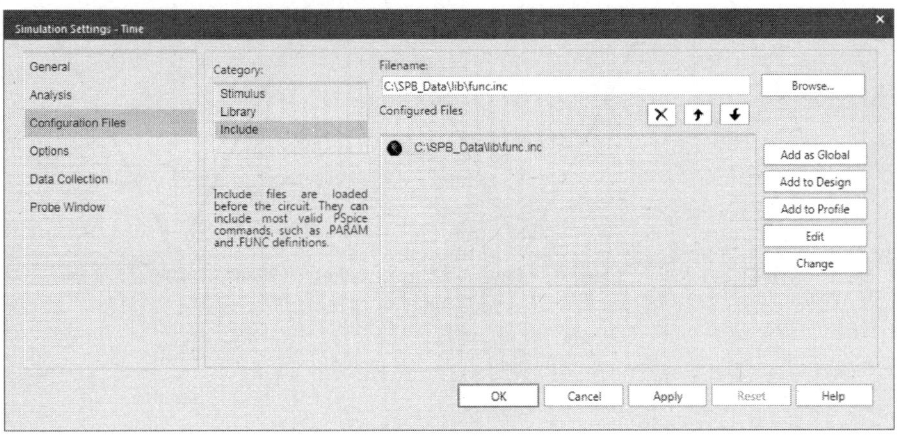

※ Parameter과 macro 변수를 사용할 경우 회로도에 PARAM과 macro에 적용해야 하기 때문에 func.inc 파일을 편집해가면 시뮬레이션

따라하기 - Function을 이용한 회로 해석

1) 회로도 (삼각파 발진기)

- TRIWAV function을 이용한 시뮬레이션
  - C:₩SPB_Data₩LIB₩func.inc파일 설정 후 저장하고 시뮬레이션

.func TRIWAV(x) {ACOS(COS(x))/3.14159265}

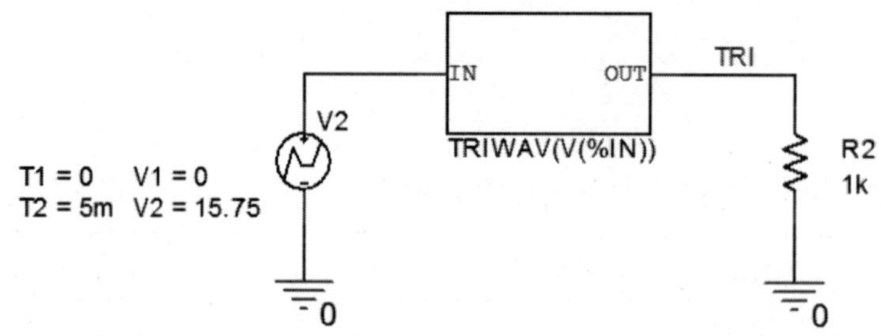

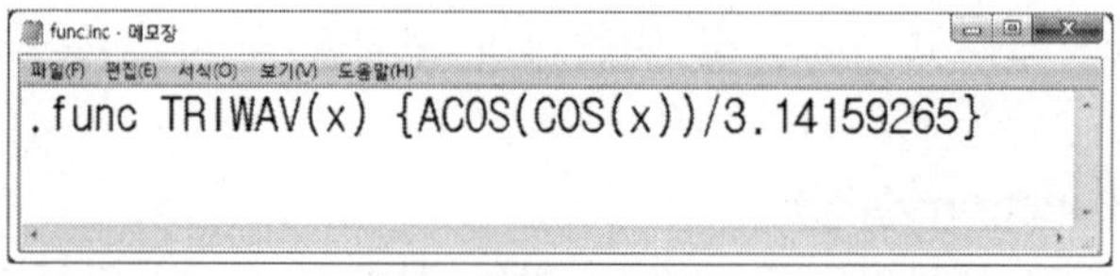
func.inc - 메모장
파일(F) 편집(E) 서식(O) 보기(V) 도움말(H)

```
.func TRIWAV(x) {ACOS(COS(x))/3.14159265}
```

※ ABM Symbol을 이용하면 중괄호({}) 없이 Function을 이용 가능

2) 사용기능 및 부품 (Function을 이용한 회로 해석)

(Place Part)VPWL, R, ABM1, (Place Ground) 0, (Place Wire)

(Place Net Alias)

3) Probe 설정 / Run PSpice (Function을 이용한 회로 해석)

- Voltage Probe : V(TRI)

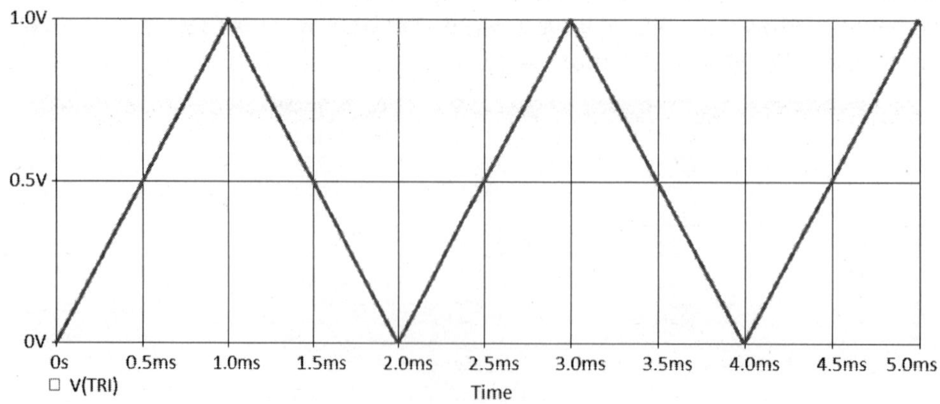

따라하기 - Function과와 Parameter 변수를 이용한 신호원 생성

1) 회로도 (Pluse Width Module 회로)

- DUTYF1 function를 function(F2T)과 파라미터 변수(DUTY)를 이용하여 시뮬레이션
  - C:₩SPB_Data₩LIB₩func.inc파일 설정 후 저장하고 시뮬레이션

.func F2T(f1) {1/f1}

.func DUTYF1(f3) {DUTY*F2T(f3)}

.PARAM DUTY=0.5

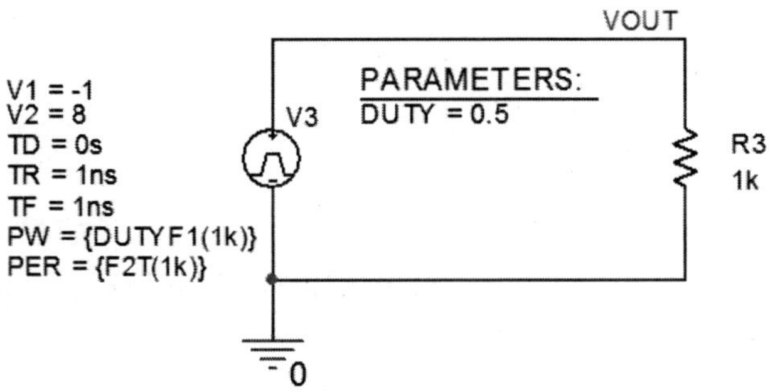

2) 사용기능 및 부품

(Place Part)VPULSE, R, PARAM, (Place Ground) 0, (Place Wire)

(Place Net Alias)

3) Probe 설정 / Run PSpice

- Voltage Probe : V(VOUT)

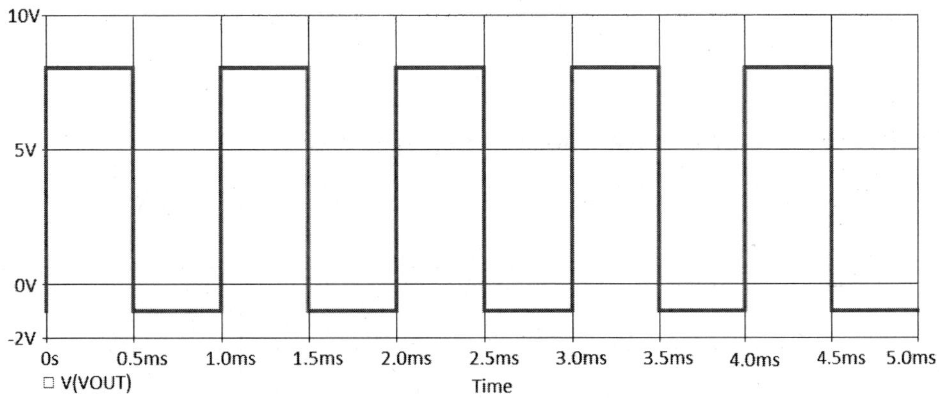

따라하기 - TIME와 Macro를 이용한 신호원 생성

1) 회로도 (Signal Generator 회로)

- VCOS Function을 파라미터 변수(FREQ, TIME)과 Macro(PI)를 이용하여 시뮬레이션
  - C:₩SPB_Data₩LIB₩func.inc파일 설정 후 저장하고 시뮬레이션

  .func VCOS(VAMP) {VAMP*cos(2*PI*FREQ*TIME)}

  .PARAM FREQ=1k

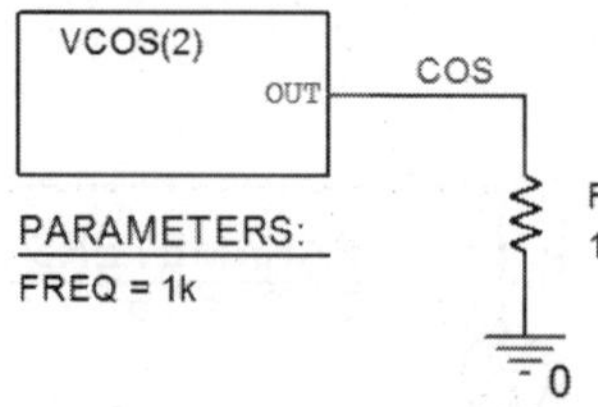

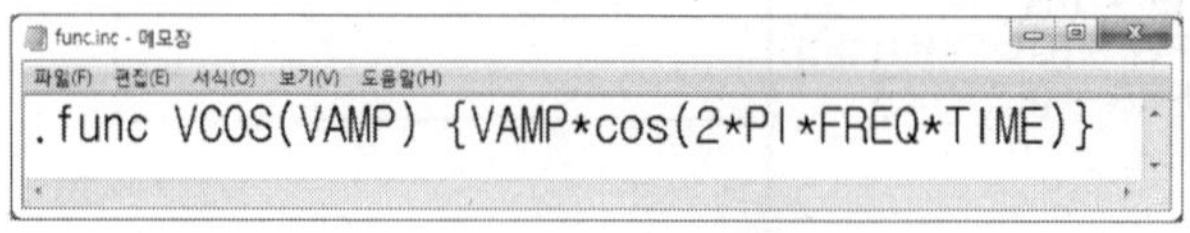

2) 사용기능 및 부품

(Place Part)ABM, R, PARAM, (Place Ground) 0, (Place Wire)

(Place Net Alias)

3) Probe 설정 / Run PSpice

- Voltage Probe : V(COS)

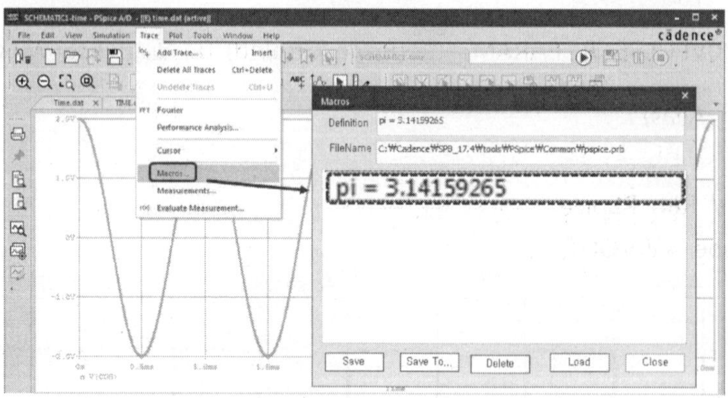

※ pi는 PSpice AD의 메뉴 Trace – Macros에서 확인 가능

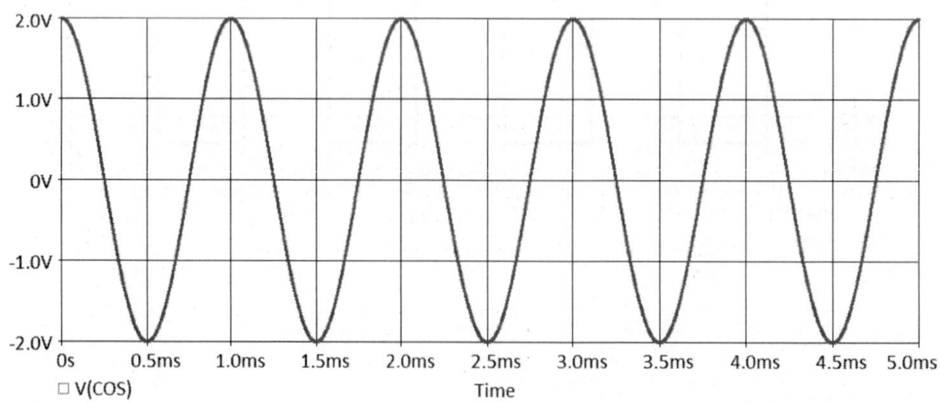

CHAPTER 04 과전압, 과전류 검출 방법

1. VOLTAGE_Gen

Voltage_gen 소자의 경우 <Install Directory>₩Capture₩library₩pspice₩advanls 폴더에 있는 **Function.olb** 라이브러리에 포함이 되어 있다. Voltage_gen의 경우 특정 Wire의 전압에 대해 Warning 메시지 또는 Error 메시지를 나타낼 수 있다. 단 Warning의 경우 Output file이나 Output windows에 메시지를 출력만 하는데 반해 Error의 경우는 시뮬레이션을 종료시킨다.

※ Voltage_gen은 전압제어용 전압원이며, Current_gen은 전압제어용 전류원

- Voltage_gen은 VOUT에 설정된 전압값을 Voltage_gen 소자의 +핀(PVS)으로 전압 출력
- Current_gen은 IOUT에 설정된 전압값을 Current_gen 소자의 –핀(PIN)으로 전류 출력

2. 과전압 검출하기

따라하기

1) 회로도 (과전압 발생 회로)

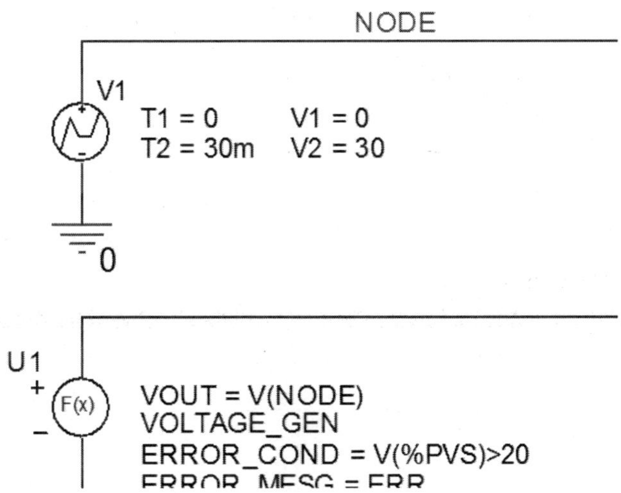

2) 사용기능 및 부품

(Place Part)VPWL, Voltage_gen, R, (Place Ground)0

(Place Wire), (Place Net Alias)

3) 시뮬레이션 설정

New Simulation 창

- Name : **Tran**
- Inherit Form : **None**

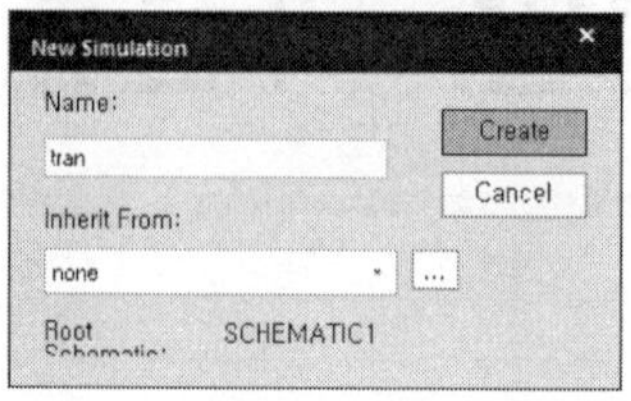

Simulation Setting 창 – Analysis 탭

- Analysis Type : **Time Domain**
- General Settings
  - · Run to Time : **30ms**
  - · Start saving data after : **0**
  - · Maximun Step Size: **1us**

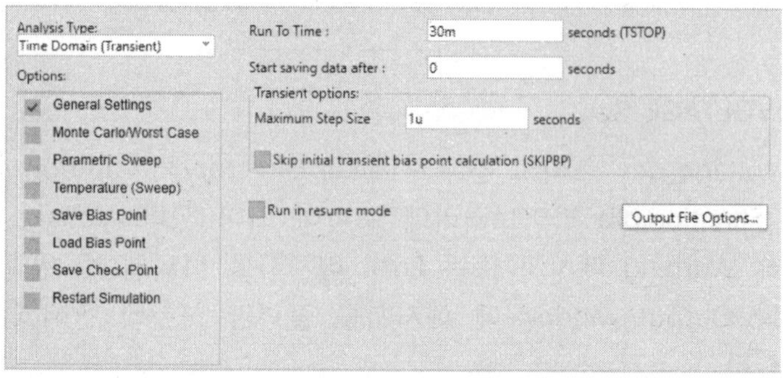

4) Probe 설정 / Run PSpice

- Voltage Probe : V1(NODE)
- (Warning message) Plot 창과 Output Window

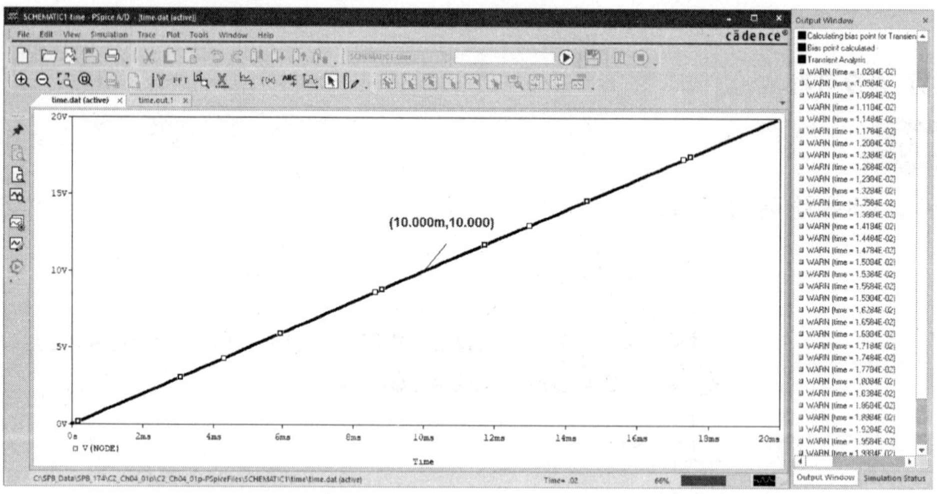

- (Warning message) Output File

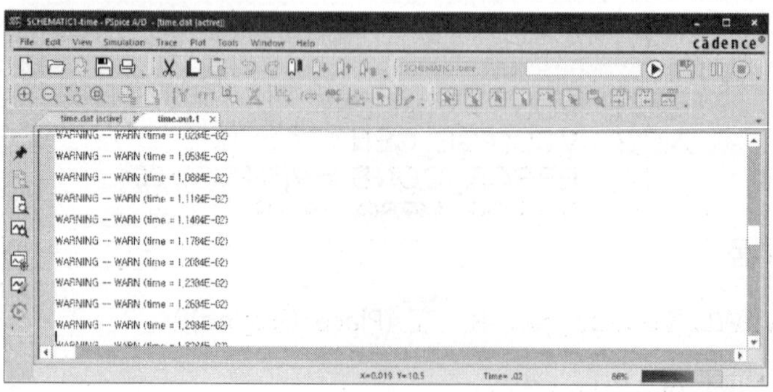

- (Error Message) Plot 창과 Output File

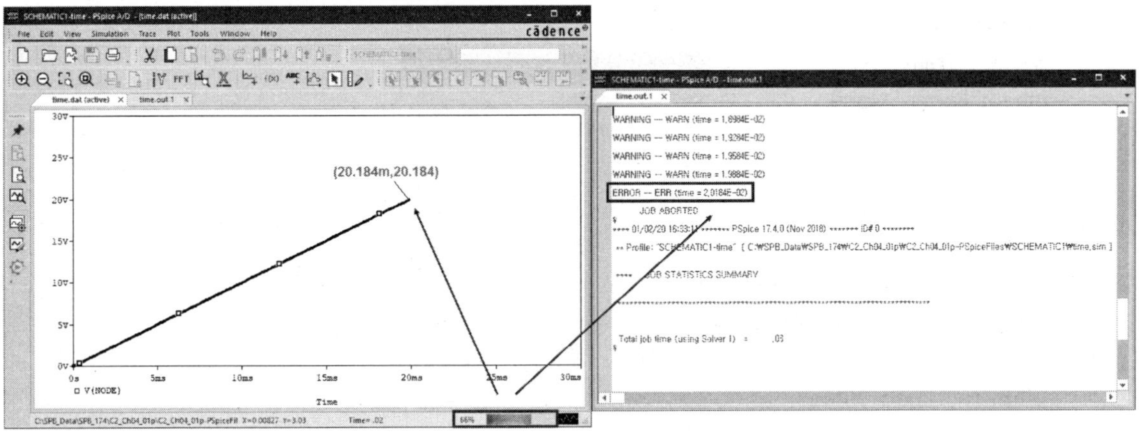

3. 과전류 검출하기

회로의 과전류를 검출하기 위해서는 Voltage_gen와 H (전류제어원 전압원)을 이용하여 측정할 수 있다.

따라하기

1) 회로도

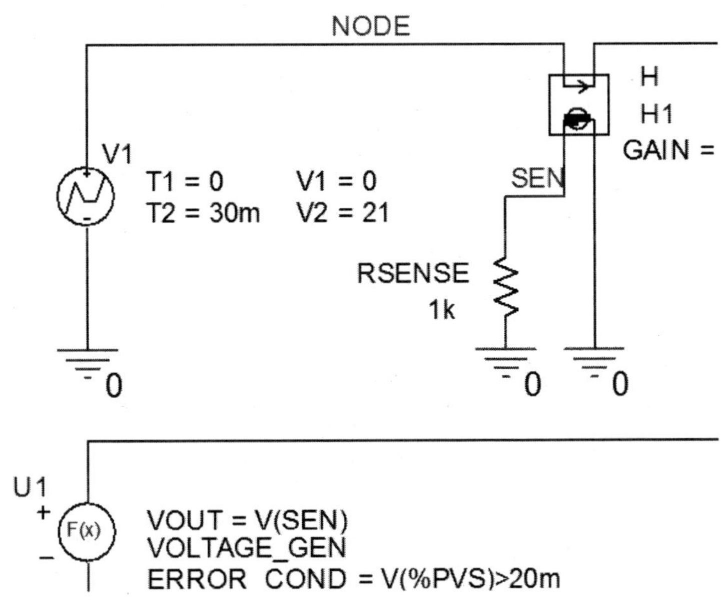

2) 사용기능 및 부품

(Place Part)VPWL, Voltage_gen, R, H, (Place Ground)0, (Place Wire)

(Place Net Alias)

3) 시뮬레이션 설정

New Simulation 창

- Name : **Tran**
- Inherit Form : **None**

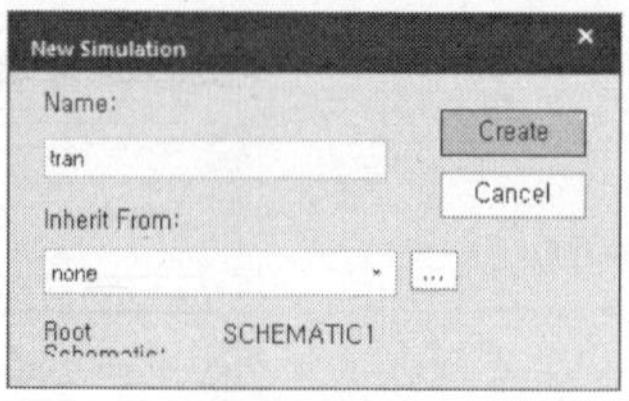

Simulation Setting 창 – Analysis 탭

- Analysis Type : **Time Domain**
- General Settings
  · Run to Time : **30ms**
  · Start saving data after : 0
  · Maximun Step Size: **1us**

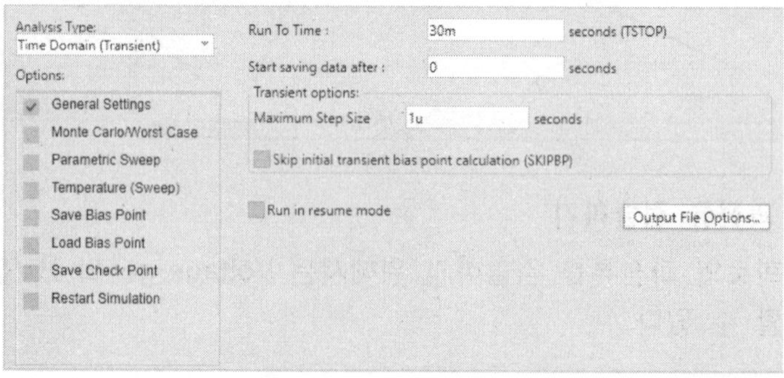

4) Probe 설정 / Run PSpice

- Current Probe : I1(R1)

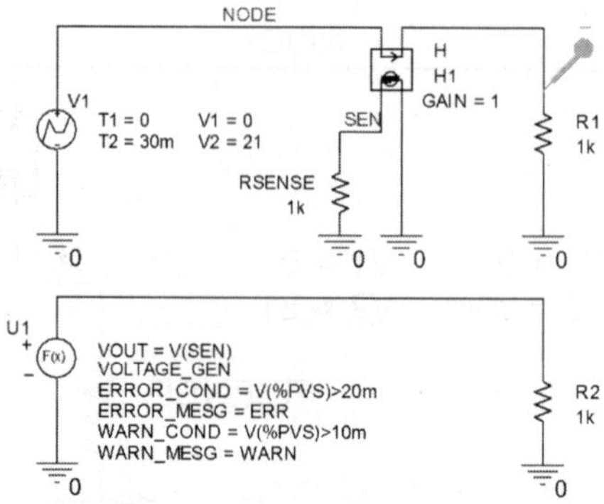

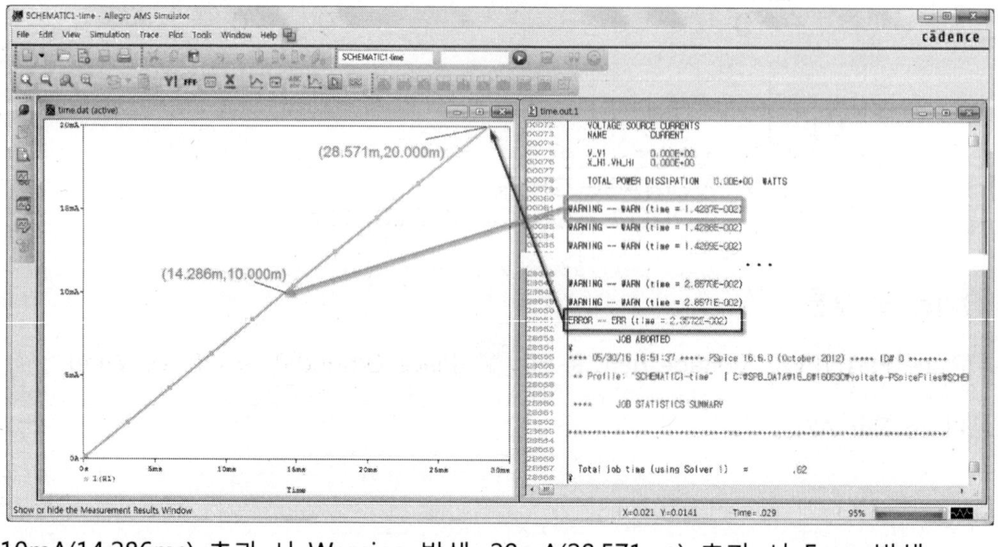

- 10mA(14.286ms) 초과 시 Warning 발생, 20mA(28.571ms) 초과 시 Error 발생

CHAPTER 05 전압에 따라 변화하는 저항 사용

1. ZX와 YZ 사용

ZX와 YX를 사용하여 전압에 따라 변화하는 저항을 사용할 수 있다.

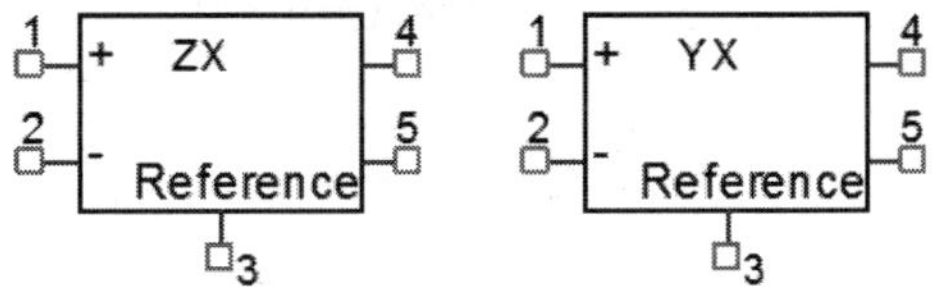

ZX는 5개의 핀으로 구성이 되어 있으며, 1, 2번 핀은 전원입력을, 3번핀에는 Reference 저항을, 그리고 4, 5번핀에는 저항 출력을 나타낸다. 그래서 출력되는 저항의 값은 아래와 같다.

$Z_{4-5} = Z_3 \times \left(V_1 - V_2\right)$ (숫자는 핀번호를 의미)

다음과 같이 ZX의 Reference에 1k 저항을 V2에 1Vdc의 전원을 입력 시 out 노드에 있는 프로브의 전압은 $10 * \frac{R_2 * V_2}{R_1 + R_2 * V_2}$ 로 구성할 수 있다.

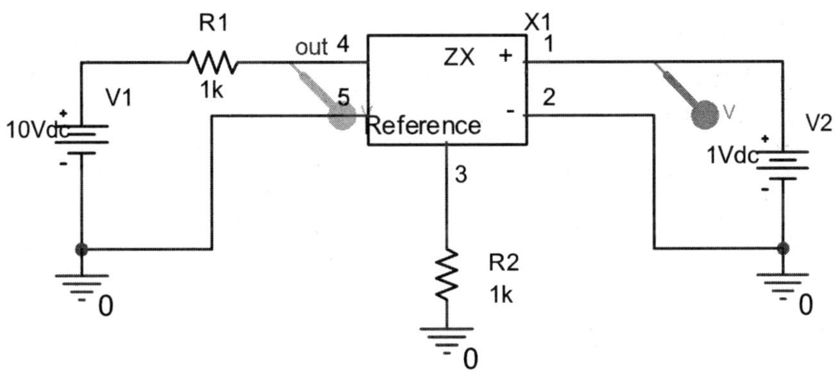

따라하기

1) 회로도

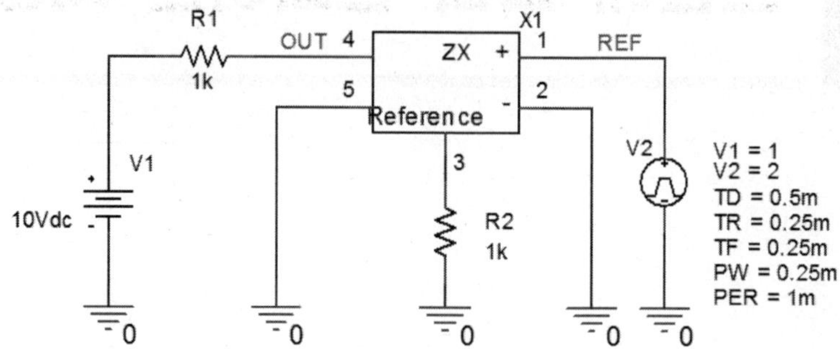

2) 사용기능 및 부품

(Place Part)VPULSE, VDC, ZX, R (Place Ground) 0 (Place Wire)

(Place Net Alias)

3) 시뮬레이션 설정

New Simulation Profile - Setting 창 – Analysis 탭

- Analysis Type : **Time Domain**
- General Settings
  - · Run To Time : **3m**
  - · Start saving data after : **0s**

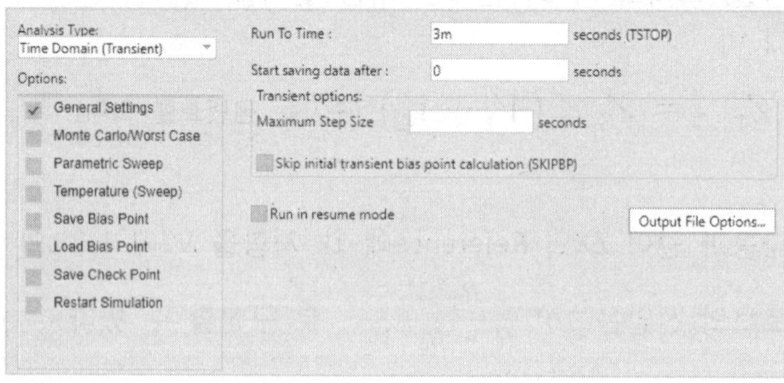

4) Probe 설정 / Run PSpice

- Voltage Probe : V1(OUT)
- Add Trace : V(OUT)/I(R1)

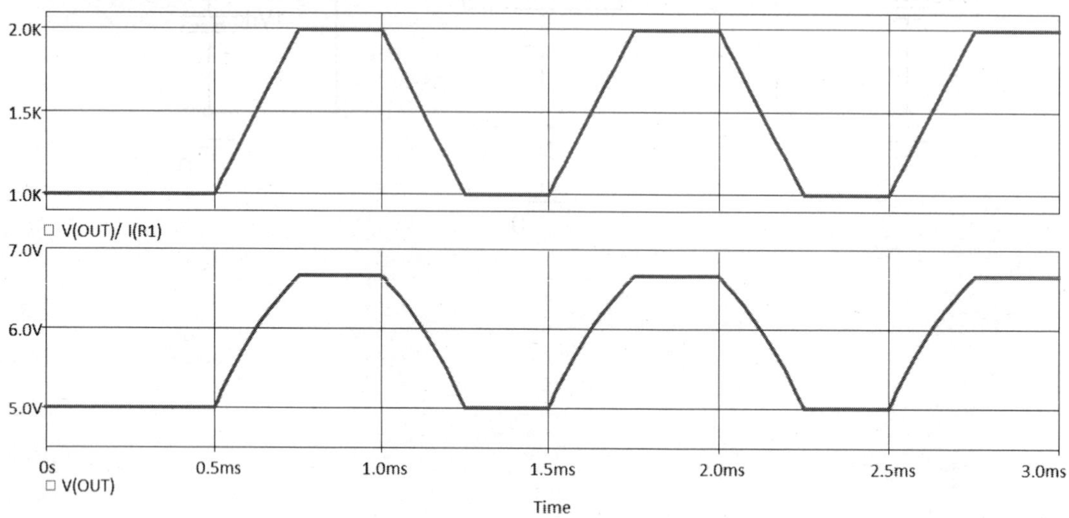

CHAPTER 06 두 개의 데이터 비교하기

1. PSpice 데이터 비교

결과 데이터를 비교하기 위해서는 확장자가 .dat, .csv, .txt로 저장이 되어 있어야 하며, XY 축으로 구성되어 있어야만 한다. 우선적으로 결과 데이터를 비교하기 위해 하나의 결과 파일을 저장하고, 그 결과 파일을 불러서 비교할 수 있다.

따라하기

1) 회로도 (RC 회로)

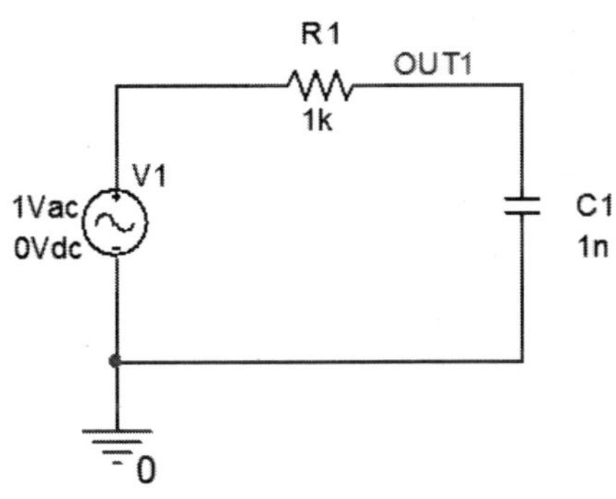

2) 사용기능 및 부품

(Place Part)VAC, C, R, (Place Ground) 0, (Place Wire)

(Place Net Alias)

3) 시뮬레이션 조건

New Simulation Profile - Setting 창 – Analysis 탭

- Analysis Type : **AC Sweep**
- General Settings
  - AC Sweep Type
    - · Logarithmic : **Decade**
    - · Start Frequency : **1**
    - · End Frequency : **10meg**
    - · Points/Decade : **100**

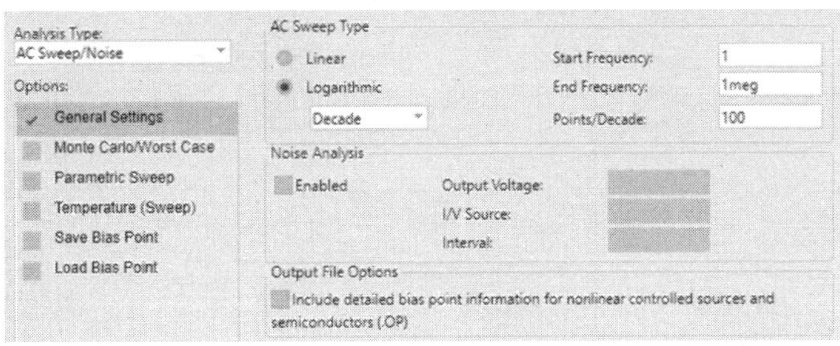

4) Probe 설정 / Run PSpice

- Voltage Probe : V(OUT1)

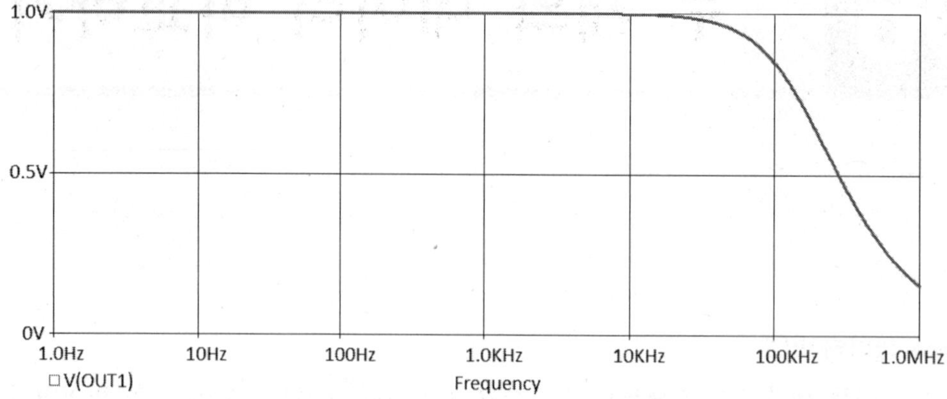

5) 데이터 저장

데이터를 비교하기 위해 우선 하나의 파일을 저장한다. 데이터 결과를 저장하기 위해서는 PSpice A/D 창에서 메뉴 **File - Export - Probe Date (.dat file)**을 클릭한다.

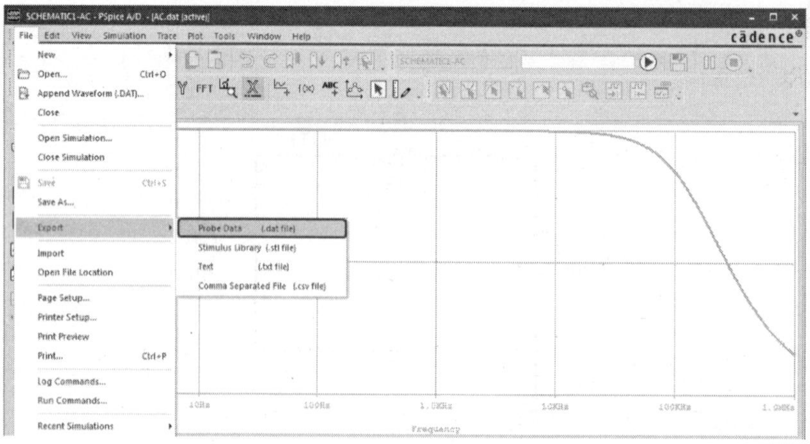

Export Probe Data 창에서 데이터를 출력할 파형을 왼쪽 창(Out Variables to Export)에 지정하고 출력할 파일명을 입력한 뒤 OK 버튼을 클릭하여 저장한다.

- Out Variables : **V(OUT1)**
- File : **C:₩SPB_data₩DIFF_DATA.dat**

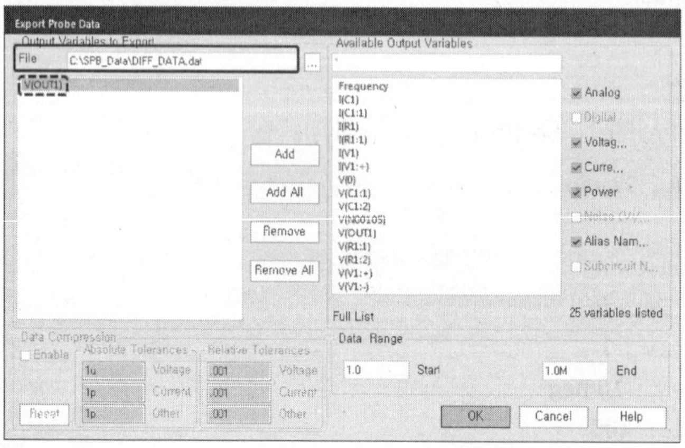

6) 결과 비교하기

새로운 회로도을 작성하고 앞에 저장한 데이터 파일을 불러와서 비교한다.

- 커패시터 값을 1n에서 2n으로 변경
- 시뮬레이션 설정 동일

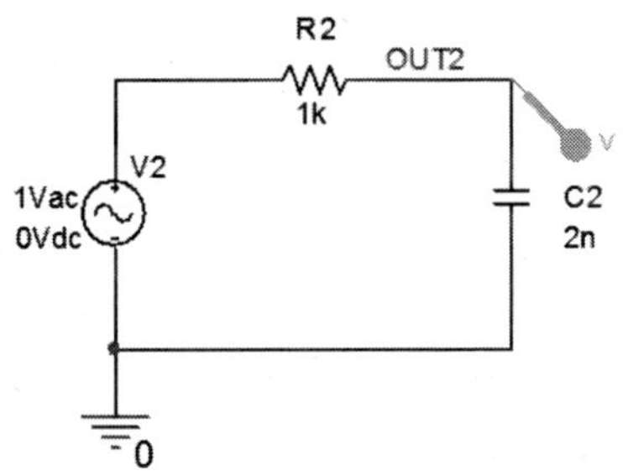

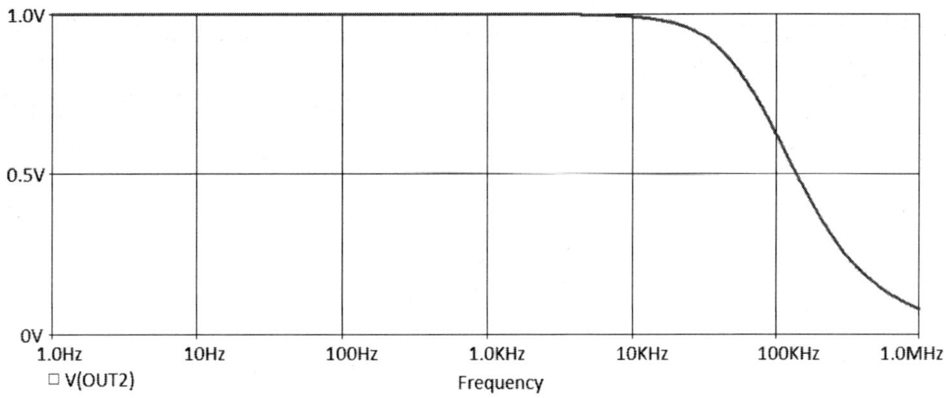

메뉴 File – Append Waveform(.DAT)를 입력하여 저장된 데이터 파일을 불러온다.

- File : **C:₩SPB_data₩DIFF_DATA.dat**

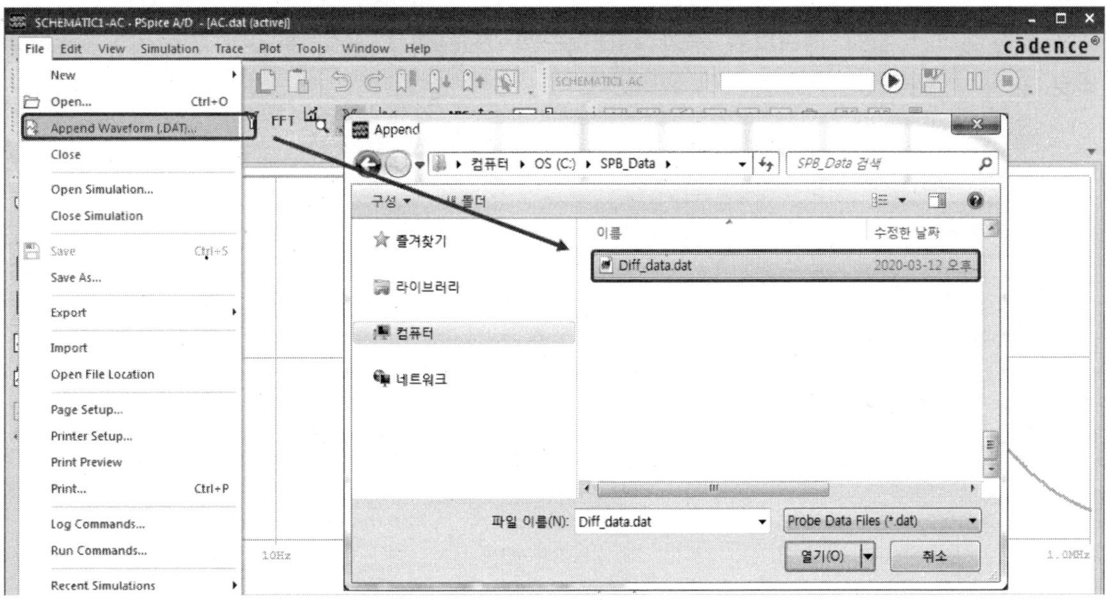

Inconsistent Sections에서 Do Net Skip Sections을 클릭한다.

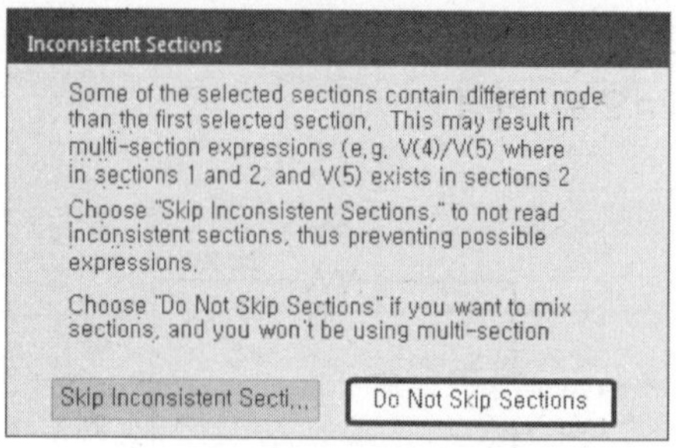

위 작업을 진행하면 시뮬레이션 결과에 불러온 데이터가 추가된다. 이전 데이터의 Trace를 Plot에 추가하기 위해 Add Trace를 이용한다.

- Add Trace : V(OUT1)

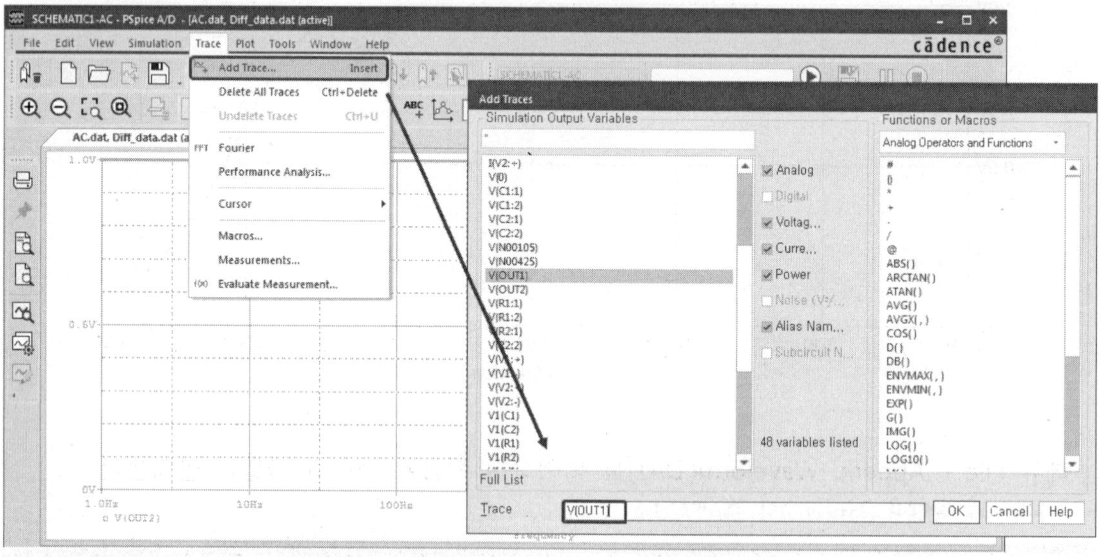

※ 시뮬레이션 결과 데이터와 추가된 데이터의 Trace의 이름이 동일한 경우에는 Trace가 바로 표시

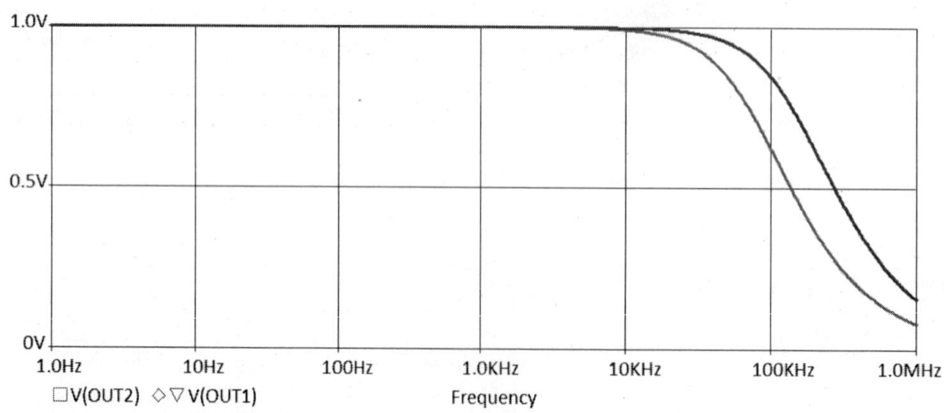

CHAPTER 07 Stimulus Editor 활용

1. 화면구성

Stimulus Editor는 Transient 해석의 아날로그와 디지털 신호원을 그래픽 방법을 이용하여 설정하는 툴이다

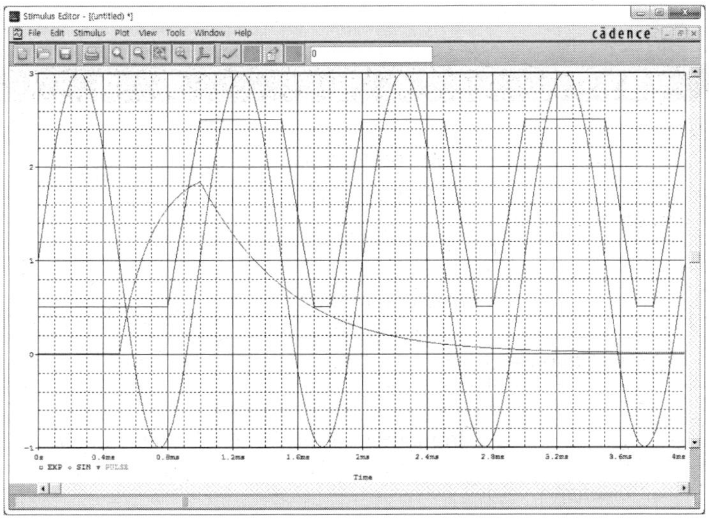

2. Toolbar

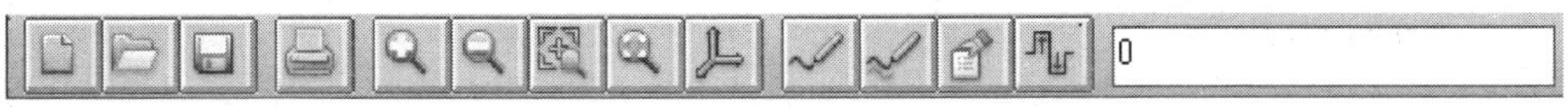

① ② ③ ④ ⑤ ⑥ ⑦ ⑧ ⑨ ⑩ ⑪ ⑫ ⑬ ⑭

① New : Stimulus 생성하기
② Open : Stimulus 열기
③ Save : Stimulus 저장
④ Print : Stimulus 프린트 출력
⑤ Zoom In : 화면 확대
⑥ Zoom Out : 화면 축소
⑦ View Area : 영역 확대
⑧ View Fit : 화면에 맞게 확대
⑨ Axis Settings : 축 설정
⑩ New Stimulus : Stimulus 파형 만들기
⑪ Get Stimulus : 파형 가져오기
⑫ Edit Attributes : 파형 속성 편집
⑬ Add : Cursor 포인트 추가
⑭ Digital Value : 트랜지션 추가 시 사용할 Digital Value

3. File structure

Stimulus Library(.STL파일)를 사용하기 위해서는 Simulation Setting에 적용시켜야 한다.

Capture에서 Edit PSpice Stimulus로 파형을 생성할 경우 Profile 폴더에 파일이 자동 생성되고, Simulation Setting도 자동으로 설정된다.

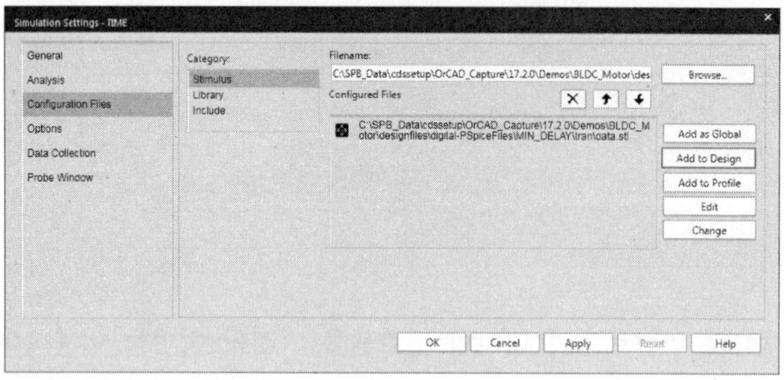

..\Project Directory
- ..Project and Design Files
- ..\Project-PSpiceFiles
  - ..Custom Simulation Libraries
  - ..\Schematic1
    - ..\Profile1
      - ..Stimulus Files

4. Stimulus 전원 종류

심볼명	부품모양	속 성	의 미	용 도
VSTIM	V1 S Implementation =	Implementation : 신호원 명칭	아날로그 전압원	Stimulus를 이용한 아날로그 입력용
ISTIM	I1 Implementation =	Implementation : 신호원 명칭	아날로그 전류원	Stimulus를 이용한 아날로그 입력용
DigStim1	DSTM1 S1 Implementation =	Implementation : 신호원 명칭	디지털 Signal/ Clock 신호원	Stimulus를 이용한 디지털 입력용
DigStim2	DSTM2 S2 Implementation =		디지털 2 bit 신호원	
DigStim4	DSTM3 S4 Implementation =		디지털 4 bit 신호원	
DigStim8	DSTM4 S8 Implementation =	Implementation : 신호원 명칭	디지털 8 bit 신호원	Stimulus를 이용한 디지털 입력용
DigStim16	DSTM5 S16 Implementation =		디지털 16 bit 신호원	
DigStim32	DSTM6 S32 Implementation =		디지털 32 bit 신호원	

따라하기

1) 회로도

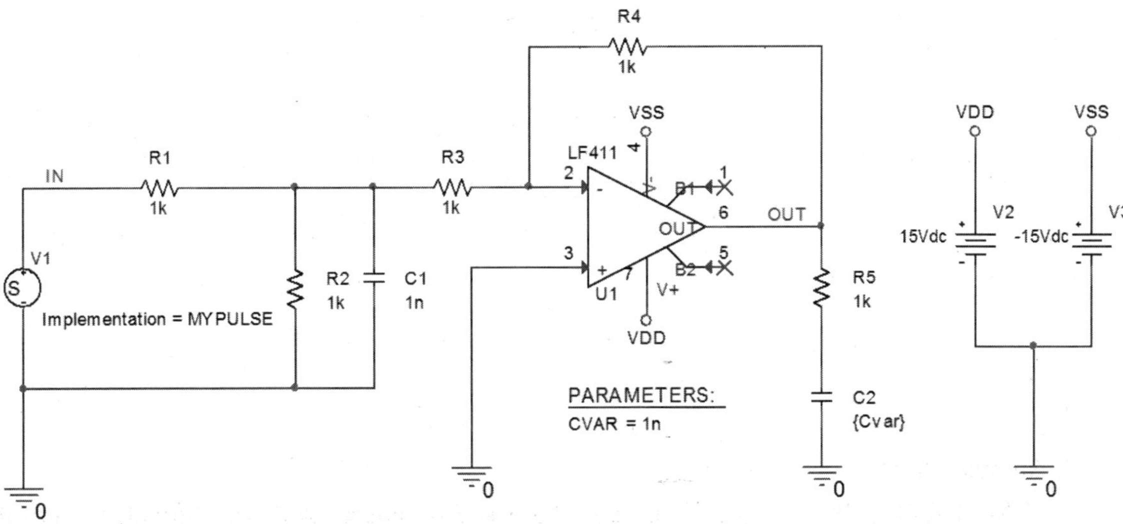

2) 사용기능 및 부품

(Place Part)VSTIM, VDC, R, C, LF411, PARAM, (Place Ground) VCC, 0,

(Place Wire), (Place Net Alias)

3) 시뮬레이션 조건

New Simulation 창

- Name : **Tran_5u**
- Inherit Form : **None**

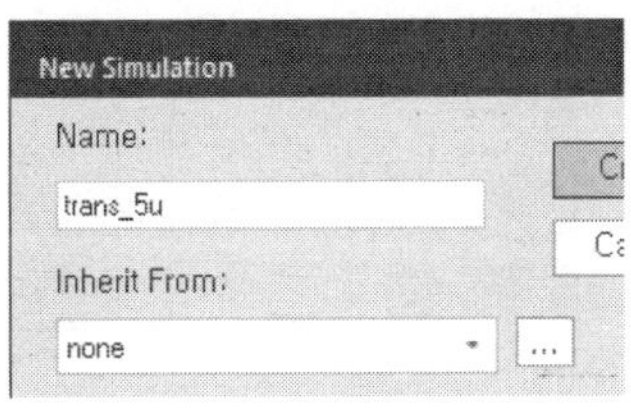

Simulation Setting 창 – Analysis 탭

- Analysis Type : **Time Domain**
- General Settings
  - · Run To Time : **5us**
  - · Start saving data after : **0s**

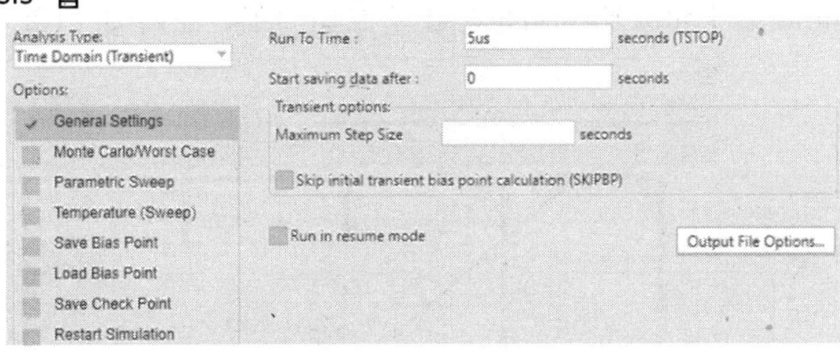

- Parametric Sweep : **체크**
  - Sweep Variable
    - · **Global Parameter 체크**
    - · Parameter name : **Cvar**
  - Sweep Type
    - · **Linear 체크**
    - · Start Value : **100p**
    - · End Value : **700p**
    - · Increment : **25p**

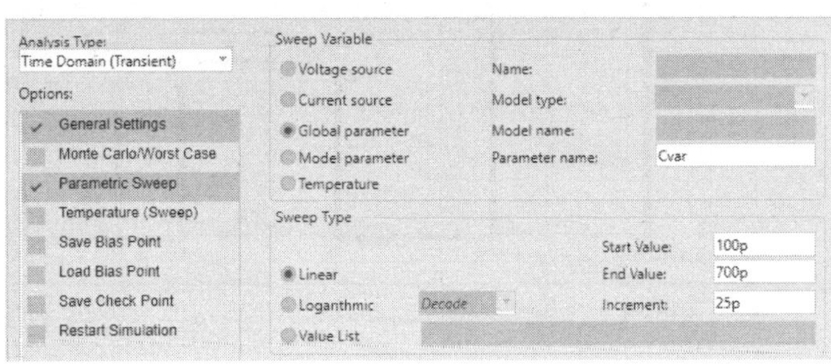

4) Probe 설정

- Current Probe : I(C2)

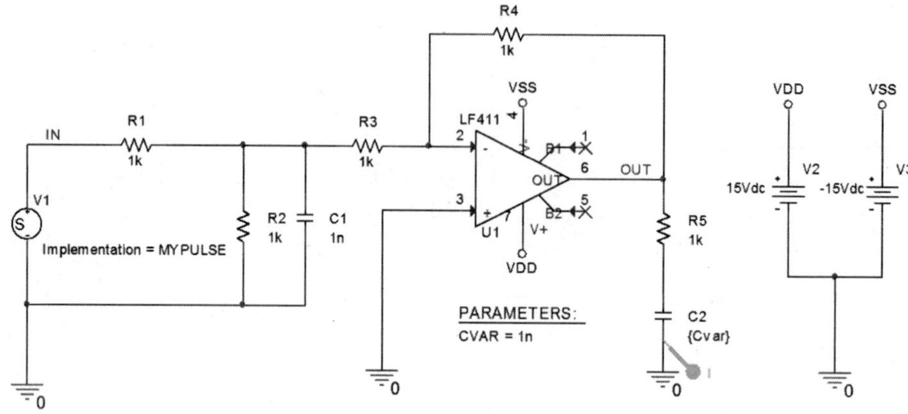

5) Stimulus 설정

VSTIM 소자에서 마우스 우클릭 후 Edit PSpice Stimulus를 클릭하면 Stimulus Editor와 New Stimulus 창이 표시된다. 생성할 파형 타입과 세부정보를 입력한다.

- New Stimulus : (Analog) PULSE
- PULSE Attributes : (위에서 순서대로) 0, 1, 100n, 10n, 1u, 1, 2

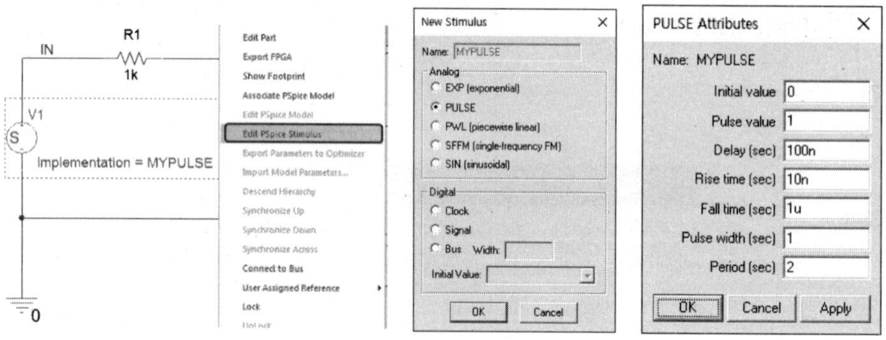

Stimulus Editor에서 저장하고 닫으며, 해당 소자에 전압 파형이 설정된다.

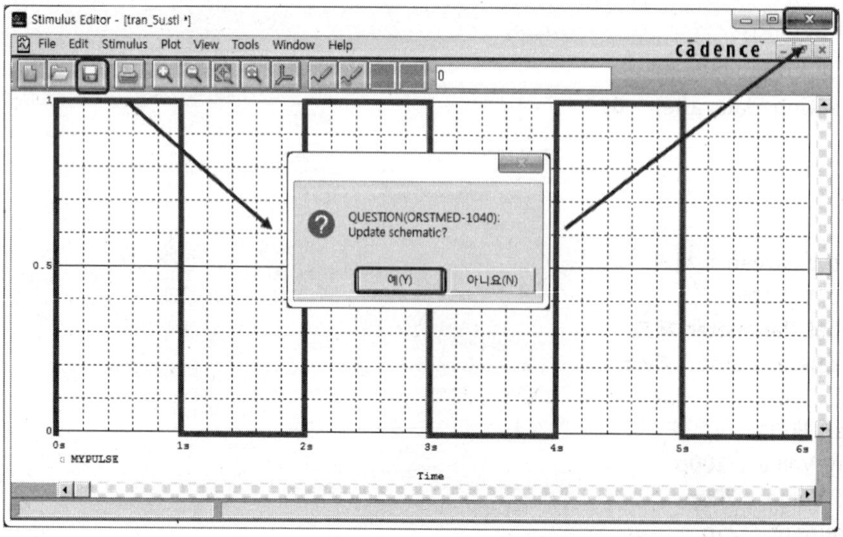

6) Run PSpice

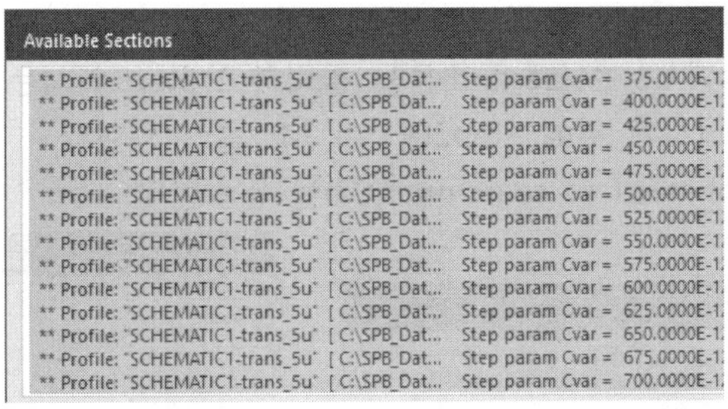

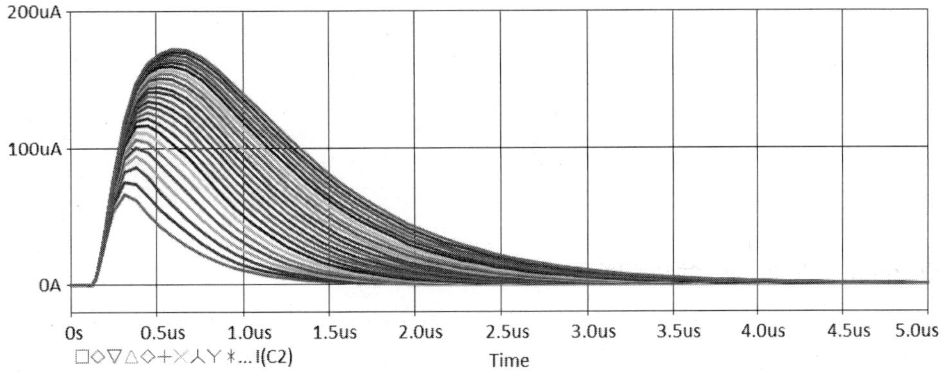

Parameter Sweep 해석 결과 중 일부 Trace만 출력하기 위해서는 새로운 Plot(메뉴 Plot - Add Plot to Window 실행)을 한 뒤 Trace를 추가(메뉴 Trace - Add Trace 실행)한다.

- Add Trace : I(C2)@25-I(C2)@1

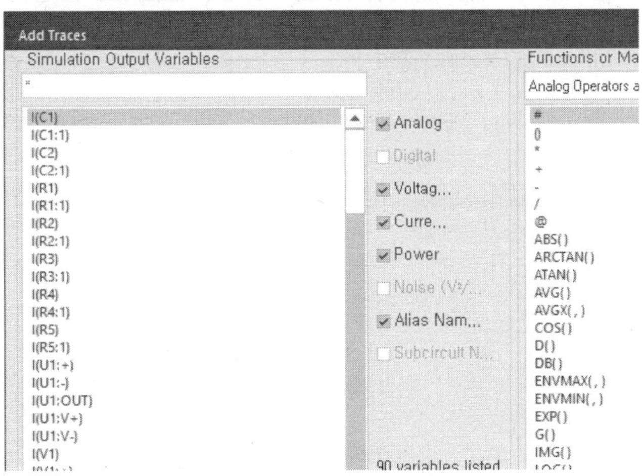

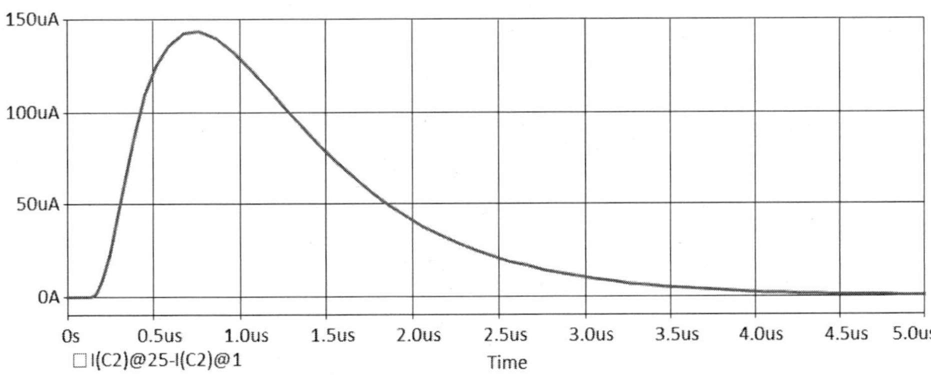

7) Performance Analysis

출력된 결과를 분석하기 위한 해석으로 메뉴 Trace - Performance Analysis...를 실행한다. Performance Analysis에서는 Wizard 버튼을 클릭하고 Step1에서는 Next 버튼을 클릭한다. I(C2)의 전류 값을 분석하기 위해 Step2에서는 **Max**를 선택한다.
Step3에서는 Name of trace to search에 **I(C2)**을 입력한다.

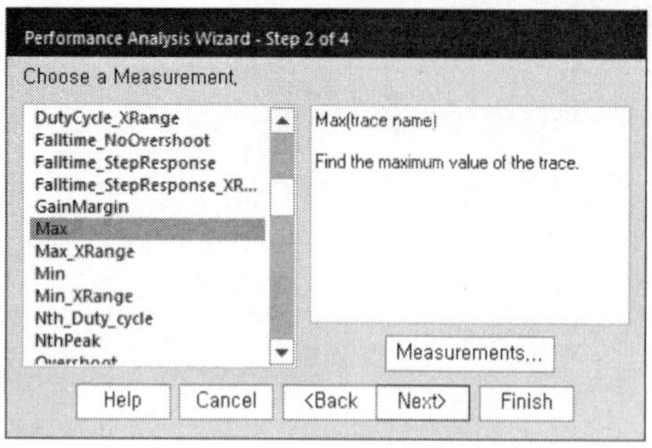

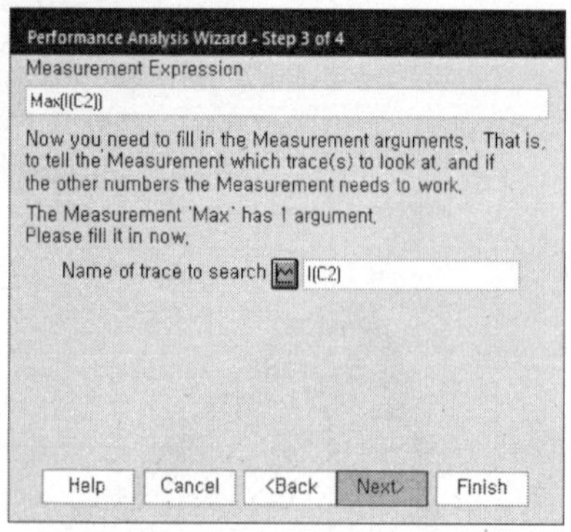

- Performance Analysis : MAX(I(C2))

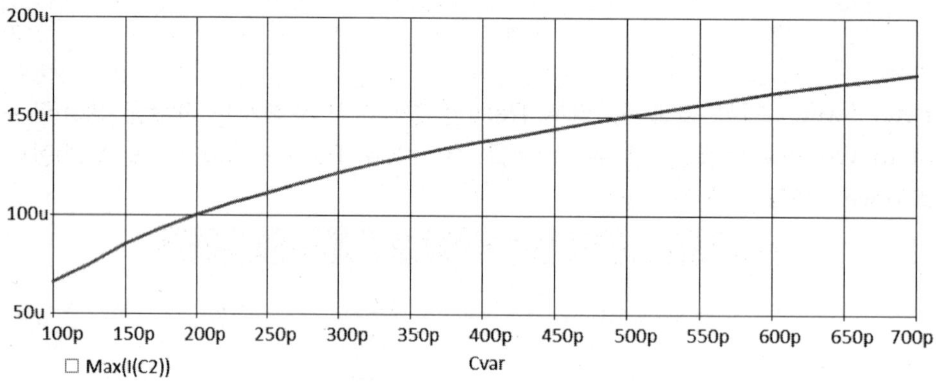

과 제 - 3상 전파 정류회로

VSTIM 소자를 이용하여 3상 전파 정류회로를 구성하고 시뮬레이션하시오.
- Amplitude = 30, Frequency = 1kHz, Phase = 0, 120, 240로 설계

1) 회로도

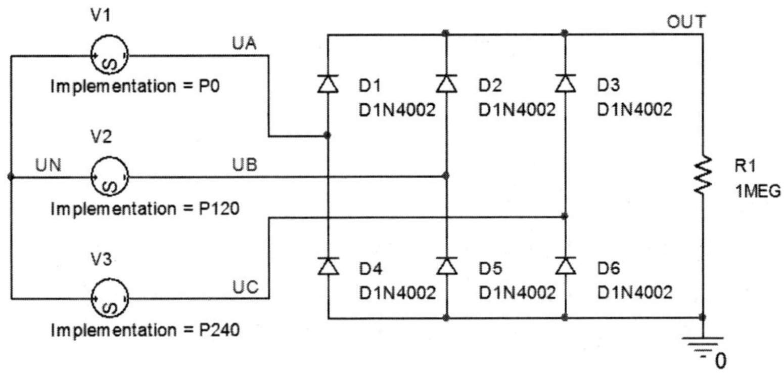

2) 사용기능 및 부품

(Place Part)VSTIM, R, D1N4002, (Place Ground) 0,

(Place Wire), (Place Net Alias)

해 설

3) 시뮬레이션 조건

New Simulation 창

- Name : **Tran_3ms**
- Inherit Form : **None**

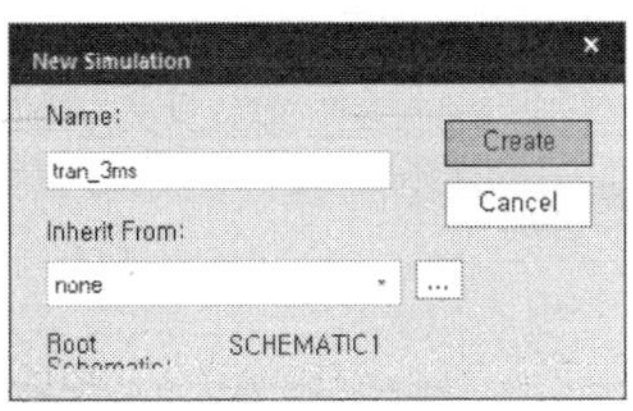

Simulation Setting 창 – Analysis 탭

- Analysis Type : **Time Domain**
- General Settings
  - · Run To Time : **3ms**
  - · Start saving data after : **0s**
  - · Maximum Step Size : **1u**

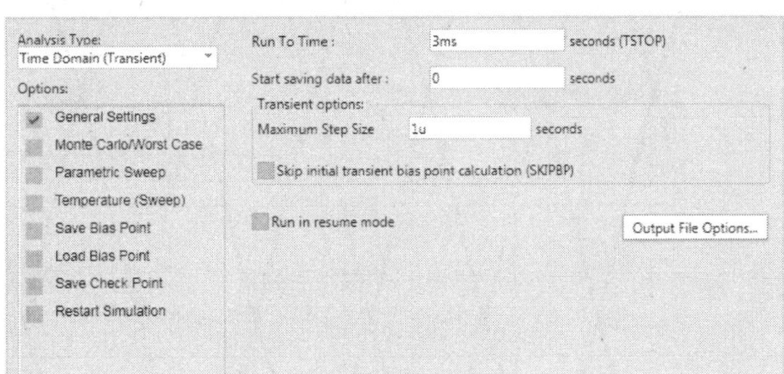

4) Stimulus 설정

VSTIM을 마우스 우클릭 후 Edit PSpice Stimulus를 클릭한 뒤 파형을 설정한다

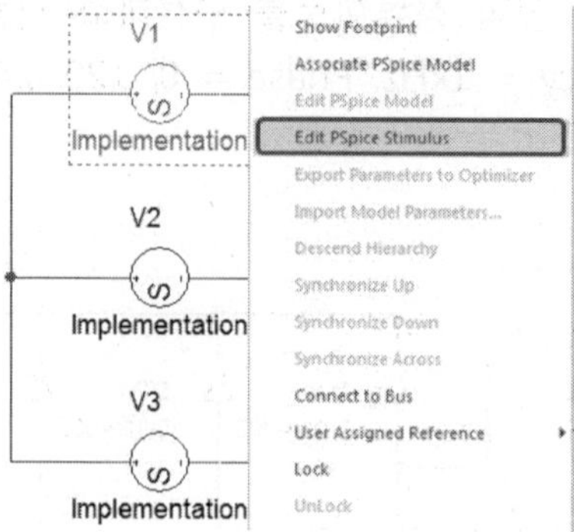

- New Stimulus (P0) : (Analog) SIN
- SIN Attributes : (위에서 순서대로) 0, 30, 1k, 0, 0, 0
- New Stimulus (P120) : (Analog) SIN
- SIN Attributes : (위에서 순서대로) 0, 30, 1k, 0, 0, -120
- New Stimulus (P240) : (Analog) SIN
- SIN Attributes : (위에서 순서대로) 0, 30, 1k, 0, 0, -240

P0의 파형 정보	P120의 파형정보	P240의 파형정보
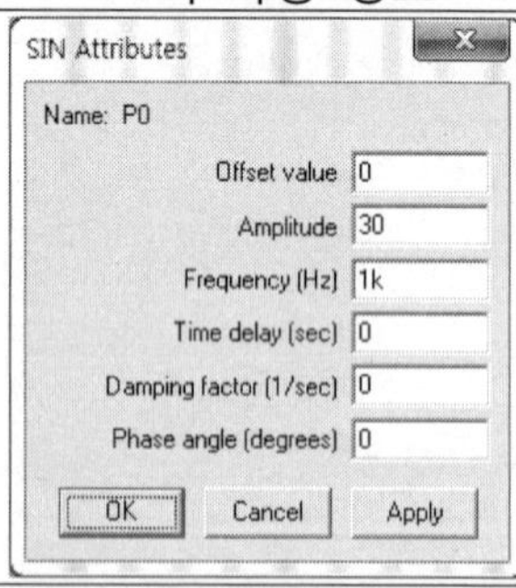	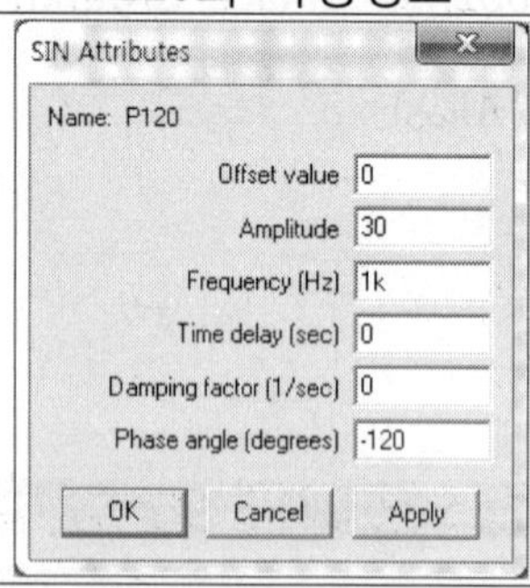	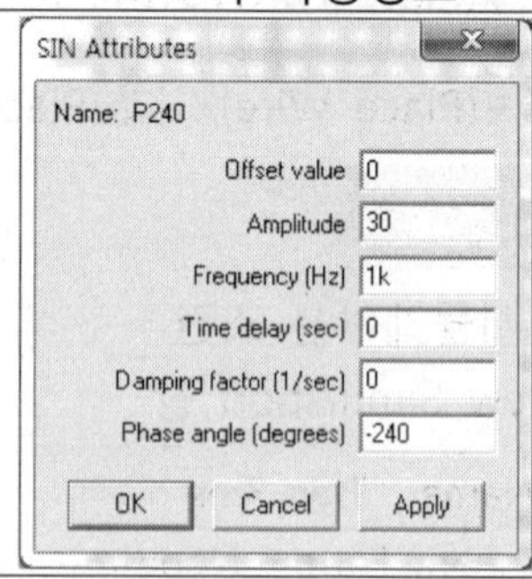

Stimulus 파형을 설정 후 저장한다.

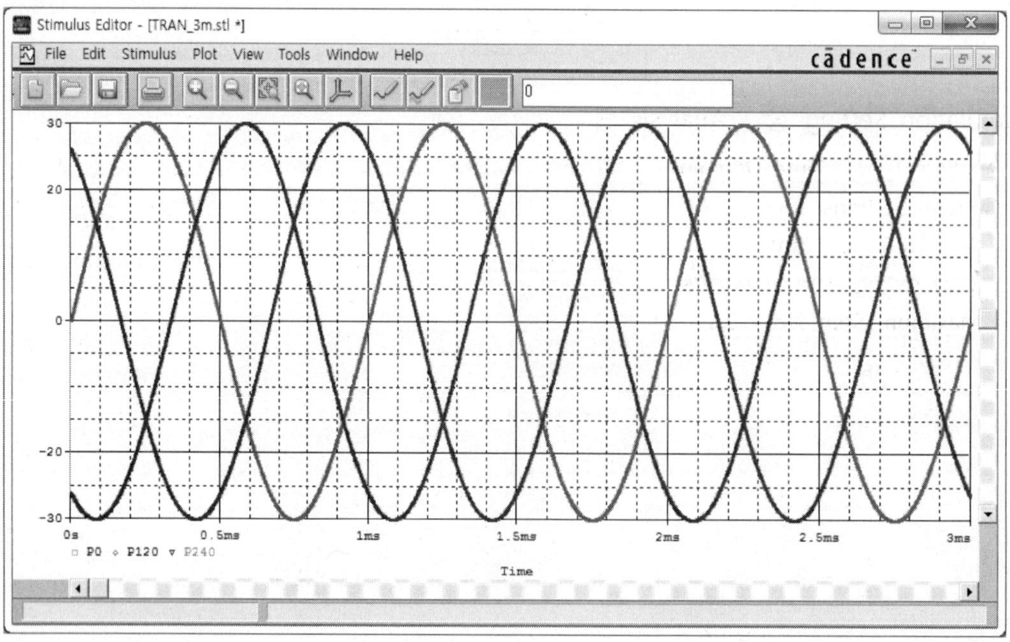

5) Probe 설정 / Run PSpice
- Voltage Differential Probe : V(UA,UN), V(UB,UN), V(UC,UN)
- Voltage Probe : V(OUT)

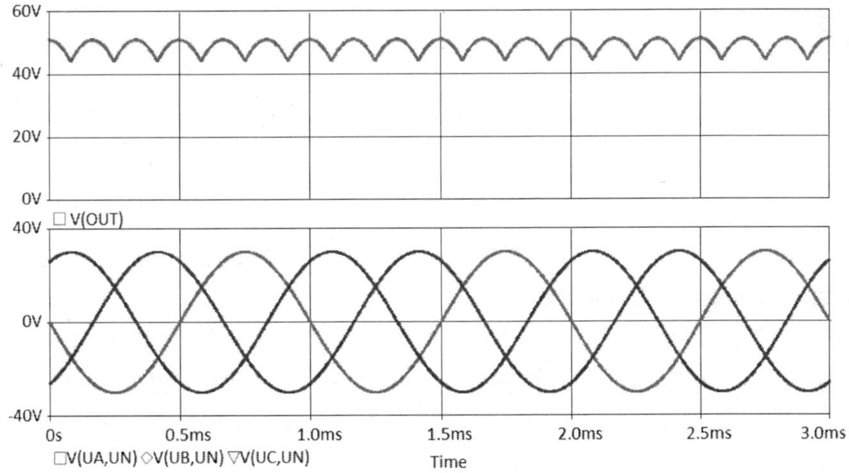

(DigStim)

※ 디지털 신호원은 Bit 수에 따라 사용 부품이 달라짐

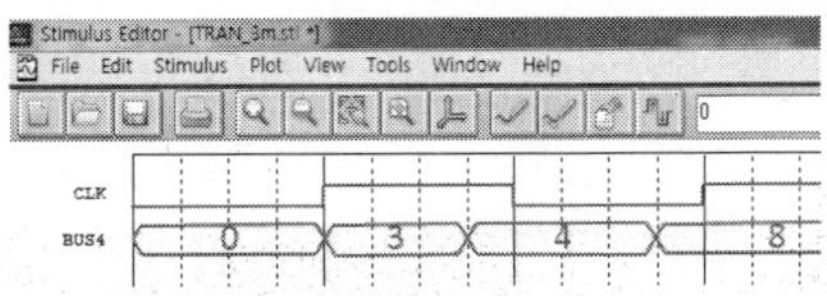

- Clock과 Signal은 Digstim1을 사용
- Clock의 경우 주파수와 듀티비(Duty cycle), 초기 신호를 설정

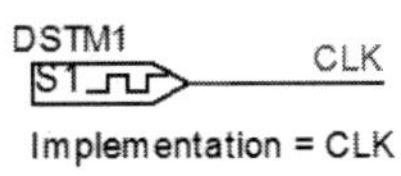

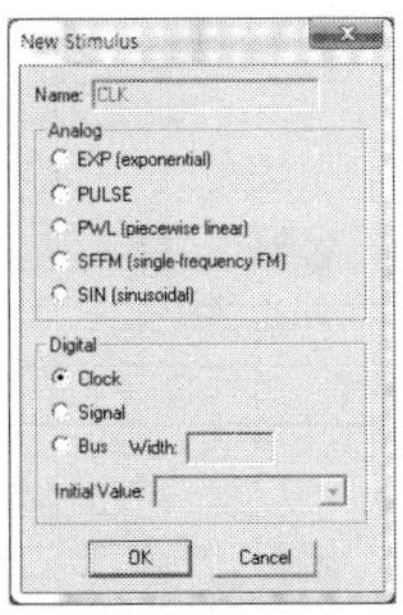

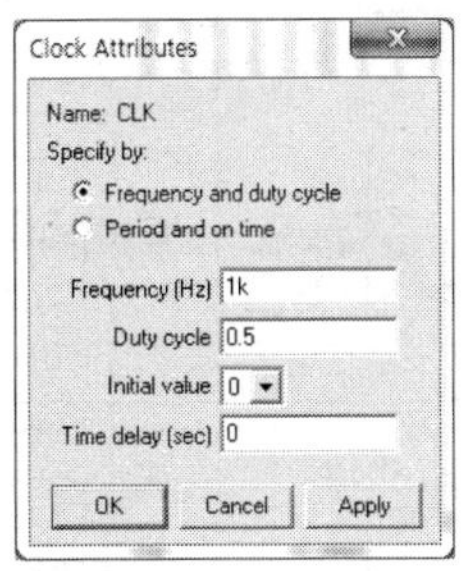

- Bus의 경우 Bit수에 맞게 DigstimN을 사용 (N은 2, 4, 8, 16, 32)
- Signal과 Bus의 경우 포인트를 추가하여 사용하며, 해당 포인트를 클릭하여 값을 변경할 수 있음

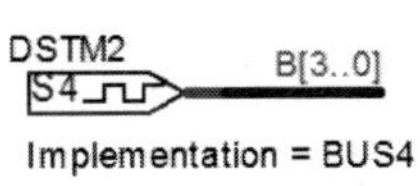

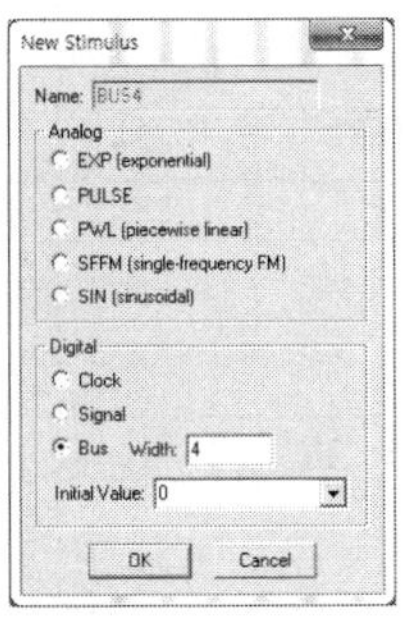

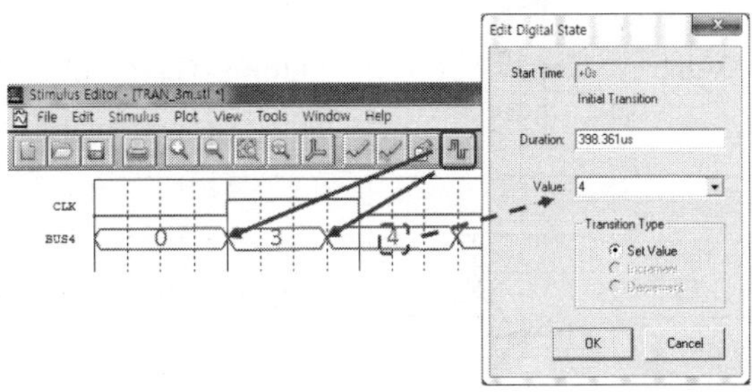

CHAPTER 08 수식에서 조건까지 가능한 ABM 활용

1. ABM(Analog Behavioral Modeling)

ABM 라이브러리는 전자소자 혹은 전자시스템의 동작 상태를 전달함수나 혹은 Look-up Table 등을 통하여 기술할 수 있는 기능을 가지고 있는 소자이다. 임의의 회로를 실제 전기적인 소자를 이용하여 설계하지 않고도 회로의 동작 상태를 수학적인 표현으로 기술하여 검증할 수 있다.

2. ABM 모델 종류

1) 기본소자

기본 소자는 산술적 계산을 할 수 있는 ABM 소자이고 입출력 전압의 기준점은 아날로그 접지단자이다.

소자이름	소자 심벌	기능 표현식	출력값	입력갯수	출력갯수
CONST	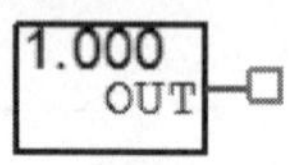	Output=Constant	실수 값	0	1
SUM	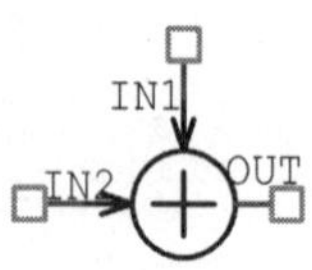	Output=Input+Input	두 입력의 합	2	1
MULT	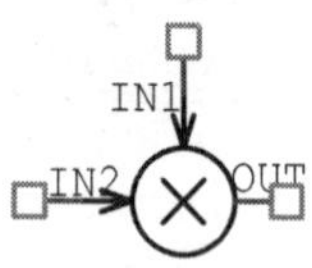	Output=Input*Input	두 입력의 곱	2	1
GAIN	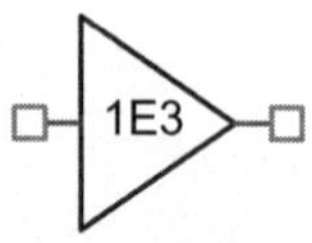	Output=Gain*Input	입력의 증폭 값	1	1
DIFF	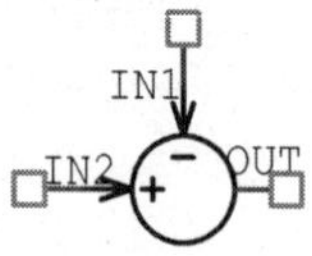	Output=Input-Input	두 입력의 차	2	1

2) Limiters

출력 전압의 크기를 최저 값, 최고 값으로 제한하는 기능을 갖는 소자들이다. 입/출력 단자의 기준은 아날로그 접지 단자이다.

소자 이름	소자 심벌	기 능	정의해야할 변수			입력 갯수	출력 갯수
			LO	HI	Gain		
LIMIT	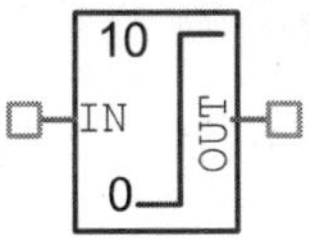	출력 전압의 크기를 최저값(LO), 최고값(HI)으로 제한 OUT = IN IN <= LO 일 때 OUT = LO IN >= HI 일 때 OUT = HI	O	O		1	1
GLIMIT	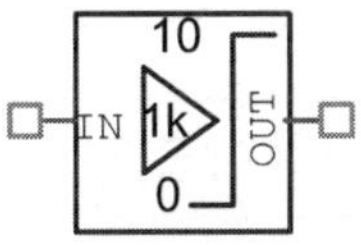	증폭기능을 갖고 있는 LIMIT 소자 OUT = GAIN * IN GAIN * IN <= LO 일 때 OUT = LO GAIN * IN >= HI 일 때 OUT = HI	O	O	O	1	1
SOFTLIM	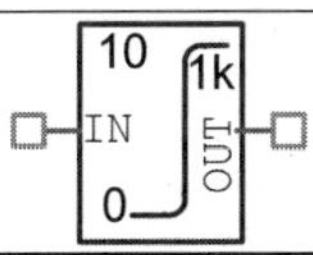	GLIMIT와 같은 기능 출력전압은 입력전압의 tanh 값으로 계산	O	O		1	1

Limiter 특성 비교

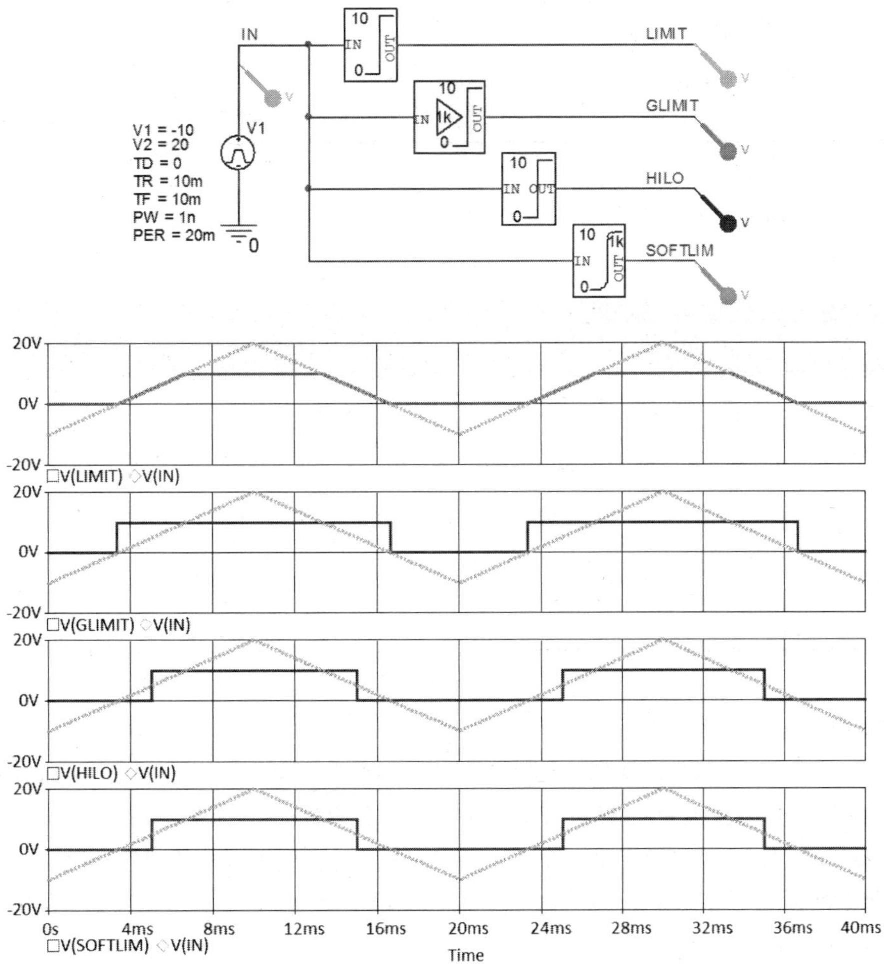

3) 수학적인 연산자

입력전압을 다른 형태의 전압신호로 변환하기 위하여 사용할 수 있는 소자이다. 삼각함수값에 해당되는 소자를 이용할 경우 주어진 입력값은 rad/sec로 인식된다.

소자이름	소자 심벌	기능 표현식	출력값	입력 갯수	출력 갯수
ABS	ABS IN OUT	Output=|Input|	입력의 절대값	1	1
LOG	LOG IN OUT	Output= $\log_e$ (Input)	입력의 자연대수 값	1	1
LOG10	LOG10 IN OUT	Output= $\log_{10}$ (Input)	입력의 상용대수 값	1	1
EXP	EXP IN OUT	Output= e^{Input}	입력의 지수값	1	1
SQRT	SQRT IN OUT	Output= $\sqrt{nput}$	입력의 제곱근 값	1	1
PWR	PWR 1.0 IN OUT	Output= $\|Input\|^{\mathrm{Expression}}$	입력 절대값의 X 제곱값	1	1
PWRS	PWRS1.0 IN OUT	Output= $(Input)^{\mathrm{Expression}}$	입력의 X 제곱값	1	1
SIN	SIN IN OUT	Output=sin(Input)	입력의 sine 값	1	1
COS	COS IN OUT	Output=cos(Input)	입력의 cosine 값	1	1
TAN	TAN IN OUT	Output=tan(Input)	입력의 tagent 값	1	1
ARCTAN	ARCTAN IN OUT	Output= $\tan^{-1}(Input)$	입력의 arctagent 값	1	1
ATAN	ATAN IN OUT	Output= $\tan^{-1}(Input)$	입력의 arctagent 값	1	1

4) 미분기 및 적분기

입력 신호를 미분/적분할 수 있는 소자이다.

소자이름	소자 심벌	기능 표현식	변수 Gain	변수 초기값	입력 갯수	출력 갯수
DIFFER	d/dt IN OUT 1.0	Output= $Gain = \frac{d(Input)}{dt}$	O		1	1
INTEG	1.0 0V	Output= $Gain* \int (Input)dt + IC$	O	O	1	1

5) 필터(Filters)

필터를 설계하기 위하여 사용되는 필터 함수는 여러 종류가 있지만, ABM에서 사용되는 기본 필터구조는 Chebyshev 형태이다. Chebyshev 필터함수는 통과대역에서 맥동 Ripple이 나타나는 것이 특징이며 차단주파수(Cutoff Frequency)는 맥동폭을 빠져나가는 주파수가 된다. 이는 Butterworth 형태의 필터함수에서 차단주파수를 최대이득에서 -3dB 감쇄되는 주파수로 정의되는 것과 다르다.

소자이름	소자심벌	기 능	정의해야 할 변수							
			Ripple	FP	FS	STOP	F0	F1	F2	F3
LOPASS	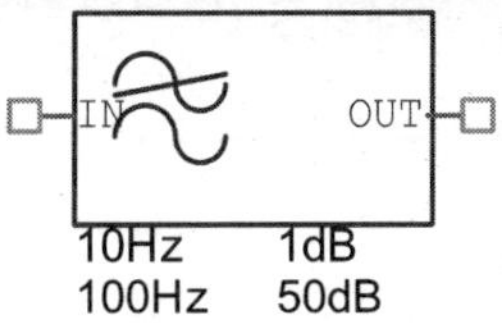	저역통과필터	O	O	O	O				
HIPASS	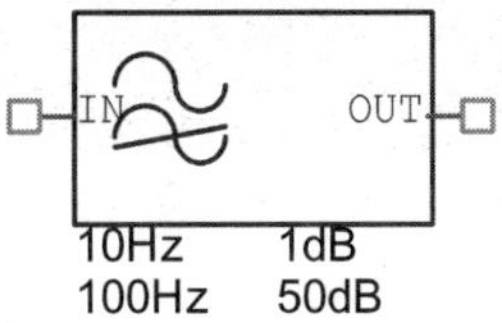	고역통과필터	O	O	O	O				
BANDPASS	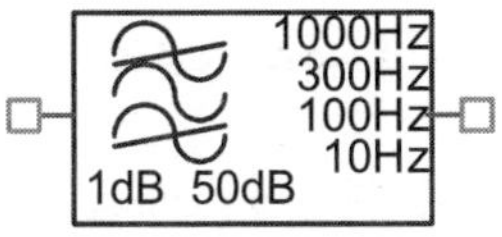	대역통과필터	O			O	O	O	O	O
BANDREJ	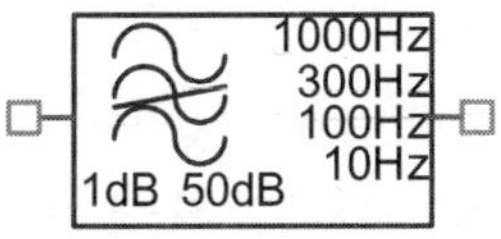	대역저지필터	O			O	O	O	O	O

아래 표는 필터의 기능을 정의하기 위하여 사용되는 변수에 대한 설명

소자 심벌	변 수	의 미
LOPASS	RIPPLE	통과대역에서의 맥동크기의 dB 값
	FP	통과대역이 끝나는 차단주파수를 Hz 단위로 표현
	FS	통과대역에서 특정주파수를 의미하며 Hz 단위로 표현
	STOP	FS 주파수에서 최소의 감쇄크기를 dB 값으로 표현
HIPASS	FS	통과금지대역에서 특정주파수를 Hz로 표현
	STOP	FS 주파수에서 최소의 감쇄크기를 dB값으로 표현
	FP	통과대역이 시작되는 차단주파수를 Hz로 표현
	RIPPLE	통과대역에서의 맥동크기의 dB 값
BANDPASS	F0	통과금지대역에서 저역의 특정주파수를 Hz로 표현
	F1	대역통과가 시작되는 저역 차단주파수를 Hz로 표현
	F2	대역통과가 끝나는 고역 차단주파수를 Hz로 표현
	RIPPLE	통과대역에서의 맥동크기의 dB 값
	F3	통과금지대역에서 고역의 특정주파수를 의미하며 Hz로 표현
	STOP	F0 및 F3 주파수에서 최소 감쇄크기를 dB 값으로 표현
BANDREJECT	RIPPLE	저역, 고역통과대역에서의 맥동의 크기를 dB 값으로 표현
	F0	저역 통과대역이 끝나는 차단주파수를 의미하며 Hz로 표현
	F1	통과금지대역에서 특정주파수를 의미하며 Hz로 표현
	STOP	F1 및 F2 주파수에서 최소 감쇄 크기를 dB 값으로 표현
	F2	통과금지대역에서 특정주파수를 의미하며 Hz로 표현
	F3	고역 통과대역이 시작하는 주파수를 의미하며 Hz로 표현

6) S-영역에서의 전달함수

선형시스템의 입/출력관계는 s-영역에서 전달함수 H(s)로 표현 가능하다.

$$H(s) = \frac{V_o(s)}{V_i(s)}$$

※ Vi(s) 및 Vo(s)는 전압 혹은 전류 중 각기 한 개의 변수를 의미

소자 이름	소자 심벌	기 능	정의해야 할 변수
LAPLACE	IN $\frac{1}{1+s}$ OUT	S-영역에서의 전달함수	분자항(NUM) 분모항(DENOM)

7) Table 형태의 데이터

소자 이름	소자 심벌	기 능	정의해야 할 변수
TABLE	TABLE IN OUT IN OUT 0V 0V 1V 1V 2V 4V 3V 9V 4V 16V	입력전압에 대한 출력전압의 관계를 Table 화 시킬 수 있는 기능을 가진 소자 입/출력의 관계를 최대 5개까지 정의 입/출력 관계는 설정하지 않은 구간은 선형적으로 계산값을 출력 DC SWEEP, TRANSIENT 해석에서 사용가능 AC SWEEP 해석에서는 사용할 수 없음	ROW1 ... ROW5
FTABLE	FTABLE IN OUT freq dB deg 0Hz 0 0 10Hz -3 -30 20Hz -6 -90 30Hz -10 -120 40Hz -15 -150	주파수에 따른 출력신호의 크기 및 위상을 정의 설정하지 않은 구간은 선형적으로 계산하여 출력 값을 결정 TRANSIENT, AC SWEEP 해석에서 사용가능 DC SWEEP 해석에서는 사용할 수 없음	ROW1 ... ROW5

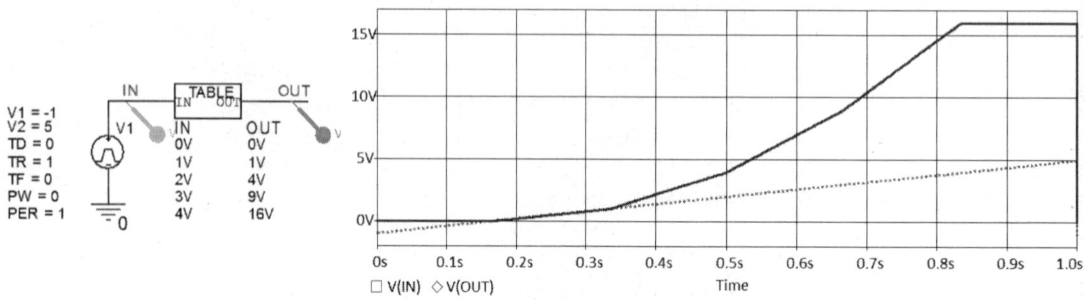

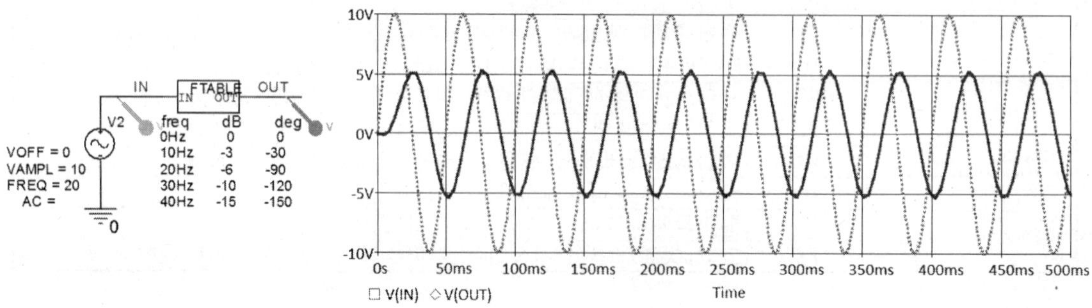

8) 기능표현 소자

입/출력 전압 혹은 전류관계를 수학적인 표현을 통하여 관계식을 정립할 수 있는 소자이다.

소자이름	소자 심벌	기능 설명	출력 형태
ABM		출력값은 3.14159265	전압
ABM1	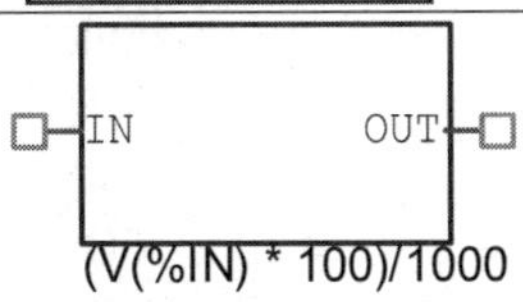	$Output = \frac{INput * 100}{1000}$	전압
ABM2	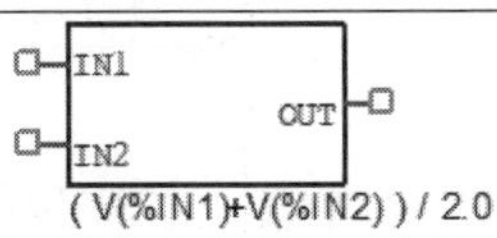	$Output = \frac{Input\ 1 + Input\ 2}{2}$	전압
ABM3	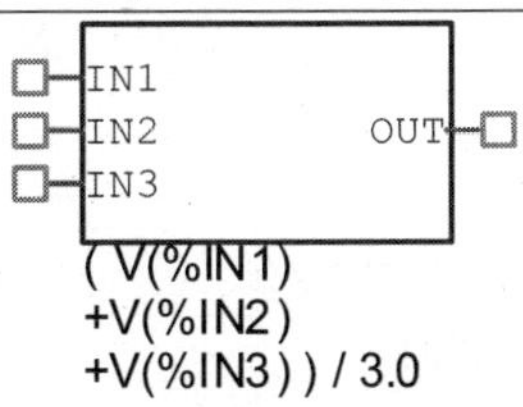	$Output = \frac{Input\ 1 + Input\ 2 + Input\ 3}{3}$	전압
ABM/I	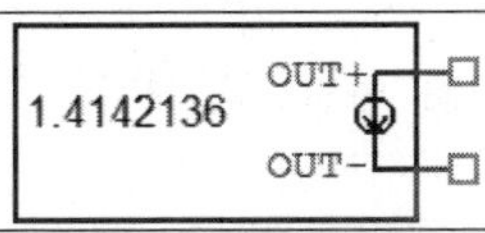	출력 값은 1.4142136	전류
ABM1/I	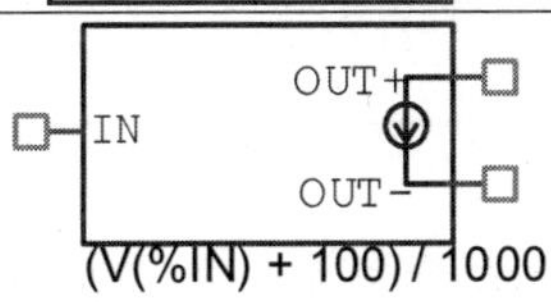	$Output = \frac{Input\ + 100}{1000}$	전류
ABM2/I	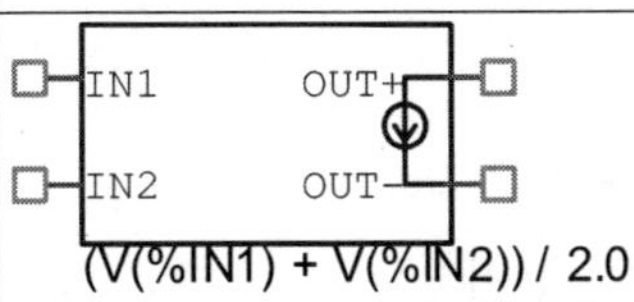	$Output = \frac{Input\,1 + Input\,2}{2}$	전류
ABM3/I	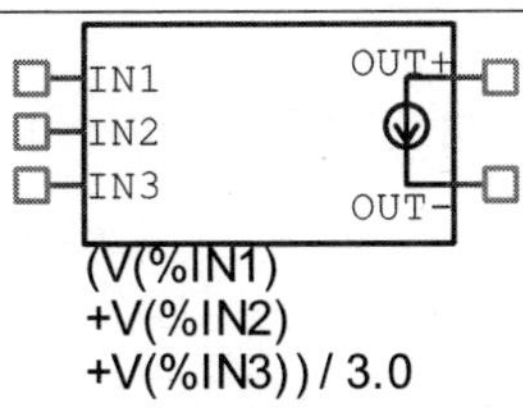	$Output = \frac{Input\ 1 + Input\ 2 + Input\ 3}{3}$	전류

9) 전압제어 전압/전류원

구분	소자 이름	소자 심벌	기 능	함수 및 관계식
수학적인 표현소자	EVALUE	E1 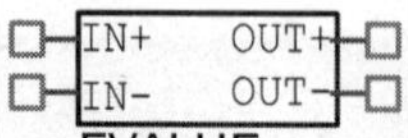 EVALUE V(%IN+, %IN-)	출력 값은 정의된 수식을 이용하여 입력신호 값을 결정 EVALUE : 전압제어용 전압원 GVALUE : 전압제어용 전류원	ABS, TAN, SQRT, ATAN, EXP, SINH, LOG, COSH, LOG10, TANH, PWR, MIN, PWRS, MAX, SIN, LIMIT, ASIN, SGN, COS, STP, ACOS, IF
	GVALUE	G1 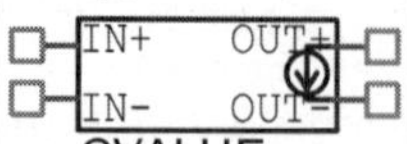 GVALUE V(%IN+, %IN-)		
	ESUM	E2 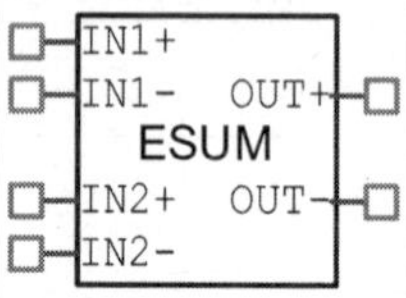	두 입력신호의 합으로 출력 값을 결정 ESUM : 전압제어용 전압원이며 기준전압은 '-'로 표현되는 단자 GSUM : 전압제어용 전류원이며 방향은 위에서 아래 설정	V(OUT+, OUT-) = V(IN+, IN-)+V(IN2+, IN-)
	GSUM	G2 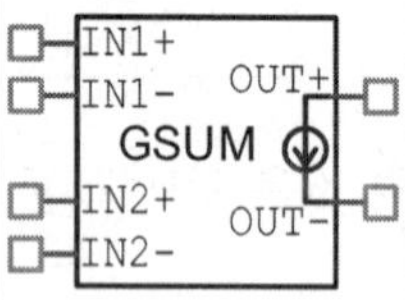		I=V(IN+, IN-)+V(IN2+, IN-)
	EMULT	E3 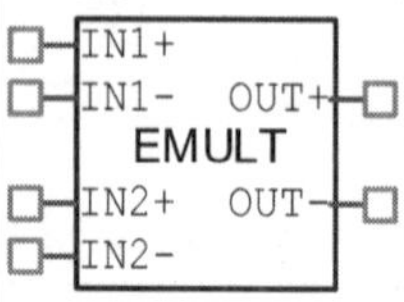	두 입력신호의 곱으로 출력 값을 결정 EMULT : 전압제어용 전압원이며 기준전압은 '-'로 표현되는 단자 GMULT : 전압제어용 전류원이며 방향은 위에서 아래 설정	V(OUT+, OUT-) = V(IN+, IN-)*V(IN2+, IN-)
	GMULT	G3 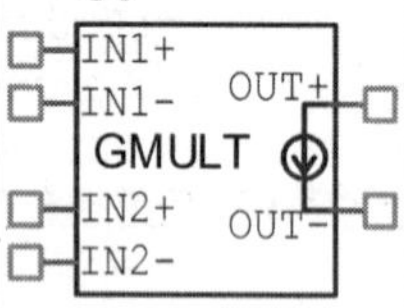		I=V(IN+, IN-)*V(IN2+, IN-)
Look-up Table	ETABLE	E4 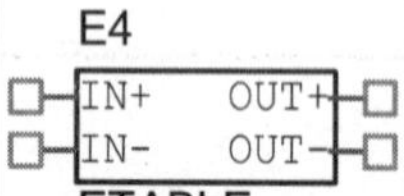 ETABLE V(%IN+, %IN-)	입/출력관계를 table화 시킬 수 있는 소자 변수 TABLE을 이용하여 정의 가능 ETABLE : 전압제어용 전압원 GTABLE : 전압제어용 전류원	TABLE
	GTABLE	G4 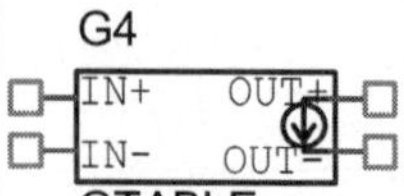 GTABLE V(%IN+, %IN-)		

구분	소자 이름	소자 심벌	기 능	함수 및 관계식
Frequency Look-up Table	EFREQ	E5 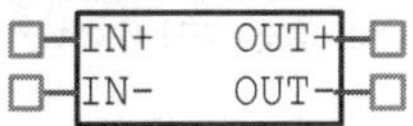 EFREQ V(%IN+, %IN-)	입/출력의 주파수 응답 관계를 table화 시킬 수 있는 소자 변수 TABLE을 이용하여 주파수 성분, 크기 및 위상을 설정 가능 TRANSIENT, AC SWEEP 해석에서 사용가능 EFREQ : 전압제어용 전압원 GFREQ : 전압제어용 전류원	TABLE DELAY R_I MAGUNITS PHASEUNITS
	GFREQ	G5 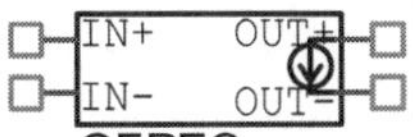 GFREQ V(%IN+, %IN-)		
Laplace Look-up Table	ELAPLACE	E6 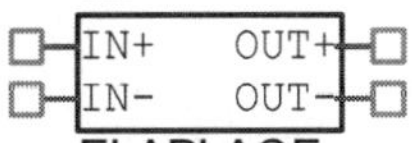 ELAPLACE V(%IN+, %IN-)	입/출력 사이의 전달함수를 설정 TRANSIENT, AC SWEEP 해석에서 사용가능 ELAPLACE : 전압제어용 전압원 GLAPLACE : 전압제어용 전류원	XFORM
	GLAPLACE	G6 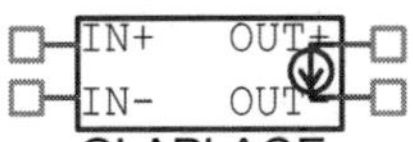 GLAPLACE V(%IN+, %IN-)		

따라하기

1) 회로도 (실효값 : Root Mean Square Value)

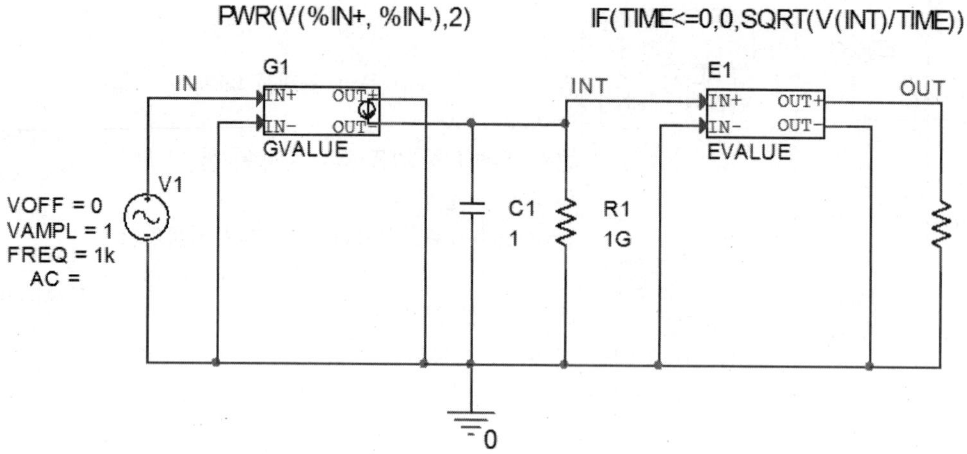

2) 사용기능 및 부품

(Place Part)VSIN, EVALUE, GVALUE, R, C, (Place Ground) 0

(Place Wire), (Place Net Alias)

3) 시뮬레이션 조건

New Simulation 창

- Name : **Tran_5ms**
- Inherit Form : **None**

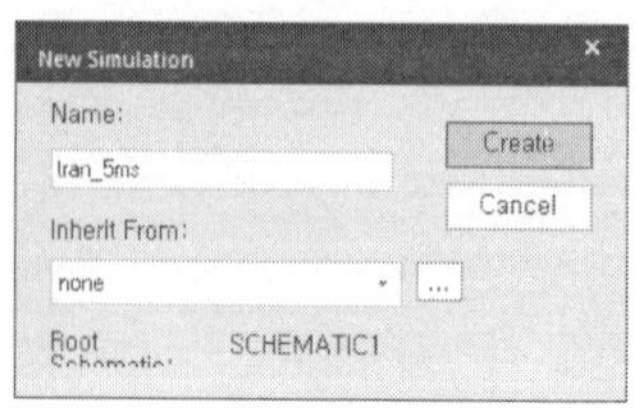

Simulation Setting 창 – Analysis 탭

- Analysis Type : **Time Domain**
- General Settings
  - Run To Time : **5ms**
  - Start saving data after : **0**
  - Maximum Step Size : **0.1u**

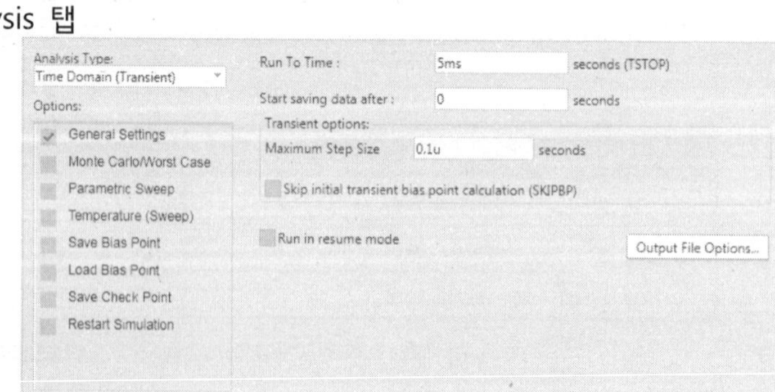

4) Probe 설정 / Run PSpice

- Voltage Probe : V1(IN), V2(OUT)

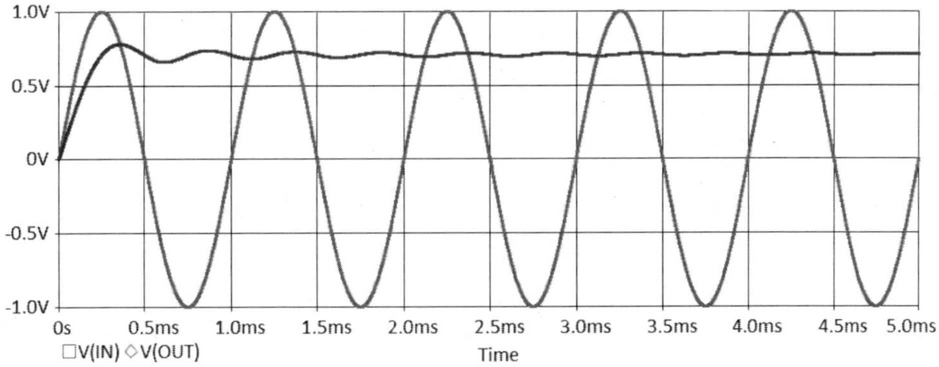

Add Trace의 RMS 기능과 출력파형을 비교한다. RMS 값을 Plot에 표시하기 위해서는 Add Traces창의 Functions or Marcos(Analog Operators and Functions)에서 RMS를 선택하고 Simulation Output Variables에서 파형을 선택한다.

또는 Trace Expression에 RMS(파형)을 입력한다.

- Add Trace : RMS(V(IN))

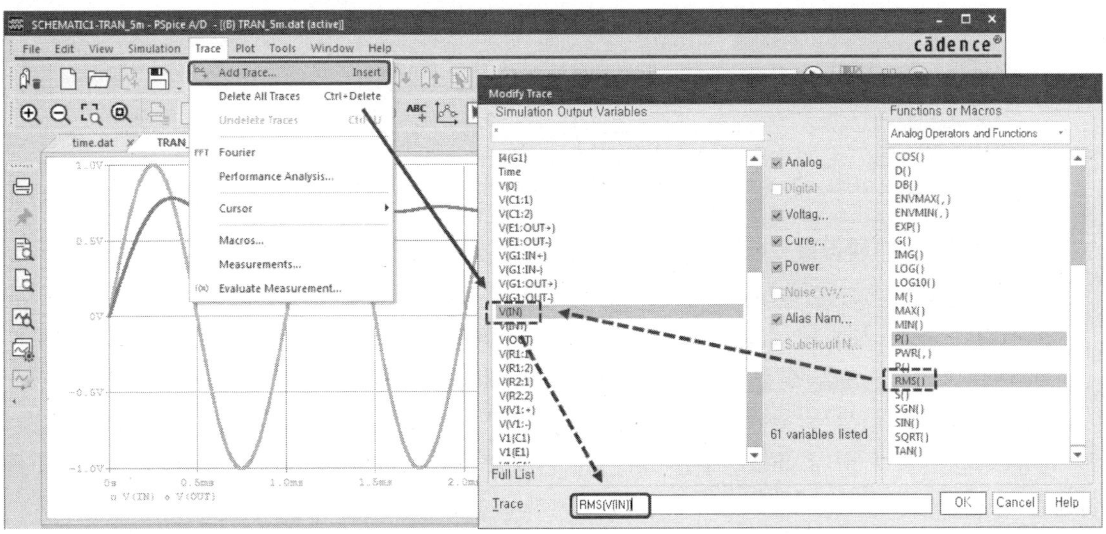

V(OUT)과 RMS(V(IN))이 동일한 것을 확인할 수 있다.

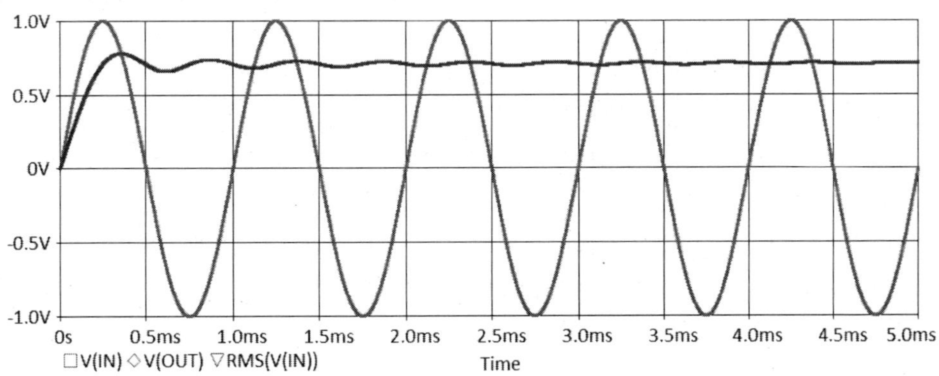

5) 정현파 실효값

정현파에 대한 실효값 수식은 다음과 같다.

$$V_S = \sqrt{\frac{1}{T}\int_{T}^{2\pi+T} v(t)^2 dt}$$

실효값을 구한 회로에서 연산 회로를 3부분으로 나눌 수 있다.

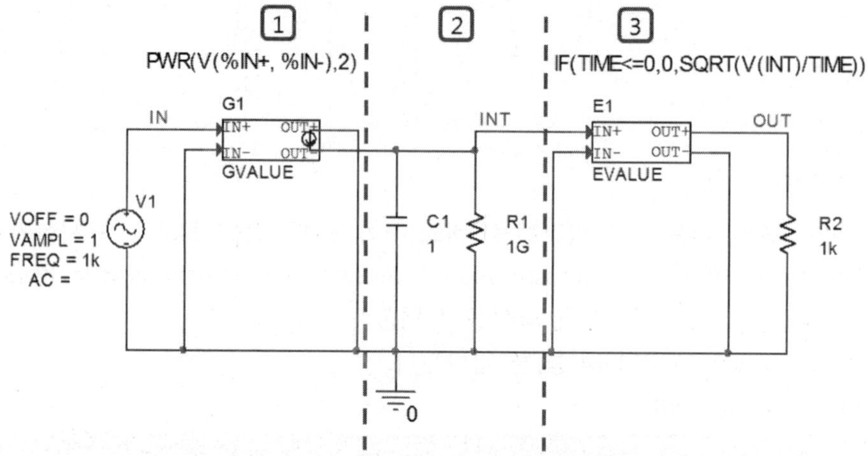

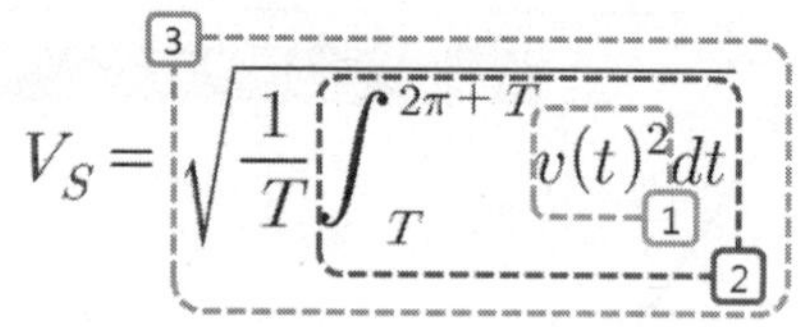

① 입력 신호를 제곱할 수 있는 기능을 모델링

· PWR(A, B) : A는 신호 또는 수를 입력, B을 거듭제곱의 지수

② 시간에 따라 제곱된 값을 적분할 수 있는 기능 (R과 C를 이용한 아날로그 적분회로)

· 커패시터는 전류를 적분, 저항은 Bias Point 해석을 위하여 배치

③ 계산된 값의 평균값을 취한 후 제곱근을 구할 수 있는 기능을 모델링(EVALUE)

· IF(조건, 참, 거짓) : IF조건문은 조건이 만족할 경우 참을 실행하고 아닐 경우 거짓을 실행한다.

아래는 IF 문에서 사용할 수 있는 기호이다.

기호	조건	기호	조건
==	equal	!=	not equal
>	greater than	<	less than
>=	greater than or equal to	<=	less than or equal to

· TIME : Transient Analysis 해석 시 Time을 수식 및 조건에 사용가능

· SQRT(A) : A를 Root 연산

예. IF(TIME<=0,0,SQRT(V(INT)/TIME)) 는 Time이 0초 일 때, 0V를 출력하여 출력전압을 초기화 시키고 Time이 0초 보다 커지면 INT 노드의 전압을 시간에 나누고 루트한 값을 출력한다.

과 제 - 두 입력전압을 이용한 펄스 출력 회로

1. 두 입력차가 0보다 작으면 0, 크면 5를 출력하는 회로를 다음 조건을 이용하여 구성하고 시뮬레이션하시오.

해 설

1) 회로도 (PWM 회로)

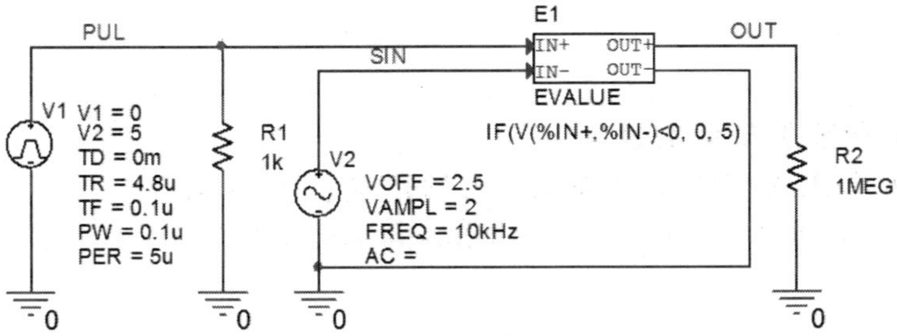

2) 사용기능 및 부품

(Place Part)VPULSE, VSIN, R, EVALUE, (Place Ground) 0, (Place Wire)

(Place Net Alias)

3) 시뮬레이션 조건

New Simulation Profile - Simulation Setting 창 – Analysis 탭

- Analysis Type : **Time Domain**
- General Settings
  - · Run To Time : **100u**
  - · Start saving data after : **0s**
  - · Maximum Step Size : **10n**

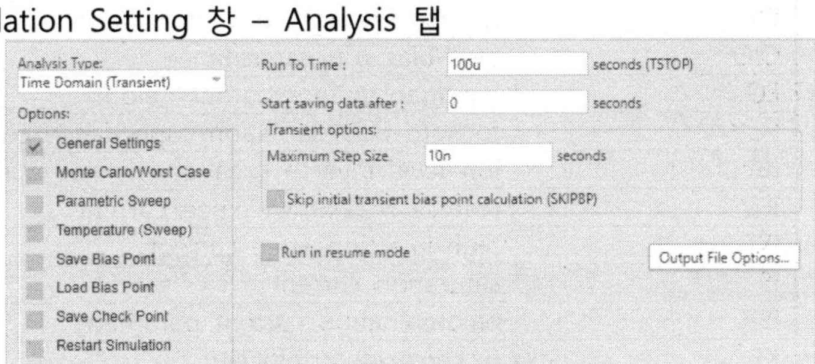

4) Probe 설정 / Run PSpice

- Voltage Probe : V(PUL), V(SIN), V(OUT)

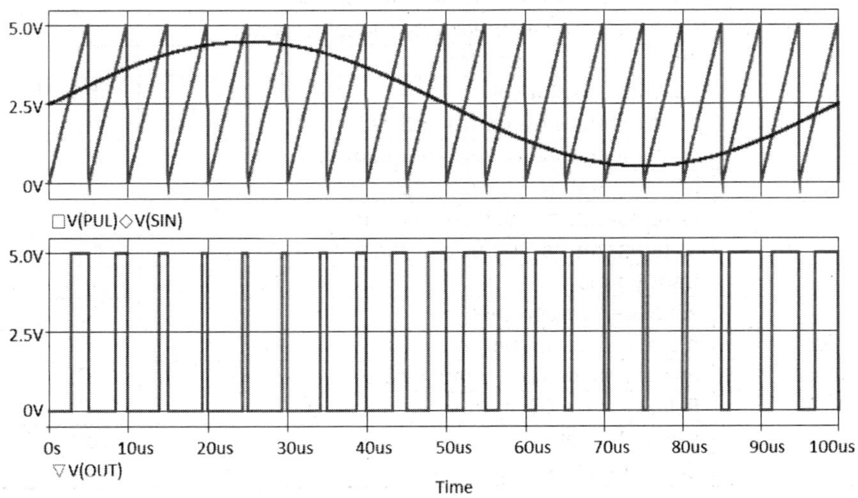

CHAPTER 09 데이터시트를 이용한 모델 생성, 편집 활용

1. 데이터시트를 이용한 모델 생성

제조사의 데이터시트를 이용하여 새로운 모델을 생성할 수 있다.

※ 각 소자별 파라미터는 Part1-Chapter6 Model Editor을 참고

따라하기 - Model Editor를 이용하여 D1N4148 생성

Diode의 파라미터 항목을 먼저 확인한 후 D1N4148 데이터시트를 확인한다.

- Diode Model Parameters

Model parameters	Description	Unit	Default
AF	flicker noise exponent		1.0
BV	reverse breakdown knee voltage	volt	infinite
CJO	zero-bias p-n capacitance	farad	0.0
EG	bandgap voltage(barrier height)	eV	1.11
FC	forward-bias depletion capacitance coefficient		0.5
IBVL	low-level reverse breakdown knee current	amp	0.0
IBV	reverse breakdown knee current	amp	1E-10
IKF	high-injection knee current	amp	infinite
IS	saturation current	amp	1E-14
ISR	recombination current parameter	amp	0.0
KF	flicker noise coefficient		0.0
M	p-n grading coefficient		0.5
N	emission coefficient		1.0
NBV	reverse breakdown ideality factor		1.0
NBVL	low-level reverse breakdown ideality factor		1.0
NR	emission coefficient for isr		2.0
RS	parasitic resistance	ohm	0.0
TBV1	bv temperature coefficient(linear)	°C	0.0
TBV2	bv temperature coefficient(quadratic)	°C	0.0
TIKF	ikf temperature coefficient(linear)	°C	0.0
TRS1	rs temperature coefficient(linear)	°C	0.0
TRS2	rs temperature coefficient(quadratic)	°C	0.0
TT	transit time	sec	0.0
T_ABS	absolute temperature	°C	
T_MEASURED	measured temperature	°C	
T_REL_GLOBAL	relative to current temperature	°C	
T_REL_LOCAL	Relative to AKO model temperature	°C	
VJ	p-n potential	volt	1.0
XTI	IS temperature exponent		3.0

- D1N4148 데이터시트

ABSOLUTE MAXIMUM RATINGS (T_{amb} = 25 °C, unless otherwise specified)				
PARAMETER	TEST CONDITION	SYMBOL	VALUE	UNIT
Repetitive peak reverse voltage		V_{RRM}	100	V
Reverse voltage		V_R	75	V
Peak forward surge current	t_p = 1 µs	I_{FSM}	2	A
Repetitive peak forward current		I_{FRM}	500	mA
Forward continuous current		I_F	300	mA
Average forward current	V_R = 0	$I_{F(AV)}$	150	mA
Power dissipation	l = 4 mm, T_L = 45 °C	P_{tot}	440	mW
	l = 4 mm, T_L ≤ 25 °C	P_{tot}	500	mW

표에서 VRM값으로 BV속성값을 얻을 수 있음

(다른 데이터시트에서는 Vbr(Breakdown Voltage), 제너다이오드에서는 Vz로 표기)

ELECTRICAL CHARACTERISTICS (T_{amb} = 25 °C, unless otherwise specified)						
PARAMETER	TEST CONDITION	SYMBOL	MIN.	TYP.	MAX.	UNIT
Forward voltage	I_F = 10 mA	V_F			1	V
Reverse current	V_R = 20 V	I_R			25	nA
	V_R = 20 V, T_j = 150 °C	I_R			50	µA
	V_R = 75 V	I_R			5	µA
Breakdown voltage	I_R = 100 µA, t_p/T = 0.01, t_p = 0.3 ms	$V_{(BR)}$	100			V
Diode capacitance	V_R = 0 V, f = 1 MHz, V_{HF} = 50 mV	C_D			4	pF
Rectification effiency	V_{HF} = 2 V, f = 100 MHz	η_r	45			%
Reverse recovery time	I_F = I_R = 10 mA, i_R = 1 mA	t_{rr}			8	ns
	I_F = 10 mA, V_R = 6 V, i_R = 0.1 x I_R, R_L = 100 Ω	t_{rr}			4	ns

위 표에서 주변온도 25도씨일 때 maximum leakage current값인 Ir = 5uA를 확인한다.

IBV는 Ir의 10배의 값과 같다. 일반적으로 이 타입이 다이오드의 IBV 값은 100uA 정도이다.

(참고 : Zener diode에서 Ir은 Izk로도 사용하며 다른 소자에서는 Ibr로도 사용한다.)

CJO 값은 데이터시트에서 CD, Cj 또는 Ctot로 표기된다. 데이터시트에서 CD값은 4pF이다.

M coefficient는 대부분의 다이오드에서 0.25~0.45사이의 값을 가지며, 데이터시트에는 표기되지 않는다. Low Voltage Zener Diode는 0.25 정도 50~100V정도의 동작전압을 가지는 경우 M=0.33 그리고 수백 볼트의 동작 전압을 가지는 경우 M=0.45정도의 값을 가진다.

Schottky diode는 M 계수가 일반적으로 0.4~0.5정도를 가진다. D1N4148의 M=0.33이다.

Switching Diode를 위한 Transit time TT값은 10nsec이다. Ultrafast diode 정류기의 50ns에서 최대 250ns까지 TT 값을 가진다. Zener diode는 전압 10V 아래는 200ns 정도, 100V를 초과하는 경우 3ms 정도이다. D1N4148의 TT값은 10ns이다.

EG 는 표준값 1.1eV, Schottky diode를 위한 0.7eV, 게르마늄 diode는 0.67eV를 가진다.

N value는 1.0에서 2.0사이의 값을 가진다. 아래의 I-V 특성 곡선에서 IS와 RS를 결정하기 위해서 N을 2.0으로 가정한다.

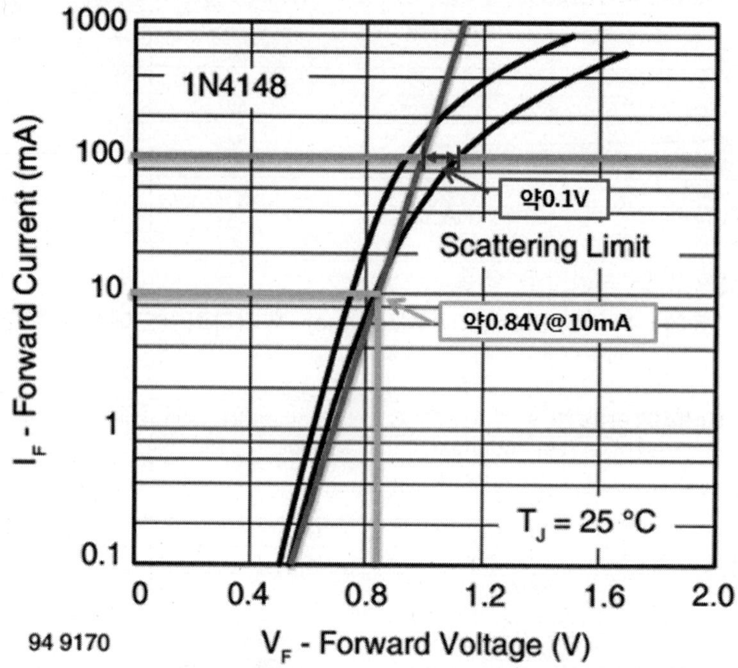

Fig. 2 - Forward Current vs. Forward Voltage

위 그래프에서 ID 10mA 일 때 VD의 값은 약 0.84V 정도가 된다.
ID는 다음식으로 표현된다.

ID = IS*(e^(VD/(N*Vt)) -1)

Vt=k*T/q (k:볼츠만 상수;8.617eVK^{-1}, T:해석온도('K), q:전자의 전하;1e)

N=2.0, Vt=0.026v@온도=27'C, IS=약1nA이다.

Rs는 특성곡선의 Knee지점에서 해당 전류로 나눈 전압차이로 예측 할 수 있다.

RS =0.1V/0.1A = 1 Ohm

D1N4148은 VJ=0.8V, CF=0.5 그리고 IKF(Average rectified current) = 150mA로 구성된다.

지금까지 구한 값으로 모델을 정의하면 아래와 같다.

```
.model D1N4148 D(Is=1n N=2 Rs=1 Ikf=150m Xti=3 Eg=1.11 Cjo=4p
+ M=.3333 Vj=.8 Fc=.5 Bv=100 Ibv=100u Tt=10n)
```

위 모델정보로 PSpice Model Editor를 이용하여 모델을 생성할 수 있다. 그 이외의 생략된 파라미터 값은 Default 값으로 설계된다.

시작 메뉴 - Cadence PCB Utilities 17.4-2019 - PSpice Model Editor 17.4를 클릭한다.

메뉴 File - New를 클릭하고 메뉴 Model - New를 클릭한다.

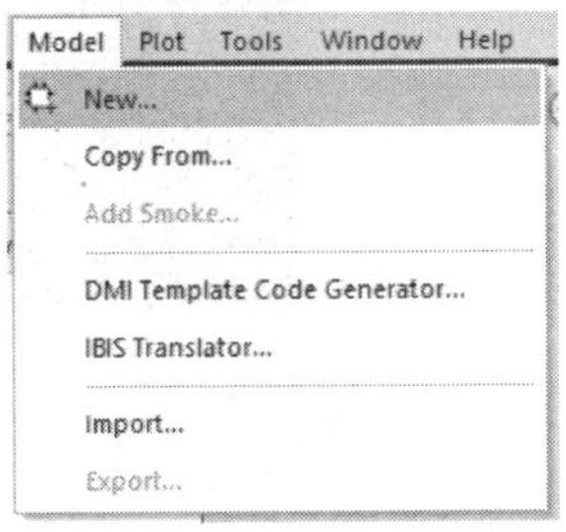

새로운 이름에 myD1N4148을 작성하고 Use Device characteristic curves를 선택한다.

From Model은 Diode를 선택한 다음 OK 버튼을 클릭한다.

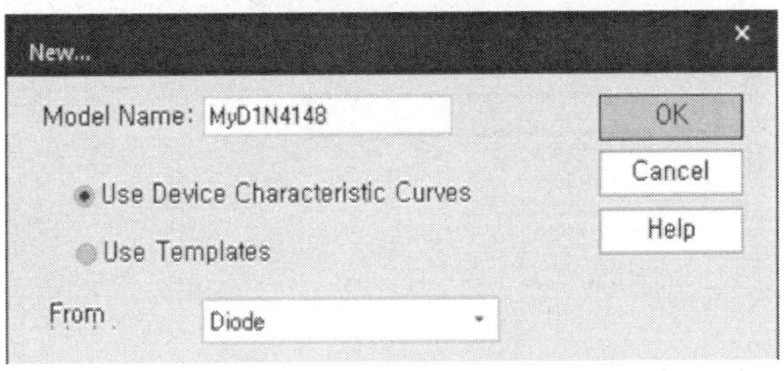

하단 Parameter창의 값을 아래와 같이 수정한다.

Parameters

Parameter Name	Value	Minimum	Maximum	Default	Active	Fixed
IS	1e-9	1e-020	0.1	1e-14	☑	☐
N	2	0.2	5	1	☑	☐
RS	1	1e-006	100	0.001	☑	☐
IKF	150	0	1000	0	☑	☐
XTI	3	-100	100	3	☐	☐
EG	1.11	0.1	5.51	1.11	☐	☐
CJO	1e-12	1e-20	0.001	1e-12	☐	☐
M	0.3333	0.1	10	0.3333	☐	☐
VJ	0.75	0.3905	10	0.75	☐	☐
FC	0.5	0.001	10	0.5	☐	☐
ISR	1e-10	1e-20	0.1	1e-10	☐	☐
NR	2	0.5	5	2	☐	☐
BV	100	0.1	1000000	100	☐	☐
IBV	0.0001	1e-09	10	0.0001	☐	☐
TT	5e-09	1e-16	0.001	5e-09	☐	☐

입력한 값과 데이터시트의 특성곡선이 동일한지 확인한다.

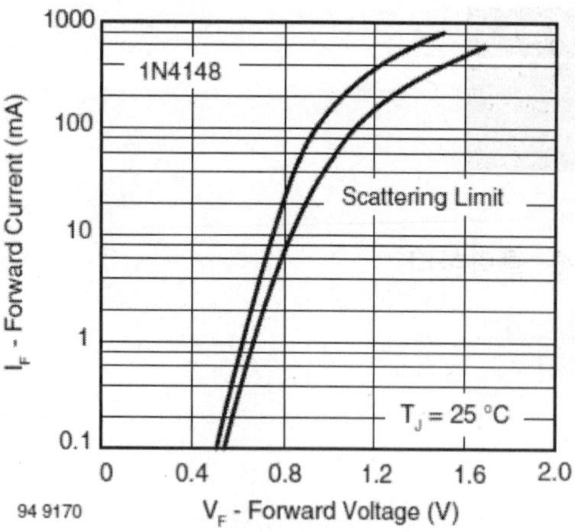

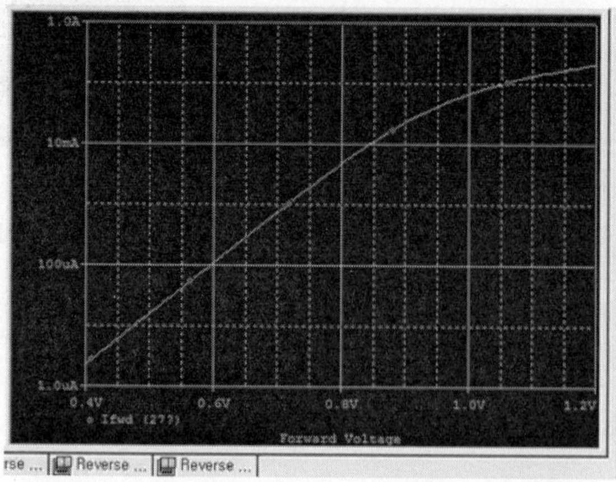

IS=2.5일 때 10mA에서 전압이 약 0.84V가 확인이 되고, 나머지 특성 곡선도 확인한다.

메뉴 Tools - Option을 선택하여 Part Creation Setup 항목을 Always Create Part When Saving Model항목에 체크 후 OK를 클릭한다.

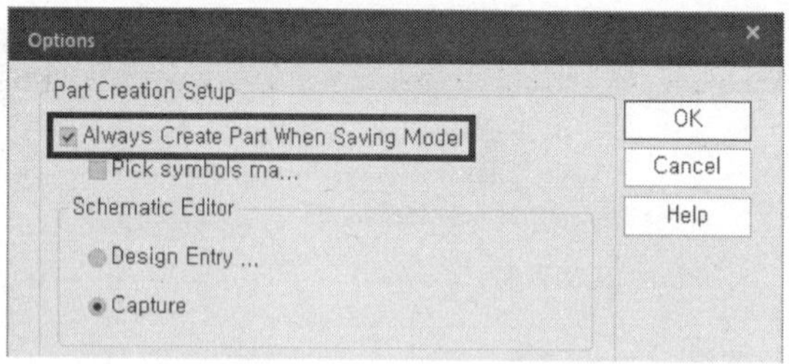

메뉴 File - Save를 선택하여 저장한다.

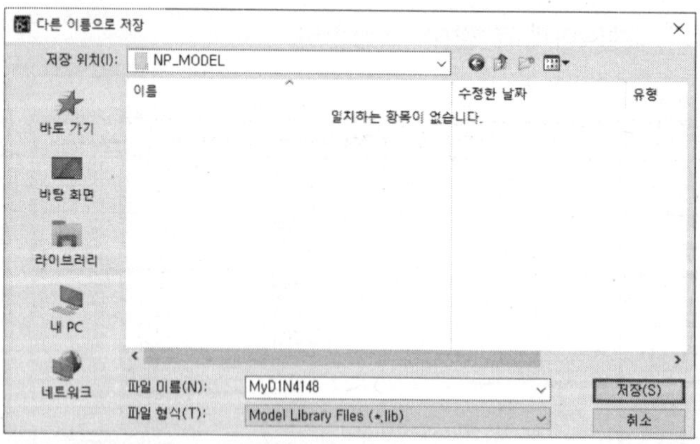

파일이 저장되면 LIB와 OLB가 함께 생성된다.

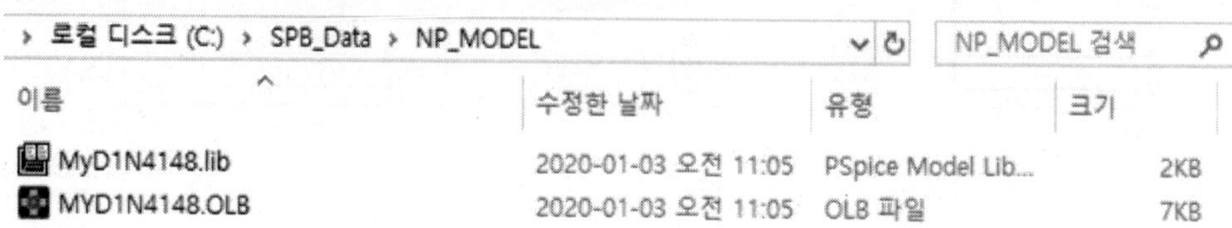

2. 데이터시트를 이용한 모델 편집 활용 방법

따라하기 - TR - BC846A -NXP 파라미터 수정하여 시뮬레이션하기

PSpice의 모델은 일반적으로 Typical 값을 기준으로 생성한다. 경우에 따라 특정 조건의 값으로 시뮬레이션을 진행하고자 할 경우 Model Editor를 통해 수정한다.

PSpice의 Model 파라미터를 수정할 때, Datasheet의 파라미터와 일치하는 경우에는 직접 값을 수정한다. 그러나 특성의 대부분은 특성 그래프 형태로 통해 제공이되고, 이 특성 그래프를 Model Editor에 입력, model 파라미터를 역계산하여 추출하는 방법이 있다.

BC846A를 화면에 배치한 후 우클릭 - Edit PSpice Model을 선택하여 Model Editor를 실행한다.

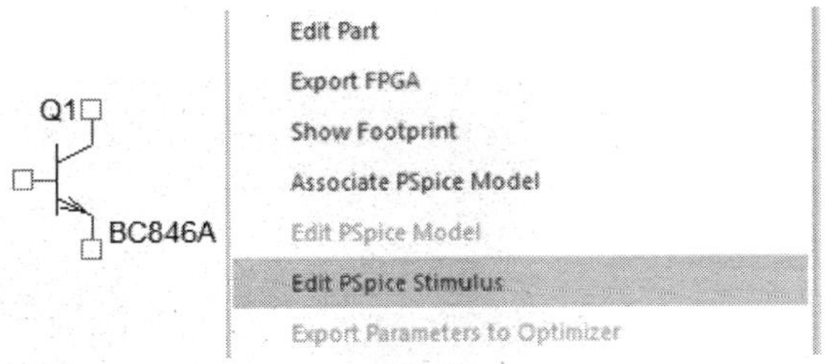

Model Editor에서 메뉴 View - Extract Model을 클릭한다.

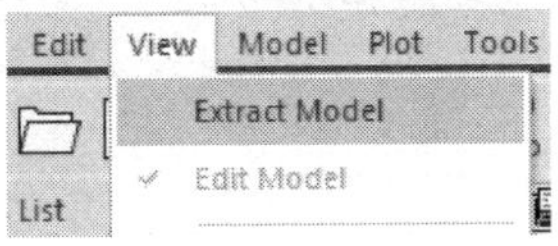

아래와 같이 특성 그래프들을 확인한다.

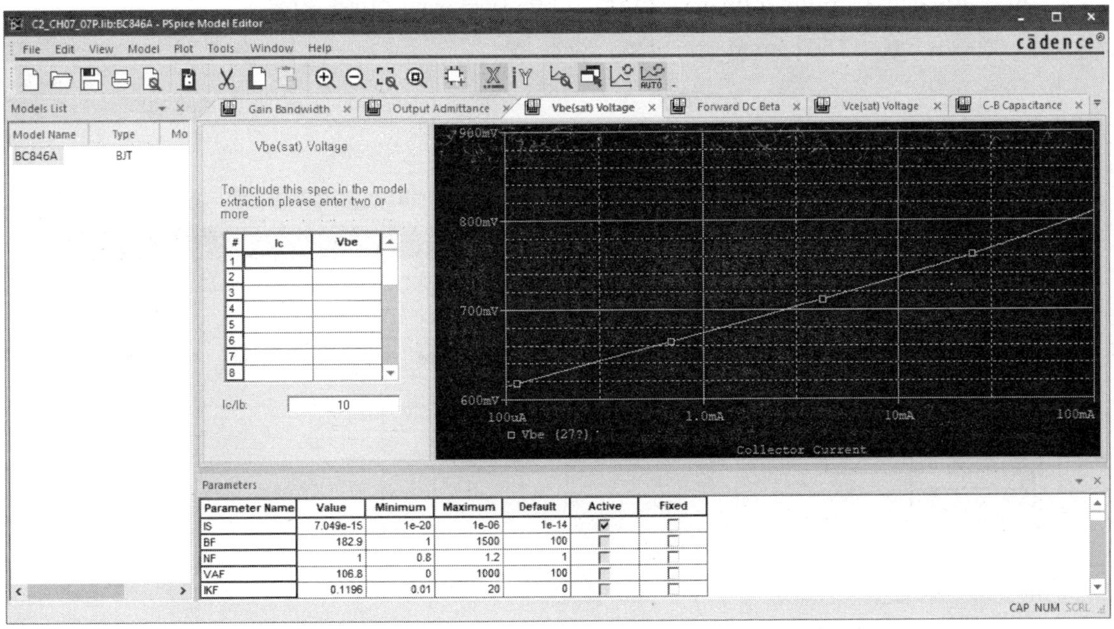

데이터시트와 Model Editor 항목의 파라미터가 일치하여 값을 직접 입력하는 경우 hfe 파라미터 확인한다.

h_{FE}	DC current gain	V_{CE} = 5 V; I_C = 10 μA			
	h_{FE} group A		-	180	-
	h_{FE} group B		-	290	-
	DC current gain	V_{CE} = 5 V; I_C = 2 mA	110	-	450
	h_{FE} group A		110	180	220
	h_{FE} group B		200	290	450

hfe를 180 대신 Max 조건인 220으로 변경. 창 아래부분에 model 파라미터 중 Forward beta 탭을 선택 후 값을 수정한다.

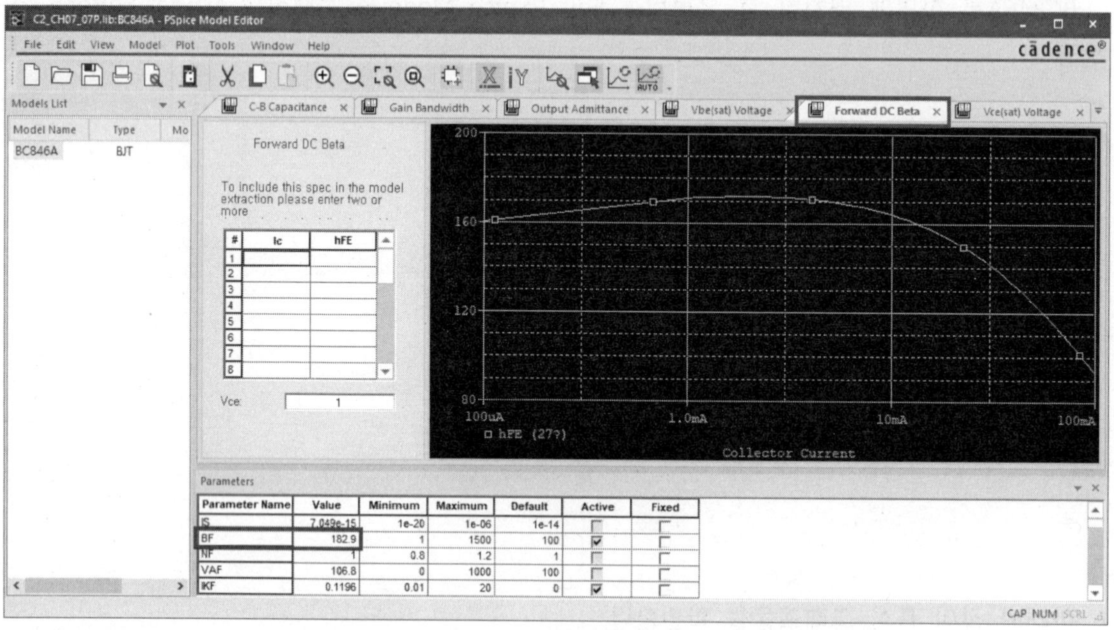

※ Bf가 ideal maximum forward beta로, 다른 이름으로 hfe와 같음

- $h_{fx} = h_{fe}$ – The current-gain of the transistor.

This parameter is often specified as h_{FE} or the DC current-gain (β_{DC}) in datasheets.

Bf 값을 220으로 변경한다. 220을 입력하고 툴바의 Update graph를 클릭한다.

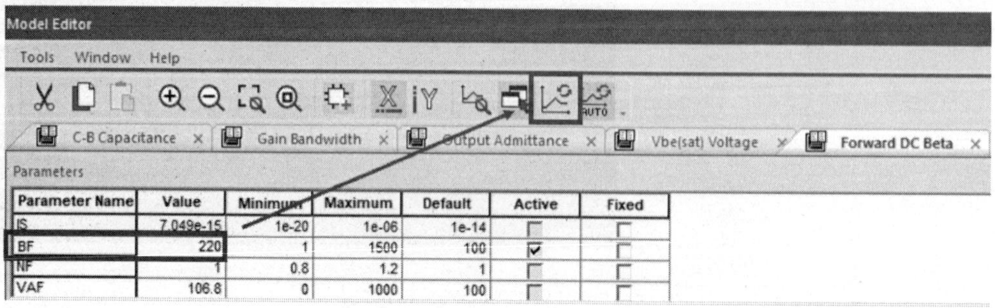

-55도의 특성으로 모델을 생성할 때는 VCEsat 그래프가 데이터시트에 아래와 같을 경우 현재 (2) 곡선이 typical 조건이지만 (3)으로 특성으로 모델을 생성한다.

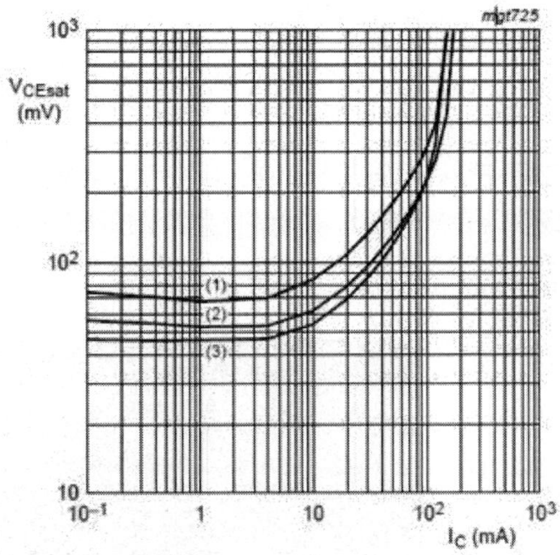

$I_C/I_B = 20$

(1) T_{amb} = 150 °C

(2) T_{amb} = 25 °C

(3) T_{amb} = −55 °C

Fig 3. Selection A: Collector-emitter saturation voltage as a function of collector current; typical values

Vce(sat) 탭을 선택하고, 좌측의 표에 Ic, Vce 값을 최대한 데이터시트 그래프의 (3)과 가깝게 입력한다. 데이터시트 그래프의 x값과 y값을 보면서 대략적인 좌표를 읽어서 아래 표에 입력한다.

Ic/Ib도 위 그래프에 있는 것처럼 20으로 입력한다.

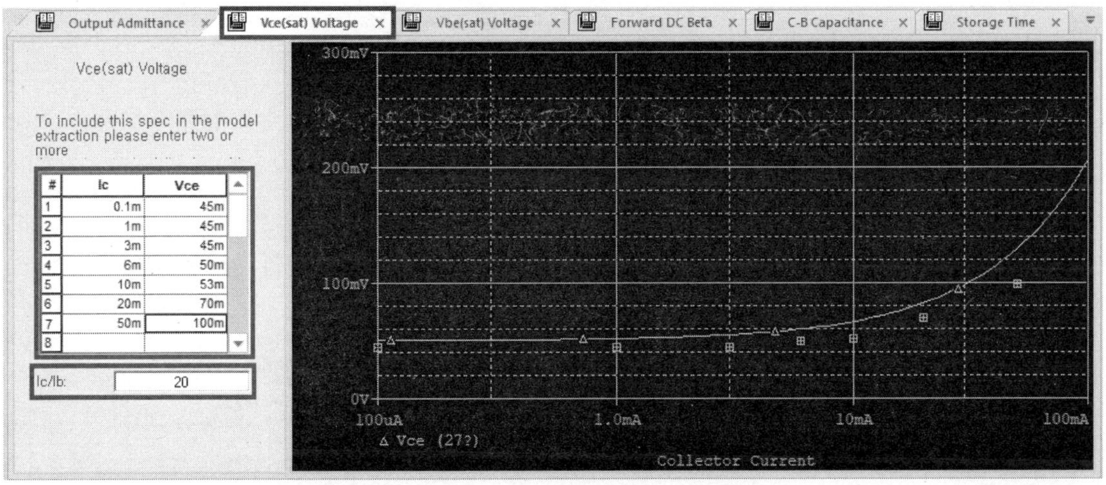

※ IC와 VCE의 값은 데이터시트 특성 그래프의 값을 입력

입력 후 메뉴 Tools - Extract Parameters를 클릭한다.

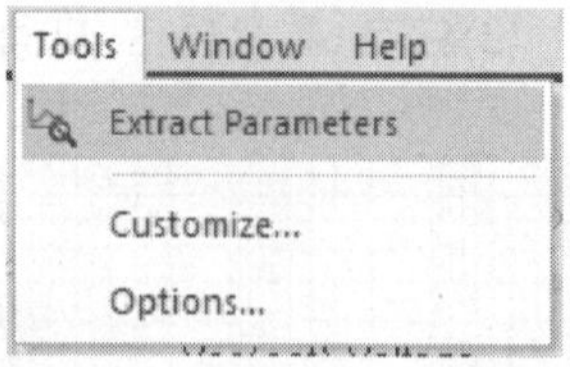

파라미터들이 특성그래프를 근거로 역계산되어 수정 및 추출된다.

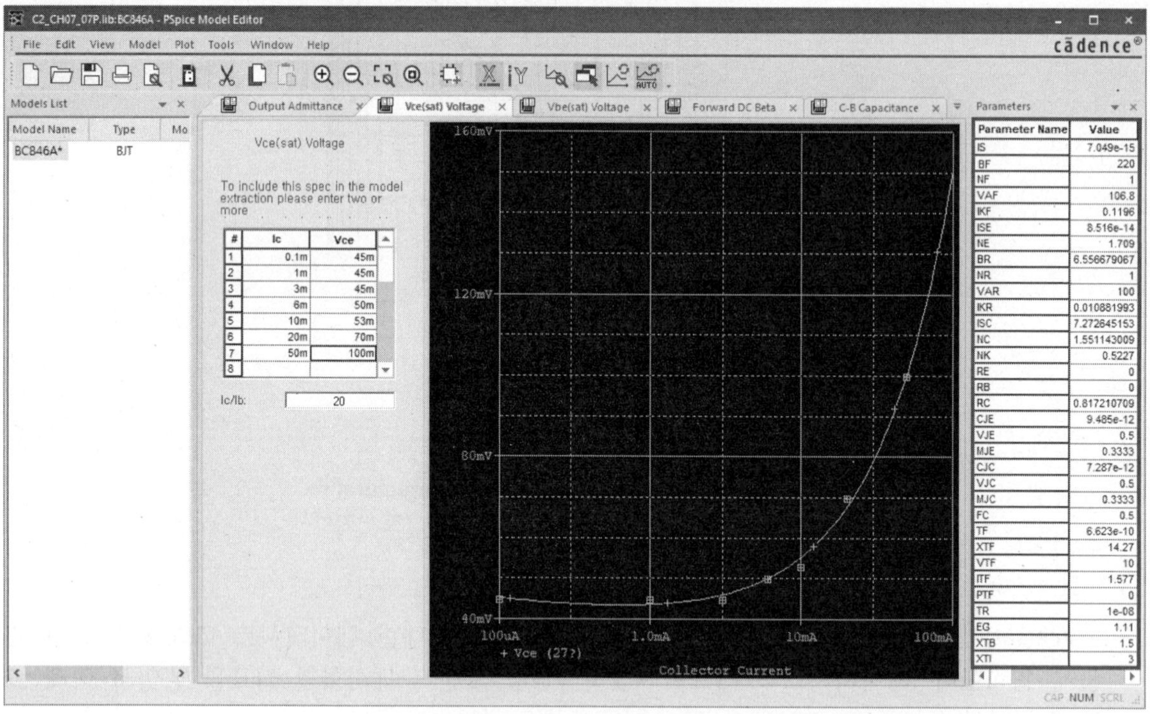

메뉴 File - Save 후 Model Editor를 종료하여 Model 수정 완료된다.

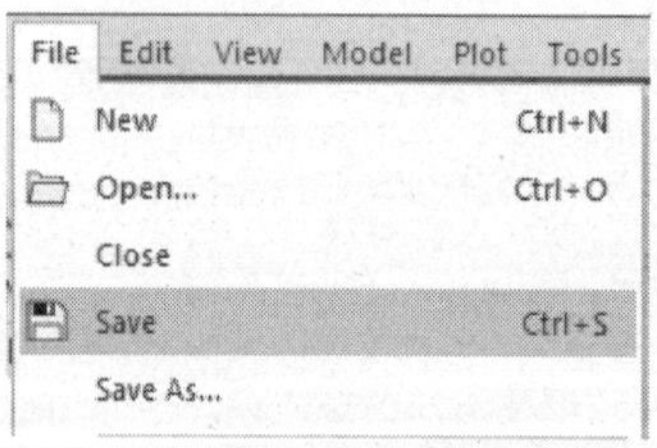

메뉴 View - Edit Model을 선택하여 수정된 Model 파라미터를 확인 할 수 있다.

```
* BC846A NPN model
* updated using Model Editor release 16.6.0 on 10/08/15 at 17:03
* The Model Editor is a PSpice product.
.MODEL BC846A NPN
+ IS=7.0490E-15
+ BF=220
+ VAF=106.80
+ IKF=.1196
+ ISE=85.160E-15
+ NE=1.7090
+ BR=6.5567
+ VAR=100
+ IKR=10.882E-3
+ ISC=727.26E-15
+ NC=1.5511
+ NK=.5227
+ RC=.81721
+ CJE=9.4850E-12
+ VJE=.5
+ MJE=.3333
+ CJC=7.2870E-12
+ VJC=.5
+ MJC=.3333
+ TF=662.30E-12
+ XTF=14.270
+ VTF=10
+ ITF=1.5770
+ TR=10.000E-9
+ XTB=1.5000
```

PART 03

APPENDIX

A. PSpice System를 이용한 PSpice와 MATLAB/Simulink 통합시뮬레이션
B. 관련사항
C. 시뮬레이션 시 Error 대책

APPENDIX A PSpice System을 이용한 PSpice와 MATLAB/Simulink 통합시뮬레이션

1. PSpice System

PSpice는 아날로그와 디지털 회로를 혼합 시뮬레이션하는 툴로 회로도 작성 툴인 Capture 또는 Design Entry HDL로 작성한 PCB, IC등의 회로를 해석할 수 있다. PSpice - MATLAB Interface은 MathWork사의 MATLAB/Simulink와 PSpice가 함께 시뮬레이션을 할 수 있는 인터페이스 툴로 회로도 해석보다 한 단계 확장된 해석으로 Simulink에서 PSpice 회로를 시뮬레이션을 할 수 있다. PSpiceBlock을 이용하여 PSpice 회로를 Simulink model에 배치하고 시뮬레이션하며, PSpice 결과와 전체 시스템에 대한 시뮬레이션은 Simulink에서 진행하여, 전기 및 기계 시스템을 함께 시뮬레이션을 진행할 수 있다.

※ PSpice 회로는 PSpice의 Solver로 해석하며, 전체시스템은 Simulink로 해석

그리고 PSpice에서 MATLAB Function을 활용하여 시뮬레이션을 진행할 수 있으며, PSpice 결과를 MATLAB Plot으로 출력하는 등 PSpice와 MATLAB/Simulink 통합 시뮬레이션을 지원한다.

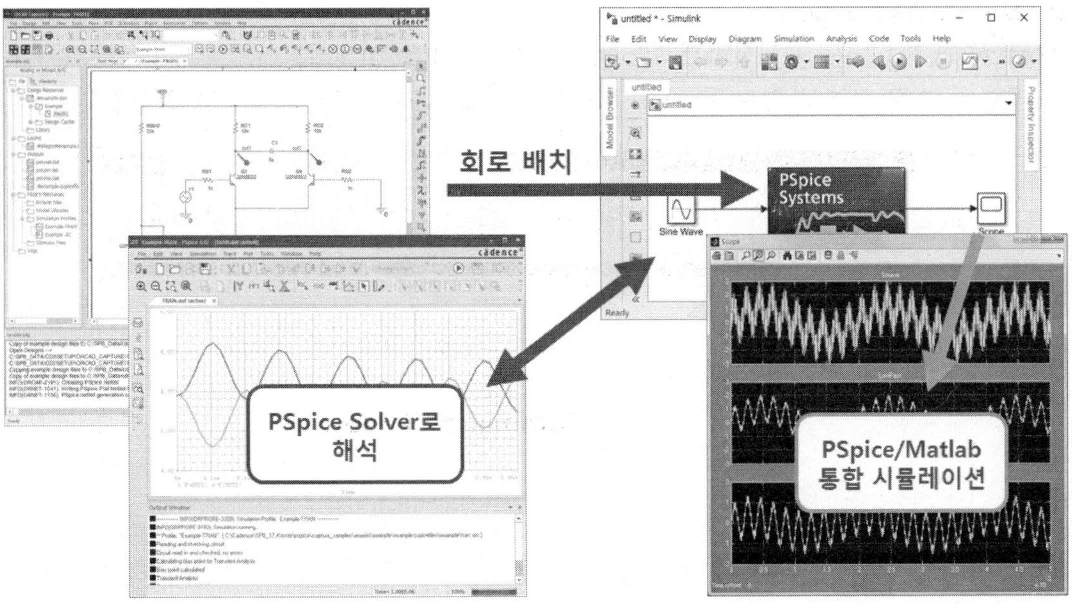

2. System requirements

PSpice - MATLAB Interface를 이용하기 위해서는 다음과 같이 프로그램이 설치되어야 한다.

- **MATLAB R 2019A 이상**
- **Cadence OrCAD제품군 또는 Allegro SPB 제품군 (R17.2 이상)**
  · OrCAD PSpice Designer Plus (또는 Allegro PSpice Systems Simulator) 라이선스 필요

3. PSpice와 MATLAB을 설정하기

PSpice와 MATLAB의 통합 시뮬레이션을 진행하기 위해서는 설정을 하여야 한다.

1) MATLAB (밑에 둘중에 하나만 실행)

- MATLAB을 관리자권한으로 실행 후 Command창에 **regmatlabserver** 를 입력한다.
- cmd 창에서 <MATLAB설치 경로>₩<matlab 버전>₩bin에서 **matlab –regserver**을 입력한다.

2) PSpice

- PSpice A/D 창에서 메뉴 Tools – Matlab – Set Matlab path를 클릭하고 MATLAB이 설치되어 있는 경로를 설정한다.
  · **<MATLAB설치 경로>₩<matlab 버전>₩bin**을 입력

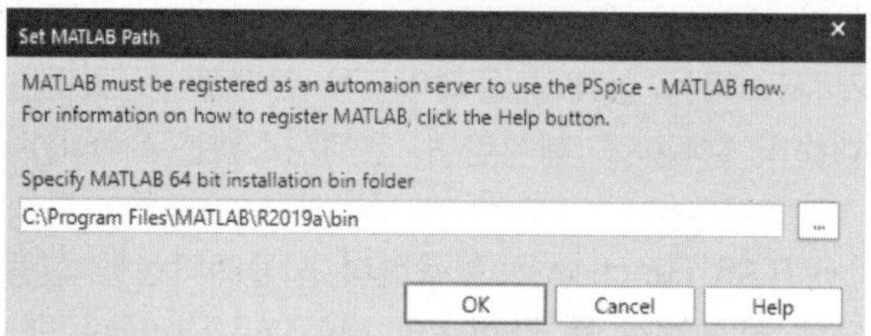

3) Start MATLAB Engine

MATLAB과 PSpice을 재시작하고 PSpice에서 MATLAB을 실행해본다.

- PSpcie A/D 창에서 메뉴 Tools – MATLAB – Start MATLAB Engine을 클릭한다.

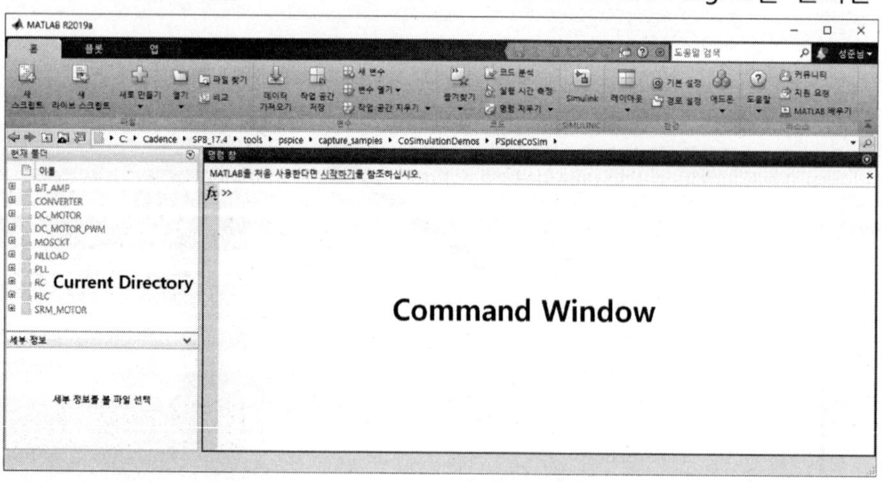

4. 설명 및 옵션

1) PSpice Block

PSpice Block 모듈은 PSpice와 Simulink을 연결하기 위한 블록으로 Simulink를 구성하고 블록 더블클릭하여 속성을 설정할 수 있다.

2) Co-Simulation Settings

PSpice Block은 Simulink에서 시뮬레이션할 회로도와 환경 설정들을 설정하는 창이다.

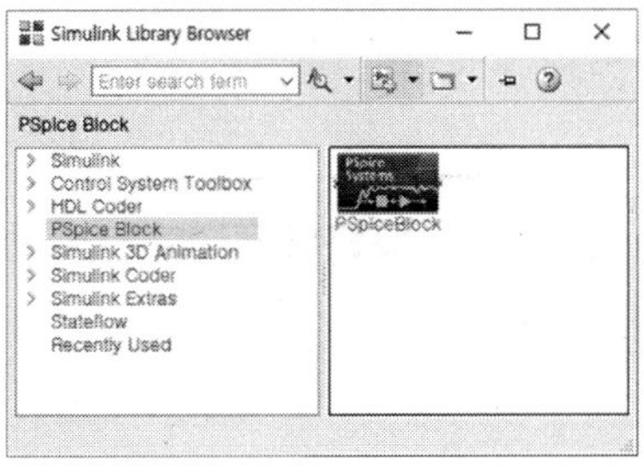
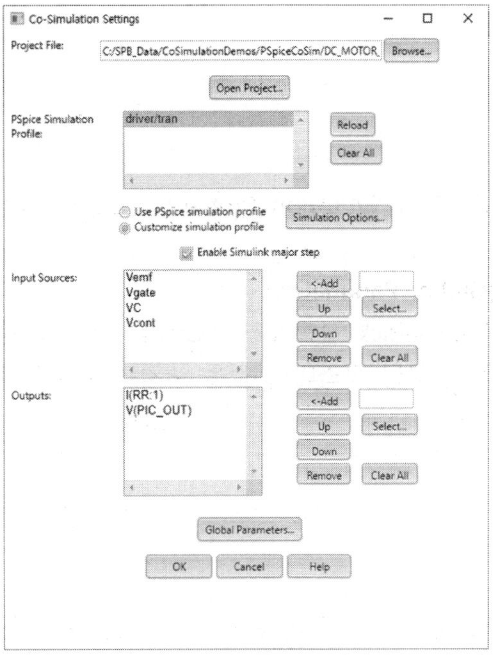

Options	의 미
Project files	Capture에서 설계한 프로젝트 파일(.opj)을 선택
Open Project	"Project files"에 선택된 프로젝트 파일을 실행
PSpice Simulation Profile	PSpice 해석에 사용한 Profile 정보를 가져옴 (Transient Analysis Profile만 설정 가능)
Reload / Clear All	Profile 정보를 다시 불러옴 / Co-Simulations Setting창의 설정을 지움
Use PSpice simulation profile	PSpice Profile에 설정되어 있는 Option으로 시뮬레이션
Customize simulation profile	Simulink에서 사용자가 설정한 Option으로 시뮬레이션
Simulation Options	Customize simulation profile에 대한 설정, Converge 설정
Enable Simulink major step	시뮬레이션의 Step time을 Simulink에 맞춰 해석 (체크 시 시뮬레이션 시간은 빨라지나 정확도가 낮아질 수 있음)
Input Sources	Simulink에서 PSpiceBlock으로 입력되는 전압원/전류원 설정 (회로도의 VDC, IDC, VSIN, ISIN, VPWL, IPWL 등 지정)
Outputs	PSpice Block에서 Simulink로 전달되는 출력을 지정 V(노드), V(디바이스:핀번호), I(디바이스:핀번호), W(디바이스)가능
Up/Down	PSpice Block에 입/출력되는 순서를 지정
Add/Remove	PSpice Block과 Simulink 간에 전달되는 입/출력을 지정
Global Parameters	Paramater 값을 변경 가능

3)Simulation Options

PSpiceBlock 블록에서 "Simulation Options" 버튼을 클릭하면 나타나는 창으로 PSpice Solver의 연산 조건을 설정할 수 있다.

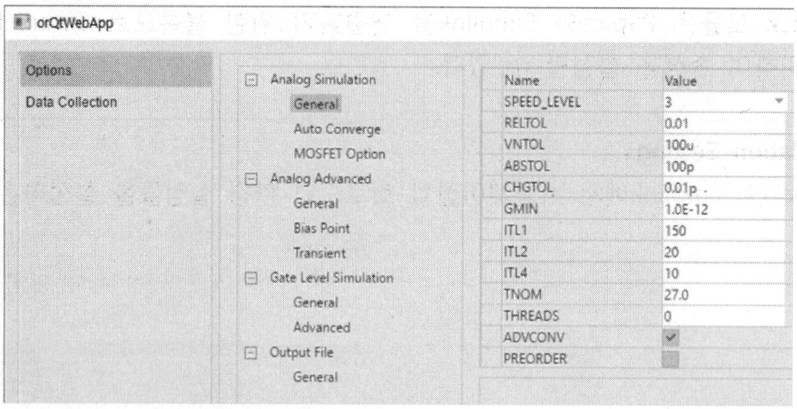

※ 1장의 Simulaion Profile의 Options 부분을 참고

4)Global Parameters

PSpiceBlock 블록에서 ""Global Parameter" 버튼을 클릭하면 나타나는 창으로 PSpice 회로에 설정된 파라미터 값을 변경하여 시뮬레이션 할 수 있다.

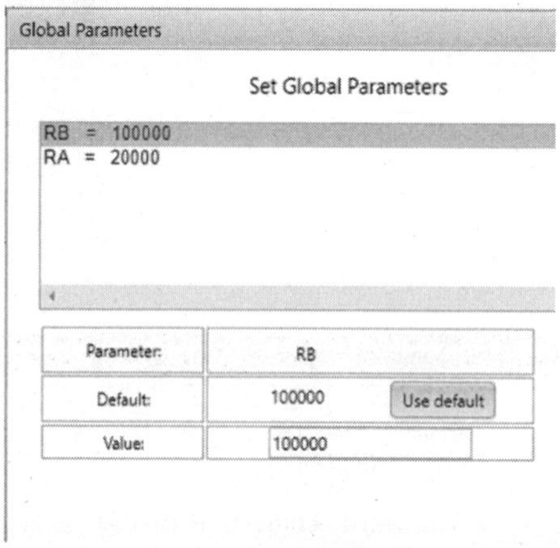

Options	의　　미
Parameter	Simulink에서 변경 가능한 변수명
Default	PSpice 회로에 설정된 변수값
Value	Simulink에서 적용할 변수값을 설정

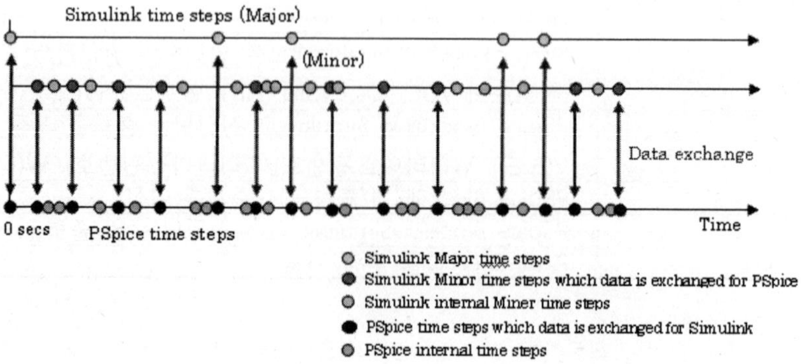

5) Configuration Parameters

PSpice와 Simulink의 데이터 전송에 타이밍을 맞추기 위하여 Simulink에서 설정하는 옵션이다.

- Simulink 메뉴 Simulation > Configuration Parameters

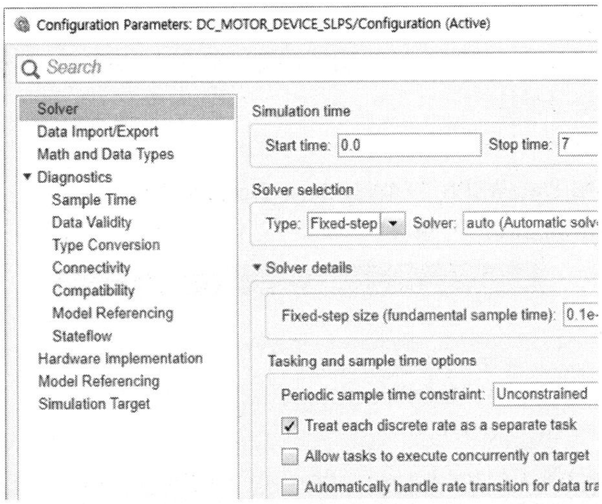

Options	의 미
(Simulation time) Start time	Simulink에서 시뮬레이션 시작 시간을 설정
(Simulation time) Stop time	Simulink에서 시뮬레이션 종료 시간을 설정
(Solver options) Type	step time 설정 방식은 Variable-step과 Fixed-step이 있음
Fixed-step	Simulink 연산 시 1개의 Solver를 이용하여 연산하며 Step time이 고정되어 있음
Variable-step	Simulink 연산 시 2가지의 Solver를 이용하여 연산한 두 계산 결과의 차가 오차범위 내에 있을 경우에는 다음 계산으로 넘어 가며, 결과 차가 오차범위 밖에 있을 경우에는 Step time을 줄여서 계산
(Solver options) Solver	미분 연산 방정식으로 Euler, Heun, Runge-Kutta, Dormand-Prince 등 방법이 있음

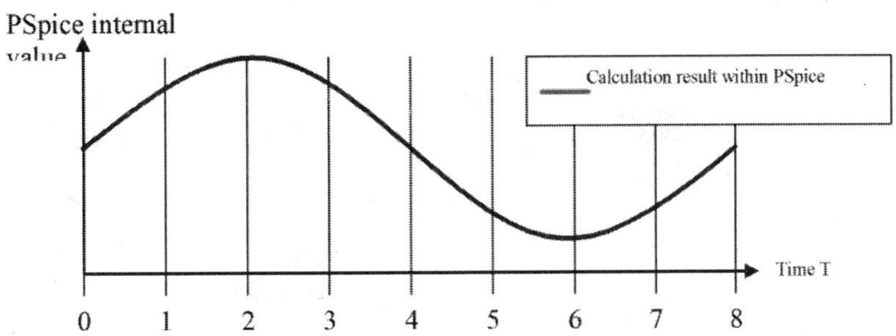

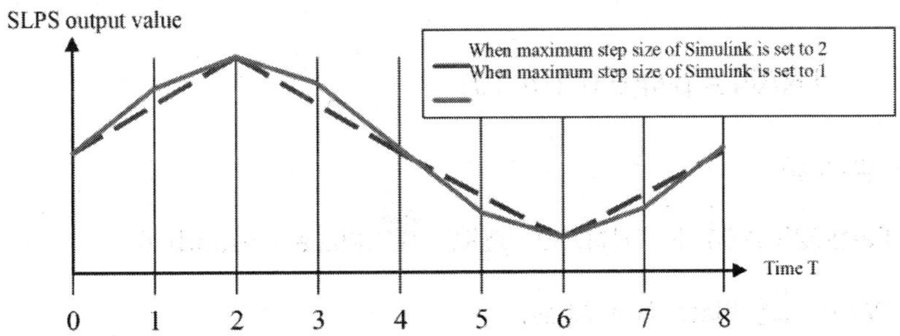

5. PSpice-MATLAB통합 시뮬레이션

PSpice 회로를 PSpiceBlock을 이용하여 Simulink에 배치시키는 방법과 Simulink에서 시뮬레이션 설정 및 해석 방법 이다.

1) 회로도 (전압레귤레이터)

Capture에서 File - New - Project를 클릭하고 Project 이름과 저장경로 그리고 Enable PSpice Simulation을 체크한다.

- Name : **Regulator**
- Location : **C:₩SPB_Data₩SPB_174₩System_Option**
- Enable PSpice Simulation : **체크**

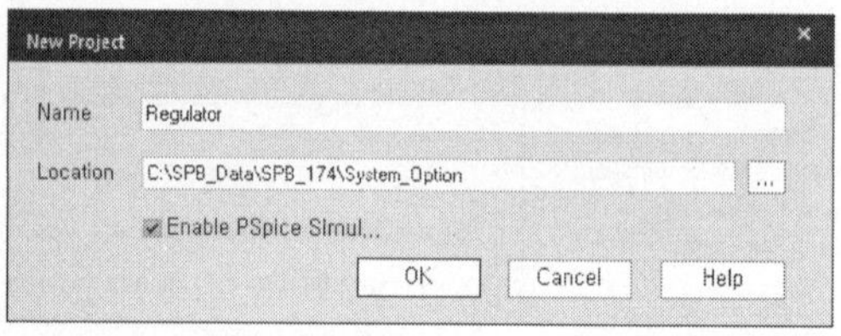

Create PSpice Project에 Create based upon an existing project 에서 빈도면을 선택하고 OK버튼을 클릭한다.

- Create based upon an existing project : emply_all_libs.opj

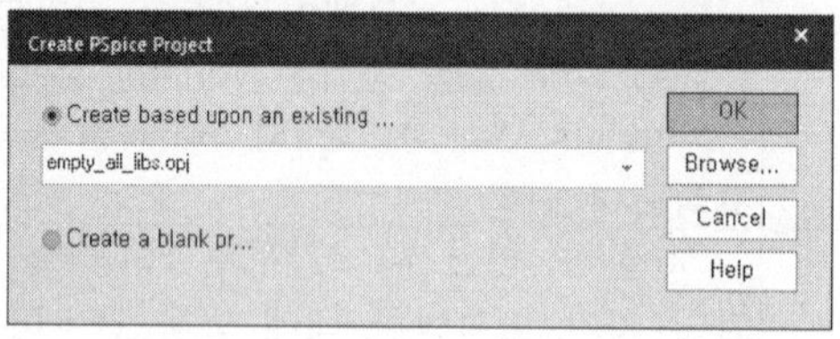

OrCAD Capture를 이용하여 전압레귤레이터를 그림과 같이 구성한다.

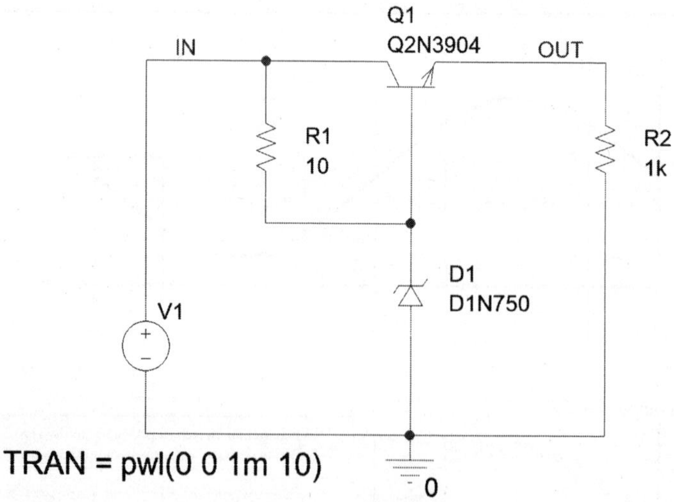

2) 사용기능 및 부품

(Place Part)Q2N3904, R, D1N750, VSRC (Place Ground) 0,

(Place Wire), (Place Net Alias)

3) PSpice시뮬레이션 조건

New Simulation 창

- Name : **Tran**
- Inherit Form : **None**

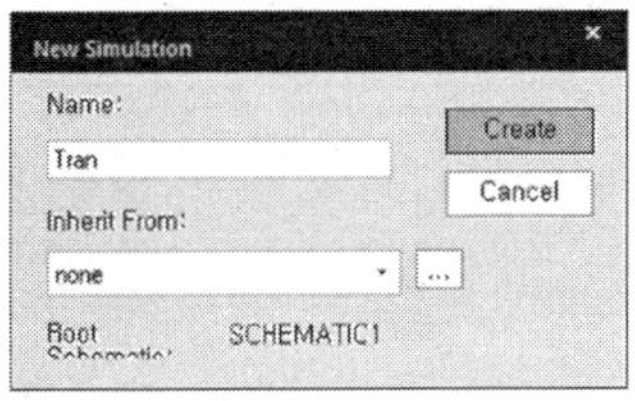

Simulation Setting 창 – Analysis 탭

- Analysis Type : **Time Domain**
- General Settings
  - · Run to Time : **1ms**

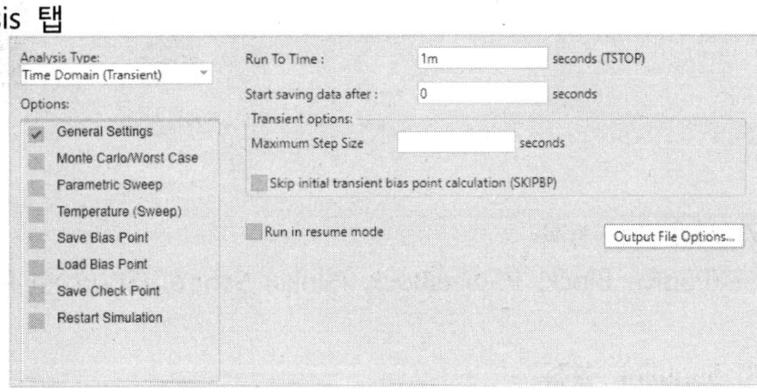

4) Probe 설정

- Voltage Probe : V(IN), V(OUT)

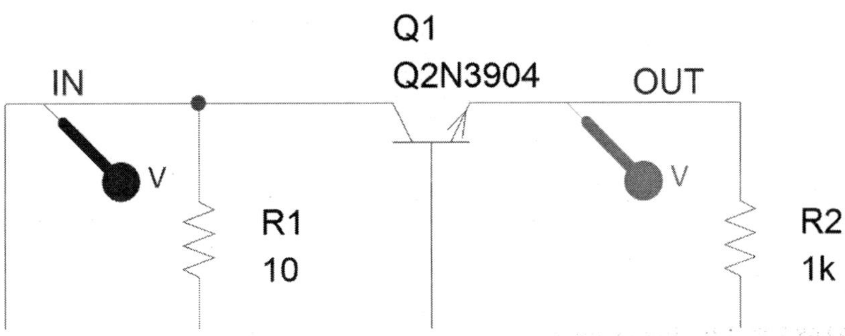

5) Run PSpice

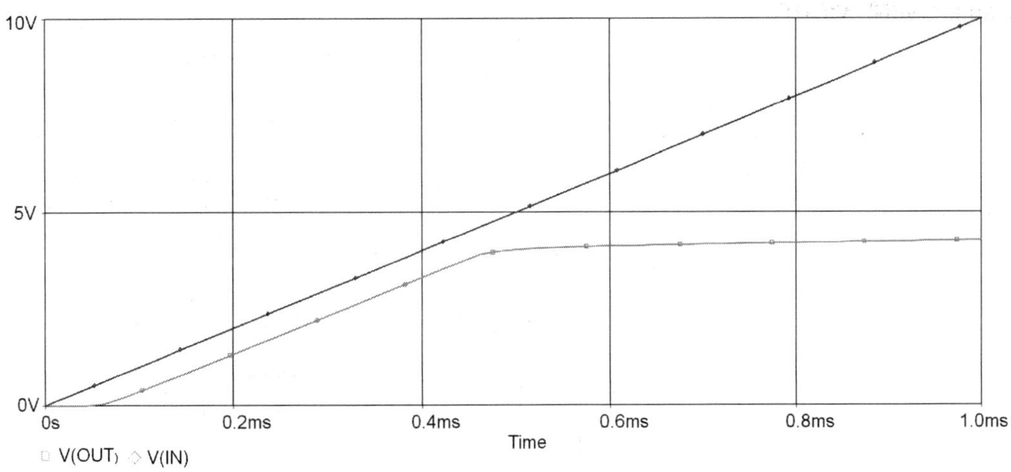

6) Simulink에서 모듈 설정

PSpice-MATLAB 통합시뮬레이션을 하기 위해 MATLAB을 실행한다.

MATLAB에서 Simulink를 실행하고 PSpice Block을 이용하여 block diagram을 생성한다.

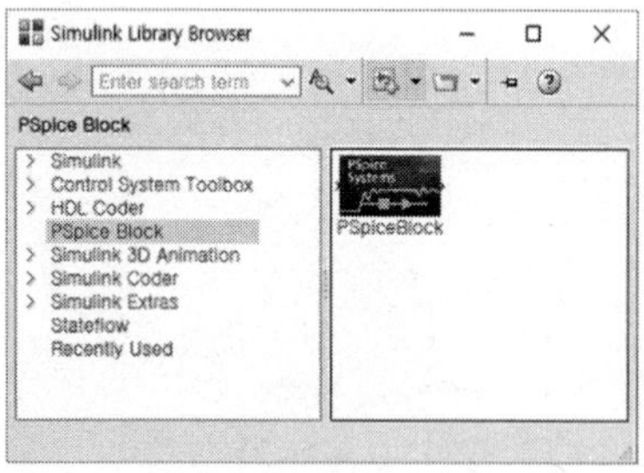

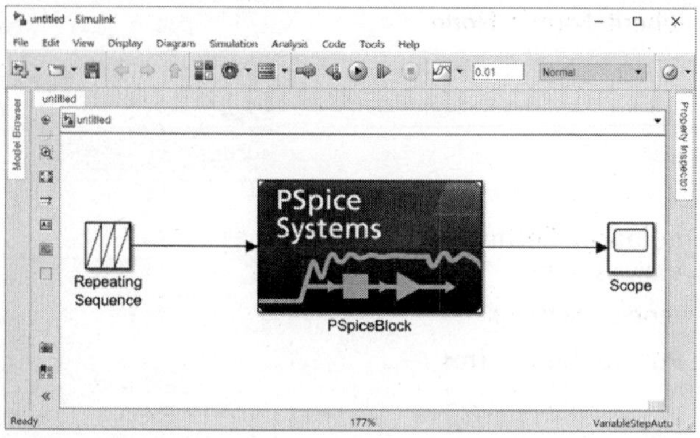

7) 사용되는 블록

- (PSpice Block) PSpiceBlock, (Sinks) Scope, (Sources) Repeating Sequence

8) Simulink 설정

Repeating Sequence 블록으로 입력 신호를 설정한다.

- Time Values : **[0 10e-3]**
- Output values : **[0 10]**

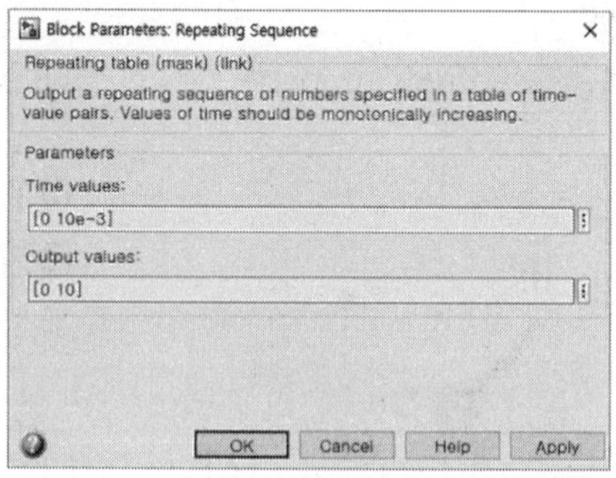

- Project file :
  C:₩SPB_DATA₩SPB_174₩Regulator.opj
- Output values : **Tran.cir/SCHEMATIC1**
- Input Sources : **V1**
- Output : **V(IN), V(OUT)**

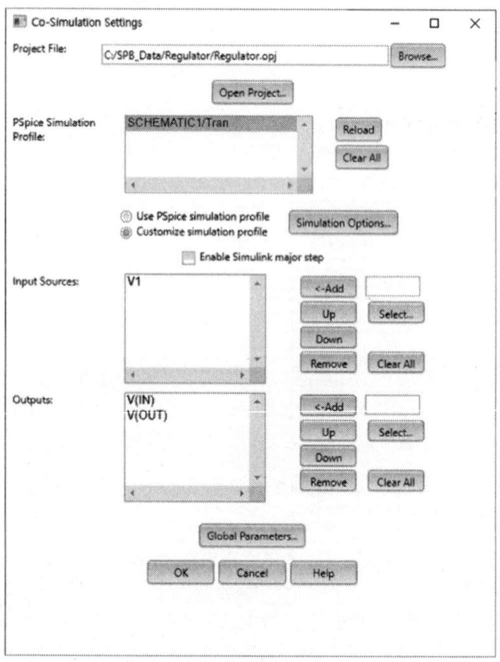

9) Scope 설정

출력데이터를 표시하는 Scope를 설정한다. Scope에서 "Parameters" 아이콘을 클릭하고 설정한다.

- (표시 탭) 활성 화면 : **1**
- (기록 탭)다음 개수의 마지막 점으로 제한 : **체크 해제**

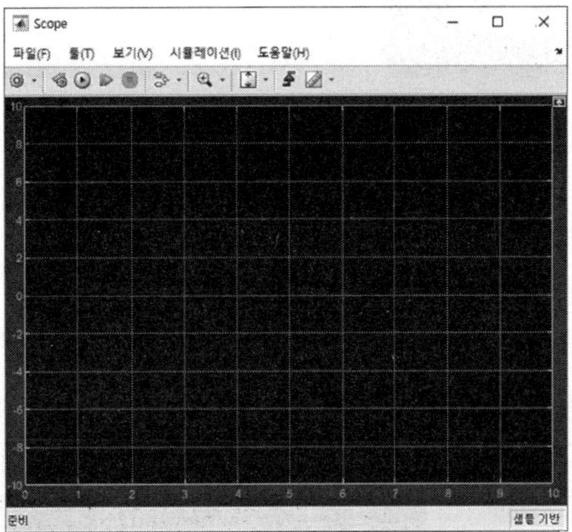

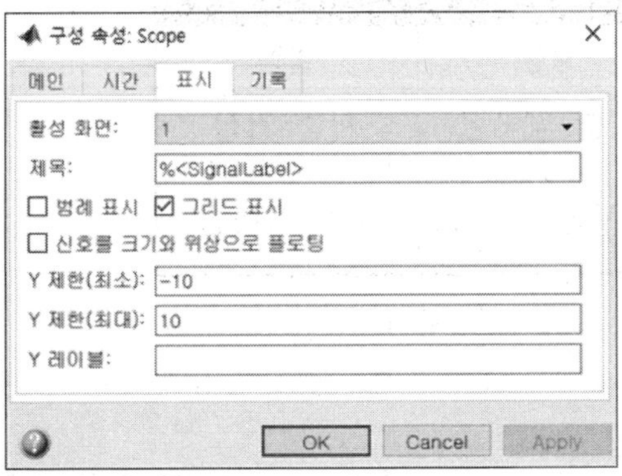

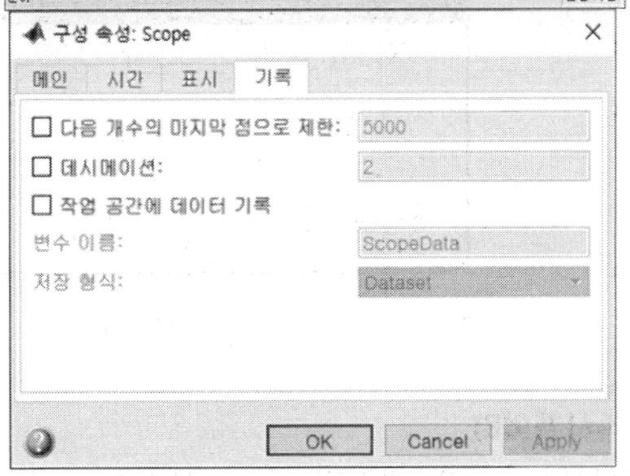

10) 시뮬레이션 결과

Simulink model 화면에서 "Simulation Start" 아이콘을 클릭하면 Scop에서 파형이 출력된다.

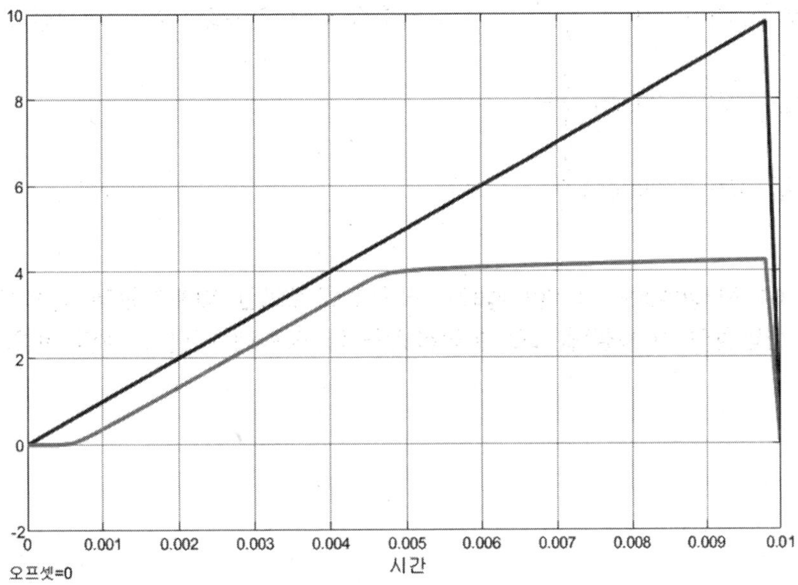

APPENDIX B 관련사항

1. 임피던스

순수 저항소자에 있어서 저항 값은 저항이라고 하지만 포괄적인 의미의 저항을 임피던스라고 한다. 즉 콘덴서, 코일, 저항을 포함하여 교류에 대한 저항을 말한다.

구 분	임피던스	저 주 파	고 주 파
저 항	R	일정	일정
코 일	$sL = j\omega L$	저항 작아짐	저항 커짐
콘 덴 서	$\frac{1}{sC} = \frac{1}{j\omega C}$	저항 커짐	저항 작아짐

s : s 파라미터,　　$\omega = 2\pi f$: 각 주파수

2. 데시벨(dB)

현재의 음량이 인간의 귀가 어느 정도 크기로 느끼는지를 수치적으로 표시하기 위해 만든 단위이다. 예로 실제 음량을 기준 음량대비 100배로 올리면 인간의 귀는 대수적으로 취한 즉 2배 정도 증가한 것으로 느낀다.

데시벨은 상대적인 계산결과 값이며, 입력에 대한 출력의 스케일을 표시한다.

- 전력데시벨 : $dB = 10\log_{10}\frac{P_2}{P_1}$: P_1 : 기준값(입력 기준값), P_2 : 비교값(출력 측정값)
- 전압데시벨 : $dB = 20\log_{10}\frac{V_2}{V_1}$
- 전류데시벨 : $dB = 20\log_{10}\frac{I_2}{I_1}$

PSpice에서 db Magnitude of Voltage는 하나의 프로브만 배치하는데 입력전원인 VAC의 ACMAG(또는 전압원의 AC속성)을 1로 설정하였을 때 출력에 대한 스케일 비를 의미한다.

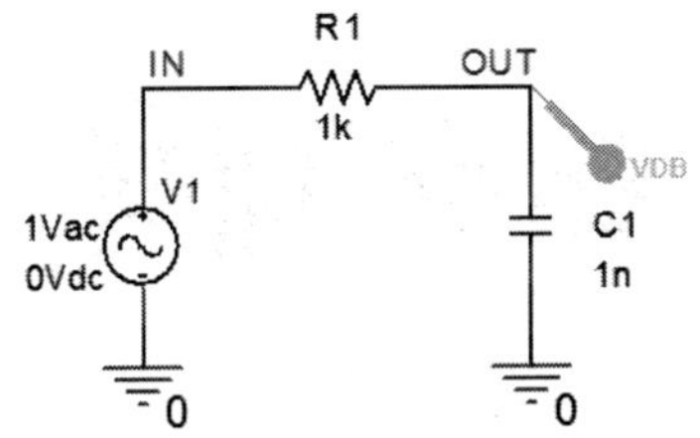

$$dB = 20\log_{10}\frac{V_{OUT}}{V_{IN}} = 20\log_{10}\frac{V_{OUT}}{1} = 20\log_{10}(V_{OUT})$$

PSpice에서 두 지점의 데시벨을 체크하기 위해서는 Add Trace에서 두 지점 전원을 나눈 값을 측정한다.

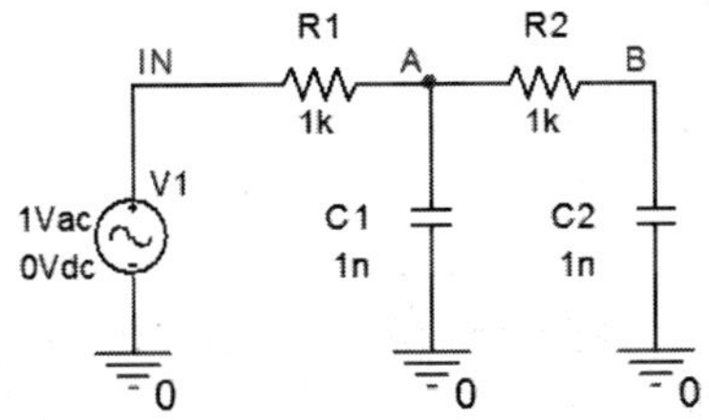

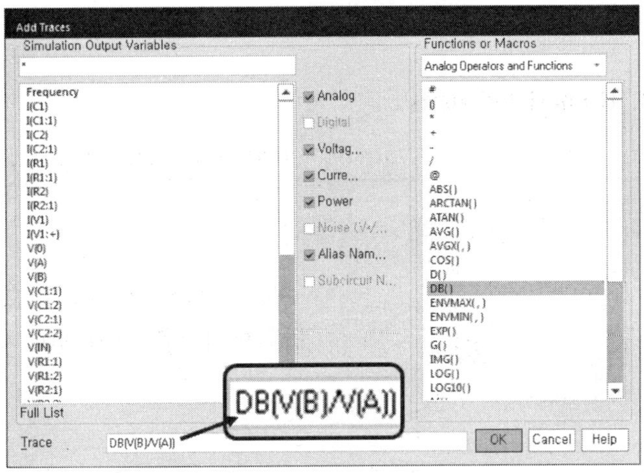

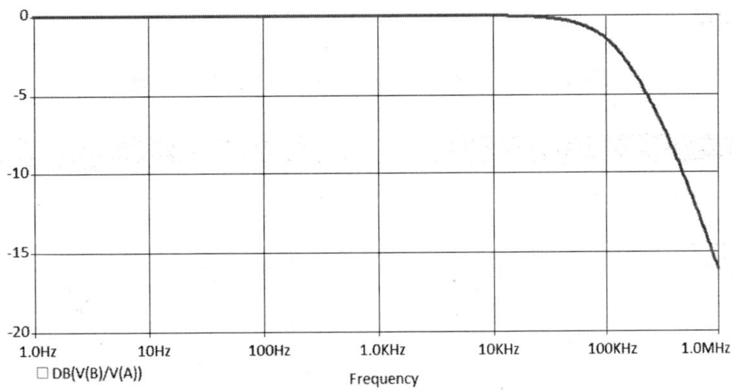

3. S/N 비

신호 대 잡음비를 의미하며 그 값이 클수록 잡음이 적은 기기라고 볼 수 있다.

$$S/N = 20\log_{10}\frac{V_s}{V_m}[dB]$$

V_s : 신호성분 실효치, V_m : 노이즈성분 실효치

4. Bode Plot

회로 혹은 시스템의 Frequency Response를 그래프화 한 것으로 주파수축에 대한 이득(Gain)특성과 위상특성을 표기한 것이다. 이 때 입력 측에 인가하는 신호의 형태는 크기는 고정되어 있고 주파수만 저주파에서 고주파 부분까지 Sweep하는 형태를 갖고 있다.

전달함수를 주파수 응답에 대한 크기와 위상으로 표현하는 것을 말한다. 회로에 들어가는 입력신호는 주파수에 따라서 크기와 위상이 변화하는 사인파의 합으로 적용한다.

APPENDIX

C 시뮬레이션 시 Error 대책

1. Unmodeled parts

Warning : Part **Part_name** has no simulation model.

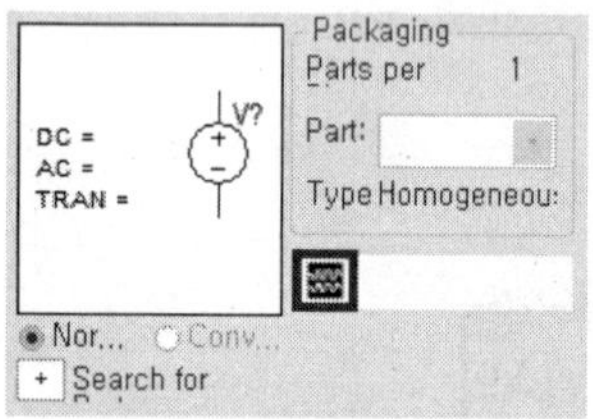

Place Part에서 왼쪽 그림처럼 PSpice 아이콘 모양이 있는 라이브러리를 사용해야 시뮬레이션이 가능하다.

2. Missing Ground

ERROR -- Node **node_name** is floating

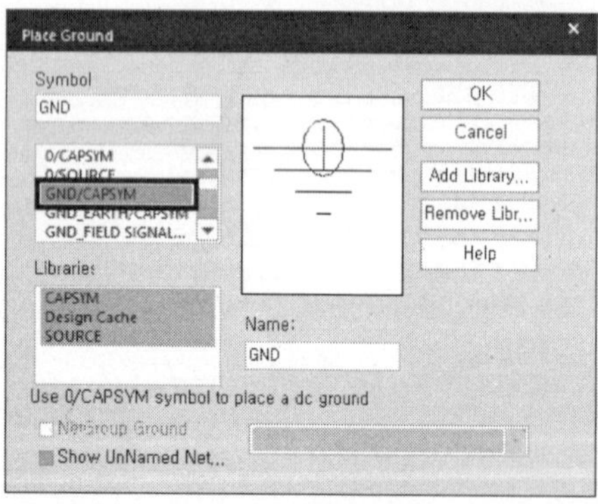

(X)

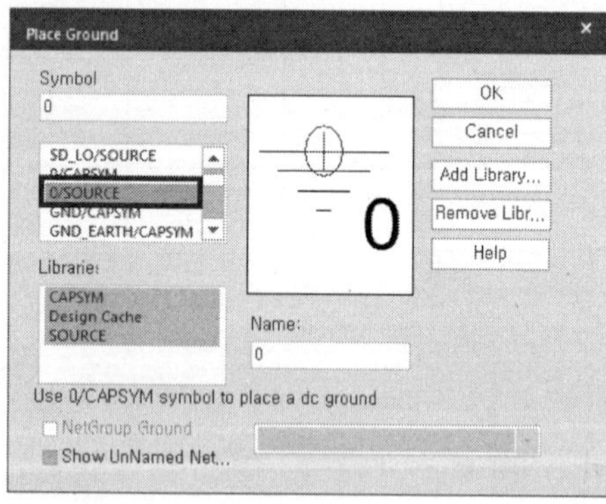

(O)

Source.olb의 0 ground 부품을 반드시 사용해야 한다. 또는 Wire에 Net Alias로 0으로 설정해야만 시뮬레이션이 가능하다.

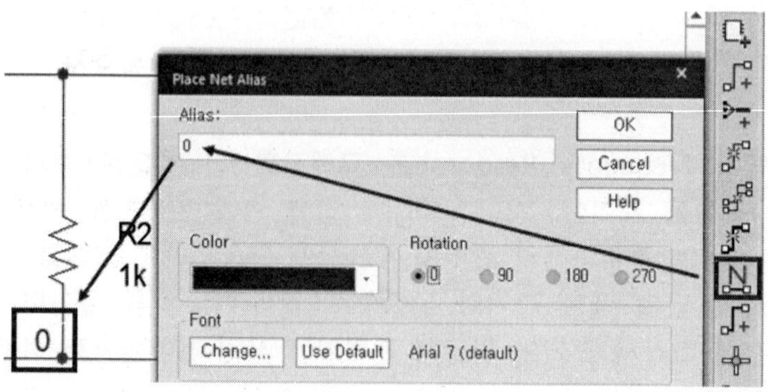

3. Missing DC path to ground

DC 해석시 병렬 Capacitor가 Open 해석되기 때문에 전압원-인덕터를 연결한 경우 직렬 인덕터에는 작은 저항(0.01이하)을 직렬로 연결하고, 전류원-커패시터를 연결한 경우 병렬 커패시터에 큰 저항(1G이상)을 병렬로 연결한다.

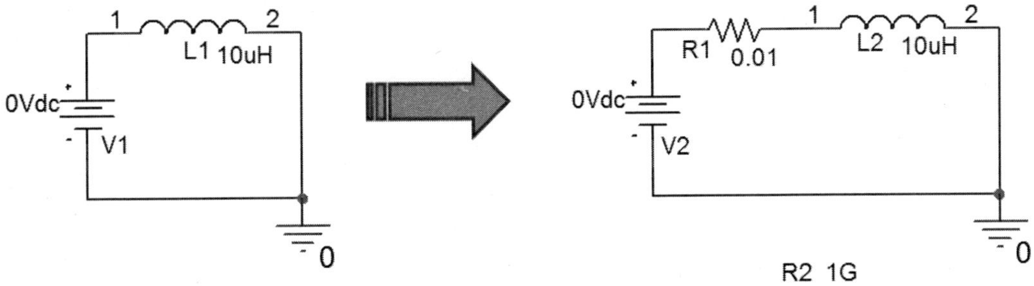

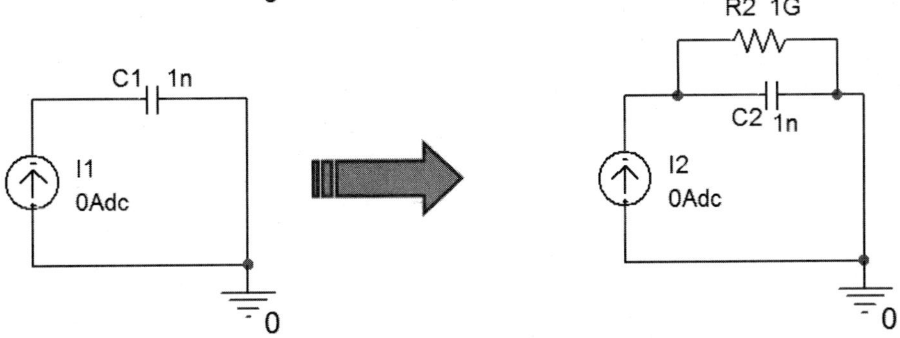

4. User Defined Model parts

ERROR -- Model **Model_name** used by **Model_Ref** is undefined

사용자가 직접 구하거나 생성한 모델을 이용하여 시뮬레이션 할 경우 Library가 경로에 있지 않아 특성을 불러오지 못하는 경우로 Simulation Profile에서 Library 경로에 추가시켜 줄 필요가 있다. (순번대로 실행)

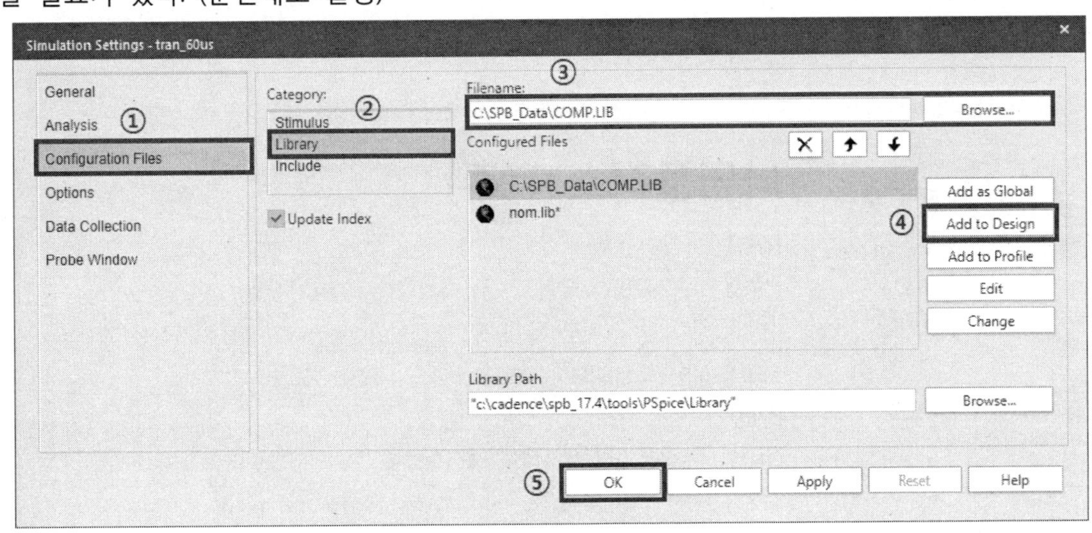

Cadence OrCAD 16.0 버전 이후부터 PCB Artwork 툴이 OrCAD® Layout®에서 최신의 고밀도 고성능 환경을 제공하는 OrCAD® PCB Design Suites로 업그레이드되어 제공됩니다.

OrCAD® PCB Design Suites의 PCB Artwork 툴인 PCB Editor는 Cadence® Allegro® 전문 툴을 기반으로한 High Speed PCB 설계를 위한 최적의 환경을 제공합니다.

최신 기술을 바탕으로 Complex, Multilayer, High-Speed, High-Density의 PCB 디자인을 제작하고 수정하는 작업에 Interactive 및 Constraint-Driven 환경을 제공합니다.

사용자들로 하여금 디자인 공정의 어느 단계에서든 민감한 High-Speed Signal을 정의, 관리 및 검증할 수 있도록 하며, 이를 통해 최신의 PCB 디자인 이슈를 습득하실 수 있습니다.

〈 Cadence® OrCAD® PCB Design Suites 〉

- **OrCAD® PCB Designer Standard**
  OrCAD Capture / PCB Editor Basics

- **OrCAD® PCB Designer Professional**
  OrCAD Capture / PCB Editor / SPECCTRA for OrCAD / Signal Explorer

- **OrCAD® PCB Designer Professional with PSpice®**
  OrCAD Capture / PCB Editor / SPECCTRA for OrCAD / PSpice A/D / Signal Explorer

Cadence™
OrCAD® PSpice Designer V17.4

1판 2쇄 2021년 3월 30일

저 자 이양재/김희태/이원재/이민형
발행인 송광헌
발행처 복두출판사
주 소 서울특별시 영등포구 경인로82길 3-4
센터플러스 807호
(우) 07371
전 화 02-2164-2580
FAX 02-2164-2584
등 록 1993. 11. 22. 제 10-902 호

정가 : 28,000원
ISBN : 979-11-5906-669-6 93560

한국과학기술출판협회 회원사